한국의 언어와 문학

한국의 언어와 문학

남길임 · 이미향 · 정수진 · 정우락 · 박지애 · 백운용 · 박현수 · 박정선 · 이원동

경북대학교출판부

한국의 언어와 문학

초판 1쇄 2009년 2월 27일 | **초판 11쇄** 2023년 8월 10일
지은이 남길임 · 이미향 · 정수진 · 정우락 · 박지애 · 백운용 · 박현수 · 박정선 · 이원동
펴낸이 홍원화 | **펴낸곳** 경북대학교출판부
출판등록 1973년 10월 10일 ㉣97호 | **주소** 대구광역시 북구 대학로 80
전화 053-950-3830 | **팩스** 053-953-4692 | **E-mail** press@knu.ac.kr
Homepage http://knupress.com

ISBN 978-89-7180-252-6 93710

값은 표지 뒷면에 있습니다.
파본은 바꾸어 드립니다.

머리말

오늘날 우리에게 한국어문학은 무엇인가? 이 질문에 대한 대답은 여러 가지로 할 수 있을 것이다. 세계화 시대를 맞이하여 만국공용어인 영어가 중요하니 한국어문학을 따로 공부할 필요가 있을까 하는 회의론부터, 한국의 정체성은 우리 어문학을 떠나서 이해할 수 없으므로 한국인에게 우리 어문학은 유일한 가치를 지닌다는 절대론, 혹은 이 양극단 사이에서 조화와 보합을 지향하는 절충론에 이르기까지 다양할 수 있다.

지금 우리가 살고 있는 시대는 다원주의를 그 특징으로 하면서, 디지털 과학기술의 물결과 유전 · 생명공학의 물결, 그리고 신자유주의의 물결들이 무차별적으로 침투해 흐르고 있다. 이 과정에서 한국어문학 고유의 것을 계승하려는 힘과 이것에서 벗어나려는 힘, 그리고 시대적 변화에 적응하려는 힘이 동시에 작용하여, 전통적 가치가 유지되면서도 변형 혹은 와해되어 가고 있다. 현상의 이러함은 지속과 변화라는 문화적 보편성에 입각해 보면 지극히 자연스러운 것이기도 하다.

문화적 보편성만 강조하고, 주체적인 입장에서 재해석하여 발전적으로 계승하려는 노력이 없으면 미래의 한국어문학은 심각한 위기에 봉착하고 만다. 이 책은 이 같은 문제의식 하에 기획 · 집필되었다. 지금까지 한국어문학이 어떻게 연구되고 활용되어 왔는가를 염두에 둔 것이나, 우리 시대 한국어문학의 실용적 가치를 주목한 것은 바로 이 때문이다. 오늘날 국문학계에 두루 통용되는 일반론을 중심으로 하되 수험서로서의 기능도 일부 담당할 수 있게 하였다.

이 책은 대학의 교양교재로 집필한 것이다. 이 때문에 매 시간의 강의목표를 먼저 설정하였으며, 본문 말미에는 참고문헌도 실어 두었다. 목표가 분명하지 않으면 우리가 어디에 힘을 기울여야 할지 알 수가 없다. 따라서 수강생들은 반드시 강의목표를 숙지하고, 예습과 복습과정에서 의문점이 생기면 참고문헌에서 제시한 책들을 찾아 읽으면서 한국어와 한국문학에 대한 이해의 폭을 넓혀가기 바란다.

이 책의 집필은 한국어문학을 전공하면서 직접 강의에 참여하는 교수들이 중심이 되었다. 한국어 분야는 남길임, 이미향, 정수진이 담당하였고, 한국 고전문학 분야는 정우락, 박지애, 백운용이, 그리고 한국 현대문학 분야는 박현수, 박정선, 이원동이 담당하였다. 우리는 한국어와 한국문학을 연구하고 강의하면서, 공저에 따른 산만성을 최소화하기 위하여 집필의 체계를 세우고, 문체를 통일하기 위하여 여러 번의 회의를 거치면서 거듭 수정하는 과정을 거쳤다.

이 책을 통해 수강생들이 우리말을 정확하게 사용할 수 있기를 바라며, 모국어로 창작된 작품을 찾아 읽으며 인생의 깊이를 체득할 수 있기를 기대한다. 전공 강의에서 있을 수 있는 공허한 이론은 가능한 배제하였으며, 사회가 요구하는 한국어문학의 실용적 가치를 극대화하였다. 이를 통해 수강생들이 현대 사회의 일원으로 슬기로운 삶을 영위하는 데 이 책이 일정한 도움이 되기를 바란다. 끝으로 바쁜 일정을 소화해 가면서 교정에 참여한 여타의 강의자와, 책을 정성껏 만들어 준 경북대학교출판부의 편집진에게 깊은 감사의 마음을 전한다.

2009년 2월

집필자들의 생각을 정리하여 **정 우 락** 씀

차　례

제1부 국어학

제2부 한국문학

제1부 국어학

1장 언어와 한국어

2장 한국어의 소리와 발음

3장 한국어의 어휘

4장 한국어의 문장

5장 한국어의 옛말

1장 언어와 한국어

강의목표

- 언어의 정의와 기능을 알고 동물의 신호 체계와 구분되는 인간 언어의 특성을 이해한다.
- 모국어 화자의 언어 지식 체계를 구성하는 한국어 문법의 범위를 파악한다.
- 한국어 문법을 구성하는 기본 언어 단위를 안다.

1. 언어의 특성과 기능

1) 언어, 한국어에 대한 이해의 필요성

'언어적 동물(Homo-loquens)'이라는 표현에서 알 수 있듯이 언어를 사용한다는 것은 인간과 동물을 구별해 주는 가장 중요한 척도이다. 인간으로서 선험적이고 보편적으로 주어진 언어능력(linguistic competence)을 가진 우리는 한국어 화자로서 특별하게 한국어를 공부하지 않아도 한국어를 사용하여 자유롭게 의사소통을 할 수 있다. 스티븐 핀커는 그의 저서 『언어본능(language instinct)』에서 인간이 습득한 언어를 자유로이 구사할 수 있는 능력은 마치 인간이 특별히 배우지 않아도 직립보행을 할 수 있는 능력, 더 나아가 박쥐가 거꾸로 매달리거나 거미가 거미집을 지을 수 있는 본능과도 같다고 한 바 있다.

단, 여기서 누구나 아무런 불편 없이 한국어를 사용한다는 것과 한국어의 음운, 문법 등의 체계를 알고 설명할 수 있다는 것은 전혀 다른 차원의 문제라는 것을 지적할 필요가 있다. 우리는 누구나 한국어를 유창하게 말할 수 있지만 누구나 한국어의 문법 체계를 설명할 수 있는 것은 아니다. 또한 누구나 한국어를 말할 수 있지만 누구나 문법적으로 정확하게 표현하고, 효율적인 의사소통을 하는 것은 아니다.

모국어 화자로서 한국어를 알고 유창하게 말하는 것은 당연하다. 하지만 좀 더 정확한 표현을 사용하여 말하고 상대방의 말을 이해하기 위해, 즉 성공적인 의사소통을 하기 위해서는 한국어를 구성하는 규칙의 체계로서의 문법을 정확하게 이해하고 정확한 표현 기법들을 배울 필요가 있다.

언어유형론적 관점에서 한국어는 단어의 문법적 관계가 조사나 접미사의 첨가에 의해 표시되는 '교착어'에 속하며, 목적어가 동사보다 앞서는 SOV형 어순을 가진다. 이러한 큰 분류 체계 외에도 정확하고 성공적인 의사소통에 필요한 국어학적 지식은, 한국어 말소리, 단어, 문장 구조 등과 관련한 구체적인 규칙들을 포함한다.

국어학적 지식은 이론적인 지식과 그 이론적인 지식의 실제 활용이라는 두 가지 부분에서 접근할 수 있다. 그리하여 제1부 국어학 부분의 2~5장 각각을 국어학적 이론과 실제 언어생활에서의 적용이라는 두 가지 부분으로 구성하였다. 2장의 한국어의 소리와 발음, 3장의 한국어의 어휘, 4장 한국어의 문장 부분은 각각 한국어를 구성하는 음운, 어휘, 문법의 기본 개념과 실생활에서의 언어생활과 관련된 문제들을 다룬다. 구체적으로 이러한 국어학적 지식이 실생활에 활용되는 부분은 표준발음법, 맞춤법, 띄어쓰기, 바른 문장 쓰기 등이 될 것이다. 또한 한국어의 발자취를 살펴보는 단원으로 5장 한국어의 옛말 부분을 두어 중세 한국어의 모습을 살펴보고 현재 한국어의 모습을 새롭게 조명하도록 하였다.

2) 언어, 언어의 정의, 특성과 관련한 쟁점들

'언어'의 정의와 본질에 대한 주제는 언어학뿐만 아니라 심리학, 철학 분야에서 오랫동안 논의되어 왔던 주제로, 언어의 기원, 언어와 사고, 이데올로기 등에 대한 폭넓은 논의가 이루어졌다. 언어에 대해 논쟁적인 이러한 주제들은 아직까지도 연구되고 있는데, 학문적인 관점에 따라 다양한 시각에서 논의되어 왔다. 여기서는 언어와 관련된 쟁점 중 대표적인 것 몇 가지만을 소개하기로 한다.

우선, 언어에 대한 정의를 살펴보는 것으로 '언어'와 '사고', '사회'와 관련한 문제를 짚어 나가도록 하겠다. 대표적인 예로 〈예시1〉, 〈예시2〉는 각각 남한과 북한의 사전에서의 언어의 정의와, 언어학 유파에 따라 다른 언어의 정의이다.

예시1 ㄱ. 언어(남) : 사람이 생각이나 느낌을 소리나 글자로 나타내는 수단. (한글학회 편, 『우리말 큰사전』)

ㄴ. 언어(북) : 사람들이 사상을 나타내며 서로 교제하는 데 쓰이는 중요한 수단. 민족을 이루는 공통성의 하나이며 나라의 과학과 기술을 발전시키는 힘있는 무기이며 문화의 민족적 형식을 특징짓는 중요한 표징이 된다. 언어는 혁명과 건설의 힘있는 무기로서 사람들의 자주적이며 창조적인 생활에 힘있게 복무한다. (사회과학원언어학연구소 편, 『현대조선말사전』)

예시2 ㄱ. 언어는 자의적 음성기호의 체계이며 이에 의해 사회집단이 협동한다. (B. Bloch and G. L. Trager. *Outline of linguistic analysis*)

ㄴ. 언어는 커뮤니케이션의 수단이며 이것에 의해서 인간의 경험이 의미내용과 음성표현을 가진 단위로 즉 단소(monème)로 분석된다. (A. Martinet, *Éléments de liguistuque générale*)

〈예시1ㄱ〉과 〈예시1ㄴ〉의 정의는 핵심적인 부분은 크게 다르지 않으나, 북한은 언어의 정치적, 정의적 기능을 매우 강조하고 있다는 점에서 남한의 사전과 차이를 보인다.[1] 또한 〈예시2ㄱ〉, 〈예시2ㄴ〉의 경우는 언어가 음성과 의미로 구성된 기호 체계라는 부분은 공통적이지만, 전자는 언어의 사회성을 후자는 언어의 의사소통적 기능을 강조하고 있다는 관점의 차이가 있다. 〈예시1〉, 〈예시2〉를 종합적으로 살펴볼 때, 언어는 '소리'와 '의미'로 이루어진 기호의 체계로 구성되어 있으며, 인간은 이러한 언어를 통해 생각을 표현하고 서로 의사소통을 한다는 것이다. 한편, 촘스키는 언어를 '길이에 있어서 유한하며 또한 유한한 일련의 요소들의 집합으로 구성된 문장 집합'으로 정의하고 있는데 이는 언어의 창조성을 강조하고 있다는 점에서 위 〈예시1〉, 〈예시2〉와 변별된다. 이러한 언어의 정의는 학자에 따라 언어의 여러 가지 특성 중 어떤 것을 가장 중요한 요소로 보느냐에 따라

1) 이러한 사전 정의는 김일성 저작집에서 인용된 것으로 그 사상의 근원은 마르크스-레닌주의 언어 이론이라고 판단된다. '과학과 기술의 발전과 혁명과 건설의 무기'라는 언어관은 공산주의 사회 건설의 강력한 도구의 하나로 통제되는 언어관이었는데, 이러한 언어관은 김정일 시대 민족어의 주체성과 당의 유일사상을 강조하는 '주체사상 언어관'으로 이어진다.

다소 달리 정의되어 왔음을 보여 준다. 하지만 이러한 다소 다른 정의에도 불구하고 인간만의 고유한 특성으로서의 언어는 동물의 언어와는 구분되는 몇 가지 특성을 가진다는 것이 현재까지의 정설이다.

실제로 언어를 통한 의사소통이 동물의 의사소통과 어떤 변별성을 가지는지에 대해서도 많은 논의가 있어 왔는데, 특히 꿀벌의 통신 방법이나 침팬지 등 유인원의 어휘 습득과 관련한 연구가 진행된 바 있다. 이러한 연구의 대체적 결론은 '언어'는 인간에게 있어 고유한 것임에 틀림없으며 동물의 의사소통 신호 체계와는 다르다는 것이다. 인간의 언어는 동물의 신호 체계와는 다른, 다음과 같은 특성을 가진다.

- 분절성 : '먹었다'라는 말은 '먹-', '-었', '-다'로 분절할 수 있으며 그 각각은 의미를 가진다. 또한 '먹-' 역시도 'ㅁ', 'ㅓ', 'ㄱ' 각각으로 쪼갤 수 있다.
- 이원성 : 인간의 언어 기호는 소리의 체계와 의미의 체계가 분리되어 있다. 반면, 동물의 신호, 예를 들어 개가 짖는 소리나 병아리가 우는 소리 등은 소리와 의미가 한 덩이가 되어 있어 구분할 수 없다.
- 자의성 : 언어 기호에 있어서 소리와 의미 사이에는 필연적인 관련성이 없다. 즉 언어 기호는 자의적 상징기호에 지나지 않는다.
- 체계성 : 일정한 원리에 의해서 조직된 통일적 전체, 음운 체계와 어휘 체계, 의미 체계 등을 가진다.
- 창의성 : 유한한 소리로 무한한 새로운 단어를 생성할 수 있으며, 단어의 나열로 무수한 새로운 문장을 생성할 수 있다.
- 교환성 : 의사소통에 있어서 화자, 청자의 역할이 고정된 것이 아니라 수시로 바뀔 수 있다.
- 전이성 : 인간의 언어는 지금과 여기를 떠나 과거와 미래, 가까운 곳, 먼 곳에 대한 것을 표현할 수 있다.[2)]
- 문화적 전달 : 인간의 언어가 부모로부터 전달되는 과정은 문화적인 것이며 언어 환경

2) 이와 관련하여 러셀(Russell, Bertrand Arthur William)이 말한 다음의 명언은 재미있다. "개가 아무리 웅변술이 좋다 하더라도, 자기 부모는 가난했지만 정직했노라고 짖어서 말해 줄 수는 없다."

에 따라 해당 언어를 습득하는 것이다.

이러한 언어의 특성을 살펴볼 때 인간의 언어, 그 언어를 사용한 의사소통의 과정은 동물의 의사소통과 질적으로 다른 것이라는 것을 알 수 있다.

마지막으로 언어의 본질적인 기능은 무엇인가, 언어의 기능을 몇 가지 유형으로 분류할 것이냐에 대한 논의를 살펴볼 수 있다. 일반적으로 가장 널리 알려진 야콥슨의 6가지 유형은 언어를 통한 의사소통 상황에 참여하는 6가지 요소와 밀접한 관련을 가진다.

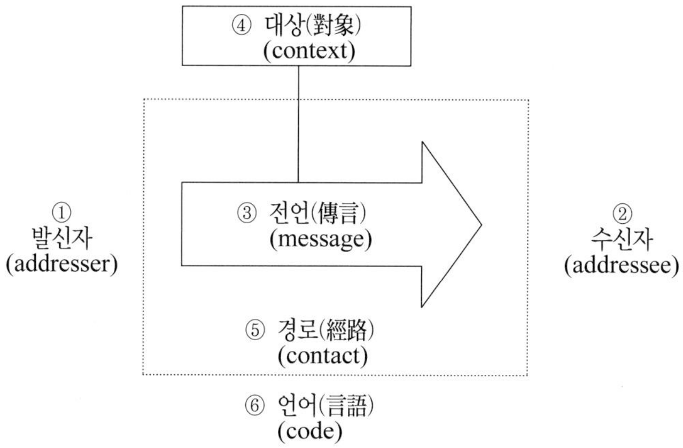

〈그림1〉 언어 기능에 대한 야콥슨(R. Jacobson)의 도식

이 도식은 의사소통에 참여하는 참여자와 상황 등의 요소를 표현한 것으로 위의 6가지 요소들은 다음 6가지의 언어 기능과 대응 관계에 있다. 즉 ① 표현적 기능(emotive or expressive function)은 발신자 즉 화자의 태도를 표현하는 기능을, ② 지령적 기능(conative function)은 수신자의 행동을 유발하는 기능을, ③ 미학적 기능(poetic function)은 언어 표현 자체의 미학적 기능, 즉 메시지 그 자체를 중요시하는 기능을 의미한다. 다음 예는 언어의 미학적 기능을 보여 준다.

예시3 A : 왜 항상 조앤과 마져리(Joan and Margery)라고 하십니까? 마져리와 조앤이라고 하시지 않고요.

B : 그렇게 부르기가 더 매끄러워서 그럴 뿐이에요.

또한 ④ 지시적 기능(referential function)은 의사소통 상황에 있는 '대상'과 관련한 것으로, 의사소통 상황에 있는 대상에 대해 정보를 전달하는 기능을 의미하며, ⑤ 친교적 기능(phatic function)은 대화 중 대화 상황을 확인하며 의사소통을 지속시키거나 중단시키는 등의 기능을 말한다. "여보세요, 잘 들리세요?"라고 하거나 상대방에 대한 호응으로 "네, 네!"라고 하는 것 등이 그 예이다. 마지막으로 ⑥ 상위언어적 기능(metalanguage function)은 언어 표현 자체를 다시 설명하거나 확인하는 기능을 나타낸다. 국어사전에서 개별 단어에 있는 정의문은 대표적인 상위언어적 기능의 예이다.

위의 6가지 언어의 기능은 일반적으로 가장 널리 언급되는 기능이며, 핵심적인 것임에는 틀림없으나, 언어 사용을 매우 제한된 공간에 한정하고 있다는 한계가 있다. 특히 언어의 사회 · 문화적 특성을 고려한다면, 최근 인터넷 상의 언어 사용 특성, 계층 · 계급에 따라 다른 언어특성 등과 관련하여 새로운 사회언어학적 언어 기능을 추가할 수도 있을 것이다.

위에서 살펴본, 언어의 정의, 언어의 특성 및 기능 외에도 언어와 관련한 논쟁이 여러 가지 있다. 대표적으로 언어와 사고의 관련성, 상호 영향 관계에 대한 문제[3] 또한 오래된 논쟁거리 중의 하나이며, 언어의 기원에 대한 문제, 모국어 및 제2언어 습득과 관련한 언어의 습득 원리 등에 대해서도 많은 논의가 있어 왔다. 이러한 많은 논쟁들은 지금까지 인류가 '언어'에 대해 가져 왔던 다양한 궁금증들을 보여 준다.

---

3) 언어와 사고의 영향 관계에 대한 가장 대표적인 이론으로 언어상대성 이론을 들 수 있다. 언어상대성 이론은 사피어 워프(Sapir-Whorf) 가설이라고도 알려져 있는데, "언어의 구조는 그 언어를 사용하는 화자가 세상을 바라보는 방식에 영향을 주거나 더 나아가서 화자의 사고를 결정한다."는 것을 주요 골자로 하고 있다. 유사한 맥락에서 헤르더의 "우리들은 이제는 말하는 것을 통해서 형성되는 것"이라는 언급과 훔볼트의 "언어의 다름이란 것은 소리나 기호의 다름이 아니라 세계관의 그 자체의 다름인 것"이라고 한 것은 언어와 정신이 가지는 밀접한 관계를 주장하는 것이다. 여기서 중요한 것은 언어와 사고가 일정한 영향 관계에 있음에 틀림없으나 언어가 사고에 영향을 미치는지 거꾸로 한 민족의 정신이나 사고가 언어에 반영되는 것인지에 대해서는 좀더 폭넓은 사고를 요구한다는 점이다. 사피어 워프 가설은 언어의 보편성을 주장하는 이론들과 정면으로 대립하며, 동언어 이문화 현상, 이언어 동문화 현상 같은 우리 주변의 예들을 설명할 수 없다는 점에서 한계가 있다.

2. 한국어의 특성과 한국어 문법[4)]

1) 한국어의 특성

한국어는 언어유형론적[5)] 관점에서 형태적 특성으로 분류할 때 교착어에 속하며, 통사적 어순의 관점에서 SOV형 언어에 속한다.

'교착어(agglutinative language)'는 '첨가어'라고도 하는데 국어의 경우 단어에 조사가 붙거나 용언의 어미가 실현되어 단어의 문법적 특성을 나타낸다.

예시4 ㄱ. 영수/가 학교/에 오{-았-/-겠-/-습니-}-다.
ㄴ. 영수/가 물{을/만/까지} 마신다.

〈예시4ㄱ〉은 '-았-, -겠-, -습니다' 등의 어미가 동사에 붙어 시제나 화자의 인식 태도, 존대 등을 나타내고 있음을, 〈예시4ㄴ〉은 '을, 만, 까지' 등의 조사가 '물'이라는 단어의 문장에서의 기능과 의미를 나타내고 있음을 보여 준다.

또한 한국어는 SOV형 언어에 속하는데 SOV형 언어는 SVO형 언어와 달리 후치사가 발달하고 수식어가 피수식어 앞에 놓이며, 본동사와 보조동사의 어순을 가진다는 특성 등이 있다. 다음 예는 수식어인 '문법', '열심히'가 피수식어 앞에 나오는 예 〈예시5ㄱ〉와, 보조동사 '싶다'가 본동사 '보다' 뒤에 오는 예 〈예시5ㄴ〉를 보여 준다.

예시5 ㄱ. 문법 공부를 열심히 합시다.
ㄴ. 오늘 영화 보고 싶어?

---

4) 한국어의 문법적 특성에 대해서는 국어학 일반 개론서에서 보다 포괄적으로 다루고 있다. 이 부분은 홍재성(1999)의 논의를 요약적으로 제시한 것으로, 더 상세한 설명이 필요하면 참고문헌에서 다루고 있는 국어학 개론서와 홍재성(1999)의 논의를 참고하기 바란다.

5) 언어유형론(typological classification)이란 각 언어의 특징 중에서 공통적인 특성을 중심으로 언어의 유형을 분류하여 인류 언어 전체에 대한 일반적인 유형을 파악하기 위한 학문이다. 형태적 특성에 따른 언어 유형으로는 고립어, 교착어, 굴절어, 포합어가 있고, 어순에 따른 언어 유형으로는 SOV형, SVO형, VSO형 등이 있다.

이 외에도 한국어의 특성으로 들 수 있는 것은 다음과 같다.

〈어휘 범주별·품사별 특성〉

ㄱ. 의존명사, 분류사(명, 분, 개, 병, 마리 등)가 발달하였다.

ㄴ. 사전에 등재된 어휘 중에서 한자어가 고유어보다 많다.

ㄷ. 대명사를 적게 사용하며, 관계대명사가 존재하지 않는다.

ㄹ. 화계가 매우 다양하다.

ㅁ. 상징어가 발달하였다.

〈통사적 특성〉

ㄱ. 격조사, 보조사 등 조사가 발달하였다.

ㄴ. 주체존대, 상대존대, 객체존대 등의 존비법이 발달하였다.

ㄷ. 이중주어문이 발달하였다.

2) 한국어 문법의 영역과 언어 단위(linguistic unit)

(1) 한국어 문법의 영역

우리가 모국어 화자로서 한국어를 안다는 것은 무엇을 안다는 것일까? 비록 한국어의 소리, 단어, 문장의 체계 각각을 기술할 수는 없지만 우리가 한국어를 자유롭게 구사한다는 것은 결국 우리의 머릿속에 한국어의 '말소리'가 들어 있고 그 말소리를 합하여 쓰인 '단어'의 뜻을 알고 그 단어를 조합함으로써 생각의 단위인 '문장'을 만들 줄 안다는 것이다. 넓은 의미의 '문법(grammar)'은 바로 이 '문장'을 만드는 데 쓰이는 모든 규칙, 지식의 체계를 가리킨다. 이러한 문법은 세 가지 범주로 구분될 수 있다. 말의 소리(2장), 단어의 뜻과 구조(3장), 문장의 구조(4장)와 관련된 규칙 및 지식의 체계가 바로 그것이다.

첫째, '말의 소리' 부분은 한국어 화자들의 머릿속에 공통적으로 저장되어 있는 자음과 모음의 체계, 음운 규칙 등과 관련된다. 즉 '먹는'을 [멍는]으로 발음한다거나 'christmas'를 발음할 때 '크리스마스'라고 하여 영어 철자에는 없는 'ㅡ'를 넣어 발음하는 것 등이 대표적인 예이다. 이 부분은 표준발음법과 맞춤법 등의 실용적인 영역과 관련된다.

둘째, '단어의 뜻과 구조'와 관련된 부분은 한국어의 특징적인 단어 구조나 단어 형성의 차이를 설명해 주는 부분이다.

예시6 ㄱ. 나무, 별

ㄴ. 길이, 넓이, 높이

예시7 ㄱ. 큰아버지, 큰집

ㄴ. 큰 아버지, 큰 집

위 〈예시6ㄱ〉과 〈예시6ㄴ〉은 한 단어를 의미를 가진 최소의 단위로 쪼갤 수 있느냐 아니냐에 따라 구분되는데, '나무'는 '나'와 '무'로 쪼개면 '나'와 '무' 각각은 아무런 의미가 없으나, '길이'는 '길-'과 '-이'가 각각 의미를 가진 언어 단위라는 점에서 다르다. 또 한 〈예시7ㄱ〉, 〈예시7ㄴ〉은 이미 새로운 의미를 가지고 형성된 한 단어(word)이냐 구(phrase)이냐로 구분된다. '큰아버지'의 경우 '큰'과 '아버지'가 합하여야만 그 고유한 의미를 나타낼 수 있으므로 한 단어이며, '큰 아버지'는 '(키가) 큰 아버지'와 같이 '크다'와 '아버지' 각각의 본래 의미가 살아 있는 구일뿐이다.

국어에서 '단어'와 관련된 규칙은 매우 중요하다. 국어 맞춤법의 원리나 띄어쓰기 원리의 대부분이 '단어'의 정의나 단어 형성의 원리와 밀접한 관련을 가지기 때문이다.

셋째, 문장의 구조와 관련된 규칙은 단어가 결합하여 문장을 이루는 각 단계에 적용되는 규칙을 다룬다. 이 부분은 단어가 모여 어절이 되고 구, 절을 이루어 하나의 문장이 생성되는 규칙이나 홑문장, 겹문장(안은문장, 이어진문장)을 구성하는 규칙 즉 문장 구성의 원리에 대한 것을 포함한다.

예시8 오늘 밤은 [[밝은 달C1]이 뜨겠다C2].

위 문장은 5개의 어절(語節), 2개의 절(clause)로 구성되어 있다. 이때 어절은 문장 구성의 기본 단위로 띄어쓰기 단위와 일치하는 단위이며, 절은 주어와 서술어의 관계를 기본으로 하는 단위이다. 또한 '오늘 밤'과 같이 주술 관계는 아니지만 둘 이상의 어절이 모여 있는 단위를 구(phrase)라고 한다. 즉 '문장'의 생성은 '단어'에서 '어절'로 '어절'에서 '구', '절'을 거쳐 이루어진다.

지금까지 설명한 위의 세 가지 범주는 국어 문법 연구의 세 영역 음운론, 형태론, 통사론 각각에 대응되는 것이기도 하다. 한편 최근 들어서는 '문법'을, 음운론을 제외한 형태론, 통사론의 영역으로 한정하는 것이 일반적인 경향인데 이는 협의의 문법이라 할 것이다.

(2) 한국어 문법에서의 언어 단위

국어 문법에 대해 정확히 이해하기 위해서는 위의 음운론, 형태론, 통사론 각각의 영역에서 쓰이는 기본 단위, 즉 음운, 음절, 형태소, 단어, 구, 절, 문장 등에 대한 개념을 익힐 필요가 있다. 한 언어를 구성하는 이러한 단위를 언어 단위(linguistic unit)라고 한다.

우리가 언어를 사용한다는 것은 '유한한 일련의 요소'로 무한한 문장을 구성하는 창조적인 활동을 한다는 것이다. 이때 '유한한 요소'란 음운 단위(phonological nuit)인 음소, 운소와 문법 단위(grammatical unit)인 형태소, 단어를 말하며, '무한한 문장'을 구성하는 것은 단어를 조합함으로써 무한한 구, 절, 문장을 구성하는 것을 말한다. 앞서 살펴본 음운론, 형태론, 통사론의 세 부분을 중심으로 각각의 영역에서의 주요 언어 단위를 표로 나타내면 다음과 같다.

〈표1〉 한국어의 언어 단위

	음운론	형태론	통사론
	음운단위	문법 단위	
주 요 언어 단위	음소(phoneme) 운소(prosody)	형태소(morpheme) 단어(word)	구(phrase) 절(clause) 문장(sentence)

자음과 모음으로 이루어진 음소를 기본 단위로 하는 음운 단위에서 통사론의 최대

단위인 문장에 이르기까지 각각의 언어 단위는 일면 간단해 보이지만 그 정의와 경계가 항상 명확한 것은 아니다. 각각의 정의와 특성에 대해서는 다음 2~4장에서 상세히 다룰 것이다.

참고문헌

1. 김진우, 『언어』, 탑출판사, 2003.
   ▸ 언어학 일반에 관한 방대한 개론서다. 언어의 기원, 인간 언어와 동물 언어와의 차이점 등이 상세하게 소개되어 있으며, 일반 언어 이론을 한국어와 영어의 예를 중심으로 음운론, 형태론, 통사론, 의미론으로 구분하여 기술하고 있다.

2. 남기심 · 고영근, 『표준국어문법론』, 탑출판사, 1985.
   ▸ 학교문법의 체계 내에서 국어문법을 소개한 개론서이다. 총론을 제외하면 형태론과 통사론 두 부분으로 나누어져 있는데, 규범문법을 중심으로 문법을 설명함과 동시에 학교문법에서 문제가 되고 있는 부분들에 대해서도 소개하고 있다.

3. 이익섭, 『국어학개설』, 학연사, 1986.
   ▸ 국어학 전반에 대한 개론서로, 음운론, 문법론, 의미론뿐만 아니라 문자론, 국어사, 방언론도 함께 다루고 있다. 간략한 언어학 일반에 대한 내용과 중세국어부터 고대국어부터까지의 국어 변천사도 소개되고 있어서 국어학과 관련한 전체적인 연구 내용을 살펴보기에 적합하다.

4. 홍재성, 「한국어의 구조 유형론적 특성」, 『외국인을 위한 한국어 교육의 방법과 실제』, 한국방송통신대 출판부, 1999.
   ▸ 한국어 문법의 유형론적 특성에 대해 소개한 논문으로, 한국어의 형태적 특성, 통사적 특성, 담화 · 화용적 특성을 개괄하고 있다. 내용이 쉽지는 않으나 이 논문의 내용을 이해하면, 한국어를 처음 접하는 외국인들에게 한국어의 유형론적 특성을 설명할 수 있다.

5. 김방한, 『언어학의 이해』, 민음사, 1992.

▶ 언어학 개론서로 언어, 언어학 일반에 대한 개론과 언어학과 인접 학문에 대해 폭넓게 소개하고 있다. 특히 이 저서에는 언어의 변화와 통시적인 언어학 연구 방법론이 상세하게 기술되어 있으며, 고대부터 현대에 이르기까지의 언어학 연구사도 간략히 소개되어 있다.

2장 한국어의 소리와 발음

강의목표
- 한국어 소리의 특성을 안다.
- 한국어 소리의 표준발음을 알고 생활에 적용할 수 있다.

1. 한국어의 소리

1) 한국어 자음과 모음의 특징

한국 사람이 낼 수 있는 많은 소리 가운데, 한국 사람의 언어생활에서 구별되어 들리는 소리를 음운이라고 한다. 음운은 의미 변별의 최소 단위이다. 다시 말하면, 음운은 말의 뜻을 구별해 줄 수 있는 가장 작은 소리이다. '달, 딸, 탈'과 '달, 덜, 돌' 그리고 '달, 담, 답'은 각각 의미가 다르다. 이들의 의미가 다르다는 것을 우리는 어떻게 알 수 있는가? 그것을 변별할 수 있게 해 주는 요소가 바로 음운이다.

음운은 크게 음소와 운소로 나뉜다. 음소는 자음, 모음과 같이 분절되는 소리로, 이를 분절음이라고 부른다. 한편 운소는 소리의 길이나 세기, 높낮이와 같은 운율적 요소이다.

음운 ↗ 음소 = 분절음운 : 자음, 모음
음운 ↘ 운소 = 비분절음운 : 길이, 세기, 높낮이

먼저 한국어의 음소에 대해 살펴보자. 한국어의 음소인 자음(19개)과 모음(21개)을 소개한다.

자음(19개) 예사소리(평음) : ㄱ, ㄴ, ㄷ, ㄹ, ㅁ, ㅂ, ㅅ, ㅇ, ㅈ, ㅎ
된소리(경음) : ㄲ, ㄸ, ㅃ, ㅆ, ㅉ
거센소리(격음) : ㅊ, ㅋ, ㅌ, ㅍ

모음(21개) 단모음 : ㅏ, ㅐ, ㅓ, ㅔ, ㅗ, ㅚ, ㅜ, ㅟ, ㅡ, ㅣ
이중모음 : ㅑ, ㅕ, ㅛ, ㅠ, ㅒ, ㅖ, ㅘ, ㅙ, ㅝ, ㅞ, ㅢ

(1) 자음

자음(子音, consonant)은 폐에서 나오는 공기가 목 안이나 입 안의 어떤 자리에서 장애를 받으며 만들어지는 소리이다. 자음이 만들어질 때에는 특정 자리가 완전히 막히거나 좁혀진다. 이때 고정부와 능동부가 접합되며 소리가 만들어지는 위치를 조음위치(조음점, point of articulation)라고 한다.

한국어 자음이 주로 만들어지는 위치로 5곳이 있다. 그 곳은 입술, 이[齒槽], 경구개, 연구개, 성문이다. 조음위치에 따라 자음을 명명하면, 양순음, 치조음, 경구개음, 연구개음, 성문음이라 한다. 이들을 좀 더 자세히 알아보자.

첫째, **양순음**(입술소리)은 두 입술에서 나는 소리이다. 'ㅂ, ㅍ, ㅃ, ㅁ'이 그것이다.

둘째, **치조음**(혀끝소리)은 혀끝과 윗잇몸 사이에서 나는 소리이다. 'ㄷ, ㅌ, ㄸ, ㅅ, ㅆ, ㄴ, ㄹ'이 그것이다.

셋째, **경구개음**(입천장소리)은 혓바닥과 경구개 사이에서 나는 소리이다. 경구개음으로 'ㅈ, ㅊ, ㅉ'이 있다.

넷째, **연구개음**은 혀의 뒷부분과 연구개에서 나는 소리이다. 연구개음으로 'ㄱ, ㅋ, ㄲ, ㅇ'이 있다.

다섯째, **성문음**(목청소리)은 목청 사이에서 나는 소리이다. 목청소리로 'ㅎ'이 있다.

한국어의 자음은 소리를 내는 위치뿐만 아니라 소리를 내는 방법에 따라서도 달라진다. 소리를 내는 방식을 조음방식(manner of articulation)이라고 한다. 조음 방식에 따라 소리를 분류하고, 각 실례를 들면 다음과 같다.

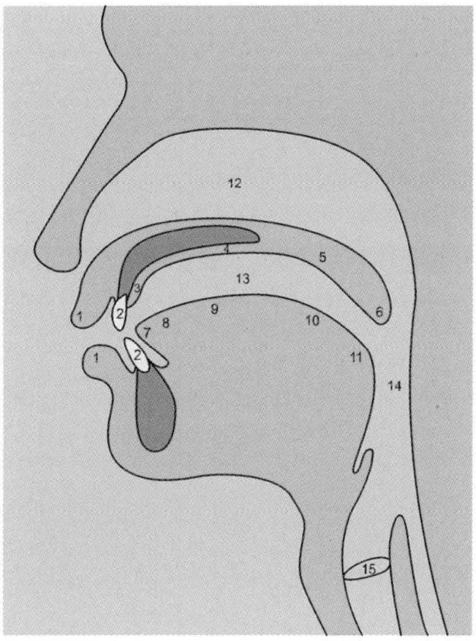

〈그림1〉 음성 기관(배주채 2003 : 28)

첫째, 허파에서 나온 공기의 흐름을 막았다가 터트려 내는 방식이다. 이러한 방식에 따른 소리를 **파열음**이라 하는데, 폐쇄음이나 정지음으로도 불린다. 'ㅂ, ㅍ, ㅃ; ㄷ, ㅌ, ㄸ; ㄱ, ㅋ, ㄲ'이 이런 방식으로 만들어진다.

둘째, 공기의 흐름이 막혔다가, 좁고 긴장된 통로로 공기의 마찰을 일으키며 터지는 소리인데, 이를 **파찰음**이라 한다. 'ㅈ, ㅊ, ㅉ'이 이런 방식으로 만들어진다.

셋째, 소리를 내는 동안 처음부터 끝까지 좁고 긴장된 통로로 공기의 마찰이 일어나는 소리인데, 이를 **마찰음**이라 한다. 'ㅅ, ㅆ, ㅎ'이 여기에 속한다.

넷째, 공기가 코를 통해 나오며 소리가 만들어지는 방식이며, 이를 **비음**이라 한다. 'ㅁ, ㄴ, ㅇ'이 그것이다.

다섯째, 공기가 혀 옆으로 흐르거나 어떤 부위를 떨게 하는 방식으로, 이를 **유음**이라 한다. 'ㄹ'은 이러한 방식으로 만들어진다.

이 가운데 파열음과 파찰음은 성대의 상태에 따라 예사소리(평음), 거센소리(격음), 된소리(경음)으로 나뉜다. 성대를 지나는 동안 기식음이 섞이면 격음이 되고, 성대 긴장이 동반되면 경음이 발생한다.

그 외에 성대의 울림 유무로 소리를 나눌 수 있다. 울림소리로는 한국어에서 비음과 유음이 있고, 그 외의 소리는 안울림소리이며 이를 장애음이라고도 한다.

지금까지 설명한 자음을 표로 정리하면 다음과 같다.

〈표1〉 한국어의 자음

<table>
<tr><th colspan="3"></th><th>순음</th><th>치조음</th><th>경구개음</th><th>연구개음</th><th>후음</th></tr>
<tr><td rowspan="8">장애음</td><td rowspan="3">파열음</td><td>평음</td><td>ㅂ</td><td>ㄷ</td><td rowspan="3"></td><td>ㄱ</td><td rowspan="3"></td></tr>
<tr><td>격음</td><td>ㅍ</td><td>ㅌ</td><td>ㅋ</td></tr>
<tr><td>경음</td><td>ㅃ</td><td>ㄸ</td><td>ㄲ</td></tr>
<tr><td rowspan="3">파찰음</td><td>평음</td><td rowspan="3"></td><td rowspan="3"></td><td>ㅈ</td><td rowspan="3"></td><td rowspan="3"></td></tr>
<tr><td>격음</td><td>ㅊ</td></tr>
<tr><td>경음</td><td>ㅉ</td></tr>
<tr><td rowspan="2">마찰음</td><td>평음</td><td rowspan="2"></td><td>ㅅ</td><td rowspan="2"></td><td rowspan="2"></td><td rowspan="2">ㅎ</td></tr>
<tr><td>경음</td><td>ㅆ</td></tr>
<tr><td rowspan="2">유성음</td><td colspan="2">비음</td><td>ㅁ</td><td>ㄴ</td><td></td><td>ㅇ</td><td></td></tr>
<tr><td colspan="2">유음</td><td></td><td>ㄹ</td><td></td><td></td><td></td></tr>
</table>

(2) 모음

모음(母音, vowel)은 폐에서 나오는 공기가 목 안이나 입 안에서 특별한 장애를 받지 않고 나는 소리이다. 모음은 크게 단모음, 이중모음, 반모음으로 나뉜다.

단모음은 발음 도중에 입술 모양이나 혀의 위치가 변하지 않는 모음이고, 이중모음은 발음의 처음과 나중이 달라지는 모음이다. 그리고 반모음은 독립적으로 발음되지 않고, 이중모음을 만드는 데 참여하는 것이다.

국어 단모음의 수는 최대 10개이다. 각 모음의 발음 위치를 대략 다음과 같이 표시할 수 있다. 음성학적 현실을 반영하여 4단계의 높이를 인정하여 그린다.

〈단모음 음성도〉

ㅣ[i] (ㅟ[ü]) ㅡ[ɨ] ㅜ[u]

ㅔ[e] (ㅚ[ö]) ㅗ[o]

ㅐ[ɛ] ㅓ[ɜ]

ㅏ[a]

그런데 모음은 실제 발음되는 위치로만 이해하지 않는다. 혀의 전후와 고저, 그리고 입술의 모양을 기준으로 단모음의 체계를 살필 수 있다.

첫째, 혀의 고점을 기준으로 혀 앞쪽에서 생성되는 모음을 **전설모음**, 뒤쪽에서 생성되는 것을 **후설모음**이라 한다. 전설모음으로 'ㅣ, ㅔ, ㅐ, ㅟ, ㅚ'가, 후설모음으로 'ㅡ, ㅓ, ㅏ, ㅜ, ㅗ' 등이 있다.

둘째, 혀의 높낮이를 기준으로 **고모음**, **중모음**, **저모음**으로 구분한다. 고모음에 'ㅣ, ㅟ, ㅡ, ㅜ', 중모음에 'ㅔ, ㅚ, ㅓ, ㅗ', 저모음에 'ㅐ, ㅏ'가 있다.

셋째, 입술의 모양에 따라 **평순모음**과 **원순모음**으로 나눈다. 'ㅣ, ㅡ, ㅏ' 등은 평순모음이고, 'ㅗ, ㅜ' 등은 원순모음이다.

이를 표로 정리하면 다음과 같다.

〈표2〉 한국어의 모음

	전설모음		후설모음	
	평순	원순	평순	원순
고모음	ㅣ	ㅟ	ㅡ	ㅜ
중모음	ㅔ	ㅚ	ㅓ	ㅗ
저모음	ㅐ		ㅏ	

2. 표준발음의 실제

음절과 음절이 만날 때 그 경계에서 소리가 변화를 일으키기도 한다. 이러한 소리의 변화를 음운변동(音韻變動)이라고 한다. 음운변동은 그 원인에 따라 자음에 관한 것, 모음에 관한 것으로 나뉜다. 또한 음운변동의 결과를 두고 자음이 변한 것, 모음이 변한 것으로 구분할 수 있다. 한편 음운변동은 단순히 소리의 결합과 관련된 문제가 아닌 형태소의 결합으로 인해 생기기도 하고, 초분절음운으로 변동이 생기기도 한다. 이제 음운변동의 실제를 그 원인에 따라 분류하여 살펴보자.

1) 자음의 음운변동과 표준발음법

(1) 음절의 끝소리 현상

한국어의 한 음절에서 끝소리로 올 수 있는 소리로 'ㄱ, ㄴ, ㄷ, ㄹ, ㅁ, ㅂ, ㅇ' 7개가 있어, 음절 말에 그 밖의 소리가 오면 이들 소리 중의 하나로 바뀐다. 이를 음절의 끝소리 현상이라 한다. 이것은 한국어에서 필수적 음운현상 중의 하나로, 'ㅋ, ㅍ, ㅎ'과 같은 소리는 위의 7개 중의 하나로 발음되어야 하며, 'ㅄ, ㄺ, ㄼ' 등의 겹받침은 자음 앞에서 하나만 발음될 수 있다.

이 현상은 음절 말 혹은 뒷소리가 자음인 환경에서 적용된다. 만약 자음으로 끝나는 음절에 모음으로 시작하는 음절이 뒤따르면, 선행 음절의 끝소리가 후행 음절에 연음된다. '흙도[흑또]'에서 하나의 자음만이 발음되는 것과 달리, '흙이[흘기]'에서 겹받침이 둘 다 발음되는 것이 그 예이다.

(2) 비음동화

자음과 자음이 만날 때, 서로 다른 두 자음이 닮아가는 현상을 자음동화라 한다. 자음과 자음이 만나 동화되는 현상은 두 자음이 조음위치나 조음방법에서 다른 점을 극복하고 발음이 편리하도록 하기 위해 일어난다.

자음동화 가운데 비음이 아닌 것이 비음과 만나서 비음으로 바뀐 것을 비음동화라 한다. 조음위치를 그대로 두고 조음방법을 바꾼 것이다. 양순음 ㅂ은 비음 앞에서 ㅁ으로, 치조음 ㄷ은 비음 앞에서 ㄴ으로, 연구개음 ㄱ은 비음 앞에서 ㅇ으로 변한다. '값만[갑만〉감만], 닫는다[단는다], 국물[궁물]'의 예가 있다. 비음동화는 국어 음운 변동 환경에서는 반드시 일어나는 필수적인 동화 현상이다.

(3) 유음화

자음동화 가운데 유음이 아닌 것이 유음과 만나서 유음으로 바뀌는 것을 유음화라 한다. 비음동화와 마찬가지로 두 자음이 조음방법 면에서 닮아간 것이다. '줄넘기[줄럼기]'처럼 유음 ㄹ이 비음 ㄴ에 선행한 예도 있고, '천리[철리]'처럼 유음이 비음에 후행한 예도 있다. 유음화는 국어 음운 변동 환경에서 일반적으로 일어나는 필수적 동화 현상이다.

(4) 구개음화

모음 ㅣ에 선행한 치조음 ㄷ, ㅌ이 모음 ㅣ의 영향을 받아서 구개음 ㅈ, ㅊ으로 바뀌는 것이 구개음화이다. 구개음은 모음이 원인이 되어 자음이 바뀐다는 특징을 가지고 있다. 현대국어에서 구개음화가 적용되기 위해서는, '굳- + -이, 솥 + -이'와 같이 선행한 말음 ㄷ, ㅌ과 후행하는 모음 ㅣ의 사이에 형태소 경계가 있다는 사실 또한 특징적이다.

이처럼 음절 말음인 치조음 ㄷ, ㅌ이 후행 음절의 모음 ㅣ와 결합하여 경구개음 ㅈ, ㅊ로 바뀌는 것을 ㄷ구개음화라 한다. 한편 '기름〉지름'과 같이 연구개음 ㄱ이 모음 ㅣ와 결합하며 구개음 ㅈ으로 바뀌는 것을 ㄱ구개음화라 한다. 그리고 후음 ㅎ이 동일 환경에서 구개화한 ㅅ으로 바뀌는 것을 ㅎ구개음화라 한다. '힘줄〉심줄'과 같은 예가 있다. ㄱ구개음화와 ㅎ구개음화는 한국어의 역사와 현대국어의 방언에서 찾아볼 수 있으나, 현대국어의 표준발음에서는 이를 인정하지 않는다.

(5) 경음화

장애음(=안울림소리) 평음이 둘 이상 만나서, 뒤의 소리가 경음이 되는 현상을 경음화(=된소리되기, 硬音化)라고 한다. 장애음 평음으로는 파열음 ㅂ, ㄷ, ㄱ · 파찰음 ㅈ · 마찰음 ㅅ이 있다. 이 현상은 국어에서 필수적으로 일어나는 발음의 변동이며 규칙적이다. '식당[식땅]'과 같이 단어 내부에서, '밥도[밥또]'와 같이 체언과 조사에서, '듣고[듣꼬]'와 같이 어간과 어미의 결합 등 다양한 환경에서 나타난다.

2) 모음의 음운변동과 표준발음법 : ㅣ모음 역행동화

이것은 후행 음절의 ㅣ로 인해, 선행 음절의 ㅏ, ㅓ, ㅗ, ㅜ가 ㅐ, ㅔ, ㅚ, ㅟ로 변하는 현상이다. 전설모음인 ㅣ가 선행 후설모음을 전설모음으로 바꾸어 발음의 편의를 도모하고자 하는 것이다. '아비[애비], 어미[에미], 고기[괴기], 죽이다[쥐이다]'와 같은 예가 있다.

3) 기타 음운변동과 표준발음법 : 사잇소리 현상

둘 이상의 형태소가 관형 구성으로 만나 합성 명사를 이룰 때, 두 형태소의 경계에서 소리가 덧나는 현상을 말한다. '나뭇잎, 바닷가'는 글자 그대로 발음되지 않는 것이다.

이 현상은 다음과 같은 몇 가지 조건을 동시에 충족시킬 때 적용된다. 우선 관형 구성으로 된 합성 명사에서, 선행 형태소가 유성음으로 끝나야 한다. 그리고 합성명사의 형태소는 적어도 하나 이상이 고유어여야 한다. 이러한 조건에서 후행 형태소 첫소리에서 발음의 변화가 있으면 이것을 사잇소리 현상이라고 한다. 이때 '콧물'과 같이 선행 형태소가 모음으로 끝나면 음절 말 자리에 'ㅅ(사이시옷)'을 써 주고, '비빔밥'처럼 음절말 자음이 'ㄹ, ㅁ, ㄴ, ㅇ'과 같은 울림소리일 때는 발음의 변동이 있음에도 불구하고 'ㅅ'을 적지 않는다.

이 현상은 소리의 변화이긴 하되, 소리의 결합만으로 발음 변화가 일어난 것이 아니라 형태소가 합성되면서 발생하는 음운현상이라는 점이 특징적이다. 그리하여 합성 조건에 따라서 '김밥[김밥], 보리밥[보리밥], 비빔밥[비빔빱]'처럼, 단어의 구성에 따라서 일어나기도 하고 그렇지 않기도 한다.

한자의 합성에서도 사잇소리 현상이 일어난다. '개수[개쑤], 초점[초쩜]'과 같은 예가 그러하다. 그러나 한자의 합성에서 '곳간, 셋방, 숫자, 찻간, 툇간, 횟수'를 제외하고는, 발음에서 사잇소리 현상이 일어나더라도 문자로 'ㅅ(사이시옷)'을 적지 않는다.

4) 소리의 길이와 표준발음법

한국어의 음소에 동반되어 실현되며 의미 변별에 참여하는 운소가 있다. 운소란 소리의 길이나 세기, 높낮이와 같은 운율적 요소를 말한다. 이 가운데 한국어의 소리에서 중요한 요소는 소리의 길이이다. '장(場)'과 '장:(腸)', '방화(防火)'와 '방:화(放火)'와 같이, 한국어에서 소리의 길이에는 의미를 분화할 수 있는 힘이 있다. 다만 소리의 길이는 '눈:[雪]-첫눈, 밤[栗]-군밤'과 같이 음절의 첫소리에서만 변별된다는 점에 유의해야 한다.

3. 참고자료

한국어를 올바로 발음하는 것과 관련하여, 여기에서 〈표준발음법〉을 살펴볼 것이다. 현재 우리가 사용하고 있는 〈표준발음법〉은 1988년에 공고되어 1989년 3월 1일부터 시행되었다. 표준발음법은 국어어문규정 가운데 〈표준어 규정〉 제2부에 해당되며, 모두 7장 30항으로 되어 있다. 이러한 표준발음법에 대해 우리는 상당히 무관심하며, 부지불식간에 잘못 발음하는 말이 많다. 아래에서 표준발음법에 대해 살펴보고 유의할 점과 문제점을 분석하여 보기로 한다.

〈표준발음법〉

제1항 표준발음법은 표준어의 실제 발음을 따르되, 국어의 전통성과 합리성을 고려하여 정함을 원칙으로 한다.

이것은 표준발음법의 대원칙과 규정을 밝힌 것이다. 위의 항을 분석해서 몇 가지 질문을 해 본다. '표준어'란 무엇인가? '실제 발음'이란 무엇이며, '전통성'과 '합리성'은 어떤 것인가? 실제 발음과 전통성 가운데서 위의 항목에서 더 중요하게 생각하는 것은 어떠한 것인가?

표준어란 국어어문규정에 '교양 있는 사람들이 두루 쓰는 현대 서울말'이라고 규정되어 있다. 표준어를 제정할 때 계층별, 시대별, 지역별 기준이 적용되었음을 알 수 있다. 교양 있는 사람들이란 계층별 기준이고, 현대란 시대별 기준, 서울말은 지역별 기준이다. 표준 발음은 표준어의 실제 발음을 따른다고 했으므로, 그 의미는 공적인 학교 교육을 받고 현대를 살아가는 서울 및 중부 지역에서 실현되는 발음을 따른다는 것으로 이해할 수 있다.

그런데 그러한 요건에 맞는 것이라 해도 한국어의 역사적 전통과 한국어의 일반적인 원리에 어긋나는 발음형은 인정할 수 없다고 되어 있다. 국어의 전통성과 합리성에 맞는지 따지고, 이 과정을 거치면서 서울 및 중부 방언의 요소는 배제된다.

무엇보다도 위의 항은, 실제 발음과 전통성 양자를 두루 고려한다는 것을 뜻하는 동시에,

양자가 상충될 때는 전통성을 어기지 않는 범위에서 실제 발음을 허용한다는 것도 말하고 있다. 일반 언중들은 표준어 및 표준 발음에 대해 실제 발음을 따르는 것에 우선권이 있을 것이라는 생각을 하는데, 이것은 표준발음법의 대원칙을 제대로 이해하지 못한 데서 온 오해이다.

1) 자음과 모음의 발음

제2항 표준어의 자음은 다음 19개로 한다.

ㄱ ㄲ ㄴ ㄷ ㄸ ㄹ ㅁ ㅂ ㅃ ㅅ ㅆ ㅇ ㅈ ㅉ ㅊ ㅋ ㅌ ㅍ ㅎ

제3항 표준어의 모음은 다음 21개로 한다.

ㅏ ㅐ ㅑ ㅒ ㅓ ㅔ ㅕ ㅖ ㅗ ㅘ ㅙ ㅚ ㅛ ㅜ ㅝ ㅞ ㅟ ㅠ ㅡ ㅢ ㅣ

제4항 'ㅏ ㅐ ㅓ ㅔ ㅗ ㅚ ㅟ ㅡ ㅣ'는 단모음으로 발음한다.

[붙임] 'ㅚ, ㅟ'는 이중모음으로 발음할 수 있다.

제5항 'ㅑ ㅒ ㅕ ㅖ ㅘ ㅙ ㅛ ㅝ ㅞ ㅠ ㅢ'는 이중모음으로 발음한다.

위 제2~5항의 내용은 한국어 자음과 모음에 대한 것이다. 자음은 제2항과 같이 19개, 모음은 제3과 같이 21개이며, 모음을 발음하는 중에 입의 모양이나 혀의 위치가 바뀌지 않는 단모음과, 그렇지 않은 이중모음을 각각 제4항과 제5항에서 규정하였다. 그런데 이중모음은 자음과의 결합 시, 결합되는 자음에 따라 음가대로 실현되는 데 제약을 갖는 경우가 있다. 이러한 경우에 바른 발음을 하기 위해 무엇을 알아야 할까?

제5항

다만 1. 용언의 활용형에 나타나는 '져, 쪄, 쳐'는 [저, 쩌, 처]로 발음한다.

가지어→가져[가저]　　　찌어→쪄[쩌]　　　다치어→다쳐[다처]

다만 2. '예, 례' 이외의 'ㅖ'는 [ㅔ]로도 발음한다.

계집[계 : 집/게 : 집]　시계[시계/시게](時計)　몌별[몌별/메별](袂別)
혜택[혜택/헤택](惠澤)　계시다[계 : 시다/게 : 시다]　연계[연계/연게](連繫)
개폐[개폐/개페](開閉)　지혜[지혜/지헤](智慧)

다만 3. 자음을 첫소리로 가지고 있는 음절의 'ㅢ'는 [ㅣ]로 발음한다.

늴리리　닁큼　무늬　띄어쓰기　씌어　틔어　희어　희떱다

다만 4. 단어의 첫음절 이외의 '의'는 [ㅣ]로, 조사 '의'는 [ㅔ]로 발음함도 허용한다.

주의[주의/주이]　협의[혀븨/혀비]　우리의[우리의/우리에]
강의의[강 : 의의/강 : 이에]

위의 내용은 이중모음이 자음과 결합할 때 음가대로 실현되는 데 제약을 받는 경우의 것이다. 크게 4가지 경우를 말하고 있다.

[다만 1]은 용언의 활용형에서 '경구개음+ㅕ'가 결합할 때, 이중모음 'ㅕ'가 단모음으로 실현된다는 말이다. 한국어의 발음에서는 경구개 자음과, 경구개 반모음이 결합된 이중모음의 결합에 제약이 있어서 발음할 수 없다. 이 내용은 외래어 표기법을 제정하는 데에도 적용되어 있다. 외래어 표기법은 자국민의 언어생활을 고려한 규정이라서 자국민이 발음할 수 없는 것은 규정에 포함하지 않는다. 예를 들어 juice, television, journal을 각각 '주스, 텔레비전, 저널'이라고 하고, '쥬스, 텔레비젼, 져널'이라고 하지 않는다. 이것은 영어로는 그러한 발음이 가능하더라도 한국어에 포함된 외래어 발음형 및 문자 표기로는 마땅하지 않다고 판단하기 때문이다. 이러한 외래어 표기 규정은 표준발음법 제5항 다만 1과 관련하여 이해할 수 있다.

[다만 2]는 유음 이외의 자음과 결합한 모음 'ㅖ'는 'ㅔ'로 발음되는 것을 허용한다는 규정이다. 이중모음 'ㅖ'가 자음과 결합하는 데 제약이 많이 따르기 때문이다.

[다만 3]과 [다만 4]는 이중모음 'ㅢ'에 대한 것이다. 'ㅢ'는 현대 한국어의 다른 이중모음에 비해 특이한 점이 있다. '주모음 ㅡ + 반모음 j'의 결합으로 보면 반모음이 뒤에 있다는

특징이 있고, '반모음 u + 주모음 ㅣ'로 보면 반모음 u와 결합된 유일한 이중모음이란 특징이 있다. 이러한 이유로 'ㅢ'는 발음하기 불안한 면이 있다. [다만 3]에서와 같이 모음만으로 구성된 첫음절에서는 이것을 반드시 [ㅢ]로 발음해야 한다. 그러나 자음과 함께 오거나 둘째 음절 이하에서는 [ㅣ]로도 발음할 수 있다는 허용항을 두고 있다. 또한 조사로 왔을 때는 [ㅔ]로도 발음할 수 있다는 허용항을 두었다.

위 [다만 1~4]를 통해 알 수 있는 것은, 한국어에서 이중모음은 자음과의 결합에서 제약이 많아 음성 실현이 어려울 경우가 많고, 이를 단모음화하여 해결하려는 경향이 있다는 점이다.

2) 음의 길이

제6항 모음의 장단을 구별하여 발음하되, 단어의 첫 음절에서만 긴소리가 나타나는 것을 원칙으로 한다.

(1)	눈보라[눈 : 보라]	멀리[멀 : 리]	말씨[말 : 씨]
	벌리다[벌 : 리다]	밤나무[밤 : 나무]	많다[만 : 타]
(2)	첫눈[눈]	눈멀다[눈멀다]	참말[참말]
	떠벌리다[떠벌리다]	쌍동밤[쌍동밤]	수많이[수 : 마니]

다만, 합성어의 경우에는 둘째 음절 이하에서도 분명한 긴소리를 인정한다.

반신반의[반 : 신 바 : 늬/반 : 신 바 : 니]　　재삼재사[재 : 삼 재 : 사]

[붙임] 용언의 단음절 어간에 어미 '-아/-어'가 결합되어 한 음절로 축약되는 경우에도 긴소리로 발음한다.

보아→봐[봐 :]	두어→둬[둬 :]	기어→겨[겨 :]
하여→해[해 :]	되어→돼[돼 :]	

다만, '오아→와, 지어→져, 찌어→쪄, 치어→쳐' 등은 긴소리로 발음하지 않는다.

한국어에서 소리의 길이는 의미 변별에 영향을 미친다. 그런데 긴소리는 모음의 첫 음절에서만 발음된다. 제8항의 (1)과 (2)의 예는 그것을 비교한 것이다.

그러나 둘째 음절 이하에서 긴소리를 인정하는 경우가 있다. [다만]에서와 같이 합성어에서 형태소 경계 다음의 첫소리는 그것이 긴 소리일 때 그대로 인정한다. 이것은 맞춤법 규정에서 '여성-신여성, 연도-회계연도'와 같이 복합어의 형태소 경계에서 두음법칙이 적용되는 것과 같은 원리이다.

[붙임]에서는 두 음절이 한 음절로 축약되면서 두 음절에 대응되는 길이가 남은 것을 말하는데, 이를 보상적 장음화라고 한다. 이것은 단음절 어간의 용언에서 일어난다는 점이 특징적이다.

그러나 이 경우에도 한국어의 소리에서 제약을 받는 것은 보상적 장음화가 일어나지 않는다. '오아'는 모음 음절이 연속되지 않는다는 제약에 따라 필수적으로 '와'가 되는 것이며, 그 결과 모음의 길이에 변화가 없다. 또한 '져, 쪄, 쳐'는 경구개음과 경구개 반모음의 이중모음의 결합에 제약이 있어 발음되지 않았고, 장음화의 예외가 된 것이다. 이처럼 한국어 소리의 특성과 적용 원칙을 알면 다양한 실례를 더욱 체계적으로 이해할 수 있다는 것을 알 수 있다.

제7항 긴소리를 가진 음절이라도, 다음과 같은 경우에는 짧게 발음한다.

1. 단음절인 용언 어간에 모음으로 시작된 어미가 결합되는 경우

감다[감 : 따]—감으니[가므니] 신다[신 : 따]—신어[시너]
밟다[밥 : 따]—밟으면[발브면] 알다[알 : 다]—알아[아라]

다만, 다음과 같은 경우에는 예외적이다.

끌다[끌 : 다]—끌어[끄 : 러] 벌다[벌 : 다]—벌어[버 : 러]
없다[업 : 따]—없으니[업 : 쓰니] 떫다[떨 : 따]—떫은[떨 : 븐]
썰다[썰 : 다]—썰어[써 : 러]

2. 용언 어간에 피동, 사동의 접미사가 결합되는 경우

감다[감 : 따]—감기다[감기다]　　밟다[밥 : 따]—밟히다[발피다]

꼬다[꼬 : 다]—꼬이다[꼬이다]

다만, 다음과 같은 경우에는 예외적이다.

끌리다[끌 : 리다]　　벌리다[벌 : 리다]　　없애다[업 : 쌔다]

[붙임] 다음과 같은 합성어에서는 본디의 길이에 관계 없이 짧게 발음한다.

밀-물　　썰-물　　쏜-살-같이　　작은-아버지

제7항은 원래 긴소리가 짧게 발음되는 경우이다. 크게 두 가지 경우가 있는데, 첫째는 단음절 용언 어간에 모음으로 시작하는 어미가 결합되었을 때이고, 둘째는 용언 어간에 사 · 피동 접사가 결합된 경우이다. 그러나 각 항에 덧붙은 '다만'의 내용과 같이, 이 규칙이 적용되지 않는 특정 어휘가 다수 있다. 이런 이유로 위의 항은 언중들이 기억하기에 상당히 까다로운 규정 가운데 하나이다.

3) 받침의 발음

받침을 올바로 발음하기 위해서는 세 가지 발음법을 분명히 알고 있어야 한다. 음절의 끝소리 현상과 관련된 것, 겹받침의 발음법, ㅎ받침의 발음법이 그것이다. 또한 모음으로 시작하는 음절이 뒤따를 때의 특수성도 알아야 한다.

(1) 음절의 끝소리 현상

제8항 받침소리로는 'ㄱ, ㄴ, ㄷ, ㄹ, ㅁ, ㅂ, ㅇ'의 7개 자음만 발음한다.

제9항 받침 'ㄲ, ㅋ', 'ㅅ, ㅆ, ㅈ, ㅊ, ㅌ', 'ㅍ'은 어말 또는 자음 앞에서 각각 대표음 [ㄱ,

ㄷ, ㅂ]으로 발음한다.

닦다[닥따]	웃다[욷 : 따]	꽂[꼳]	앞[압]	키읔[키윽]
있다[읻따]	쫓다[쫃따]	덮다[덥따]	키읔과[키윽꽈]	젖[젇]
솥[솓]	옷[옫]	빚다[빋따]	뱉다[밷 : 따]	

위의 내용은 한국어의 받침을 발음할 때 적용되는 규칙에 관한 것이다. 받침소리는 반드시 위의 7개의 발음으로만 가능하다는 것인데, 여기에는 이 소리가 음절 말에 오거나 자음 앞에 위치한다는 전제가 깔려 있다. 모음 앞에 위치한 음절 말 자음은 음가대로 실현되기 때문이다. 그 이외의 음절 말음, 제9항의 것은 제8항에 준해 발음되어야 한다.

(2) 겹받침의 발음

제10항 겹받침 'ㄳ', 'ㄵ', 'ㄼ, ㄽ, ㄾ', 'ㅄ'은 어말 또는 자음 앞에서 각각 [ㄱ, ㄴ, ㄹ, ㅂ]으로 발음한다.

넋[넉]	넓다[널따]	없다[업 : 따]	넋과[넉꽈]	외곬[외골]
앉다[안따]	핥다[할따]	여덟[여덜]	값[갑]	

다만, '밟-'은 자음 앞에서 [밥]으로 발음하고, '넓-'은 다음과 같은 경우에 [넙]으로 발음한다.

(1) 밟다[밥 : 따]　　밟게[밥 : 께]　　밟소[밥 : 쏘]　　밟고[밥 : 꼬]

　　밟지[밥 : 찌]　　밟는[밥 : 는→밤 : 는]

(2) 넓-죽하다[넙쭈카다]　　넓-둥글다[넙뚱글다]

음절 말에서 제8항의 7개의 소리로만 발음된다는 규칙은 겹받침의 경우에도 동일하게 적용된다. 제10항의 겹받침은 음절 말이거나 자음 앞에서 겹받침의 두 소리 중에서 앞의 소리만이 발음 되는 경우이다.

그런데 [다만] 조항에서는 'ㄹㅂ'에서 뒤의 소리가 발음되는 것을 볼 수 있다. 이것은

제10항의 내용으로 보면 예외가 된다. 그러나 '밟-'은 표준어의 실제 발음이 [발]이 아닌 [밥 :]이기 때문에 실제 발음을 따라 'ㅂ'으로 발음한다. '넓-'은 '넓다[널따]'와 달리 '-죽하다, -둥글다'와 결합된 경우만 [널쭉카다], [널뚱글다]가 아닌 [넙]으로 발음되므로, 실제 발음을 따라 이것을 반영한 것이다. 제1항에서 본 바와 같이, 이것은 표준어의 실제 발음을 반영한 것의 대표적인 예이다.

제11항 겹받침 'ㄺ, ㄻ, ㄿ'은 어말 또는 자음 앞에서 각각 [ㄱ, ㅁ, ㅂ]으로 발음한다.

닭[닥]　　삶[삼 :]　　흙과[흑꽈]　　젊다[점 : 따]　　맑다[막따]

읊고[읍꼬]　　늙지[늑찌]　　읊다[읍따]

다만, 용언의 어간 말음 'ㄺ'은 'ㄱ' 앞에서 [ㄹ]로 발음한다.

맑게[말게]　　묽고[물꼬]　　얽거나[얼꺼나]

제11항은, 제10항과 달리 겹받침 가운데 뒤의 소리만이 발음되는 경우이다. 'ㄺ, ㄻ, ㄿ'에서 각각 [ㄱ, ㅁ, ㅂ]으로 발음된다.

그런데 받침 'ㄺ'의 경우, 체언과 용언의 예에서 각각 다른 규칙이 적용된다. 체언에서 받침 'ㄺ'은 뒤따르는 자음이 어떠한 것이든 관계없이 'ㄱ'으로 발음하나, 용언에서는 그렇지 않다. 용언의 받침 'ㄺ'은 뒤따르는 어미의 자음이 'ㄱ'일 때만 'ㄹ'로 발음되는 차이점이 있으므로 주의해서 발음해야 한다.

(3) 받침 'ㅎ'의 발음

제12항 받침 'ㅎ'의 발음은 다음과 같다.

1. 'ㅎ(ㄶ, ㅀ)' 뒤에 'ㄱ, ㄷ, ㅈ'이 결합되는 경우에는, 뒤 음절 첫소리와 합쳐서 [ㅋ, ㅌ, ㅊ]으로 발음한다.

놓고[노코]　　않던[안턴]　　좋던[조 : 턴]　　닳지[달치]

쌓지[싸치]　　많고[만 : 코]

[붙임 1] 받침 'ㄱ(ㄺ), ㄷ, ㅂ(ㄼ), ㅈ(ㄵ)'이 뒤 음절 첫소리 'ㅎ'과 결합되는 경우에도, 역시 두 소리를 합쳐서 [ㅋ, ㅌ, ㅍ, ㅊ]으로 발음한다.

각하[가카]　좁히다[조피다]　먹히다[머키다]　넓히다[널피다]

밟히다[발피다]　꽂히다[꼬치다]　맏형[마텽]　앉히다[안치다]

[붙임 2] 규정에 따라 'ㄷ'으로 발음되는 'ㅅ, ㅈ, ㅊ, ㅌ'의 경우에는 이에 준한다.

옷 한 벌[오탄벌]　숱하다[수타다]　낮 한때[나탄때]　꽃 한 송이[꼬탄송이]

받침을 발음할 때 주의해야 할 내용 중 하나로 'ㅎ' 받침에 대해 알아보자. 'ㅎ' 받침은 뒤따르는 소리에 따라 다양한 형태로 발음된다. 제12항의 1은 축약현상을 다루고 있다. 받침이 'ㅎ'이고 그 뒤에 'ㄱ, ㄷ, ㅂ, ㅈ'이 있을 때 양자가 결합하여 [ㅋ, ㅌ, ㅍ, ㅊ]으로 발음된다. 만약 받침이 'ㄱ, ㄷ, ㅂ, ㅈ'이고 뒤따르는 자음이 'ㅎ'일 때에도 결과는 동일하다. 이것이 [붙임1]의 내용이다. 받침이 'ㅅ, ㅈ, ㅊ, ㅌ'이면 당연히 'ㄷ'으로 소리 나므로, 뒤따르는 'ㅎ'과 결합하면 [ㅋ, ㅌ, ㅍ, ㅊ]으로 소리가 난다는 것이 [붙임2]의 내용이다. 자음 축약의 결과로 격음화가 일어났다.

2. 'ㅎ(ㄶ, ㅀ)' 뒤에 'ㅅ'이 결합되는 경우에는, 'ㅅ'을 [ㅆ]으로 발음한다.

닿소[다쏘]　많소[만 : 쏘]　싫소[실쏘]

3. 'ㅎ' 뒤에 'ㄴ'이 결합되는 경우에는, [ㄴ]으로 발음한다.

놓는[논는]　쌓네[싼네]

[붙임] 'ㄶ, ㅀ' 뒤에 'ㄴ'이 결합되는 경우에는 'ㅎ'을 발음하지 않는다.

않네[안네]　않는[안는]　뚫네[뚤네→뚤레]　뚫는[뚤는→뚤른]

* '뚫네[뚤네→뚤레], 뚫는[뚤는→뚤른]'에 대해서는 제20항 참조

'ㅎ'은 마찰음이다. 마찰음인 'ㅎ'이 같은 마찰음 'ㅅ'과 결합하면 [ㅆ]으로 발음한다.

이러한 현상은 마찰음끼리의 특수한 결합으로 설명된다.

한편 'ㅎ'이 비음 'ㄴ'과 결합하는 경우, 받침 'ㅎ'이 대표음 [ㄷ]으로 발음된 후 비음동화하여 'ㄴ'으로 발음된다. 그러나 겹받침 'ㄴㅎ, ㄹㅎ'의 뒤에 'ㄴ'이 뒤따르면 이와 달라진다. [붙임]의 내용과 같이 'ㅎ'이 발음되지 않는데, 그 이유는 두 모음 사이에서 자음 세 개가 발음될 수 없기 때문이다. 그리하여 이러한 경우에는 겹받침에서 대표음만 발음된다.

4. 'ㅎ(ㄶ, ㅀ)' 뒤에 모음으로 시작된 어미나 접미사가 결합되는 경우에는 'ㅎ'을 발음하지 않는다.

낳은[나은] 않은[아는] 놓아[노아] 닳아[다라]

쌓이다[싸이다] 싫어도[시러도] 많아[마 : 나]

모음과 모음 사이, 그리고 모음과 울림소리 사이는 무성음이 유성음화하는 환경이다. 'ㅎ'이 음성적으로 유성음화하면 한국어 음소로는 발음되지 않는 것처럼 들린다. 그리하여 모음으로 시작하는 어미나 접미사 앞에서 'ㅎ'은 위와 같이 발음되지 않는 것이다.

이처럼 받침 'ㅎ'은 뒤따르는 소리에 따라 다양하게 발음되므로, 각 경우에 따라 정확하게 발음해야 한다.

(4) 연음법칙

제13항 홑받침이나 쌍받침이 모음으로 시작된 조사나 어미, 접미사와 결합되는 경우에는, 제 음가대로 뒤 음절 첫소리로 옮겨 발음한다.

깎아[까까] 꽂아[꼬자] 앞으로[아프로] 옷이[오시] 꽃을[꼬츨]

덮이다[더피다] 있어[이써] 쫓아[쪼차] 낮이[나지] 밭에[바테]

제14항 겹받침이 모음으로 시작된 조사나 어미, 접미사와 결합되는 경우에는, 뒤엣것만을 뒤 음절 첫소리로 옮겨 발음한다. (이 경우, 'ㅅ'은 된소리로 발음함.)

넋이[넉씨] 곬이[골씨] 없어[업 : 써] 앉아[안자]

훑아[할타]　　닭을[달글]　　읊어[을퍼]　　젊어[절머]
값을[갑쓸]

앞 음절의 받침 뒤에 모음으로 시작하는 음절이 뒤따를 때, 앞 음절의 받침이 뒤 음절의 첫소리로 소리 나는 현상을 연음법칙이라 한다. 모음으로 시작하는 뒤 음절이 조사나 어미, 접미사와 같은 형식형태소(=문법형태소)일 때 이러한 현상이 일어난다.

앞 음절의 받침이 겹받침일 때는 뒤의 것만을 뒤 음절로 옮겨 그 첫소리로 낸다. 앞 음절의 모음과 뒤 음절의 모음, 즉 두 모음 사이에서 두 개의 자음은 발음할 수 있기 때문이다.

그러나 다음 제15항과 같이 실질형태소가 연결되는 경우에는 이와 다르다.

제15항 받침 뒤에 모음 'ㅏ, ㅓ, ㅗ, ㅜ, ㅟ'들로 시작되는 실질 형태소가 연결되는 경우에는, 대표음으로 바꾸어서 뒤 음절 첫소리로 옮겨 발음한다.

밭 아래[바다래]　　겉옷[거돋]　　늪 앞[느밥]　　헛웃음[허두슴]
젖어미[저더미]　　꽃 위[꼬뒤]　　맛없다[마덥다]

다만, '맛있다, 멋있다'는 [마싣따], [머싣따]로도 발음할 수 있다.

[붙임] 겹받침의 경우에는 그 중 하나만을 옮겨 발음한다.

넋 없다[너겁따]　　닭 앞에[다가페]　　값어치[가버치]　　값있는[가빈는]

받침 뒤에 모음으로 시작하는 형태소가 실질형태소일 때는 받침이 다음 음절로 그대로 옮겨가지 못하고, 먼저 음절의 끝소리 현상을 겪게 된다. 그러므로 '맛+있다', '멋+있다'의 결합에서, 실질형태소인 '있다, 없다'에서 앞 음절의 받침은 먼저 음절의 끝소리 현상을 거쳐 '[마딛따], [머딛따]'로 발음한다. 위의 '다만'에서 '[마싣따], [머싣따]'와 같이 음절 말음이 그대로 연음된 것을 표준 발음으로 둔 것은, 이것이 예외라는 점을 인정한 것이다.

제16항 한글 자모의 이름은 그 받침소리를 연음하되, 'ㄷ, ㅈ, ㅊ, ㅋ, ㅌ, ㅍ, ㅎ'의 경우에는 특별히 다음과 같이 발음한다.

디귿이[디그시]	지읒이[지으시]	치읓이[치으시]	키읔이[키으기]
티읕이[티으시]	피읖이[피으비]	히읗이[히으시]	디귿을[디그슬]
지읒을[지으슬]	치읓을[치으슬]	키읔을[키으글]	티읕을[티으슬]
피읖을[피으블]	히읗을[히으슬]	디귿에[디그세]	지읒에[지으세]
치읓에[치으세]	키읔에[키으게]	티읕에[티으세]	피읖에[피으베]
히읗에[히으세]			

제16항은 한글 자모의 이름이 모음으로 시작하는 조사와 결합할 때, 그 받침을 발음하는 방법에 대한 것이다. 모음으로 시작하는 형식형태소 앞에 있는 받침소리는 연음법칙에 따르지만, 위의 예에서는 일반적인 대표음으로 소리 나지 않는다. 'ㄷ, ㅈ, ㅊ, ㅌ, ㅎ'이 'ㅅ'으로, 'ㅋ'은 'ㄱ'으로, 'ㅍ'은 'ㅂ'으로 발음되는 위의 내용을 주의 깊게 살펴두자.

4) 음의 동화

(1) 구개음화

모음 'ㅣ'에 선행한 치조음 'ㄷ, ㅌ'이 구개음 'ㅈ, ㅊ'으로 바뀌는 것이 구개음화이다. 이 현상은 자음과 모음이 만나서, 모음이 원인이 되어 자음에 변화가 생긴 것이다. 제17항은 구개음화가 적용되는 경우에 그것을 지켜 발음할 것을 규정하였다.

제17항 받침 'ㄷ, ㅌ(ㄾ)'이 조사나 접미사의 모음 'ㅣ'와 결합되는 경우에는, [ㅈ, ㅊ]으로 바꾸어서 뒤 음절 첫소리로 옮겨 발음한다.

곧이듣다[고지듣따]	땀받이[땀바지]	굳이[구지]	밭이[바치]
미닫이[미다지]	벼훑이[벼훌치]		

[붙임] 'ㄷ' 뒤에 접미사 '히'가 결합되어 '티'를 이루는 것은 [치]로 발음한다.

굳히다[구치다]　　　닫히다[다치다]　　　묻히다[무치다]

(2) 비음동화

자음과 자음이 만날 때, 서로 다른 두 자음이 닮아가는 현상을 크게 자음동화라 한다. 자음동화 가운데 비음이 아닌 것이 비음과 만나서 비음으로 바뀐 것을 비음동화라 한다. 제18항은 비음동화에 관한 것이다. 비음동화는 한국어에서 필수적으로 일어나는 음운현상이며, 이것은 [붙임]과 같이 단어 경계를 뛰어넘어서도 적용된다.

비음 'ㅁ, ㅇ' 아래 연결되는 유음 'ㄹ'도 선행하는 비음의 영향으로 비음화한다. 이때 조음방법을 바꾸어, 닮아진 자음이 연쇄되도록 하는 한편, 조음의 위치는 그대로 유지한다.

제18항 받침 'ㄱ(ㄲ, ㅋ, ㄳ, ㄺ), ㄷ(ㅅ, ㅆ, ㅈ, ㅊ, ㅌ, ㅎ), ㅂ(ㅍ, ㄼ, ㄿ, ㅄ)'은 'ㄴ, ㅁ' 앞에서 [ㅇ, ㄴ, ㅁ]으로 발음한다.

먹는[멍는]　　몫몫이[몽목씨]　　짓는[진 : 는]　　젖멍울[전멍울]
놓는[논는]　　밟는[밤 : 는]　　국물[궁물]　　긁는[긍는]
옷맵시[온맵시]　　쫓는[쫀는]　　잡는[잠는]　　읊는[음는]
깎는[깡는]　　흙만[흥만]　　있는[인는]　　꽃망울[꼰망울]
밥물[밤물]　　없는[엄 : 는]　　키읔만[키응만]　　닫는[단는]
맞는[만는]　　붙는[분는]　　앞마당[암마당]　　값매다[감매다]

[붙임] 두 단어를 이어서 한 마디로 발음하는 경우에도 이와 같다.

책 넣는다[챙넌는다]　　밥 먹는다[밤멍는다]　　흙 말리다[홍말리다]
값 매기다[감매기다]　　옷 맞추다[온마추다]

제19항 받침 'ㅁ, ㅇ' 뒤에 연결되는 'ㄹ'은 [ㄴ]으로 발음한다.

담력[담 : 녁]　　대통령[대 : 통녕]　　침략[침냑]
강릉[강능]　　항로[항 : 노]

[붙임] 받침 'ㄱ, ㅂ' 뒤에 연결되는 'ㄹ'도 [ㄴ]으로 발음한다.

막론[막논→망논]　　　　십리[십니→심니]

백리[백니→뱅니]　　　　협력[협녁→혐녁]

(3) 유음화

자음동화 가운데 유음이 아닌 것이 유음과 만나서 유음으로 바뀌는 것을 유음화라 한다. 조음방법을 닮아가게 해서 조음을 쉽게 하려는 것이다. 이처럼 독립적인 단어의 내부에서 유음과 비음이 연쇄하면 비음이 유음화한다.

그러나 '생산 + 량', '입원 + 료'와 같이 한자어에서, 단어가 접사의 경계가 생길 때는 제20항과 반대로 유음이 비음화한다. 이러한 사례를 모아 그것을 '다만'에서 밝혀 두었다.

제20항 'ㄴ'은 'ㄹ'의 앞이나 뒤에서 [ㄹ]로 발음한다.

(1) 난로[날 : 로]　　　대관령[대 : 괄령]　　　신라[실라]

천리[철리]　　　광한루[광 : 할루]

(2) 칼날[칼랄]　　　물난리[물랄리]　　　줄넘기[줄럼끼]　　　할는지[할른지]

[붙임] 첫소리 'ㄴ'이 'ㅀ, ㄾ' 뒤에 연결되는 경우에도 이에 준한다.

닳는[달른]　　　뚫는[뚤른]　　　핥네[할레]

다만, 다음과 같은 단어들은 'ㄹ'을 [ㄴ]으로 발음한다.

의견란[의 : 견난]　　　결단력[결딴녁]　　　상견례[상견녜]

입원료[이붠뇨]　　　임진란[임 : 진난]　　　공권력[공꿘녁]

횡단로[횡단노]　　　구근류[구근뉴]　　　생산량[생산냥]

동원령[동 : 원녕]　　　이원론[이 : 원논]

(4) 기타 수의동화

구개음화, 비음동화, 유음화 이외에 일어나는 자음의 변화는 한국어에서 올바른 발음으로 인정하지 않는다. 한국어 소리의 특성으로 반드시 일어나야 하는 것이 아니기 때문에 필수동화의 상대 개념으로 이를 수의동화라고 부른다.

한편 제22항에서 언급하는바, 용언 어미에 적용되는 'ㅣ'모음 순행동화는 표준발음으로 허용된다. 용언 어미는 어간에 대한 의존성이 상대적으로 강하므로, 어간 모음 'ㅣ'에 영향을 받아 후행 어미의 모음이 y계 이중모음으로 바뀐 것이다.

제21항 위에서 지적한 이외의 자음 동화는 인정하지 않는다.

감기[감 : 기](×[강 : 기]) 있고[읻꼬](×[익꼬])

젖먹이[전머기](×[점머기]) 꽃밭[꼳빧](×[꼽빧])

옷감[옫깜](×[옥깜]) 꽃길[꼳낄](×[꼭낄])

문법[문뻡](×[뭄뻡])

제22항 다음과 같은 용언의 어미는 [어]로 발음함을 원칙으로 하되, [여]로 발음함도 허용한다.

피어[피어/피여] 되어[되어/되여]

[붙임] '이오, 아니오'도 이에 준하여 [이요, 아니요]로 발음함을 허용한다.

5) 경음화

평음이 특정 환경에서 경음이 되는 것이 경음화이다. '폐쇄-정지-파열'의 단계를 거치는 한국어 파열음의 특성에 따라, 선행 파열음의 영향을 받아 후행음이 경음화한다. 이것은 한국어에서 필수적으로 일어나는 현상인데, 언중의 언어생활에 혼동이 많이 일어나는 것이다. 경음화는 일어나는 환경이 다양하고 그 사례를 규칙화 · 일반화하기 어렵다. 다음에 경음화가 일어나는 여러 환경을 살펴보자.

(1) 장애음 뒤의 경음화

장애음 받침소리 'ㄱ, ㄷ, ㅂ' 및 이와 같은 음으로 소리 나는 겹받침 'ㄲ, ㅋ, ㄳ, ㄺ

; ㅅ, ㅆ, ㅈ, ㅊ, ㅌ ; ㅍ, ㄼ, ㄿ, ㅄ' 아래에서 장애음이 연결되면 이 환경에서 후행하는 장애음은 반드시 경음화한다. 선행하는 파열음이 받침에서 내파하면서 후행하는 파열음에 영향을 주었기 때문이다. 이것은 경음화가 일어나는 필수적인 환경이다.

제23항 받침 'ㄱ(ㄲ, ㅋ, ㄳ, ㄺ), ㄷ(ㅅ, ㅆ, ㅈ, ㅊ, ㅌ), ㅂ(ㅍ, ㄼ, ㄿ, ㅄ)' 뒤에 연결되는 'ㄱ, ㄷ, ㅂ, ㅅ, ㅈ'은 된소리로 발음한다.

국밥[국빱] 닭장[닥짱] 있던[읻떤] 밭갈이[받까리] 깎다[깍따]
칡범[칙뻠] 꽂고[꼳꼬] 솥전[솓쩐] 넋받이[넉빠지] 뻗대다[뻗때다]
꽃다발[꼳따발] 곱돌[곱똘] 삯돈[삭똔] 옷고름[옫꼬름] 낯설다[낟썰다]
덮개[덥깨] 옆집[엽찝] 값지다[갑찌다] 넓죽하다[넙쭈카다]
읊조리다[읍쪼리다]

(2) 울림소리 뒤의 경음화

용언의 활용에서 어간 받침이 울림소리일 때, 뒤따르는 어미의 첫소리인 장애음이 경음화하는 예이다. 사동과 피동의 접미사 가운데 장애음 첫소리로 시작하는 '-기-'는 경음화하지 않고 제 형태를 유지하는데, 이것은 사 · 피동 접미사인 '-기-'가 생산성이 있기 때문으로 판단된다.

제24항 어간 받침 'ㄴ(ㄵ), ㅁ(ㄻ)' 뒤에 결합되는 어미의 첫소리 'ㄱ, ㄷ, ㅅ, ㅈ'은 된소리로 발음한다.

신고[신꼬] 삼고[삼 : 꼬] 껴안다[껴안따] 더듬지[더듬찌] 앉고[안꼬]
닮고[담 : 꼬] 얹다[언따] 젊지[점 : 찌]

다만, 피동, 사동의 접미사 '-기-'는 된소리로 발음하지 않는다.

안기다 감기다 굶기다 옮기다

제25항 어간 받침 'ㄼ, ㄾ' 뒤에 결합되는 어미의 첫소리 'ㄱ, ㄷ, ㅅ, ㅈ'은 된소리로 발음한다.

넓게[널게] 핥다[할따] 훑소[훌쏘] 떫지[떨 : 찌]

(3) 한자어의 경음화

한자어에서, 선행음절의 받침이 'ㄹ'이고 후행음절의 첫소리가 'ㄷ, ㅅ, ㅈ'일 때, 후행음절의 첫소리가 경음화하는 예이다. 그러나 이 환경에서 경음화가 일어나지 않는 예도 있어서, 이를 규칙으로 일반화하기는 어렵다.

제26항 한자어에서, 'ㄹ' 받침 뒤에 연결되는 'ㄷ, ㅅ, ㅈ'은 된소리로 발음한다.

갈등[갈뜽] 불소[불쏘](弗素) 발전[발쩐] 발동[발똥]
일시[일씨] 몰상식[몰쌍식] 절도[절또] 갈증[갈쯩]
불세출[불쎄출] 말살[말쌀] 물질[물찔]

다만, 같은 한자가 겹쳐진 단어의 경우에는 된소리로 발음하지 않는다.

허허실실[허허실실](虛虛實實) 절절하다[절절하다](切切-)

(4) 관형사형 뒤에서 경음화

관형사형 전성어미 '-을' 뒤에서 장애음 평음이 경음화하는 예이다. 이것은 중세국어에서도 이두 자료로 확인되는, 한국어의 큰 특성 중의 하나이다. 용언과 명사가 관형형으로 연결된 구에서 단어 경계를 넘어서도 적용된다.

제27항 관형사형 '-[으]ㄹ' 뒤에 연결되는 'ㄱ, ㄷ, ㅂ, ㅅ, ㅈ'은 된소리로 발음한다.

할 것을[할꺼슬] 할 수는[할쑤는] 할 도리[할또리]
갈 데가[갈떼가] 할 적에[할쩌게] 만날 사람[만날싸람]
할 바를[할빠를] 갈 곳[갈꼳]

다만, 끊어서 말할 적에는 평음으로 발음한다.

[붙임] '-(으)ㄹ'로 시작되는 어미의 경우에도 이에 준한다.

할걸[할껄]　　할수록[할쑤록]　　할진대[할찐대]

할밖에[할빠께]　　할지라도[할찌라도]　　할세라[할쎄라]　　할지언정[할찌언정]

(5) 사잇소리에 의한 경음화

합성명사에서 사잇소리현상으로 인해 결과적으로 경음화가 일어난다. 이것은 용언과 명사가 관형형으로 연결된 (4)의 경우와 비슷한 점이 많다. 명사와 명사가 관형구성으로 합성될 때, 관형격 표지로 사이시옷이 들어간다. 그런데 아래와 같이 선행 형태소가 받침을 가지고 있는 경우에는 사이시옷이 적힐 자리가 없어진다. 그런 연유로 관형격 표지인 사이시옷은 적히지 않지만, 그럼에도 불구하고 그 문법요소가 사잇소리로 남는다.

第28항 표기상으로는 사이시옷이 없더라도, 관형격 기능을 지니는 사이시옷이 있어야 할(휴지가 성립되는) 합성어의 경우에는, 뒤 단어의 첫소리 'ㄱ, ㄷ, ㅂ, ㅅ, ㅈ'을 된소리로 발음한다.

문-고리[문꼬리]　　산-새[산쌔]　　물-동이[물똥이]

술-잔[술짠]　　아침-밥[아침빱]　　눈-동자[눈똥자]

손-재주[손째주]　　발-바닥[발빠닥]　　바람-결[바람껼]

잠-자리[잠짜리]　　신-바람[신빠람]　　길-가[길까]

굴-속[굴 : 쏙]　　그믐-달[그믐딸]　　강가[강까]

초승-달[초승딸]　　등-불[등뿔]　　창-살[창쌀]

강-줄기[강쭐기]

(6) 덧나는 소리

둘 이상의 형태소가 합쳐져 된 파생어나 합성어에서, 원 형태소에서는 없었던 소리가 첨가되는 경우이다. 이와 관련된 음운변동은 'ㄴ' 첨가 현상과 사잇소리 현상이다. 소리가 덧나는 이러한 경우는 언중들이 잘못 알기 쉬운 것이지만, 표준발음으로 언어 생활하도록 그 규칙을 숙지하고 지켜야 할 필요가 있다.

제29항은 'ㄴ' 소리가 덧나는 현상이다. 이 현상은 단어의 합성과 파생에서, 앞 단어나 접두사의 끝이 자음이고 뒤 단어나 접미사의 첫 음절이 '이, 야, 여, 요, 유'인 경우에 일어난다. 다만 [붙임1]과 같이 선행 받침이 'ㄹ'이면 유음화하여 결과적으로는 'ㄹ' 소리가 덧나게 된다. 이 현상은 비교적 강력한 음운현상이어서 [붙임2]와 같이 구 단위에서도 그대로 적용된다. 그리하여 언중들이 과도하게 사용하는 경향이 있다. 구성 형식이 다른 명사에서는 'ㄴ' 소리가 덧나지 않는다.

제29항 합성어 및 파생어에서, 앞 단어나 접두사의 끝이 자음이고 뒤 단어나 접미사의 첫 음절이 '이, 야, 여, 요, 유'인 경우에는, 'ㄴ'소리를 첨가하여 [니, 냐, 녀, 뇨, 뉴]로 발음한다.

솜-이불[솜 : 니불]	삯-일[상닐]	내복-약[내 : 봉냑]
늑막-염[능망념]	눈-요기[눈뇨기]	국민-윤리[궁민뉼리]
홑-이불[혼니불]	맨-입[맨닙]	색-연필[생년필]
콩-엿[콩녇]	영업-용[영엄뇽]	밤-윷[밤 : 뉻]
막-일[망닐]	꽃-잎[꼰닙]	직행-열차[지캥녈차]
담-요[담 : 뇨]	식용-유[시굥뉴]	

다만, 다음과 같은 말들은 'ㄴ'소리를 첨가하여 발음하되, 표기대로 발음할 수 있다.

이죽-이죽[이중니죽/이주기죽]	검열[검 : 녈/거 : 멸]
금융[금늉/그뮹]	야금-야금[야금냐금/야그먀금]
욜랑-욜랑[욜랑뇰랑/욜랑욜랑]	

[붙임 1] 'ㄹ' 받침 뒤에 첨가되는 'ㄴ'소리는 [ㄹ]로 발음한다.

들-일[들릴]	물-약[물략]	물-엿[물렫]	솔-잎[솔립]
불-여우[불려우]	휘발-유[휘발류]	설-익다[설릭따]	서울-역[서울력]
유들-유들[유들류들]			

[붙임 2] 두 단어를 이어서 한 마디로 발음하는 경우에도 이에 준한다.

한 일[한닐]　3연대[삼년대]　옷 입다[온닙따]　먹은 엿[머근녇]
서른여섯[서른녀섣]　할 일[할릴]　1연대[일련대]　잘 입다[잘립따]
먹을 엿[머글렫]　스물여섯[스물려섣]

다만, 다음과 같은 단어에서는 'ㄴ(ㄹ)'소리를 첨가하여 발음하지 않는다.

6·25[유기오]　3·1절[사밀쩔]　송별-연[송：벼련]　등용-문[등용문]

마지막으로 제30항에서 사이시옷이 붙는 단어를 발음하는 방법에 대해 알아본다. 사이시옷이 포함된 단어는 발음하는 방법이 쉽지 않지만, 앞에서 적용된 규칙을 이해했다면 여기서도 그것이 적용되어야 한다는 사실을 알 수 있다.

첫째 용례는 사이시옷이 자음 앞 말음 [ㄷ]으로 발음되고, 장애음이 뒤따르는 경우이다. 이 경우는 앞에서 본 '음절의 끝소리 규칙' 및 '장애음의 연쇄에 의한 경음화'가 적용된다. 둘째 용례는 사이시옷이 자음 앞 말음 [ㄷ]으로 발음되고, 비음이 뒤따르는 것이다. 이것은 장애음이 비음 앞에 위치하면 선행하는 장애음이 비음화한다는 장애음의 비음화 규칙에 따라 발음한다. 셋째 용례는 'ㄴ'이 첨가되는 제29항과 관련된 것이다.

제30항 사이시옷이 붙는 단어는 다음과 같이 발음한다.

1. 'ㄱ, ㄷ, ㅂ, ㅅ, ㅈ'으로 시작되는 단어 앞에 사이시옷이 올 때에는 이들 자음만을 된소리로 발음하는 것을 원칙으로 하되, 사이시옷을 [ㄷ]으로 발음하는 것도 허용한다.

냇가[내：까/낻：까]　콧등[코뜽/콛뜽]　햇살[해쌀/핻쌀]
고갯짓[고개찓/고갣찓]　샛길[새：낄/샏：낄]　깃발[기빨/긷빨]
뱃속[배쏙/밷쏙]　빨랫돌[빨래똘/빨랟똘]　대팻밥[대：패빱/대：팯빱]
뱃전[배쩐/밷쩐]

2. 사이시옷 뒤에 'ㄴ, ㅁ'이 결합되는 경우에는 [ㄴ]으로 발음한다.

콧날[콛날→콘날]　툇마루[퇻：마루→퇸：마루]
아랫니[아랟니→아랜니]　뱃머리[밷머리→밴머리]

3. 사이시옷 뒤에 '이'소리가 결합되는 경우에는 [ㄴㄴ]으로 발음한다.

베갯잇[베갠닏→베갠닏]　　나뭇잎[나묻입→나문닙]　　뒷윷[뒫 : 뉻→뒨 : 뉻]

참고문헌

1. 배주채, 『한국어의 발음』, 삼경문화사, 2003.

▸ 이 책은 우리말 발음에 관심을 가진 사람들-국어학자, 국어교사, 한국어교사, 신문과 방송 등에서 많은 사람들 앞에서 우리말을 이용하는 사람들-을 대상으로 쓴 것이다. 실생활 발음에서 궁금한 것을 요령 있는 설명으로 풀이하고 있다.

2. 신지영 · 차재은, 『우리말 소리의 체계-국어 음운론 연구의 기초를 위하여』, 한국문화사, 2003.

▸ 이 책은 우리말 소리가 어떠한 체계를 가지고 움직이는가 하는 의문을 가지고, 특히 그 규칙을 상세히 살펴본 것이다. 말소리의 개념, 말소리 생성 과정, 우리말 소리 목록과 운율 단위, 환경에 따른 말소리의 변화, 우리말 소리의 제약 등을 심도 있게 다루고 있다.

3. 이진호, 『국어음운론강의』, 삼경문화사, 2005.

▸ 이 책은 음운론의 핵심은 간략하게 제시하는 한편, 이를 응용한 문제 풀이를 많이 넣은 점이 특징이다. 또한 다양한 국어 자료-방언 자료, 실제 발음 자료-를 많이 제시한 것도 이 책의 중요한 특징이다.

4. 나찬연, 『한글 맞춤법의 이해』, 월인, 2002.

▸ 이 책은 실제 언어생활에서 필요한 국어어문규정을 이해하기에 좋은 책이다. 이 가운데 특히 이 장의 내용과 관련된 것은 표준어 규정 아래에 있는 표준발음법 부분이다. 원리에 대한 설명, 그리고 실생활에서의 발음 문제를 함께 고민하도록 구성되어 있다.

3장 한국어의 어휘

강의목표

- 한국어 어휘의 형태적 · 의미적 특성을 안다.
- 한글 맞춤법과 표준어 규정에 맞추어 어휘를 사용할 수 있다.
- 외래어 표기법과 로마자 표기법의 기본 원리를 안다.

1. 한국어 어휘의 특징

의사소통의 가장 기본적인 단위는 '단어'이다. 단어는 고유의 의미를 지니고 있으면서 홀로 그 의미를 전달할 수 있고, 이러한 단어를 중심으로 하여 의사소통의 단위가 구와 절, 문장으로 확장되기 때문이다.

이 장에서는 단어의 특징을 형태적 측면과 의미적 측면으로 나누어 살펴볼 것이다. 먼저 단어를 구성하는 기본 요소는 무엇인지, 그 종류에는 어떤 것이 있는지, 단어가 어떤 원리에 따라 형성되는지, 단어는 어떻게 분류할 수 있는지 등 단어의 형태적 특징을 알아볼 것이다. 그리고 단어들 사이의 의미적 관계는 어떠한지, 단어를 의미적으로 어떻게 사용하는지 등 단어의 의미적 특징에 대해서도 알아볼 것이다.

1) 형태적 특징

(1) 형태소와 단어

① 형태소

형태소(形態素, morpheme)는 단어를 구성하는 가장 기본적인 요소이다. 언어의 가장 작은 단위인 '음운'이 모여 하나의 '음절'을 이루는데, 이 음절 중에서 의미를 지니고 있는 가장 작은 언어 단위를 '형태소'라고 한다. 여기에서 말하는 의미는 어휘적 의미뿐 아니라 문법적 의미도 포함하는 개념이다.

〈표1〉 언어 단위의 구분

ㅊ+ㅓ+ㄹ	ㅅ+ㅜ	ㄱ+ㅏ	ㅅ+ㅏ	ㄱ+ㅘ	ㄹ+ㅡ+ㄹ	ㅁ+ㅓ+ㄱ	ㄴ+ㅡ+ㄴ	ㄷ+ㅏ	음운
철	수	가	사	과	를	먹	는	다	음절
철수		가	사과		를	먹-	-는다		**형태소**
철수		가	사과		를	먹는다			단어

위의 예에서 보듯이 형태소는 '철수, 사과, 먹-'처럼 어휘적 의미를 지니고 있거나 '가, 를, -는다'처럼 문법적 의미를 지니고 있으면서 더 이상 나눌 수 없기 때문에 의미를 지니고 있는 가장 작은 언어 단위라고 하는 것이다.

형태소는 의미의 종류에 따라 실질형태소(實質形態素, full morpheme)와 형식형태소(形式形態素, empty morpheme)로 나뉘고, 자립성 여부에 따라 자립형태소와 의존형태소로 나뉜다. 실질형태소는 '철수, 사과, 먹-'과 같이 어휘적 의미를 지니고 있는 형태소를 말하고, 형식형태소는 '가, 를, -는다'와 같이 문법적 의미를 지니고 있는 형태소를 말한다. 한편 자립형태소(自立形態素, free morpheme)는 '철수, 사과'처럼 홀로 쓰일 수 있는 형태소를 말하고, 의존형태소(依存形態素, bound morpheme)는 '먹-, 가, 를, -는다'처럼 반드시 다른 형태소에 기대어야만 쓰일 수 있는 형태소를 말한다.

〈표2〉 형태소의 유형별 구분

철수	가	사과	를	먹-	-는다	형태소의 유형
자립	의존	자립	의존	의존	의존	자립성 여부에 따라
실질	형식	실질	형식	실질	형식	의미의 종류에 따라

정리하면 모든 자립형태소는 실질형태소이고, 모든 형식형태소는 의존형태소이다. 다만

동사와 형용사의 어간은 어휘적 의미를 가지고 있는 실질형태소이면서, 홀로 쓰이지 못하고 항상 어미와 결합해야만 쓰일 수 있는 의존형태소이다.

〈표3〉 형태소의 유형

자립성 여부 / 의미의 종류	자립형태소	의존형태소
실질형태소	명사, 대명사, 수사, 관형사, 부사, 감탄사	동사와 형용사의 어간
형식형태소	×	조사, 어미, 접사

그런데 형태소는 의미나 기능은 같지만 쓰이는 환경에 따라 모습이 달라지기도 하는데, 이를 '이형태(異形態, allomorph)' 또는 '변이형태'라고 한다. 예를 들어 형식형태소인 목적격조사 '을/를'은 앞에 오는 말에 받침이 있느냐 없느냐에 따라 '사과를', '밥을'로 구별해 쓸 뿐이고 다른 차이는 없다. 이처럼 동일한 의미를 가지고 있으면서도 특정한 환경에 따라 형태를 달리하는 이형태에는 '음운론적 이형태'와 '형태론적 이형태'가 있다. 앞서 설명한 '을/를'처럼 앞 음절 끝의 자모음에 따라 결정되는 것을 음운론적 이형태라 하고, 특수한 형태에 의해 결정되는 것을 형태론적 이형태라 한다.

〈표4〉 이형태의 종류

음운론적 이형태	형태론적 이형태
[고양이**가** 생선**을** 먹는다. 곰**의** 연어**를** 먹는다.	얼른 공부하**여라**. 9시까지 연구실로 오**너라**.
[고양이**는** 생선을 먹는다. 곰**은** 연어를 먹는다.	
[고양이**와** 곰은 생선을 먹는다. 곰**과** 고양이는 생선을 먹는다.	
[텔레비전을 그만 보**아라**. 10분만 쉬**어라**.	

② 단어

단어(單語, word)는 최소 자립 형식으로 설명되기도 한다. 최소 자립이란 의미를 유지하는 가장 작은 단위이면서 자립해서 쓰일 수 있음을 말한다. 따라서 모든 자립형태소는 그 자체로 단어가 된다. 형식형태소 중에서 조사는 단어로 인정이 되지만 어미와 접사는 단어로 인정되지 않는다. 다시 말해서 어미는 동사 및 형용사의 어간과 결합되어야만, 접사는 다른 실질형태소와 결합되어야만 단어가 된다.

〈표5〉 형태소와 단어의 구분

크-	-ㄴ	오빠	-가	풋-	사과	-를	먹-	-는다	**형태소**
큰오빠			-가	풋사과		-를	먹는다		**단어**

(2) 단어의 형성

① 단어의 구성과 유형

가. 단어의 구성

단어는 형태소의 결합으로 이루어지는데, 단어를 구성하는 요소에는 어근(語根, root)과 접사(接詞, affix)가 있다. '어근'은 실질적인 의미를 나타내는 단어의 중심 부분(실질형태소)이고, '접사'는 어근에 붙어 그 뜻을 한정하는 주변 부분(형식형태소)이다.

ㄱ.	치-	뜨-	-다		
	접사	어근	접사		
ㄴ.	짓-	밟-	-히-	-었-	-다
	접사	어근	접사	접사	접사

나. 단어의 유형

단어는 단일어와 복합어로 나눌 수 있는데, '단일어(單一語, simple word)'는 하나의 어근으로 이루어진 단어이고, '복합어(複合語, complex word)'는 둘 이상의 어근끼리 이루어진 합성어(合成語, compound word), 어근과 접사가 결합되어 이루어진 파생어(派生語, derived word)를 말한다.

- 단어
  - 단일어 — 하나의 어근(실질형태소) : 신, 높다
  - 복합어
    - 파생어 (파생법)
      - 파생 접사 + 어근 (형식형태소 + 실질형태소) : 덧신, 드높다
      - 어근 + 파생 접사 (실질형태소 + 형식형태소) : 높이
    - 합성어 (합성법) — 어근 + 어근 (실질형태소 + 실질형태소) : 고무신, 높푸르다

② 파생어

가. 접두 파생어

파생 접사가 어근 앞에 결합되는 방식으로 형성된 단어를 접두 파생어라고 하는데, 이때의 파생 접사를 '접두사(接頭辭, prefix)'라고 한다. 접두사는 뒤에 오는 어근에 특정한 의미를 더할 뿐 단어의 품사나 기능을 바꾸지는 못한다.

〈표6〉 접두 파생어

<table>
<tr><td>강-</td><td>강된장, 강술, 강추위</td><td rowspan="19">접두 파생명사
-의미만 첨가
-품사는 불변</td><td>강-</td><td>강마르다</td><td rowspan="14">접두
파생동사</td></tr>
<tr><td>개-</td><td>개꿈, 개떡, 개살구</td><td>곱-</td><td>곱씹다</td></tr>
<tr><td>군-</td><td>군말, 군불, 군침</td><td>덧-</td><td>덧붙이다</td></tr>
<tr><td>날-</td><td>날강도, 날고기, 날벼락</td><td>되-</td><td>되갚다, 되묻다, 되씹다</td></tr>
<tr><td>돌-</td><td>돌감, 돌미나리, 돌배</td><td>뒤-</td><td>뒤흔들다</td></tr>
<tr><td>들-</td><td>들깨, 들장미, 들쥐</td><td>들-</td><td>들끓다, 들볶다, 들쑤시다</td></tr>
<tr><td>말-</td><td>말개미, 말벌, 말매미</td><td>빗-</td><td>빗나가다, 빗맞다</td></tr>
<tr><td>맨-</td><td>맨땅, 맨몸, 맨손</td><td>설-</td><td>설익다</td></tr>
<tr><td>선-</td><td>선무당, 선웃음, 선잠</td><td>숫-</td><td>숫되다</td></tr>
<tr><td>숫-</td><td>숫처녀, 숫총각</td><td>엇-</td><td>엇갈리다, 엇나가다</td></tr>
<tr><td>알-</td><td>알부자, 알토란</td><td>짓-</td><td>짓누르다, 짓뭉개다, 짓밟다</td></tr>
<tr><td>암-</td><td>암고양이, 암캉아지, 암컷</td><td>처-</td><td>처박다</td></tr>
<tr><td>수-</td><td>수곰, 수탉, 수퇘지</td><td>치-</td><td>치뜨다, 치밀다, 치솟다</td></tr>
<tr><td>참-</td><td>참나무, 참사랑, 참외</td><td>휘(휩)-</td><td>휘날리다, 휩쓸다, 휘젓다</td></tr>
<tr><td>풋-</td><td>풋과일, 풋나물, 풋사랑</td><td>드-</td><td>드넓다, 드높다, 드세다</td><td rowspan="5">접두
파생형용사</td></tr>
<tr><td>한-</td><td>한고비, 한낮, 한여름</td><td>샛(새)-</td><td>새까맣다, 샛노랗다</td></tr>
<tr><td>핫-</td><td>핫바지, 핫옷</td><td rowspan="3">싯(시)-</td><td rowspan="3">시꺼멓다, 싯노랗다</td></tr>
<tr><td>홀-</td><td>홀몸, 홀아비, 홀어미</td></tr>
<tr><td>홑-</td><td>홑몸, 홑이불, 홑치마</td></tr>
</table>

나. 접미 파생어

파생 접사가 어근 뒤에 결합되는 방식으로 형성된 단어를 접미 파생어라고 하며, 이때의 파생 접사를 '접미사(接尾辭, suffix)'라고 한다. 한국어의 접미사는 접두사와 달리 그 수가 많으며, 다양한 어근에 결합할 수 있고 어근의 의미에 특정한 의미를 더할 뿐만 아니라 어근의 품사에 영향을 미쳐 품사를 바꾸기도 한다.

〈표7〉 접미 파생어

<table>
<tr><td rowspan="2">접미
파생명사</td><td>명사</td><td colspan="2">송아지, 지붕(집-웅), 고락서니(꼴-악서니)</td></tr>
<tr><td>동사, 형용사 → 명사</td><td>-(으)ㅁ, -이, -기, -개, -애</td><td>슬픔, 물음, 벌이, 크기, 지우개, 마개</td></tr>
<tr><td rowspan="4">접미
파생동사</td><td>동사 → 동사</td><td>-치, -이, -히, -리, -기</td><td>놓치다, 먹이다, 잡히다, 벌리다, 남기다</td></tr>
<tr><td>명사 → 동사</td><td>-하</td><td>공부하다, 연구하다, 위반하다</td></tr>
<tr><td>부사 → 동사</td><td>-거리, -하</td><td>꿈틀거리다, 넘실거리다, 더하다</td></tr>
<tr><td>형용사 → 동사</td><td>-히, -이, -추</td><td>밝히다, 넓히다, 괴롭히다, 높이다, 낮추다</td></tr>
<tr><td rowspan="5">접미
파생형용사</td><td>형용사</td><td colspan="2">까맣다(깜-앟다), 높다랗다, 동그랗다, 말갛다(맑-앟다)</td></tr>
<tr><td>명사 → 형용사</td><td>-하, -답, -롭, -스럽, -지</td><td>가난하다, 학생답다, 슬기롭다, 자연스럽다, 값지다</td></tr>
<tr><td>부사 → 형용사</td><td>-하, -압</td><td>차근차근하다, 반듯하다, 보드랍다(보들-압다)</td></tr>
<tr><td>관형사 → 형용사</td><td>-롭</td><td>새롭다</td></tr>
<tr><td>동사 → 형용사</td><td>-브, -업</td><td>아프다(앓-브다), 미덥다(믿-업다)</td></tr>
<tr><td rowspan="4">접미
파생부사</td><td>부사</td><td colspan="2">곳곳이, 집집이, 더욱이, 일찍이</td></tr>
<tr><td>동사 → 부사</td><td colspan="2">결단코(결단하-고), 마주(맞-우), 너무(넘-우), 차마(참-아), 비로소(비롯-오)</td></tr>
<tr><td>형용사 → 부사</td><td colspan="2">자주(잦-우), 많이, 깨끗이, 높이, 멀리, 빨리, 같이, 달리, 급히, 없이, 건강히</td></tr>
<tr><td>명사 → 부사</td><td colspan="2">정성껏, 힘껏, 진실로, 정말로</td></tr>
<tr><td rowspan="3">접미
파생조사</td><td>동사 → 조사</td><td colspan="2">조차(좇-아), 부터(붙-어)</td></tr>
<tr><td>형용사 → 조사</td><td colspan="2">같이</td></tr>
<tr><td>명사 → 조사</td><td colspan="2">밖에</td></tr>
</table>

③ 합성어

합성어는 둘 이상의 어근이 결합되어 이루어진 단어인데, 그 유형은 다음 세 가지 기준으로 분류할 수 있다.

가. 품사

어근과 어근이 결합될 때 마지막에 오는 어근의 품사에 따라 합성 명사, 합성 동사, 합성 형용사, 합성 관형사, 합성 부사 등이 결정된다.

ㄱ. 합성 명사 – 길바닥, 돌다리, 새해, 늙은이, 볶음밥, 검버섯, 산들바람, 늦잠

ㄴ. 합성 동사 – 힘들다, 가로막다, 쳐다보다, 값나가다, 본받다, 들어가다, 수이보다

ㄷ. 합성 형용사 – 손쉽다, 남부끄럽다, 게을러빠지다, 낯설다, 앞서다, 높푸르다

ㄹ. 합성 관형사 – 한두, 두세, 온갖, 기나긴

ㅁ. 합성 부사 – 곧잘, 하루빨리, 밤낮, 한참, 어느새, 잘못, 좀더, 죄다

나. 어근과 어근의 의미적 결합 방식

어근과 어근이 결합될 때 두 어근이 대등한 자격으로 결합되면 대등 합성어, 앞의 어근이 뒤의 어근을 수식하는 관계로 결합되면 종속 합성어, 두 어근이 결합된 후 각각의 의미는 없어지고 새로운 의미가 형성되면 융합 합성어라 한다.

ㄱ. 대등합성어 – 논밭, 손발, 앞뒤, 안팎, 오르내리다, 여닫다, 검붉다

ㄴ. 종속 합성어 – 봄비, 국그릇, 눈물, 돌다리, 돌아가다, 갈아입다

ㄷ. 융합 합성어 – 밤낮(늘, 항상), 나들이(외출), 돌아가다(죽다)

다. 어근과 어근의 구조적 결합 방식

어근과 어근이 결합될 때 우리말의 통사적 배열 규칙과 일치하면 통사적 합성어라 하고, 우리말의 통사적 배열 규칙에 어긋나면 비통사적 합성어라고 한다.

ㄱ. 어깨동무, 소고기, 밤낮, 잘못, 좀더, 새언니, 첫사랑, 작은형, 힘들다, 값싸다, 배부르다, 힘쓰다, 잘되다, 그만두다, 돌아가다, 갈아입다

ㄴ. 접칼, 늦여름, 굳세다, 날뛰다, 여닫다, 굶주리다, 오르내리다, 부슬비, 산들바람

지금까지 단어를 구성하는 기본 요소인 형태소와 형태소의 종류, 단어의 형성 원리와 유형에 대해 알아보았다. 내용을 간단히 정리해 보면 다음과 같다.

〈표8〉 문장의 언어 단위별 구분

<table>
<tr><td></td><td colspan="12">작은형은 풋사과를 더욱 잘 먹는다.</td></tr>
<tr><td>어절</td><td colspan="4">작은형은</td><td colspan="3">풋사과를</td><td colspan="2">더욱</td><td colspan="2">잘</td><td>먹는다</td></tr>
<tr><td>단어</td><td colspan="3">작은형</td><td>은</td><td colspan="2">풋사과</td><td>를</td><td colspan="2">더욱</td><td colspan="2">잘</td><td>먹는다</td></tr>
<tr><td rowspan="2">형태소</td><td>작-</td><td>-은</td><td>형</td><td>은</td><td>풋-</td><td>사과</td><td>를</td><td>더</td><td>-욱</td><td>잘</td><td>먹-</td><td>-는다</td></tr>
<tr><td>의존/실질</td><td>의존/형식</td><td>자립/실질</td><td>의존/형식</td><td>의존/형식</td><td>자립/실질</td><td>의존/형식</td><td>자립/실질</td><td>의존/형식</td><td>자립/실질</td><td>의존/실질</td><td>의존/형식</td></tr>
<tr><td>단어의 구조</td><td colspan="2">어간+어미</td><td>어근</td><td></td><td>접두사</td><td>어근</td><td></td><td>어근</td><td>접미사</td><td>어근</td><td colspan="2">어간+어미</td></tr>
<tr><td>단어의 유형</td><td colspan="3">합성어</td><td></td><td colspan="2">파생어</td><td></td><td colspan="2">파생어</td><td>단일어</td><td colspan="2">단일어</td></tr>
</table>

(3) 단어와 품사

품사(品詞, a word class)는 문법적 성질이 공통된 것끼리 모아 갈래를 지어 놓은 것인데, 한국어 품사는 형태(形態, form) · 기능(機能, function) · 의미(意味, meaning)를 기준으로 하여 9품사를 설정하고 있다.

〈분류의 기준〉

가. 형태 : 단어의 형태에 변화가 있는가, 없는가에 따라 – 불변어, 가변어

나. 기능 : 문장에서 단어가 어떠한 문법적 기능을 하는가에 따라 – 체언, 용언, 수식언, 독립언, 관계언

다. 의미 : 단어들이 어떤 형식적인 의미를 갖는가에 따라 – 명사, 대명사, 수사, 관형사, 부사, 감탄사, 조사, 동사, 형용사, 서술격 조사

〈표9〉 품사의 분류 기준

형태	기능	의미	예
불변어	체언	명사	하늘이
		대명사	너는
		수사	셋째가
	수식언	관형사	새 책
		부사	매우 크다
	독립언	감탄사	어이쿠!
	관계언	조사	하늘이
가변어 (활용)		서술격조사	학생이다
	용언	동사	먹다
		형용사	예쁘다

2) 의미적 특징

(1) 의미에 따른 어휘의 갈래

단어는 형태소(형식)로 구성이 되어 일정한 의미(내용)를 나타낸다. 그러므로 단어의 의미적 기능에 따라, 단어들 사이의 의미적 관계에 따라 단어의 특징을 살펴볼 수 있을 것이다.

- 어휘관계
  - 의미관계
    - 동위관계
      - 유의관계 : 유의어
      - 대립관계 : 반의어
    - 상하관계 : 상의어, 하의어
  - 형태관계 : 동음관계
    - 의미적 유연관계: 다의어
    - 의미적 무연관계: 동음어

① 다의어와 동음어

단어들 중에 둘 이상의 단어가 같은 형태(소리)에 의미가 다른 경우가 있는데, 단어의 의미들 사이에 유연한 관계가 있으면 '다의어(多義語, polysemic word)'이고, 의미적으로 아예 무관하면서 우연히 소리만 같은 단어들은 '동음어(同音語, homonym)'이다.

〈표10〉 다의어와 동음어의 구별

동음어	타다[1]	담배가 **타다.**	다의어
		땡볕에 얼굴이 새까맣게 **탔다.**	
		딴 일을 하는 사이 밥이 **타** 버렸다.	
		딸과 연락이 끊기자 엄마 속은 **타기** 시작했다.	
		긴장이 되어 입술이 바짝바짝 **탄다.**	
	타다[2]	어제 월급을 **탔다.**	다의어
		그녀는 아버지의 음악적 소질을 **타고** 태어났다.	
	타다[3]	이 옷은 때를 잘 **탄다.**	다의어
		여전히 부끄러움을 많이 **탄다.**	
		그는 유난히 추위를 많이 **탄다.**	

② 유의어

둘 이상의 단어가 형태는 다르지만 비슷한 의미를 나타내는 경우, 그 단어를 '유의어(類義語, synonym)'라고 한다. 유의어는 문맥에 따라 미묘한 의미 차이를 보이기 때문에 단어를 사용할 때 유의해야 한다.

달리다/뛰다, 작다/적다(크다/많다), 옳다/맞다(그르다/틀리다), 맑다/깨끗하다(흐리다/더럽다)

③ 반의어

둘 이상의 단어가 의미적으로 대립 관계에 있을 때, 그 단어들을 '반의어(反意語, antonym)'라고 한다. 반의어는 단 하나의 의미 요소만 다르고 나머지는 공통된 의미 특성을 갖는다.

길다/짧다, 높다/낮다, 멀다/가깝다, 두껍다/얇다, 좋다/나쁘다, 쉽다/어렵다, 부지런하다/게으르다, 덥다/춥다, 기쁘다/슬프다, 달다/쓰다, 깨끗하다/더럽다, 맞다/틀리다, 편하다/편하지 않다, 남자/여자, 삶/죽음

④ 상의어와 하의어

둘 이상의 단어의 의미가 계층적 구조를 이루는 경우가 있다. 즉 한쪽이 의미상 다른 쪽을 포함하는 관계에 있는 단어를 상의어(上意語, superordinate)와 하의어(下意語, subordinate)라 한다.

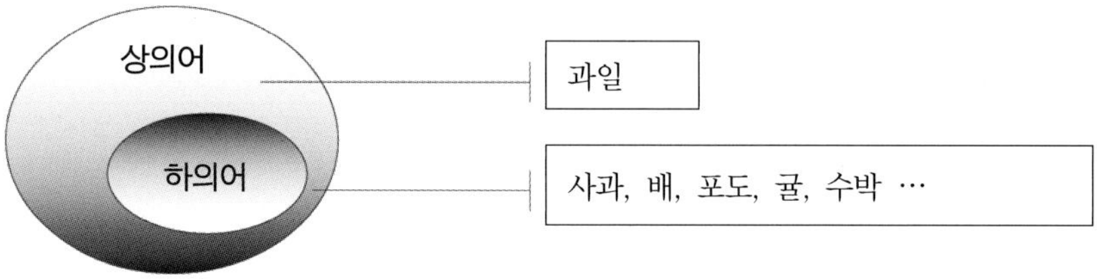

〈그림1〉 상의어와 하의어

그림에서 보듯이 상의어는 다른 단어의 의미를 포함하는 단어로서 그 의미는 상대적으로 일반적이고 포괄적이다. 반면에 하의어는 다른 단어의 의미에 포함되는 단어로 그 의미가 상대적으로 개별적이면서 한정적이다.

(2) 의미의 사용 : 문장의 의미

동일한 단어로 구성된 문장이라도 그 의미의 사용에 따라 문장의 의미는 달라질 수 있다.

① 간접적 표현

문장이 사용되는 상황이나 말하는 사람의 의도에 따라서 문장의 표면적인 의미와 속뜻이 달라질 수 있다. 말하는 사람의 의도가 겉으로 표현(직접적 표현)되지 않고 문장 속에 숨어 있을 때(간접적 표현)는 그 의도를 파악하기 위해서 노력해야 한다.

ㄱ. 실례합니다. 시청이 어디 있는지 아십니까?

- 직접적 표현 : 시청의 위치를 아는지 여부를 물음 – 예/아니요
- 간접적 표현 : 시청의 위치를 가르쳐 달라는 요청의 의미 – 위치를 가르쳐 줌

ㄴ. 운동장에 놀고 있는 어린이들은 교실로 들어옵니다.

- 직접적 표현 : 진술

- 간접적 표현 : 명령

② 중의적 표현

다의어나 동음어처럼 두 가지 이상의 의미로 해석될 수 있는 단어가 있는 것처럼 문장에도 두 가지 이상의 의미로 해석될 수 있는 문장이 있다. 이런 경우를 중의문(重義文, ambiguous sentence)이라 하고, 어휘에 의해서 또는 문장의 구조에 의해서 문장이 중의성을 갖는 경우가 생긴다.

ㄱ. 그 집은 형편없이 되었다.

- 그 집의 건물이 낡고 못쓰게 되었다.

- 그 집의 가세가 몰락하였다.

ㄴ. 영희는 순이보다 영수를 더 좋아한다.

- 영희는 순이와 영수를 좋아하는데, 순이를 좋아하는 것보다 영수를 더 좋아한다.

- 영희와 순이는 모두 영수를 좋아하는데, 순이가 영수를 좋아하는 것보다 영희가 영수를 더 좋아한다.

③ 관용적 표현

관용어(慣用語, idiom)나 속담 등 구(句, phrase) 및 문장(文章, sentence)이 하나의 단위로 굳어져 특정한 의미를 표현하는 경우가 있는데, 이런 경우를 관용적 표현이라 한다.

풀이 죽다, 미역국을 먹다, 비행기를 태우다, 바가지를 긁다, 수건을 던지다, 두 손(을) 들다, 눈이 높다, 발이 넓다, 손발이 맞다, 입이 짧다, 입이 무겁다, 애를 먹다, 가방끈이 길다, 식은죽 먹기, 하늘의 별따기, 낮말은 새가 듣고 밤말은 쥐가 듣는다, 소 잃고 외양간 고친다

(3) 의미의 변화

단어의 의미는 고정되어 있는 것이 아니라 언어적 원인, 역사적 원인, 사회적 원인, 심리적 원인 등 여러 가지 원인에 의해 바뀌기도 한다.

〈표11〉 의미 변화의 원인과 유형

원인		예	원래의 의미	변화된 의미	의미 변화
언어적		별로, 결코	긍정, 부정	부정	축소
역사적		영감	관직 '당상관'	나이 든 노인	확장
사회적	사회 계층의 변화	왕	왕정의 최고 책임자	1인자 / 크다	확장
	사회 구조의 변화	장가가다	장인 집에 살러 들어가다	결혼하다	확장
심리적(금기어/완곡어)		돌아가다	회전하다, 원래 있던 곳으로 가다	죽다	확장

① 의미의 확장

단어가 의미하는 영역이 넓어진 것을 말한다.

지갑, 세수, 사장님, 선생님, 먹다, 가다, 오다

② 의미의 축소

단어의 원래 의미 영역이 좁아진 경우를 의미의 축소라고 한다.

얼굴, 중생, 학자, 미인

③ 의미의 이동

단어의 본래 의미가 바뀌어 다른 의미로 변한 것을 말한다.

어리다, 씩씩하다, 방송, 어엿브다

2. 한글 맞춤법에 따른 어휘 사용의 실제

1) 어휘 형태와 맞춤법

한글 맞춤법에서 단어의 형태에 관한 부분은 제4장이다. 이 규정에는 '체언과 조사', '어간과 어미', '접미사가 붙어서 된 말', '합성어 및 접두사가 붙은 말', '준말'에 대해 정리해 놓았다.

(1) 제1절 체언과 조사

제14항 체언은 조사와 구별하여 적는다.

떡이 떡을 떡에 떡도 떡만
흙이 흙을 흙에 흙도 흙만

(2) 제2절 어간과 어미

제15항 용언의 어간과 어미는 구별하여 적는다.

먹다 먹고 먹어 먹으니
넓다 넓고 넓어 넓으니

[붙임 2] 종결형에서 사용되는 어미 '- 오'는 '요'로 소리나는 경우가 있더라도 그 원형을 밝혀 '오'로 적는다.

이것은 책이오. 이것은 책이 아니오. (○)
이것은 책이요. 이것은 책이 아니요. (×)

[붙임 3] 연결형에서 사용되는 '이요'는 '이요'로 적는다.

이것은 책이요, 저것은 붓이요, 또 저것은 먹이다. (○)

이것은 책이오, 저것은 붓이오, 또 저것은 먹이다. (×)

제16항 어간의 끝음절 모음이 'ㅏ, ㅗ'일 때에는 어미를 '- 아'로 적고, 그 밖의 모음일 때에는 '- 어'로 적는다.

'- 아'로 적는 경우			'- 어'로 적는 경우		
막아	막아도	막아서	되어	되어도	되어서
돌아	돌아도	돌아서	쉬어	쉬어도	쉬어서

제17항 어미 뒤에 덧붙는 조사 '- 요'는 '- 요'로 적는다.

읽어　　읽어요　　좋지　　좋지요

제18항 다음과 같은 용언들은 어미가 바뀔 경우, 그 어간이나 어미가 원칙에 벗어나면 벗어나는 대로 적는다.

이 규정은 용언의 활용 중 규칙 활용('으' 탈락, 'ㄹ' 탈락)과 불규칙 활용과 관계가 있는 것으로 내용이 중복되므로 한글 맞춤법의 내용은 생략하도록 한다.

(3) 제3절 접미사가 붙어서 된 말

제19항 어간에 '- 이'나 '- 음/- ㅁ'이 붙어서 명사로 된 것과 '- 이'나 '- 히'가 붙어서 부사로 된 것은 그 어간의 원형을 밝히어 적는다.

길이　깊이　높이　다듬이　땀받이

걸음　묶음　믿음　얼음　앎

같이　굳이　익히　작히

다만, 어간에 '- 이'나 '- 음'이 붙어서 명사로 바뀐 것이라도 그 어간의 뜻과 멀어진 것은 원형을 밝히어 적지 아니한다.

코끼리　　거름(비료)　　고름[膿]　　노름(도박)

[붙임] 어간에 '- 이'나 '- 음' 이외의 모음으로 시작된 접미사가 붙어서 다른 품사로 바뀐 것은 그 어간의 원형을 밝히어 적지 아니한다.

귀머거리	까마귀	너머	마감	쓰레기
거뭇거뭇	너무	도로	뜨덤뜨덤	차마
자주	나마	부터	조차	

제20항 명사 뒤에 '- 이'가 붙어서 된 말은 그 명사의 원형을 밝히어 적는다.

곳곳이	낱낱이	몫몫이	샅샅이	앞앞이	집집이
곰배팔이	바둑이	삼발이	절뚝발이/절름발이		

[붙임] '- 이' 이외의 모음으로 시작된 접미사가 붙어서 된 말은 그 명사의 원형을 밝히어 적지 아니한다.

꼬락서니	끄트머리	모가치	바가지	바깥
사타구니	싸라기	이파리	지붕	지푸라기

제21항 명사나 혹은 용언의 어간 뒤에 자음으로 시작된 접미사가 붙어서 된 말은 그 명사나 어간의 원형을 밝히어 적는다.

값지다	홑지다	넋두리	빛깔	잎사귀
낚시	덮개	굵다랗다	굵직하다	깊숙하다
넓적하다	높다랗다	늙수그레하다		

다만, 다음과 같은 말은 소리대로 적는다.

(1) 겹받침의 끝소리가 드러나지 아니하는 것

할짝거리다	널따랗다	널찍하다	말끔하다	말쑥하다
말짱하다	실쭉하다	얄따랗다	얄팍하다	짤따랗다
짤막하다	실컷			

(2) 어원이 분명하지 아니하거나 본뜻에서 멀어진 것

넙치　　올무　　골막하다　　납작하다

제22항 용언의 어간에 다음과 같은 접미사들이 붙어서 이루어진 말들은 그 어간을 밝히어 적는다.

1. '- 기 -, - 리 -, - 이 -, - 히 -, - 구 -, - 우 -, - 추 -, - 으키 -, - 이키 -, - 애 -'가 붙는 것

맡기다　　옮기다　　웃기다　　쫓기다　　뚫리다

울리다　　낚이다　　쌓이다　　핥이다　　굳히다

굽히다　　넓히다　　앉히다　　얽히다　　잡히다

돋구다　　솟구다　　돋우다　　갖추다　　곧추다

맞추다　　일으키다　　돌이키다　　없애다

다만, '- 이 -, - 히 -, - 우 -'가 붙어서 된 말이라도 본뜻에서 멀어진 것은 소리대로 적는다.

도리다(칼로 ~)　　드리다(용돈을 ~)　　고치다　　거두다

바치다(세금을 ~)　　부치다(편지를 ~)　　미루다　　이루다

2. '- 치 -, - 뜨리 -, - 트리 -'가 붙는 것

놓치다　　덮치다　　떠받치다　　받치다　　밭치다　　부딪치다

뻗치다　　엎치다　　부딪뜨리다/부딪트리다　　쏟뜨리다/쏟트리다

젖뜨리다/젖트리다　　찢뜨리다/찢트리다　　흩뜨리다/흩트리다

[붙임] '- 업-, - 읍 -, - 브 -'가 붙어서 된 말은 소리대로 적는다.

미덥다　　우습다　　미쁘다

제23항 '- 하다'나 '- 거리다'가 붙는 어근에 '- 이'가 붙어서 명사가 된 것은 그 원형을

밝히어 적는다.

깔쭉이　　살살이　　꿀꿀이　　눈깜짝이　　오뚝이　　코납작이

배불뚝이　　푸석이　　삐죽이　　홀쭉이

[붙임] '- 하다'나 '- 거리다'가 붙을 수 없는 어근에 '- 이'나 또는 다른 모음으로 시작되는 접미사가 붙어서 명사가 된 것은 그 원형을 밝히어 적지 아니한다.

개구리　　귀뚜라미　　기러기　　깍두기　　꽹과리

날라리　　누더기　　동그라미　　두드러기　　딱따구리

매미　　부스러기　　뻐꾸기　　얼루기　　칼싹두기

제24항 '- 거리다'가 붙을 수 있는 시늉말 어근에 '- 이다'가 붙어서 된 용언은 그 어근을 밝히어 적는다.

깜짝이다　　속삭이다　　꾸벅이다　　숙덕이다　　끄덕이다

울먹이다　　뒤척이다　　움직이다　　들먹이다　　지껄이다

망설이다　　퍼덕이다　　번득이다　　허덕이다　　번쩍이다

제25항 '- 하다'가 붙는 어근에 '- 히'나 '- 이'가 붙어서 부사가 되거나, 부사에 '- 이'가 붙어서 뜻을 더하는 경우에는 그 어근이나 부사의 원형을 밝히어 적는다.

1. '- 하다'가 붙는 어근에 '- 히'나 '- 이'가 붙는 경우

급히　　꾸준히　　도저히　　딱히　　어렴풋이　　깨끗이

[붙임] '- 하다'가 붙지 않는 경우에는 소리대로 적는다.

갑자기　　반드시 (꼭)　　슬며시

2. 부사에 '- 이'가 붙어서 역시 부사가 되는 경우

곰곰이　　더욱이　　생긋이　　오뚝이　　일찍이　　해죽이

제26항 '-하다'나 '-없다'가 붙어서 된 용언은 그 '-하다'나 '-없다'를 밝히어 적는다.

1. '-하다'가 붙어서 용언이 된 것

딱하다　숱하다　착하다　텁텁하다　푹하다

2. '-없다'가 붙어서 용언이 된 것

부질없다　상없다　시름없다　열없다　하염없다

(4) 제4절　합성어 및 접두사가 붙은 말

제27항 둘 이상의 단어가 어울리거나 접두사가 붙어서 이루어진 말은 각각 그 원형을 밝히어 적는다.

국말이	꺾꽂이	꽃잎	끝장	물난리	밑천
부엌일	싫증	옷안	웃옷	젖몸살	첫아들
칼날	팥알	헛웃음	홀아비	홑몸	흙내
값없다	굶주리다	낮잡다	맞먹다	받내다	벋놓다
빗나가다	빛나다	새파랗다	샛노랗다	시꺼멓다	싯누렇다
엇나가다	엎누르다	엿듣다	옻오르다	짓이기다	헛되다

[붙임 1] 어원은 분명하나 소리만 특이하게 변한 것은 변한 대로 적는다.

할아버지　할아범

[붙임 2] 어원이 분명하지 아니한 것은 원형을 밝히어 적지 아니한다.

골병　골탕　끌탕　며칠　오라비　업신여기다　부리나케

[붙임 3] '이[齒, 虱]'가 합성어나 이에 준하는 말에서 '니' 또는 '리'로 소리날 때에는 '니'로 적는다.

간니　덧니　사랑니　송곳니　앞니　어금니

윗니　　젖니　　톱니　　틀니　　가랑니　　머릿니

제28항 끝소리가 'ㄹ'인 말과 딴 말이 어울릴 적에 'ㄹ' 소리가 나지 아니하는 것은 아니 나는 대로 적는다.

다달이(달 - 달 - 이)　　따님(딸 - 님)　　마소(말 - 소)
바느질(바늘 - 질)　　부나비(불 - 나비)　　부삽(불 - 삽)
소나무(솔 - 나무)　　여닫이(열 - 닫이)　　우짖다(울 - 짖다)　　화살(활 - 살)

제29항 끝소리가 'ㄹ'인 말과 딴 말이 어울릴 적에 'ㄹ' 소리가 'ㄷ' 소리로 나는 것은 'ㄷ'으로 적는다.

반짇고리(바느질~)　　사흗날(사흘~)　　삼짇날(삼질~)
섣달(설~)　　숟가락(술 ~)　　이튿날(이틀~)
섣부르다(설~)　　잗다듬다(잘~)　　잗다랗다(잘~)

제30항 사이시옷은 다음과 같은 경우에 받치어 적는다.

1. 순 우리말로 된 합성어로서 앞말이 모음으로 끝난 경우

(1) 뒷말의 첫소리가 된소리로 나는 것

고랫재　　귓밥　　나룻배　　나뭇가지　　냇가
댓가지　　뒷갈망　　맷돌　　머릿기름　　모깃불
못자리　　바닷가　　뱃길　　볏가리　　부싯돌
선짓국　　쇳조각　　아랫집　　우렁잇속　　잇자국
잿더미　　조갯살　　찻집　　쳇바퀴　　킷값
핏대　　햇볕　　혓바늘

(2) 뒷말의 첫소리 'ㄴ, ㅁ' 앞에서 'ㄴ' 소리가 덧나는 것

멧나물　　아랫니　　텃마당　　아랫마을　　뒷머리
잇몸　　깻묵　　냇물　　빗물

(3) 뒷말의 첫소리 모음 앞에서 'ㄴㄴ' 소리가 덧나는 것

도리깻열	뒷윷	두렛일	뒷일	뒷입맛
베갯잇	욧잇	깻잎	나뭇잎	댓잎

2. 순 우리말과 한자어로 된 합성어로서 앞말이 모음으로 끝난 경우

(1) 뒷말의 첫소리가 된소리로 나는 것

귓병	머릿방	뱃병	봇둑	사잣밥
샛강	아랫방	자릿세	전셋집	찻잔
찻종	촛국	콧병	탯줄	텃세
핏기	햇수	횟가루	횟배	

(2) 뒷말의 첫소리 'ㄴ, ㅁ' 앞에서 'ㄴ' 소리가 덧나는 것

곗날	제삿날	훗날	툇마루	양칫물

(3) 뒷말의 첫소리 모음 앞에서 'ㄴㄴ' 소리가 덧나는 것

가욋일	사삿일	예삿일	훗일

3. 두 음절로 된 다음 한자어

곳간(庫間) 셋방(貰房) 숫자(數字) 찻간(車間) 툇간(退間) 횟수(回數)

제31항 두 말이 어울릴 적에 'ㅂ' 소리나 'ㅎ' 소리가 덧나는 것은 소리대로 적는다.

1. 'ㅂ' 소리가 덧나는 것

댑싸리(대ㅂ싸리)	멥쌀(메ㅂ쌀)	볍씨(벼ㅂ씨)	입때(이ㅂ때)
입쌀(이ㅂ쌀)	접때(저ㅂ때)	좁쌀(조ㅂ쌀)	햅쌀(해ㅂ쌀)

2. 'ㅎ' 소리가 덧나는 것

머리카락(머리ㅎ가락) 살코기(살ㅎ고기) 수캐(수ㅎ개) 수컷(수ㅎ것)

수탉(수ㅎ닭)　　안팎(안ㅎ밖)　　암캐(암ㅎ개)　　암컷(암ㅎ것)
암탉(암ㅎ닭)

(5) 제5절 준말

제32항 단어의 끝모음이 줄어지고 자음만 남은 것은 그 앞의 음절에 받침으로 적는다.

(본말)	(준말)
기러기야	기럭아
어제그저께	엊그저께
어제저녁	엊저녁
가지고, 가지지	갖고, 갖지
디디고, 디디지	딛고, 딛지

제33항 체언과 조사가 어울려 줄어지는 경우에는 준 대로 적는다.

(본말)	(준말)
그것은	그건
그것이	그게
그것으로	그걸로
나는	난
나를	날
너는	넌
너를	널
무엇을	뭣을/무얼/뭘
무엇이	뭣이/무에

제34항 모음 'ㅏ, ㅓ'로 끝난 어간에 '-아/-어, -았-/-었-'이 어울릴 적에는 준 대로 적는다.

(본말)	(준말)	(본말)	(준말)
가아	가	가았다	갔다
나아	나	나았다	났다
타아	타	타았다	탔다
서어	서	서었다	섰다
켜어	켜	켜었다	켰다
펴어	펴	펴었다	폈다

[붙임 1] 'ㅐ, ㅔ' 뒤에 '-어, -었-'이 어울려 줄 적에는 준 대로 적는다.

(본말)	(준말)	(본말)	(준말)
개어	개	개었다	갰다
내어	내	내었다	냈다
베어	베	베었다	벴다
세어	세	세었다	셌다

[붙임 2] '하여'가 한 음절로 줄어서 '해'로 될 적에는 준 대로 적는다.

(본말)	(준말)	(본말)	(준말)
하여	해	하였다	했다
더하여	더해	더하였다	더했다
흔하여	흔해	흔하였다	흔했다

第35항 모음 'ㅗ, ㅜ'로 끝난 어간에 '-아/-어, -았-/-었-'이 어울려 'ㅘ/ㅝ, ㅘㅆ/ㅝㅆ'으로 될 적에는 준 대로 적는다.

(본말)	(준말)	(본말)	(준말)
꼬아	꽈	꼬았다	꽜다
보아	봐	보았다	봤다
쏘아	쏴	쏘았다	쐈다

두어	둬	두었다	뒀다
쑤어	쒀	쑤었다	쒔다
주어	줘	주었다	줬다

[붙임 1] '놓아'가 '놔'로 줄 적에는 준 대로 적는다.

[붙임 2] 'ㅚ' 뒤에 '-어, -었-'이 어울려 'ㅙ, ㅙㅆ'으로 될 적에도 준 대로 적는다.

(본말)	(준말)	(본말)	(준말)
괴어	괘	괴었다	괬다
되어	돼	되었다	됐다
뵈어	봬	뵈었다	뵀다
쇠어	쇄	쇠었다	쇘다
쐬어	쐐	쐬었다	쐤다

第36항 'ㅣ' 뒤에 '-어'가 와서 'ㅕ'로 줄 적에는 준 대로 적는다.

(본말)	(준말)	(본말)	(준말)
가지어	가져	가지었다	가졌다
견디어	견뎌	견디었다	견뎠다
다니어	다녀	다니었다	다녔다
막히어	막혀	막히었다	막혔다
버티어	버텨	버티었다	버텼다
치이어	치여	치이었다	치였다

第37항 'ㅏ, ㅕ, ㅗ, ㅜ, ㅡ'로 끝난 어간에 '-이-'가 와서 각각 'ㅐ, ㅖ, ㅚ, ㅟ, ㅢ'로 줄 적에는 준 대로 적는다.

(본말)	(준말)	(본말)	(준말)
싸이다	쌔다	누이다	뉘다
펴이다	폐다	뜨이다	띄다

보이다	뵈다	쓰이다	씌다

제38항 'ㅏ, ㅗ, ㅜ, ㅡ' 뒤에 '-이어'가 어울려 줄어질 적에는 준 대로 적는다.

(본말)	(준말)	(본말)	(준말)
싸이어	쌔어 싸여	뜨이어	띄어
보이어	뵈어 보여	쓰이어	씌어 쓰여
쏘이어	쐬어 쏘여	트이어	틔어 트여
누이어	뉘어 누여		

제39항 어미 '-지' 뒤에 '않-'이 어울려 '-잖-'이 될 적과 '-하지' 뒤에 '않-'이 어울려 '-찮-'이 될 적에는 준 대로 적는다.

(본말)	(준말)	(본말)	(준말)
그렇지 않은	그렇잖은	만만하지 않다	만만찮다
적지 않은	적잖은	변변하지 않다	변변찮다

제40항 어간의 끝음절 '하'의 'ㅏ'가 줄고 'ㅎ'이 다음 음절의 첫소리와 어울려 거센소리로 될 적에는 거센소리로 적는다.

(본말)	(준말)	(본말)	(준말)
간편하게	간편케	다정하다	다정타
연구하도록	연구토록	정결하다	정결타
가하다	가타	흔하다	흔타

[붙임 1] 'ㅎ'이 어간의 끝소리로 굳어진 것은 받침으로 적는다.

않다	않고	않지	않든지
그렇다	그렇고	그렇지	그렇든지
아무렇다	아무렇고	아무렇지	아무렇든지
어떻다	어떻고	어떻지	어떻든지

[붙임 2] 어간의 끝음절 '하'가 아주 줄 적에는 준 대로 적는다.

(본말)	(준말)	(본말)	(준말)
거북하지	거북지	넉넉하지 않다	넉넉지 않다
생각하건대	생각건대	못하지 않다	못지않다
생각하다 못해	생각다 못해	섭섭하지 않다	섭섭지 않다
깨끗하지 않다	깨끗지 않다	익숙하지 않다	익숙지 않다

[붙임 3] 다음과 같은 부사는 소리대로 적는다.

결단코 결코 기필코 무심코 아무튼 요컨대 정녕코 필연코
하마터면 하여튼 한사코

2) 띄어쓰기

한글 맞춤법의 제5장은 띄어쓰기에 대한 규정이다. 이 규정에는 '조사', '의존 명사', '단위를 나타내는 명사', '열거하는 말', '보조 용언', '고유 명사 및 전문 용어'로 하위 항목을 나누어 어떻게 띄어 써야 하는지에 대해 정리해 놓았다.

(1) 제1절 조사

제41항 조사는 그 앞말에 붙여 쓴다.

꽃이 꽃마저 꽃밖에 꽃에서부터 꽃으로만 꽃이나마
꽃이다 꽃입니다 꽃처럼 어디까지나 거기도 멀리는 웃고만

(2) 제2절 의존 명사, 단위를 나타내는 명사 및 열거하는 말 등

제42항 의존 명사는 띄어 쓴다.

아는 것이 힘이다. 나도 할 수 있다. 먹을 만큼 먹어라.

아는 이를 만났다.　　네가 뜻한 바를 알겠다.　　그가 떠난 지가 오래다.

제43항 단위를 나타내는 명사는 띄어 쓴다.

한 개　　차 한 대　　금 서 돈　　소 한 마리　　옷 한 벌

열 살　　조기 한 손　　연필 한 자루　　버선 한 죽　　집 한 채

신 두 켤레　　북어 한 쾌

다만, 순서를 나타내는 경우나 숫자와 어울리어 쓰이는 경우에는 붙여 쓸 수 있다.

두시 삼십분 오초　　제일과　　삼학년

육층　　1446년 10월 9일　　2대대

16동 502호　　제1실습실　　80원

10개　　7미터

제44항 수를 적을 적에는 '만(萬)' 단위로 띄어 쓴다.

십이억 삼천사백오십육만 칠천팔백구십팔

12억 3456만 7898

제45항 두 말을 이어 주거나 열거할 적에 쓰이는 다음의 말들은 띄어 쓴다.

국장 겸 과장　　열 내지 스물　　청군 대 백군　　책상, 걸상 등이 있다

이사장 및 이사들　　사과, 배, 귤 등등　　부산, 광주 등지

제46항 단음절로 된 단어가 연이어 나타날 적에는 붙여 쓸 수 있다.

그때 그곳　　좀더 큰것　　이말 저말　　한잎 두잎

(3) 제3절 보조 용언

제47항 보조 용언은 띄어 씀을 원칙으로 하되, 경우에 따라 붙여 씀도 허용한다.

불이 꺼져 간다.	불이 꺼져간다.
내 힘으로 막아 낸다.	내 힘으로 막아낸다.
어머니를 도와 드린다.	어머니를 도와드린다.
그릇을 깨뜨려 버렸다.	그릇을 깨뜨려버렸다.
비가 올 듯하다.	비가 올듯하다.
그 일은 할 만하다.	그 일은 할만하다.
일이 될 법하다.	일이 될법하다.
비가 올 성싶다.	비가 올성싶다.
잘 아는 척한다.	잘 아는척한다.

다만, 앞말에 조사가 붙거나 앞말이 합성 동사인 경우, 그리고 중간에 조사가 들어갈 적에는 그 뒤에 오는 보조 용언은 띄어 쓴다.

잘도 놀아만 나는구나!
책을 읽어도 보고…….
네가 덤벼들어 보아라.
강물에 떠내려가 버렸다.
그가 올 듯도 하다.
잘난 체를 한다.

(4) 제4절 고유 명사 및 전문 용어

제48항 성과 이름, 성과 호 등은 붙여 쓰고, 이에 덧붙는 호칭어, 관직명 등은 띄어 쓴다.

김양수(金良洙) 서화담(徐花潭) 채영신 씨
최치원 선생 박동식 박사 충무공 이순신 장군

다만, 성과 이름, 성과 호를 분명히 구분할 필요가 있을 경우에는 띄어 쓸 수 있다.

남궁억/남궁 억 독고준/독고 준 황보지봉(皇甫芝峰)/황보 지봉

제49항 성명 이외의 고유 명사는 단어별로 띄어 씀을 원칙으로 하되, 단위별로 띄어 쓸 수 있다.

대한 중학교	대한중학교
한국 대학교 사범 대학	한국대학교 사범대학

제50항 전문 용어는 단어별로 띄어 씀을 원칙으로 하되, 붙여 쓸 수 있다.

만성 골수성 백혈병	만성골수성백혈병
중거리 탄도 유도탄	중거리탄도유도탄

3) 틀리기 쉬운 어휘

제51항 부사의 끝음절이 분명히 '이'로만 나는 것은 '- 이'로 적고, '히'로만 나거나 '이'나 '히'로 나는 것은 '- 히'로 적는다.

-이	가붓이, 깨끗이, 나붓이, 느긋이, 둥긋이, 따뜻이, 반듯이, 버젓이, 산뜻이, 의젓이, 가까이, 고이, 날카로이, 대수로이, 번거로이, 많이, 적이, 헛되이, 겹겹이, 번번이, 일일이, 집집이, 틈틈이
-히	극히, 급히, 딱히, 속히, 작히, 족히, 특히, 엄격히, 정확히
-이, -히	솔직히, 가만히, 간편히, 나른히, 무단히, 각별히, 소홀히, 쓸쓸히, 정결히, 과감히, 꼼꼼히, 심히, 열심히, 급급히, 답답히, 섭섭히, 공평히, 능히, 당당히, 분명히, 상당히, 조용히, 간소히, 고요히, 도저히

제52항 한자어에서 본음으로도 나고 속음으로도 나는 것은 각각 그 소리에 따라 적는다.

(본음으로 나는 것)	(속음으로 나는 것)
승낙(承諾)	수락(受諾), 쾌락(快諾), 허락(許諾)
만난(萬難)	곤란(困難), 논란(論難)
안녕(安寧)	의령(宜寧), 회령(會寧)
분노(忿怒)	대로(大怒), 희로애락(喜怒哀樂)
토론(討論)	의논(議論)
오륙십(五六十)	오뉴월, 유월(六月)
목재(木材)	모과(木瓜)

십일(十日) 시방정토(十方淨土), 시왕(十王), 시월(十月)

팔일(八日) 초파일(初八日)

제53항 다음과 같은 어미는 예사소리로 적는다.

-(으)ㄹ거나 -(으)ㄹ걸 -(으)ㄹ게 -(으)ㄹ세

-(으)ㄹ세라 -(으)ㄹ수록 -(으)ㄹ시 -(으)ㄹ지

-(으)ㄹ지니라 -(으)ㄹ지라도 -(으)ㄹ지어다 -(으)ㄹ지언정

-(으)ㄹ진대 -(으)ㄹ진저 -올시다

다만, 의문을 나타내는 다음 어미들은 된소리로 적는다.

-(으)ㄹ까? -(으)ㄹ꼬? -(스)ㅂ니까? -(으)리까? -(으)ㄹ쏘냐?

제54항 다음과 같은 접미사는 된소리로 적는다.

심부름꾼 귀때기 익살꾼 볼때기 일꾼 판자때기

뒤꿈치 장난꾼 팔꿈치 지게꾼 이마빼기 때깔

코빼기 빛깔 객쩍다 성깔 겸연쩍다

제55항 두 가지로 구별하여 적던 다음 말들은 한 가지로 적는다.

맞추다(입을 맞춘다. 양복을 맞춘다.)

뻗치다(다리를 뻗친다. 멀리 뻗친다.)

제56항 '-더라, -던'과 '-든지'는 다음과 같이 적는다.

1. 지난 일을 나타내는 어미는 '-더라, -던'으로 적는다.

지난 겨울은 몹시 춥더라.

깊던 물이 얕아졌다.

그렇게 좋던가?

그 사람 말 잘하던데!

얼마나 놀랐던지 몰라.

2. 물건이나 일의 내용을 가리지 아니하는 뜻을 나타내는 조사와 어미는 '(-)든지'로 적는다.

배든지 사과든지 마음대로 먹어라.

가든지 오든지 마음대로 해라.

제57항 다음 말들은 각각 구별하여 적는다.

가름	둘로 가름.
갈음	새 책상으로 갈음하였다.
거름	풀을 썩인 거름.
걸음	빠른 걸음.
거치다	영월을 거쳐 왔다.
걷히다	외상값이 잘 걷힌다.
걷잡다	걷잡을 수 없는 상태.
겉잡다	겉잡아서 이틀 걸릴 일.
그러므로(그러니까)	그는 부지런하다. 그러므로 잘 산다.
그럼으로(써) (그렇게 하는 것으로)	그는 열심히 공부한다. 그럼으로(써) 은혜에 보답한다.
노름	노름판이 벌어졌다.
놀음(놀이)	즐거운 놀음.
느리다	진도가 너무 느리다.
늘이다	고무줄을 늘인다.
늘리다	수출량을 더 늘린다.
다리다	옷을 다린다.

달이다	약을 달인다.
다치다	부주의로 손을 다쳤다.
닫히다	문이 저절로 닫혔다.
닫치다	문을 힘껏 닫쳤다.
마치다	벌써 일을 마쳤다.
맞히다	여러 문제를 더 맞혔다.
목거리	목거리가 덧났다.
목걸이	금 목걸이, 은 목걸이.
바치다	나라를 위해 목숨을 바쳤다.
받치다	우산을 받치고 간다.
	책받침을 받친다.
받히다	쇠뿔에 받혔다.
밭치다	술을 체에 밭친다.
반드시	약속은 반드시 지켜라.
반듯이	고개를 반듯이 들어라.
부딪치다	차와 차가 마주 부딪쳤다.
부딪히다	마차가 화물차에 부딪혔다.
부치다	힘이 부치는 일이다.
	편지를 부친다.
	논밭을 부친다.
	빈대떡을 부친다.
	식목일에 부치는 글.
	회의에 부치는 안건.
	인쇄에 부치는 원고.
	삼촌 집에 숙식을 부친다.
붙이다	우표를 붙인다.
	책상을 벽에 붙였다.

	흥정을 붙인다.
	불을 붙인다.
	감시원을 붙인다.
	조건을 붙인다.
	취미를 붙인다.
	별명을 붙인다.
시키다	일을 시킨다.
식히다	끓인 물을 식힌다.
아름	세 아름 되는 둘레.
알음	전부터 알음이 있는 사이.
앎	앎이 힘이다.
안치다	밥을 안친다.
앉히다	윗자리에 앉힌다.
어름	두 물건의 어름에서 일어난 현상.
얼음	얼음이 얼었다.
이따가	이따가 오너라.
있다가	돈은 있다가도 없다.
저리다	다친 다리가 저린다.
절이다	김장 배추를 절인다.
조리다	생선을 조린다. 통조림, 병조림.
졸이다	마음을 졸인다.
주리다	여러 날을 주렸다.
줄이다	비용을 줄인다.
하노라고	하노라고 한 것이 이 모양이다.
하느라고	공부하느라고 밤을 새웠다.

-느니보다(어미)	나를 찾아오느니보다 집에 있거라.
-는 이보다(의존 명사)	오는 이가 가는 이보다 많다.
-(으)리만큼(어미)	나를 미워하리만큼 그에게 잘못한 일이 없다.
-(으)ㄹ 이만큼(의존 명사)	찬성할 이도 반대할 이만큼이나 많을 것이다.
-(으)러(목적)	공부하러 간다.
-(으)려(의도)	서울 가려 한다.
-(으)로서(자격)	사람으로서 그럴 수는 없다.
-(으)로써(수단)	닭으로써 꿩을 대신했다.
-(으)므로(어미)	그가 나를 믿으므로 나도 그를 믿는다.
(-ㅁ, -음)으로(써)(조사)	그는 믿음으로(써) 산 보람을 느꼈다.

3. 참고자료

[외래어 표기법]

• **제1장 표기의 기본 원칙**

제1항 외래어는 국어의 현용 24 자모만으로 적는다.

제2항 외래어의 1 음운은 원칙적으로 1 기호로 적는다.

제3항 받침에는 'ㄱ, ㄴ, ㄹ, ㅁ, ㅂ, ㅅ, ㅇ'만을 쓴다.

제4항 파열음 표기에는 된소리를 쓰지 않는 것을 원칙으로 한다.

제5항 이미 굳어진 외래어는 관용을 존중하되, 그 범위와 용례는 따로 정한다.

• **제2장 표기 일람표**

외래어는 다음에 따라 표기한다.

[국제 음성 기호와 한글 대조표]

자음			반모음		모음	
국제 음성기호	한글		국제 음성기호	한글	국제 음성기호	한글
	모음 앞	자음 앞 또는 어말				
p	ㅍ	ㅂ, 프	j	이	i	이
b	ㅂ	브	ɥ	위	y	위
t	ㅌ	ㅅ, 트	w	오, 우	e	에
d	ㄷ	드			φ	외
k	ㅋ	ㄱ, 크			ɛ	에
g	ㄱ	그			ɛ̃	앵
f	ㅍ	프			œ	외
v	ㅂ	브			œ̃	욍
θ	ㅅ	스			æ	애
p	ㅍ	ㅂ, 프			i	이
b	ㅂ	브			y	위
t	ㅌ	ㅅ, 트			e	에
d	ㄷ	드			φ	외
k	ㅋ	ㄱ, 크			ɛ	에
g	ㄱ	그			ɛ̃	앵
f	ㅍ	프			œ	외
v	ㅂ	브			œ̃	욍
θ	ㅅ	스			æ	애
ð	ㄷ	드			a	아
s	ㅅ	스			ɑ	아
z	ㅈ	즈			ɑ̃	앙
ʃ	시	슈, 시			ʌ	어
ʒ	ㅈ	지			ɔ	오
ts	ㅊ	츠			ɔ̃	옹
dz	ㅈ	즈			o	오
tʃ	ㅊ	치			u	우
ʤ	ㅈ	지			ə	어
m	ㅁ	ㅁ			ɚ	어
n	ㄴ	ㄴ				
ɲ	니	뉴				
ŋ	ㅇ	ㅇ				
l	ㄹ, ㄹㄹ	ㄹ				
r	ㄹ	르				
h	ㅎ	흐				
ç	ㅎ	히				
x	ㅎ	흐				

우리가 일상생활에서 자주 사용하는 외래어들의 올바른 표기에 대해 간략히 정리해 보면 다음과 같다. 예시 중에서 밑줄 표시가 규정에 맞는 것이다.

원어	표기	설명
file	파일	[f]를 'ㅍ'으로 표기하느냐, '후'로 표기하느냐 하는 문제. [f]를 '후'로 표기하면 golf, France를 '골후, 후랑스'로, fan, coffee를 '횐, 코휘'로 표기해야 하는 문제가 있음. 플래시, 프라이팬, 패밀리, 판타지
encore	앙코르	
coffee shop	커피숍	'coffee shop이'는 [커피쇼비]로 발음하지 [커피쇼피]로 발음하지 않음
diskette	디스켓	'diskette이'는 [디스케시]로 발음하지 [디스케티]로 발음하지 않음
super market	슈퍼마켓	
juice	주스	국어에서 'ㅈ'은 구개음이므로 '주/쥬, 저/져' 등으로 구별하여 적지 않고 '주, 저'로 통일하여 적는다(vision을 '비전'으로 적는 사실 참조). 다만 준말임을 표기할 때에는 '져' 등의 표기를 인정한다. 〈참고〉 가지어→가져
boat	보트	[ou]는 '오'로 적음. 따라서 window도 '윈도우'가 아니라 '윈도'로 적음
Greece	그리스	국어와 마찬가지로 외국어도 장음 표기를 따로 하지 않음. team이 '티임'이 아니라 '팀'으로 적듯이 Greece도 '그리이스'가 아니라 '그리스'로 적음
leadership	리더십	영어에서 어말의 [ʃ]은 '쉬'가 아니라 '시'로 적음. 그러나 프랑스어나 독일어에서는 어말의 [ʃ]를 '슈'로 적는다. Mensch '멘슈', manche '망슈'
interchange	인터체인지	[ʧ], [ʤ]는 '치, 지'로 적음.
service	서비스	소리대로 적는다면 '써비쓰'로 적어야 하나 이는 비경제적 표기이다.
cake	케이크	단모음 다음의 어말 무성파열음만 받침으로 적도록 하고 있다. 그래서 'book[buk]'은 '부크'가 아닌 '북'으로 적는다. 그러나 장모음이나 이중모음 다음의 어말 무성파열음은 받침으로 적지 않고 '으'를 붙여 적는다. 예를 들어 'park[pa:k]', 'lake[leik]'는 '파크', '레이크'로 적는다. 'cake[keik]'도 이중모음 다음에 어말에 무성파열음이 나타나므로 한글로는 '케이크'가 된다.
trot	트로트	영어에서 짧은 모음 뒤에 오는 무성음은 받침으로 적는 것이 원칙이나 관용이 뚜렷한 말은 관용을 존중하여 적는다. 따라서 '트로트'가 맞음

radio	라디오	외래어는 국어의 일부이므로 굳어진 국어식 발음이 있는 경우는 그 발음을 기준으로 표기한다.
Cannes	칸	칸느(×) / 깐느(×)
鄧小平	덩샤오핑	중국 인명은 과거인[신해혁명(1911) 이전에 죽은 사람]과 현대인을 구분하여 과거인은 종전의 한자음대로 표기하고 현대인은 원칙적으로 중국어 표기법에 따라 표기하되 필요한 경우 한자를 병기한다.
東京	도쿄 / 동경	중국 및 일본의 지명 가운데 한국 한자음으로 읽는 관용이 있는 것은 두 가지 표기를 다 인정한다. 따라서 '도쿄'와 '동경'이 모두 맞다.
battery	배터리	
allergy	알레르기	
message	메시지	문자메세지(×)
accessory	액세서리	악세사리(×)
presentation	프레젠테이션	프리젠테이션(×)
center	센터	정보센타(×)
portal site	포털 사이트	
contents	콘텐츠	컨텐츠(×)
colorful	컬러풀	칼라풀 대구(×)
chocolate	초콜릿	초코렛(×) / 쵸코렡(×) / 쪼코렛(×) / 초콜렛(×)
robot	로봇	무성 파열음 [p, t, k] 1〉 <u>짧은 모음 다음의 어말 무성 파열음은 받침</u>으로 적는다. 'snap[snæp], rocket[rɔkit], book[buk]'은 '스태프, 로케트, 부크'가 아니라 '스냅, 로켓, 북'으로 적어야 한다. 2〉 <u>짧은 모음과 자음(유음, 비음 제외) 사이에 오는 무성 파열음은 받침</u>으로 적는다. 'act[ækt]'의 [k]는 짧은 모음 [æ]와 자음 [t] 사이이기 때문에 '애크트'로 적지 않고 '액트'로 적는다. 3〉 위에 제시한 두 가지 경우 이외의 어말과 자음 앞의 무성 파열음은 '으'를 붙여 적는다. 'tape[teip], cake[keik], flute[flu:t]' <u>(이중모음이나 장모음 다음)</u>는 '테입, 케익, 플룻'으로 적지 않고 '테이프, 케이크, 플루트'로 적어야 한다.
Mozart	모차르트	모짜르트(×) : 독일어의 [ʦ]는 'ㅊ'으로 적는다.
jacket	재킷	쟈켓(×)

[로마자 표기법]

• 제1장 표기의 기본 원칙

제1항 국어의 로마자 표기는 국어의 표준 발음법에 따라 적는 것을 원칙으로 한다.

제2항 로마자 이외의 부호는 되도록 사용하지 않는다.

• 제2장 표기 일람

제1항 모음은 다음 각 호와 같이 적는다.

1. 단모음

ㅏ	ㅓ	ㅗ	ㅜ	ㅡ	ㅣ	ㅐ	ㅔ	ㅚ	ㅟ
a	eo	o	u	eu	i	ae	e	oe	wi

2. 이중모음

ㅑ	ㅕ	ㅛ	ㅠ	ㅒ	ㅖ	ㅘ	ㅙ	ㅝ	ㅞ	ㅢ
ya	yeo	yo	yu	yae	ye	wa	wae	wo	we	ui

[붙임 1] 'ㅢ'는 'ㅣ'로 소리 나더라도 'ui'로 적는다.

(보기) 광희문 Gwanghuimun

[붙임 2] 장모음의 표기는 따로 하지 않는다.

제2항 자음은 다음 각 호와 같이 적는다.

1. 파열음

ㄱ	ㄲ	ㅋ	ㄷ	ㄸ	ㅌ	ㅂ	ㅃ	ㅍ
g, k	kk	k	d, t	tt	t	b, p	pp	p

2. 파찰음

ㅈ	ㅉ	ㅊ
j	jj	ch

3. 마찰음

ㅅ	ㅆ	ㅎ
s	ss	h

4. 비음

ㄴ	ㅁ	ㅇ
n	m	ng

5. 유음

ㄹ
r, l

[붙임 1] 'ㄱ, ㄷ, ㅂ'은 모음 앞에서는 'g, d, b'로, 자음 앞이나 어말에서는 'k, t, p'로 적는다.

([ ] 안의 발음에 따라 표기함.)

구미 Gumi　영동 Yeongdong　백암 Baegam　옥천 Okcheon

합덕 Hapdeok　호법 Hobeop　월곶[월곧] Wolgot　벚꽃[벋꼳] beotkkot

한밭[한받] Hanbat

[붙임 2] 'ㄹ'은 모음 앞에서는 'r'로, 자음 앞이나 어말에서는 'l'로 적는다. 단, 'ㄹㄹ'은 'll'로 적는다.

구리 Guri　설악 Seorak　칠곡 Chilgok　임실 Imsil

울릉 Ulleung　대관령[대괄령] Daegwallyeong

• 제3장 표기상의 유의점

제1항 음운 변화가 일어날 때에는 변화의 결과에 따라 다음 각 호와 같이 적는다.

1. 자음 사이에서 동화 작용이 일어나는 경우

백마[뱅마] Baengma　신문로[신문노] Sinmunno

종로[종노] Jongno　왕십리[왕심니] Wangsimni

별내[별래] Byeollae　신라[실라] Silla

2. 'ㄴ, ㄹ'이 덧나는 경우

학여울[항녀울] Hangnyeoul　알약[알략] allyak

3. 구개음화가 되는 경우

해돋이[해도지] haedoji　같이[가치] gachi　맞히다[마치다] machida

4. 'ㄱ, ㄷ, ㅂ, ㅈ'이 'ㅎ'과 합하여 거센소리로 소리 나는 경우

좋고[조코] joko　놓다[노타] nota　잡혀[자펴] japyeo

낳지[나치] nachi

다만, 체언에서 'ㄱ, ㄷ, ㅂ' 뒤에 'ㅎ'이 따를 때에는 'ㅎ'을 밝혀 적는다.

묵호 Mukho　　　집현전 Jiphyeonjeon

[붙임] 된소리되기는 표기에 반영하지 않는다.

압구정 Apgujeong　　　낙동강 Nakdonggang　　　죽변 Jukbyeon

낙성대 Nakseongdae　　　합정 Hapjeong　　　팔당 Paldang

샛별 saetbyeol　　　울산 Ulsan

제2항 발음상 혼동의 우려가 있을 때에는 음절 사이에 붙임표(-)를 쓸 수 있다.

중앙 Jung-ang　　　반구대 Ban-gudae　　　세운 Se-un

해운대 Hae-undae

제3항 고유 명사는 첫 글자를 대문자로 적는다.

부산 Busan　　　세종 Sejong

제4항 인명은 성과 이름의 순서로 띄어 쓴다. 이름은 붙여 쓰는 것을 원칙으로 하되 음절 사이에 붙임표(-)를 쓰는 것을 허용한다.((　) 안의 표기를 허용함.)

민용하 Min Yongha (Min Yong-ha)　　　송나리 Song Nari (Song Na-ri)

1) 이름에서 일어나는 음운 변화는 표기에 반영하지 않는다.

한복남 Han Boknam (Han Bok-nam)　　　홍빛나 Hong Bitna (Hong Bit-na)

2) 성의 표기는 따로 정한다.

제5항 '도, 시, 군, 구, 읍, 면, 리, 동'의 행정 구역 단위와 '가'는 각각 'do, si, gun, gu, eup, myeon, ri, dong, ga'로 적고, 그 앞에는 붙임표(-)를 넣는다. 붙임표(-) 앞뒤에서

일어나는 음운 변화는 표기에 반영하지 않는다.

충청북도 Chungcheongbuk-do　　제주도 Jeju-do

의정부시 Uijeongbu-si　　양주군 Yangju-gun

도봉구 Dobong-gu　　신창읍 Sinchang-eup

삼죽면 Samjuk-myeon　　인왕리 Inwang-ri

당산동 Dangsan-dong　　봉천1동 Bongcheon 1(il)-dong

종로 2가 Jongno 2(i)-ga　　퇴계로 3가 Toegyero 3(sam)-ga

[붙임] '시, 군, 읍'의 행정 구역 단위는 생략할 수 있다.

청주시 Cheongju　　함평군 Hampyeong　　순창읍 Sunchang

제6항 자연 지물명, 문화재명, 인공 축조물명은 붙임표(-) 없이 붙여 쓴다.

남산 Namsan　　속리산 Songnisan

금강 Geumgang　　독도 Dokdo

경복궁 Gyeongbokgung　　무량수전 Muryangsujeon

연화교 Yeonhwagyo　　극락전 Geungnakjeon

안압지 Anapji　　남한산성 Namhansanseong

화랑대 Hwarangdae　　불국사 Bulguksa

현충사 Hyeonchungsa　　독립문 Dongnimmun

오죽헌 Ojukheon　　촉석루 Chokseongnu

종묘 Jongmyo　　다보탑 Dabotap

제7항 인명, 회사명, 단체명 등은 그동안 써 온 표기를 쓸 수 있다.

제8항 학술 연구 논문 등 특수 분야에서 한글 복원을 전제로 표기할 경우에는 한글 표기를 대상으로 적는다. 이때 글자 대응은 제2장을 따르되 'ㄱ, ㄷ, ㅂ, ㄹ'은 'g, d, b, l'로만 적는다. 음가 없는 'ㅇ'은 붙임표(-)로 표기하되 어두에서는 생략하는 것을

원칙으로 한다. 기타 분절의 필요가 있을 때에도 붙임표(-)를 쓴다.

집 jib	짚 jip	밖 bakk	값 gabs
붓꽃 buskkoch	굳이 gud-i	독립 doglib	문리 munli
물엿 mul-yeos	먹는 meogneun	좋다 johda	가곡 gagog
조랑말 jolangmal	없었습니다 eobs-eoss-seubnida		

참고문헌

1. 국립국어원, 『외국인을 위한 한국어 문법 1-체계편』, 커뮤니케이션북스, 2005.

▶ 『외국인을 위한 한국어 문법』은 체계편(제1권)과 용법편(제2권)으로 나뉘어 있다. 이 중에서 『체계편』은 한국어의 핵심 문법 지식을 체계화하여 정리해 놓았다. 특히 중요한 문법 사항과 예문을 문답식으로 쉽게 설명하여 누구나 한눈에 문법 지식을 이해할 수 있다. 이 책은 빈도가 높은 질문을 색인으로 제시하고, 한국어 학습자들이 자주 범하는 오류를 수록한 점이나 한국어 문법 구조를 다른 언어와 대조해서 기술하면서 쉽게 익혀 쓸 수 있도록 풍부하게 사용 상황을 제시한 점이 특징이다.

2. 김진호, 『재미있는 한국어이야기』, 도서출판 박이정, 2006.

▶ 언어학과 한국어에 대한 지식을 구체적 상황이나 일상적인 예를 들어 설명하였다. 단원에서 공부해야 할 내용들을 질문과 대답의 대화 형식으로 구성하여 내용을 이해하기가 쉬우며, 각 단원의 끝에 핵심 내용을 요약해 두어 중요한 내용을 한 번 더 정리할 수 있으며 '확인'을 통해 내용에 대한 생각을 심화할 수 있다.

3. 남기심 · 고영근, 『표준국어문법론』, 탑출판사, 1985.

▶ 학교 문법의 체계에 맞추어 한국어의 전반적인 형태 구조와 문장 구조를 쉽게 풀어쓴 책이다. 각 내용의 끝에 실제 자료와 함께 자세한 해설을 제시하여 본문의 이론을 응용할 수 있도록 하였다.

4. 임지룡, 『국어의미론』, 탑출판사, 1995.

▸ 언어의 의미 단위를 크게 어휘, 문장, 발화로 나누어 의미의 기본 개념, 의미 관계 등 의미 현상을 전반적으로 살펴보았다.

4장 한국어의 문장

강의목표

- 한국어 문장 구조의 특성을 안다.
- 한국어 문장 구조에 맞는 올바른 문장을 쓸 수 있다.

1. 한국어 문장의 특징

문장은 생각이나 감정을 완결된 내용으로 표현하는 최소의 언어 형식이다. 하나의 문장은 단어, 어절, 구, 절 등 작은 언어 단위들이 결합하여 성립된다. 이 장에서는 한국어 문장을 형성하는 규칙, 문장을 구성하는 요소, 문장의 확장 과정 등에 대해 자세히 살펴보고자 한다.

1) 문장의 성분

(1) 문장의 구성 단위

한국어의 기본 문장은 주어와 서술어로 구성되는데, 주어나 서술어처럼 하나의 문장을 구성하는 요소를 문장 성분이라 한다. 이 문장 성분을 구성하는 문법 단위는 단어, 어절, 구, 절 등이다.

앞 장에서 자세히 살펴본 단어(單語)는 의미를 가지고 있으면서 자립할 수 있는 가장 작은 단위로서, '나 학교 가'에서처럼 하나의 단어가 곧바로 문장의 성분이 될 수도 있다. 어절(語節)은 문장 구성의 기본 단위로서 대체로 띄어쓰기 단위와 일치한다. 구(句)는 주술

〈표1〉 문장의 구성 단위

<table>
<tr><td>할아버지</td><td>께서</td><td>는</td><td>손자</td><td>가</td><td>대학</td><td>에</td><td>합격하였음</td><td>을</td><td>미리</td><td>아셨다</td><td>단어</td></tr>
<tr><td colspan="3">할아버지께서는</td><td colspan="2">손자가</td><td colspan="2">대학에</td><td colspan="2">합격하였음을</td><td>미리</td><td>아셨다</td><td>어절</td></tr>
<tr><td colspan="3">할아버지께서는</td><td colspan="6">명사절</td><td colspan="2">동사구</td><td>구/절</td></tr>
<tr><td colspan="11">할아버지께서는 [손자가 대학에 합격하였음]을 [미리 아셨다].</td><td>문장</td></tr>
</table>

관계는 아니지만 둘 이상의 어절이 모여서 이룬 단위를 말하는데, 구의 중심이 되는 말과 그에 딸린 말로 구성된다. 절(節)은 주술 관계를 이루고 있으면서 문장의 일부분으로 사용되는 문법 단위를 말한다.

〈표2〉 문법 단위 '구'와 '절'

<table>
<tr><td rowspan="5">구
(품사)</td><td>명사구</td><td>저 학생이 누구니?</td></tr>
<tr><td>동사구</td><td>꽃이 활짝 피었다.</td></tr>
<tr><td>형용사구</td><td>오늘 날씨가 무척 춥다.</td></tr>
<tr><td>관형사구</td><td>집 앞에 아주 새 차가 서 있더라.</td></tr>
<tr><td>부사구</td><td>외국 사람인 것 같은데 김치를 매우 잘 먹는구나.</td></tr>
<tr><td rowspan="5">절
(문장성분)</td><td>명사절</td><td>학생들이 재미있어하기를 바랍니다.</td></tr>
<tr><td>서술절</td><td>코끼리는 코가 길다.</td></tr>
<tr><td>관형절</td><td>어제 산 시계를 잃어버렸어.</td></tr>
<tr><td>부사절</td><td>철수가 말도 없이 가버렸네.</td></tr>
<tr><td>인용절</td><td>학생들이 모두 알겠다고 그랬어요.</td></tr>
</table>

(2) 문장 성분의 종류

한국어의 기본 문장은 주어와 서술어로 이루어진다고 하였는데, 목적어와 보어도 문장을 형성하는 데 없어서는 안 될 성분이다. 이처럼 문장을 구성하는 데 필수적인 성분을 문장의 '주성분'이라 하고 여기에는 주어, 서술어, 목적어, 보어가 포함된다. 한편 문장을 이루는 데 꼭 필요한 성분은 아니지만 주성분을 꾸며 문장의 내용을 풍부하게 해 주는 성분을 '부속성분'이라고 한다. 부속성분에는 체언을 수식하는 관형어와 용언을 수식하는 부사어가 있다. 그리고 문장에서 어느 성분과도 직접적인 관계가 없이 독립적으로 사용되는 성분을 '독립성분'이라고 하고 그런 기능을 하는 말을 독립어라고 한다.

〈표3〉 문장 성분의 종류

유형	문장 성분	예	품사
주성분	주어	**철수가** 학교에 간다.	명사+조사
	서술어	철수가 책을 **읽는다**.	동사
	목적어	철수가 **사과를** 먹는다.	명사+조사
	보어	철수가 **대학생이** 되었다.	명사+조사
부속성분	관형어	철수가 **재미있는** 책을 읽는다.	형용사
	부사어	철수가 **재미있게** 책을 읽는다.	형용사
독립성분	독립어	**참**, 어제 빌려 준 책 읽어봤니?	감탄사

① 서술어와 주어

가. 서술어

서술어(敍述語, predicate)는 주어의 동작이나 상태를 풀이하는 기능을 하는 문장 성분으로서 동사, 형용사, 서술격 조사를 통해 성립된다.

ㄱ. 동사(무엇이 어찌한다) : 철수가 잠을 **잔다**. / 철수가 잠을 **잔** 곳은 도서관이다.
ㄴ. 형용사(무엇이 어떠하다) : 산이 **높다**. / 산이 **높은데도** 사람들이 많이 올라간다.
ㄷ. 체언+서술격조사(무엇이 무엇이다) : 그는 **의사이다**. / 저 사람은 아들이 **의사이다**.

서술어는 문장에서 꼭 필요로 하는 문장 성분이 정해져 있는데, 그 성분의 수에 따라서 한 자리 서술어, 두 자리 서술어, 세 자리 서술어로 나뉜다.

〈표4〉 서술어의 유형

서술어의 유형	필요로 하는 성분	품사	예
한 자리 서술어	주어	형용사, 자동사	그녀는 예쁘다. 영희가 학교에 간다.
두 자리 서술어	주어 + 목적어 주어 + 보어 주어 + 부사어	타동사	창수가 소설책을 읽었다. 그는 과학자가 되었다. 그의 눈동자가 별과 같다
세 자리 서술어	주어 + 목적어 + 목적어 주어 + 목적어 + 목적어 주어 + 목적어 + 부사어	수여동사	영수가 친구에게 편지를 보냈다. 교장 선생님께서 반장에게 임명장을 주셨다. 부인은 용감한 젊은이를 사위로 삼았다.

나. 주어

주어(主語, subjective)는 동작 또는 상태나 성질의 주체가 되는 문장 성분으로서 체언에 주격 조사 '이/가, 께서, 에서'가 결합하여 성립된다. 또한 주격 조사는 구어체에서 생략이 잘 되며, 주격 조사가 쓰일 자리에 보조사가 쓰이거나 보조사와 주격 조사가 함께 쓰이기도 한다.

ㄱ. **슬기가** 공부를 한다.

ㄴ. **달(이)** 밝다.

ㄷ. 우리 **학교에서** 행사를 준비하였다.

ㄹ. 국어 **선생님께서만** 그 사실을 말씀해 주셨다.

ㅁ. **정애만이** 숙제를 다 해 왔다.

ㅂ. **민아는** 노래를 잘 부른다.

ㅅ. **민아도** 노래를 잘 부른다.

② 목적어

목적어(目的語, objective)는 타동사(서술어)의 동작 대상이 되는 문장 성분으로 체언에 목적격 조사 '을/를'이 붙어서 이루어진다. 목적격 조사도 주격 조사와 마찬가지로 구어체에서 생략이 잘 되며, 목적격 조사가 쓰일 자리에 보조사가 쓰이거나 보조사와 목적격 조사가 함께 쓰이기도 한다.

ㄱ. 현수는 **바다를** 좋아한다.
ㄴ. 승민이는 어제 **모래성을** 쌓았다.
ㄷ. 나 오늘 **상** 탔어.
ㄹ. **돈** 좀 빌려 줘.
ㅁ. 영원히 **당신만을** 사랑해.
ㅂ. 그는 **과일도** 좋아한다.
ㅅ. **술은** 마시지만 **담배는** 안 피운다.

③ 보어

보어(補語, complement)는 서술어 '되다', '아니다' 앞에 오는 문장 성분으로 주어 외에 서술어를 보충하는 필수적인 성분이다.

ㄱ. 나는 **선생님이** 아니에요.
ㄴ. 영희는 **배우가** 되었다.

④ 관형어

관형어(冠形語)는 관형사, 용언의 관형사형, '체언+의' 등으로 이루어진다.

ㄱ. 신입생들은 **새** 양복을 입었다.
ㄴ. **맛있는** 음식을 많이 준비하셨군요.
ㄷ. 어른들은 **시골(의)** 생활을 그리워한다.

⑤ 부사어

부사어(副詞語)는 주로 용언을 수식하는 문장 성분을 말하는데, 관형어나 다른 부사어를 수식하기도 하고 문장이나 단어를 이어주기도 한다(문장 부사어). 부사어는 주로 부사, 부사격

조사가 결합된 체언, 부사적 성격의 의존 명사구에 의해 성립된다.

ㄱ. 단풍 색깔이 **퍽** 곱다.

ㄴ. 수진이는 **아주** 새 자전거를 타고 간다.

ㄷ. 비행기가 **무척 높이** 날고 있다.

ㄹ. **틀림없이** 그들은 살아서 돌아올 것이다.

ㅁ. **확실히** 어머니의 말씀이 효과가 있었다.

ㅂ. **모름지기** 청년은 야망을 가져야 한다.

ㅅ. **그러나** 그는 그녀의 곁을 떠나지 않았다.

그런데 서술어의 특성에 따라서 부사어를 필수적으로 요구하는 경우가 있는데, 이 경우의 부사어를 필수적 부사어라고 한다. 예를 들면 수여 동사(주다)는 목적어 이외에 '체언+에게'의 부사어가 필요하고, '넣다, 두다, 던지다, 다가서다' 등의 동사도 '체언+에/에게'로 된 부사어가 필요하다. 또한 '싸우다, 다투다, 어울리다, 의논하다, 마주치다, 경쟁하다' 등의 동사는 '체언+와/과' 형태의 부사어가 필요하며, '같다, 닮다, 비슷하다, 다르다' 등의 비교 형용사도 '체언+와/과'로 된 부사어가 필요하다. 동사 '삼다, 변하다'는 '체언+(으)로' 형태의 부사어를 꼭 써야 한다.

ㄱ. 교장 선생님께서는 **지혜에게** 선행상을 주셨다.

ㄴ. 친구의 딸을 **며느리로** 삼았다.

ㄷ. 슬기는 **어머니와** 닮았다.

ㄹ. 어제 본 것은 **이것과 명백히** 다르다.

⑥ 독립어

독립어(獨立語)는 문장의 어느 성분과도 직접적인 관련이 없는 문장 성분으로 감탄사나 체언+호격조사로 이루어진다.

ㄱ. **야!** 드디어 기다리고 기다리던 방학이다.

ㄴ. **신이시여!** 저희들을 보살펴 주소서.

ㄷ. **글쎄,** 그 문제에 대해서는 더 생각을 해 보겠네.

2) 문장의 구조

(1) 문장의 유형

하나의 문장 안에서 주술관계가 몇 번 이루어지느냐에 따라 문장의 유형이 결정된다. 쉽게 말해서 '철수가 드디어 대학에 합격했다'처럼 문장 내에 주어와 서술어가 하나씩 있으면 그 문장을 '홑문장'이라 하고, '철수는 대학에 합격한 사실을 부모님께 알려드렸다'에서처럼 문장 내에 주어와 서술어가 두 개 이상인 문장, 즉 홑문장이 두 개 이상 겹친 문장을 '겹문장'이라고 한다. 겹문장은 다시 문장이 하나의 성분으로 모문(母文)에 안겨 있는 '안긴 문장(혹은 안은 문장)', 문장과 문장이 연결어미로 연결된 '이어진 문장'으로 나뉜다.

- 문장
  - 홑문장 (단문)
  - 겹문장 (복문)
    - 안은 문장 (내포문)
      - 명사절을 안은 문장 : -(으)ㅁ/기/것
      - 서술절을 안은 문장 : N1은 N2가 N3이다
      - 관형절을 안은 문장 : -(으)ㄴ/는/던/(으)ㄹ N
      - 부사절을 안은 문장 : -이/듯이/게/아서/어서/도록
      - 인용절을 안은 문장 : -라고/하고/고
    - 이어진 문장 (접속문)
      - 대등하게 이어진 문장 : 주절 + 주절
      - 종속적으로 이어진 문장 : 종속절 + 주절

(2) 홑문장과 겹문장

① 홑문장

ㄱ. 그 자동차가 이쪽으로 온다.

ㄴ. 오늘 형준이가 방에서 국어 책을 읽었다.

ㄷ. 철수와 영수는 닮았다.

② 겹문장

ㄱ. 미선이가 노래를 부르고, 영철이가 장단을 맞춘다.
ㄴ. 가을이 오면 낙엽이 떨어진다.
ㄷ. 철수와 영수는 대학생이다. (겹문장)
ㄹ. 예쁜 꽃이 피었다.
ㅁ. 토끼는 앞발이 짧다.
ㅂ. 비가 소리도 없이 내린다.

(3) 안은 문장과 안긴 문장

① 명사절을 안은 문장

명사형 어미 '-(으)ㅁ, -기'나 의존명사 '것'과 결합된 명사절이 문장에서 주어나 목적어로 기능한다면 이 명사절은 전체 문장에 명사절로 안긴 문장이 되고, 전체 문장은 명사절을 안은 문장이 된다.

ㄱ. **그 사람이 마을 사람들을 속였음**이 드러났다.
ㄴ. **어머니의 사랑이 따스했음**을 절실히 느낄 수 있었다.
ㄷ. **우리나라가 월드컵에서 우승하기**가 쉽지 않다.
ㄹ. **농부들은 비가 오기**를 간절히 기다린다.
ㅁ. 지금은 **집에 가기**에 이른 시간이다.
ㅂ. 우리는 **그가 정직한 사람임**을 늦게서야 알았다.
ㅅ. 우리는 **그가 정직한 사람이기**를 바랐다.

② 서술절을 안은 문장

주술 구조를 이룬 문장이 전체 문장에서 서술어로 기능을 한다면 이 전체 문장은 서술절을 안은 문장이 된다.

ㄱ. 하영이는 **마음씨가 착하다**.

ㄴ. 토끼는 **앞발이 짧다**.

ㄷ. 나는 **철수가 싫다**.

ㄹ. 의자가 **다리가 있다**.

③ 관형절을 안은 문장

관형사처럼 문장에서 체언을 수식하는 기능을 하지만, 관형사형 어미 '-(으)ㄴ, -는, -던, -(으)ㄹ'이 붙은 형태가 주술 관계를 이루고 있다는 점에서 관형사와는 다르다.

ㄱ. 이 책은 **내가 어릴 때 읽은** 책이다. (과거)

ㄴ. 이 책은 **내가 요즘 읽는** 책이다. (현재)

ㄷ. 이 책은 **내가 앞으로 읽을** 책이다. (미래)

ㄹ. 이 책은 **내가 전에 틈틈이 읽던** 책이다. (회상)

ㅁ. **빨간 장미**가 한 송이 피었다.

[장미i가 빨갛다] 장미i가 한 송이 피었다]

ㅂ. **내가 어제 본 영화**가 참 재미있었다.

[[내가 어제 영화i를 보았다]영화i가 참 재미있었다]

ㅅ. **네가 태어나던 2001년**에 가뭄이 심했다.

[네가 2001년i에 태어났다]2001년i에 가뭄이 심했다]

ㅇ. **그가 지금까지 불우한 이웃을 도와 주었다**는 소문이 마을에 돌았다.

[[그가 지금까지 불우한 이웃을 도와 주었다.]소문이 마을에 돌았다.]

ㅈ. 나는 **그녀가 좋은 사람**이라는 생각을 했다.

[[나는 그녀가 좋은 사람이다.]생각을 했다.]

ㅊ. **우리 학교 농구부가 전국체전에서 우승했다**는 소식이 들렸다.

[[우리 학교 농구부가 전국체전에서 우승했다.]소식이 들렸다.]

④ 부사절을 안은 문장

파생접사 '-이'가 붙은 부사(없이, 같이, 달리)나 연결 어미 '-아/어, -듯이, -게, -도록'으로 된 절 전체가 문장에서 부사어처럼 서술어를 수식하는 기능을 하는 경우를 말한다.

ㄱ. 그는 **소리도 없이** 내게 다가왔다.

ㄴ. 그곳은 **꽃이 아름답게** 피었다.

ㄷ. 우리는 **아이들이 지나가도록** 길을 비켜 주었다.

ㄹ. 도로가 **차가 많아서** 혼잡하다.

⑤ 인용절을 안은 문장

주어진 문장을 그대로 인용하거나 말하는 사람의 표현으로 바꾸어 인용하는 경우가 있는데, 이 경우에는 주로 문장의 어미 뒤에 인용 조사 '-고'나 '-라고'가 결합된 절이 다른 문장에 안기게 된다. (ㄱ)~(ㅂ)은 직접 인용절이고, (ㅅ)~(ㅌ)은 간접 인용절이다.

ㄱ. 친구는 나에게 **"다음 주에 서류를 주겠다."라고** 하였다.

ㄴ. 그는 나에게 **"어디에 사니?"라고** 물었다.

ㄷ. 선생님께서는 **"내일 학교에 와!"라고** 하셨다.

ㄹ. 영주는 나에게 **"밥 먹으러 가자."라고** 말했다.

ㅁ. 어머니께서는 아기에게 **"꽃이 참 예쁘구나."라고** 하셨다.

ㅂ. 그는 **"저는 이제 대학생이에요."라고** 했다.

ㅅ. 친구는 나에게 다음 **주에 서류를 주겠다고** 하였다.

ㅇ. 그는 나에게 **어디에 사느냐고** 물었다.

ㅈ. 선생님께서는 **내일 학교에 오라고** 하셨다.

ㅊ. 영주는 나에게 **밥 먹으러 가자고** 말했다.

ㅋ. 어머니께서는 아기에게 **꽃이 참 예쁘다고** 하셨다.

ㅌ. 그는 **자기가 이제 대학생이라고** 했다.

(4) 이어진 문장

① 대등하게 이어진 문장

이어지는 문장들의 의미적 관계가 대등한 경우가 있는데, 주로 나열이나 대조의 관계인 경우가 많다.

ㄱ. 비가 억수같이 내리고, 바람이 세차게 분다. (나열)

ㄴ. 아내는 일을 하지만, 남편은 집에 있다. (대조)

ㄷ. 바람이 세차게 불고 비가 억수같이 내린다.

ㄹ. 남편은 집에 있지만, 아내는 일을 한다.

② 종속적으로 이어진 문장

앞 문장과 뒤 문장의 의미 관계가 종속적인 경우에는 종속적 연결 어미에 의해 문장들이 이어진다.

〈표5〉 연결어미의 종류

연결어미의 의미	예
원인(이유)	-아/어서, -(으)니, -(으)니까, -(으)므로
조건	-(으)면, -거든, -(아)야, -던들
목적(의도)	-(으)러, -(으)려고, -고자, -게, -도록
양보	-(아)도, -더라도, -(으)ㄴ들, -(으)ㄹ지라도, -(으)ㄹ망정, -(으)ㄹ지언정
배경(상황)	-는데, -진대
동시	-며, -면서, -(아)서, -고서, -자, -자마자

ㄱ. 비가 **와서**, 우리는 소풍을 연기했다.

(cf. 우리는 소풍을 연기해서, 비가 왔다. / 우리는 비가 와서 소풍을 연기했다.)

ㄴ. 강물이 오염되**면**, 물고기가 더 이상 살지 못한다.

(cf. 물고기가 더 이상 살지 못하면, 강물이 오염된다. / 물고기가 강물이 오염되면 더 이상 살지 못한다.)

ㄷ. 책을 빌리**려고**, 영수는 도서관으로 갔다.

(cf. 영수는 책을 빌리려고 도서관으로 갔다. / 영수는 도서관으로 가려고, 책을 빌렸다.)

2. 문장 바로 쓰기의 실제

우리는 일상의 언어생활에서 어법에 맞지 않는 표현들을 많이 사용하고 있다. 이 절에서는 어법적 문장에 대한 국어학적 설명보다는 어법에 맞지 않은 많은 표현들을 바르게 고쳐봄으로써 문장 표현력을 기르고자 한다. 아래의 예문은 학생들이 실제 언어생활에서 나타내고 있는 오류 문장들이다. 이들이 어떠한 점에서 어법에 맞지 않는지를 확인하고 고쳐보자.

1) 어휘 용법에 맞게 문장 쓰기

(1) 조사 올바로 쓰기

조사를 적절하게 사용하지 않으면 문장이 어색하게 느껴지거나 문장 전체가 문법에 맞지 않게 되기도 한다. 주로 주격 조사나 목적격 조사를 써야 할 자리에 부사격 조사를 쓰거나 아니면 그 반대의 경우가 많다. 그리고 부사격 조사의 다양한 쓰임을 제대로 이해하지 못하고 잘못 사용하는 경우가 많다.

ㄱ. 어제 **술이 취해서** 집에 어떻게 돌아왔는지 모르겠다.

ㄴ. 정부는 실업자 **문제를 대처할** 방안을 시급히 마련해야 한다.

ㄷ. 이번 경기는 아쉽게도 **일본에게** 패하였다.

㈀과 ㈁에 있는 동사 '취하다'와 '대처하다'는 앞에 조사 '-에'를 써야 하는데 각각 주격 조사와 목적격 조사로 잘못 사용한 예이다. ㈂에 있는 부사격 조사 '-에게'는 앞에 사람이나

동물처럼 유정명사만 쓸 수 있다. 따라서 '일본'처럼 무정명사인 경우에는 조사 '-에'를 사용해야 한다.

(2) 잉여적 표현 고쳐쓰기

말을 하거나 글을 쓰다보면 의미상 불필요한 단어를 쓰는 경우가 있다. 이처럼 의미상 필요없는데도 단어나 어절, 문장 앞뒤에 붙어 있는 말을 '군더더기' 또는 '잉여적 표현'이라고 하는데, 이런 표현은 엄밀한 의미에서 잘못된 것이다.

ㄱ. 그럴 줄 알고 **미리 예비해** 두었다.

ㄴ. 에어컨 사용 시에는 **공기를 자주 환기시켜야** 감기에 안 걸립니다.

위의 예문은 우리가 흔히 사용하는 표현인데, '예비하다'에는 '미리'라는 의미가 담겨 있고, '환기하다'에는 '공기'라는 의미가 이미 들어 있다. 따라서 (ㄱ)은 '미리 준비해 두었다'나 '예비해 두었다'로 고쳐 쓰는 것이 좋고, (ㄴ)은 '공기를 자주 바꿔야' 또는 '자주 환기해야'로 고치는 것이 좋다. 이 외에도 우리가 자주 사용하는 잉여적 표현에는 다음과 같은 예들이 있다.

그 밖에

동해 바다, 고목 나무, 피해를 입다, 역전 앞, 축구를 찬다, 같은 동포, 간단히 요약하다, 날조된 조작극, 남은 여생, 넓은 광장, 높은 고온, 담임을 맡다, 더러운 누명, 명백히 밝히다, 박수를 치다, 새로 들어온 신입생, 쓰이는 용도, 유산을 물려주다, 음모를 꾸미다, 폭음 소리, 푸른 창공, 죽은 시체, 배우는 학생, 따뜻한 온정, 스스로 자각, 새 신랑, 청천 하늘, 처가집

이처럼 잉여적 표현에는 한자어에 포함되어 있는 고유어를 중복해서 사용하는 경우가 대부분이다. 또한 자세히 혹은 풍부하게 표현하고 싶은 생각에 같은 의미의 단어나 구절을

붙여 사용하는 경우가 많다. 이는 특정한 의미도 없이 습관적으로 사용하는 잉여적 표현이므로 삼가는 것이 좋다.

(3) 중의적 표현 고쳐쓰기

다의어를 사용하거나 수식어의 위치가 적절하지 않으면 문장의 의미가 둘 이상으로 해석될 소지가 있어서 글을 읽는 사람이 오해하는 일이 생길 수 있다. 또는 접속 구조를 잘못 사용하여 의미를 정확하게 해석하는 데 지장을 주기도 한다.

ㄱ. 우리에게는 가지 않은 **길**이 있다.
ㄴ. **아름다운** 그녀의 손이 떨리고 있다.
ㄷ. 나는 **철수와 영희**를 배웅했다.

(ㄱ)의 '길'은 기본적인 의미로 사람이나 자동차 등이 다니는 일정한 너비의 공간을 의미할 수도 있고, 기본적인 의미에서 확장되어 사람이 삶을 살아가거나 사회가 발전해 가는 데에 지향하는 방향이나 목적을 의미할 수도 있다. 따라서 '가지 않은 길'이라고 하면 두 가지 이상으로 해석될 소지가 있다. 그러나 (ㄱ)처럼 어휘의 다의적 쓰임으로 생기는 중의성은 문맥에 의해 쉽게 해석될 수 있기 때문에 큰 문제가 생기지는 않는다. (ㄴ)과 (ㄷ)처럼 구조적 문제로 중의성이 생기는 경우에는 의도했던 의미가 정확하게 전달되지 않을 확률이 높기 때문에 주의를 기울여야 한다. (ㄴ)은 수식어 '아름다운'의 위치 때문에 그녀가 아름다운지, 그녀의 손이 아름다운지 불분명하다. 따라서 '그녀의 아름다운 손이 떨리고 있다.' 혹은 '아름다운 그녀가 손을 떨고 있다'로 고쳐 쓰는 것이 좋다. (ㄷ)은 접속구 '철수와 영희' 때문에 내가 배웅한 사람이 철수와 영희인지 아니면 나와 철수가 영희를 배웅했는지 의미가 혼동된다. 그러므로 '나는 철수와 함께 영희를 배웅했다.'나 '나와 철수는 영희를 배웅했다.', '나는 철수와 영희를 모두 배웅했다.' 등처럼 의미가 분명하게 고쳐 쓰는 것이 바람직하다.

2) 올바른 구조를 갖춘 문장 쓰기

문장은 성분들의 일정한 관계로 구성된다. 그런데 문장이 길어지면서 주어나 목적어와 서술어가 어울리지 않게 되거나 부사어 및 관형어, 인용절을 잘못 사용하여 어법에 맞지 않는 문장이 되기도 한다. 이처럼 문장 성분들의 호응 관계가 제대로 이루어지지 않으면 문장의 구조가 산만해져서 그 뜻을 정확하게 이해하기가 어려워진다. 따라서 올바른 구조로 문장을 쓰는 습관을 들여 논리적이면서 정확하게 의미를 전달하도록 해야 한다.

(1) 주어와 서술어의 관계가 바른 문장 쓰기

주어와 서술어가 분명하게 드러나도록 문장을 구성해야 한다.

ㄱ. **문학은** 다양한 삶의 체험을 보여 주는 예술의 장르로서 **문학을 즐길 예술적 본능을 지닌다**.

ㄴ. 본격적인 **공사가** 언제 시작되고, 언제 **개통될지** 모른다.

ㄷ. 이 **상표는** 지난해부터 우리 회사에서 개발하여 전 상품에 **부착하였습니다**.

위의 예는 주어와 서술어의 관계가 바르지 않은 문장들인데, 문장과 문장이 이어지면서 뒷문장의 주어가 생략되어 호응이 이루어지지 않은 경우이다. (ㄱ)에서 뒷문장은 '문학을 즐길 예술적 본능을 지닌다.'인데, 이 문장의 주어는 보이지 않는다. (ㄴ)도 마찬가지로 서술어 '개통되다'에 해당되는 주어가 없고, (ㄷ)도 서술어 '부착하였습니다'의 주어가 없다. 따라서 문장이 이어져 길어질 경우 주어와 서술어의 관계가 올바른가를 꼼꼼히 살펴야 한다.

(2) 목적어와 서술어의 관계가 바른 문장 쓰기

다음 예를 보면 서술어 '보다', '검토하다', '애용하다'가 서술하는 대상이 없으므로 '무엇을'에 해당하는 목적어를 분명하게 써 주어야 한다.

ㄱ. 학문은 따지고 의심스럽게 **보고** 다시 **검토하는** 데서 출발해야 한다.

ㄴ. 국산품과 수입품의 품질이 비슷하면 가급적 **애용하도록** 합시다.

(3) 부사어 바로 쓰기

부사어로 써야 하는데 관형어로 잘못 사용하거나, 부사어와 서술어의 호응이 맞지 않아 의미가 어색해지는 경우가 있다.

ㄱ. **왜냐하면** 너의 생각은 우리의 현재 상황과 **어울리지 않는다**.

ㄴ. 직장 생활을 하면서 아이를 키운다는 건 **여간** 어려운 **일이다**.

ㄷ. 경제 혼란에 **대비한** 철저한 합리적 여건을 조성해야 한다.

위의 예에서 (ㄱ)의 '왜냐하면'은 '-기 때문이다'와 호응해야 하며, (ㄴ)의 '여간'은 '-지 않다'나 '아니다'처럼 부정어와 호응해야 한다. (ㄷ)은 '대비하여'로 부사어를 사용해야 하는데 관형어로 잘못 사용하였다. 뿐만 아니라 관형어구 '철저한 합리적'도 접속이 어색한데 '철저하고도 합리적인'으로 고쳐 쓰면 자연스럽게 문장을 구성할 수 있다.

(4) 관형어 바로 쓰기

체언의 의미를 분명히 제시하기 위해서 관형어로 수식을 한다. 하지만 관형격 조사 '-의'를 무분별하게 사용하여 한 성분을 무리하게 관형어로 만들거나, 체언 하나를 관형어 둘 이상으로 수식하게 되면 문장의 의미가 어색해진다. 따라서 관형어를 둘 이상 사용해야 할 경우에는 의미가 명확하게 드러나도록 적절한 연결어미를 사용하거나, 적절한 성분으로 바꾸어 풀어쓰는 것이 좋다.

ㄱ. 교통이 **통제되는 심한** 정체를 빚고 있습니다.

ㄴ. 우리는 그것을 **학생으로서의 마땅한** 의무라고 생각한다.

(ㄱ)은 '교통이 통제되어 심한 정체를 빚고 있다/정체가 심해졌다.'로, (ㄴ)은 '우리는 그것을 학생이라면 마땅히 지켜야 할 의무라고 생각한다.'로 고쳐 써야 자연스러운 문장이 된다.

(5) 올바른 이어쓰기

단어나 구, 절, 문장을 연결할 때는 우선 의미 관계가 대등하게 연결되는지 아니면 종속적으로 연결되는지 살펴야 한다. 문장을 구성하는 단위들을 대등하게 연결한다면 문법 구조를 유사하게 맞추어 연결해야 하고, 종속적으로 연결한다면 그 의미 관계에 따라 연결어미를 적절하게 사용해야 한다.

ㄱ. 여성의 사회 진출이 점점 **활발해지며** 남녀가 인간으로서 동등한 권리를 가지게 되었다.

ㄴ. 어머니는 **사랑과 가족의 중재자 및 위안자**의 역할을 한다.

ㄷ. 시험 발표 후 얼마 동안은 기쁨으로 **무얼 할지도, 해야 할 일도 없었다**.

(ㄱ)은 종속적으로 이어쓴 문장인데, 앞뒤 문장이 인과 관계를 나타내므로 '활발해지면서'로 고쳐 써야 한다. (ㄴ)과 (ㄷ)은 대등적으로 연결된 문장인데 문법 구조가 대등하지 않아 의미가 자연스럽게 전달되지 않는다.

(6) 인용절 바로 쓰기

인용절은 언뜻 복잡하게 생각되지만 다음과 같이 간단하게 정리할 수 있다. 문장의 유형에 따라 알맞은 인용 조사를 사용하여 인용절을 바르게 쓰도록 하자.

〈표6〉 문장 유형과 인용절

<table>
<tr><th></th><th>인용 조사</th><th colspan="2">문장의 유형</th><th>인용절</th></tr>
<tr><td rowspan="5">직접 인용</td><td rowspan="5">"S"라고</td><td>평서문</td><td rowspan="5">"S"라고</td><td rowspan="5">철수가 { "여기가 경북대야."
"김밥 먹었어."
"김밥 먹니?"<br>"김밥 먹어라."
"김밥 먹자."
"김밥 먹는구나!" } 라고 했다.</td></tr>
<tr><td>의문문</td></tr>
<tr><td>명령문</td></tr>
<tr><td>청유문</td></tr>
<tr><td>감탄문</td></tr>
</table>

간접 인용	S고	평서문	-다고, -(이)라고	철수가 여기가 경북대**라고 했다**. 철수가 김밥 먹었**다고 했다**.
		의문문	-느냐고, -(으)냐고, -(이)냐고	철수가 김밥 먹었**느냐고 했다**.
		명령문	-(으)라고	철수가 김밥 먹**으라고 했다**.
		청유문	-자고	철수가 김밥 먹**자고 했다**.
		감탄문	-다고, -(이)라고	철수가 (영희는) 김밥 먹는**다고 했다**.

직접 인용절은 문장의 유형에 관계 없이 모두 큰따옴표 뒤에 조사 '-라고'를 쓰면 된다. 간접 인용절은 인용한 문장 뒤에 조사 '-고'를 붙이면 되지만 문장의 유형에 따라, 서술어의 유형(동사, 형용사, 체언+이다)에 따라 어미 사용에 주의를 기울여야 한다.

ㄱ. 박찬욱 감독이 "송강호를 주연으로 차기작 〈박쥐〉의 촬영을 2월 시작할 예정이다." 고 말했다.

ㄴ. 소크라테스는 악법도 법이다고 말했다.

ㄷ. 마이클은 설악산의 가을 경치가 정말 아름다워라고 감탄했다.

(ㄱ)은 직접 인용절이므로 '"…… 예정이다."라고 말했다.'로 바르게 고쳐야 한다. (ㄴ)의 인용절은 소크라테스의 말인 '"악법도 법이다."'를 간접 인용한 것인데, 이 문장은 평서문이고 서술어가 '체언+이다'이므로 인용절은 '-(이)라고'를 써야 한다. 따라서 '소크라테스는 악법도 법이라고 말했다.'로 고쳐 써야 한다. (ㄷ)은 마이클의 말인 '"설악산의 가을 경치가 정말 아름답구나!"'을 간접 인용한 것이므로 '마이클은 설악산의 가을 경치가 정말 아름답다고 감탄했다.'고 고쳐 써야 한다.

3) 우리말다운 문장 쓰기

외국어가 우리 언어생활에 빈번히 노출되면서 우리말이 알게 모르게 외국어에 영향을 받고 있다. 특히 영어나 일본어를 직역한 듯한 문장이나 명사화를 지나치게 사용하는 것, 사동 표현이나 피동 표현의 남용 등은 우리말 어법에 맞지 않는 경우가 많기 때문에 주의를 기울여야 한다.

(1) 잘못된 명사화 구성

길이가 긴 표현을 간결하게 표현하는 방법으로 흔히 사용하는 것은 서술어를 명사화하는 것이다. 이는 내용을 명료하게 전달해 주는 효과가 있지만 무분별하게 명사화 구성을 사용하면 문장이 어색해질 수 있다. 우리말 문장은 명사구나 명사절보다는 연결 어미를 사용하여 풀어 쓰는 것이 훨씬 자연스러우므로 억지로 명사화 구성을 사용하지 않도록 신경을 써야 한다.

ㄱ. 한식은 영양가가 풍부하다**는 것**과 약간 맵다**는 것**이 특징이라**는 것**이다.
ㄴ. 불법 시비가 잇따랐음은 물론이다.

(ㄱ)처럼 의존명사 '것'으로 된 명사절을 많이 사용하는데 이보다는 '한식은 영양가가 풍부하고 약간 매운 것이 특징이다.'로 자연스럽게 풀어 쓰는 것이 좋다. (ㄴ)도 '물론 불법 시비가 잇따랐다.'로 고쳐 쓰는 것이 자연스럽다.

(2) 피동 표현의 남용

피동(被動, passive)은 주체가 다른 힘에 의하여 움직이는 것인데, 한국어에서 피동은 피동사를 사용하거나 용언의 어간에 '-아/어지다'를 붙여 표현한다. 그런데 한국어는 사람이 행동의 주체가 되는 능동문을 쓰는 것이 자연스러우므로 꼭 필요한 경우가 아니라면 피동문을 사용하지 않는 것이 좋다. 그리고 피동사나 '명사+되다'에 '-아/어지다'를 붙여 쓰는 이중 피동은 가급적 쓰지 말아야 한다.

ㄱ. 이 같은 실수**가 반복돼** 김 씨는 결국 해고됐다.
ㄴ. 부동산 가격이 급등할 것으로 **보여집니다**.
ㄷ. 물은 생명의 근원으로 **해석되어진다**.

(ㄱ)은 크게 잘못된 것은 없지만 '김씨는 이 같은 실수를 반복해 결국 해고됐다.'처럼 능동문으로 쓰는 것이 훨씬 자연스럽다. (ㄴ)과 (ㄷ)은 이중으로 피동표현이 사용되었으므로 '보입니다', '해석됩니다'로 고쳐 써야 한다.

(3) 사동 표현의 남용

사동(使動, causative)은 주체가 제3의 대상에게 동작이나 행동을 하게 하는 것으로, 한국어에서는 사동사를 사용하거나 용언의 어간에 '-게 하다'를 써서 사동을 표현한다. 또한 '화해시키다, 졸업시키다'처럼 '명사+시키다'를 써서 사동을 표현할 수도 있는데, 사동을 쓰지 말아야 할 곳에 '명사+시키다' 구성을 사용하여 문장이 부자연스러워지기도 한다. 따라서 사동 표현을 억지로 사용하거나 '명사+시키다'를 무조건 사용하지 않도록 주의해야 한다.

ㄱ. 그의 불성실은 **나로 하여금 실망을 하게 하였다**.

ㄴ. 우리 회사에서는 외국어 회화를 3개월 동안 무료로 **교육시켜 드립니다**.

(ㄱ)은 쓸데없이 사동이 사용된 경우이므로 '나는 그의 불성실에 실망하였다.'로 바꿔 써야 한다. (ㄴ)은 '…… 무료로 가르쳐 드립니다/교육해 드립니다.'로 고쳐 써야 자연스럽다.

(4) 일본어식 표현

일본어 'の'의 영향으로 관형격 조사 '-의'를 무분별하게 사용하지 말아야 한다. 또한 '-에 다름이 아니다', '-이/가 애매하다' 등 일본어에 영향을 받은 표현은 사용하지 말아야 한다.

ㄱ. 작가는 일하는 **사람들과의** 만남을 위하여 이번 주말에 시간을 비워두었다.

ㄴ. **미국으로의** 자동차 수출 산업

ㄷ. **한국에서의** 특별한 경험

ㄹ. **한국의 정치의 문제**에 있어서 금권 정치는 부패 **정치로부터의** 산물**에 다름이 아닌**

것이다.

ㅁ. 그의 표현은 늘 **애매하다**.

(5) 영어식 표현

영어 번역투의 문장도 우리말 어법에 맞지 않는 경우가 많으니 주의해야 한다.

ㄱ. 글 쓰는 이**의** 평소 생활 자세**의** 진지함은 **아무리 강조해도 지나침이 없다**.

ㄴ. 우리 회사는 서울에 **위치하고 있습니다**.

ㄷ. 선희는 아름다운 **목소리를 가지고 있다**.

ㄹ. 나는 **두 잔의 커피**를 마셨다.

(ㄱ)은 'of'로 연결된 명사구를 직역한 듯한 '-의'의 남용과 '아무리 강조해도 지나침이 없다'의 사용에 무리가 있다. 따라서 '글 쓰는 이가 평소 진지하게 생활하는 자세는 무척 중요하다.'로 고쳐 쓰는 것이 자연스럽다. (ㄴ)은 '우리 회사는 서울에 있다.'로, (ㄷ)은 '선희는 목소리가 아름답다.'로, (ㄹ)은 '나는 커피 두 잔을 마셨다.'로 써야 우리말 어법에 맞다.

3. 참고자료

다음에 제시된 문장들은 국립국어원(2005)과 김문오(2006)에서 부분 발췌한 것이다. 또한 각종 매체에서 인용하고 있는 비문의 예 중에서 빈도가 높은 예문도 함께 제시하였다. 앞서 공부한 이론과 실제를 바탕으로 다음의 문장들을 올바른 문장으로 고쳐 써 보자.

공교육 정상화 방안에도 의견을 접근한 것으로 밝혀졌다.

▸ ▷

불리하다고 해서 해보지도 않고 현실을 도피하면 안 된다.

▸ ▷

그렇다고 해서 나에게서 불만이 아주 없는 것은 아니다.

▸ ▷

요즘 일선 학교에서는 학급 붕괴현상이 벌어지고 있는데 이 문제의 모든 책임은 전적으로 교사와 학교에게 있다.

▸ ▷

감독에게 예선 탈락의 책임을 묻기에는 어려울 것 같다.

▸ ▷

한국 축구팀은 폴란드 팀에 2 대 0으로 이겼습니다.

▸ ▷

바둑을 인생과 비유하는 데는 조금의 무리도 없다.

▸ ▷

휴일 내내 남편은 침대 위에서 꼼짝도 하지 않고 누워 있었다.

▸ ▷

예부터 서귀포에는 품질이 좋은 밀감이 많이 생산되어 왔다.

▸ ▷

수행 평가는 현재로서는 가장 효율적인 평가 방법이다.

▸ ▷

나라를 사랑하는 한 사람으로써 이런 일을 어떻게 묵과할 수 있겠니?

▸ ▷

어려운 일을 해냄으로서 능력을 인정받게 되었다.

▸ ▷

신문 기사는 꾸며서 창작한 글이 아니다.

▸ ▷

소설과 희곡은 지은이인 소설가나 극작가가 꾸며낸 이야기이다.

▸ ▷

선열들의 나라를 사랑하는 애국 정신을 우리는 본받아야 한다.

▸ ▷

빠진 말은 넣고 쓸데없는 말은 삭제하여 뺀다.

▸ ▷

우리 한화 이글스의 올시즌 목표는 탈꼴찌에서 벗어나 중위권으로 도약하는 것이다.

▸ ▷

그들은 조용한 정숙을 유지하고 있었다.

▸ ▷

우리는 참고 인내하면서 학창 시절을 보내야 한다.

▸ ▷

하얀 흰눈이 내리고 있다.

▸ ▷

여성 자매 두 분이 왔어요.

▸ ▷

순간 그의 머릿속에는 뇌리를 스치는 기억이 하나 있었다.

▸ ▷

돌이켜 회고해 보건대 형극의 가시밭길을 우리는 걸어왔습니다.

▸ ▷

허다하게 많습니다.

▸ ▷

할아버지는 유언을 남기고 돌아가셨다.

▸ ▷

좌절감에 빠질 때마다 나는 앞으로 내가 무엇을 할 것인가 하는 미래에 하고 싶은 나의 계획을 확인하곤 한다.

▸ ▷

대중 문화란 매우 많은 것을 내포하고 있는 포괄적인 개념이다.

▸ ▷

여행을 갈 때는 숙박할 곳을 사전에 미리 예약해 두는 것이 좋다.

▸ ▷

지금까지의 방식은 어느 것 하나도 이번 일에 전혀 도움이 안 된다.

▸ ▷

부인들은 남편보다 자녀들을 더 사랑한다.

▸ ▷

그가 웃는 것이 이상하다.

▸ ▷

나는 영화를 안 보았다.

▸ ▷

답을 몇 개 쓰지 못했다.

▸ ▷

이때 한 용감한 시민이 소리를 지르면서 도망가는 범인을 뒤쫓기 시작했다.

▸ ▷

한국팀이 11연승을 질주하며 1차 대회 우승을 노리던 쿠바팀을 꺾었다.

▸ ▷

사람들이 많은 도시를 다녀보면 재미있는 일이 많을 것이다.

▸ ▷

허가 받지 않은 전시실 내의 사진 촬영은 금지되어 있습니다.

▸ ▷

끝까지 신문사에 남아 언론의 자유를 지키겠습니다.

▸ ▷

선생님이 보고 싶은 학생이 너무 많다.

▸ ▷

그 소설가는 순수한 마음을 가진 어린이와 철학자를 작품의 주인공으로 삼고 있다.

▸ ▷

부산에서 함께 올라온 친구의 누나를 형한테 소개해 주기로 했다.

▸ ▷

갑돌이와 을순이는 이른 나이에 결혼했다.

▸ ▷

단어는 문장 속에서 쓰이므로 그 자체만으로 문장의 의미를 파악하는 것은 불가능하다.

▸ ▷

쓰레기를 함부로 버리는 자는 100만원 이하의 과태료가 부과됩니다.

▸ ▷

내가 강조하고 싶은 점은 우리 민족이 고유 언어를 가졌다.

▸ ▷

기재 사항의 정정 또는 금융 기관의 수납인 및 취급자인이 없으면 무효이다.

▸ ▷

내 생각으로는 만약 인간이 언어를 사용하지 않았다면 오늘날과 같은 문명의 발전을 이룩할 수 없었을 것이라고 생각한다.

▸ ▷

생선의 신선도는 눈보다 아가미를 보고 고르는 것이 요령이다.

▸ ▷

윤동주의 시는 시대적인 고뇌를 형상화하는 데 성공했으며 현실의 괴로움과 삶의 어려움을 철저하게 내면화하였다.

▸ ▷

내가 주장하고 싶은 것은 대중 스타를 맹목적으로 추종하는 것은 바람직하지 않다는 점을 강조하고 싶다.

▸ ▷

그런데 문단에의 그의 등장이 그토록 빨랐던 것에 못지 않게 절필 또한 빨랐다는 사실입니다.

▸ ▷

어떤 사람들은 문학 작품을 통해 일생의 목표라든가 가치관 등등의 많은 영향을 받은 사람들이 있다.

▸ ▷

이러한 사실을 통해 옥수수가 얼마나 중요한 생계수단이 되어 왔는가를 보여 주고 있다.

▸ ▷

하나의 현상에 대한 올바른 이해에 도달하기 위해서는 그 현상을 포함한 그 언어의 전 체계 속에서 파악될 때 비로소 가능하다.

▸ ▷

사업 계획서 사본의 추가 요구 시 사업 신청자는 10부 범위 내에서 제출하여야 함.

▸ ▷

갖가지 대중 매체의 영향으로 대중들은 객관적으로 바라보는 안목을 잃기 쉽다.

▸ ▷

우리가 역사를 배우고 연구하는 까닭은 과거의 사실로부터 교훈을 얻어서 현재와 미래의 삶에 적용하기 위해서이다.

▸ ▷

오직 나는 내가 계획한 바대로 실행에 옮긴다.

▸ ▷

그렇다고 해서 우리나라가 이번 올림픽 축구 아시아 지역 예선전에서 반드시 승리해야 할 필요가 있다.

▸ ▷

경기를 앞둔 권투 선수는 마땅히 체중조절을 하는 것이다.

▸ ▷

오늘날 훌륭한 가수가 되려면 모름지기 뛰어난 춤 실력을 갖고 있으면 된다.

▸ ▷

요즘 신세대는 남북 통일의 당위성을 자칫 잊고 지낸다.

▸ ▷

나는 아무래도 그 친구가 마음에 든다.

▸ ▷

남을 헐뜯기 좋아하는 사람치고 대인관계가 원만하다.

▸ ▷

무슨 일이 있어도 절대로 갈 테야.

▸ ▷

인간은 한편으로는 자연에 순응하면서, 다른 한편으로는 이용하면서 살아왔다.

▸ ▷

명수는 친구를 믿었는데, 결국은 배신을 당하고 말았다.

▸ ▷

도저히 나는 그 일을 할 수 없을 것 같다.

▸ ▷

엄청난 건물과 재난 피해를 입었다.

▸ ▷

무엇보다도 정확한 일본 대중 문화에 대한 인식을 갖고 있어야 한다.

▸ ▷

우리는 반드시 전통 문화의 기반 위에서 굳건한 외래 문화를 수용해야 한다는 점을 명심해야 한다.

▸ ▷

이 수술은 후유증이 없는 안전한 고도의 정밀한 수술로 비용도 저렴한 파격적인 저비용이다.

▸ ▷

우리는 가해자에게도 자신의 잘못을 뉘우칠 수 있는 기회를 주어야 한다.

▸ ▷

남녀 차별로 인한 피해를 받지 않으려면

▸ ▷

이러한 사실에의 인식은 역사적 이해에의 중요성을 느끼게 한다.

▸ ▷

그는 청소년 문제, 미혼모 문제, 노인 문제, 사회 문제에 관심이 많다.

▸ ▷

비록 그는 힘든데 끝까지 노력했다.

▸ ▷

이 배는 사람이나 짐을 싣고 하루에 다섯 번씩 운행한다.

▸ ▷

개인적으로 사회적으로 다같이 불행했던 시대였다.

▸ ▷

어린이들의 나약함과 자신감을 키워주기 위해서는 칭찬과 격려를 아끼지 말아야 합니다.

▸ ▷

저희 자식 혼사 때 축복과 격려하여 주신 데 대하여 감사를 드립니다.

▸ ▷

정성을 다한 시공과 최대한 공사 기간을 단축하여 고가 차도 공사를 2000년 12월까지 완공하겠습니다.

▸ ▷

사용 중에 궁금한 점이나 기능이 제대로 발휘되지 않을 때 많은 도움이 될 것입니다.

▸ ▷

순수 예술을 전공하는 사람들은 가난한 생활에서 좀처럼 벗어날 수 없으며, 나는 결국 응용 예술을 선택하기로 했다.

▸ ▷

당장은 어렵겠지만 점차적으로 교사의 인원수 확충과 학교를 많이 세워야 효율적인 교육이 이루어질 것으로 보인다.

▸ ▷

그만큼 교사를 선발하는 데 세심한 노력과 평가방법을 다각적인 면에서 살펴보고 연구해야 한다.

▸ ▷

최선을 다해야겠다는 생각과 컨디션이 좋아서 오늘 경기는 쉽게 풀어나갈 수 있었다.

▸ ▷

내가 무소르그스키의 곡을 특히 좋아하는 까닭은 그 곡들이 재능만으로 이루어진 것이 아니라 그의 인간성이 스며 있기 때문이다.

▸ ▷

그는 무척 순진하고 그의 성격은 내향적이다.

▸ ▷

돈이 자본주의 경제의 피의 역할을 한다면 일반은행은 혈관이고 중앙은행은 마치 심장 구실을 한다.

▸ ▷

일본 전자 제품이 우리나라의 것보다 더 우수하다 믿는 사람이 아직도 있다.

▸ ▷

모두 자기들 주장이 옳다라고 우기며 타협하지 않았다.

▸ ▷

월드컵 이후 각 매스컴은 우리 선수들의 골 결정력이 문제다라는 것을 지적했다.

▸ ▷

철수는 나에게 몇 시에 출발하겠느냐라고 물었다.

▸ ▷

영희는 선배에게 어서 출발합시다라고 재촉했다.

▸ ▷

친구는 나에게 내 옆에 있는 사람이 누구인가라고 물었다.

▸ ▷

그가 그 문제를 명쾌하게 해결할 것으로 예상되는 것이다.

▸ ▷

가격이 오름에도 불구하고 자동차를 구매하려는 소비자는 계속 늘어나고 있다.

▸ ▷

야외 수업을 하자는 우리들의 의견이 교수님에 의해서 흔쾌히 받아들여질 가능성은 별로 없다.

▸ ▷

광고에 현혹되기보다는 실용적인 컴퓨터를 선택함과 사용함이 좋을 것으로 간주된다.

▸ ▷

건물이 여기저기 많이 세워지는데

▸ ▷

김 부장이 이 일에 가장 적합한 사람이라고 생각되어진다/생각된다.

▸ ▷

대통령은 외무 장관에게서 방미 결과를 보고 받았다.

▸ ▷

의미가 명확하게 표현되어야 좋은 문장이다.

▸ ▷

물건 값은 5만원이 되겠습니다.

▸ ▷

네비게이션 정보는 CD데크에 있는 CD롬에 수록되어져 있습니다.

▸ ▷

영희는 편지에 쓰여진 글을 읽고 마침내 준석과 결혼하기로 결심을 하였다.

▸ ▷

이 책이 요즘 사람들에게 많이 읽혀지는 책입니다.

▸ ▷

이 문제는 쉽게 해결되어지지 않을 것으로 보인다.

▸ ▷

나에게 거짓말시키면 안 되지.

▸ ▷

김 팀장은 외화를 유출시킨 장본인이다.

▸ ▷

이곳은 '거주자 우선 주차 지역'이므로 비등록차량은 주차시키지 마십시오.

▸ ▷

널리 알려진 원리를 문제에 적용시켜 생각해 보세요.

▸ ▷

상식과 교양으로서의 과학

▸ ▷

자녀에게 있어 최초의 교사는 부모이다.

▸ ▷

인간에게 있어서 생명은 가장 소중한 것이다.

▸ ▷

인터넷 세계에서 다른 사람의 정보를 훔쳐내고 교란하는 해킹은 범죄에 다름이 아닙니다.

▸ ▷

정 선생님은 학생들에 대하여 늘 많은 관심을 기울이고 있다.

▸ ▷

이렇게 경기가 좋지 않을 때는 물자를 아껴쓸 필요가 있다.

▸ ▷

내가 강아지를 죽게 만들었다.

▸ ▷

진지하고도 솔직한 설명이 있었다.

▸ ▷

우리는 내일 일본으로 여행갈 예정에 있다.

▸ ▷

10시에 회의를 갖고 남북 간에 첫 접촉을 가졌다.

▸ ▷

북한 핵문제가 한반도의 불안을 야기시켰다.

▸ ▷

사람들의 대부분은 환경을 파괴하는 사업을 중단해야 한다고 생각한다.

▸ ▷

나의 살던 고향

▸ ▷

마이클과 철수는 서로의 안부를 묻고 난 후에야 자리에 앉았다.

▸ ▷

그는 그의 친구를 소개했다.

▸ ▷

참고문헌

1. 국립국어원, 『바른 국어생활-찾아가는 국어문화학교』, 국립국어원, 2005.

▸ 국립국어원에서는 올바른 어문 규범을 보급하여 국민이 아름답고 품위 있는 언어생활을 하는 데 도움을 주고자 '국어문화학교'를 실시하고 있는데, 그 교육 자료로 『바른 국어생활-찾아가는 국어문화학교』가 사용된다. 어문규범(한글 맞춤법, 띄어쓰기, 표준어 규정, 외래어 표기법, 국어의 로마자 표기법), 글을 바르게 쓰기(흔히 잘못 쓰는 말들, 우리말 다듬기, 공문서 바로 쓰기, 글쓰기), 말을 바르게 하기(바른 발음과 발성, 효과적인 의사소통의 이해와 훈련, 대화와 인간 관계), 언어와 문화(언어 예절, 국어 생활의 쟁점, 언어와 문학) 등의 내용으로 구성되어 있다.

2. 김문오, 『좋은 글의 요건』, 국립국어원, 2006.

▸ 이 책은 '목적 · 대상과의 부합성', '내용의 충실성과 정확성', '글의 통일성', '글의 일관성', '글의 완결성' 등 글쓰기 과정에서 반드시 점검해야 할 내용을 종합적으로 제시하고 있어 글쓰기 지도와 글쓰기 연습에 지침이 된다. 특히 글쓰기 연습을 하는 사람들은 '글 전체-단락-문장-어휘-문법과 어문 규범' 등 각 단계별로 요구되는 글쓰기의 요건들을 차근차근 익혀 나간다면 글쓰기 능력 증진에 상당히 도움이 될 것이다.

5장 한국어의 옛말

강의목표

- 한국어의 형성 과정을 안다.
- 옛말의 표기법을 안다.
- 옛말의 소리와 문법적 특성을 안다.
- 옛말을 읽고 이해할 수 있다.

1. 한국어의 형성과 시대 구분

1) 한국어의 계통

한국어는 어디에서 왔는가? 한국어의 형성 과정을 짚어 보면, 한국어의 계통과 동계(同系)의 언어를 알 수 있다. 한국어는 알타이어에서 출발했으며, 그 동계로는 터키어, 몽고어, 만주어, 퉁구스어가 있다. 아래 그림을 통해 한국어와 그 동계의 언어, 그리고 조상어의 관계를 살피도록 하자.

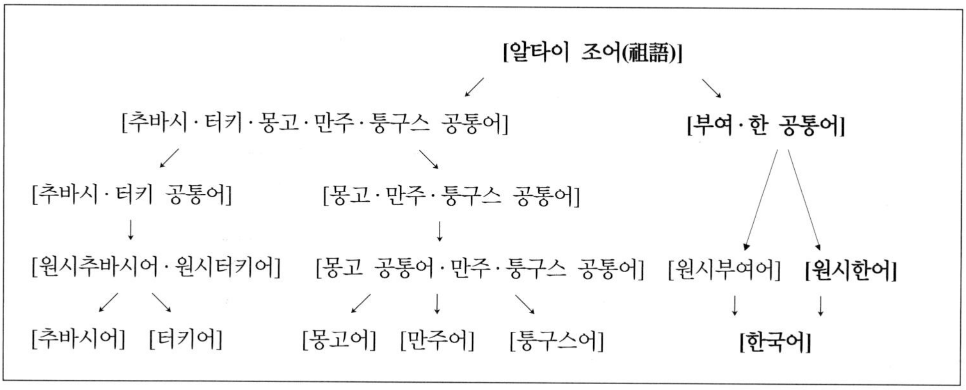

〈그림1〉 한국어의 계통

2) 한국어의 시대 구분

한국어가 형성되는 과정에서 있었던 언어적 변화와, 언어 변화에 영향을 준 역사적 사건을 중심으로 한국어의 시대 구분이 가능하다. 고대국어에서 현대국어까지 한국어를 시대별로 나누어 보면, 시대가 다름에도 불구하고 드러나는 공통성과 특성이 드러난다. 한국어의 시대는 이와 같은 언어적 특성에 따라 구분한다.

한국어의 역사를 살피는 방법에는 과거로부터 내려오면서 살피는 것과, 현재로부터 거슬러 올라가며 살피는 것이 있다. 전자는 한국어의 형성 과정을 형성된 순서대로 살필 수 있다는 장점이 있다. 그러나 시기가 오래된 자료가 충분하지 않아 그 근거를 찾기 어렵다는 단점이 있다. 후자는 현재의 언어에 기반을 두고 그 이전 시기와 비교하면서 시기별로 차이점을 찾아갈 수 있어, 사실에 기초하여 추적해 가기 유리하다는 장점이 있다. 그러나 언어의 변화 과정을 역순으로 살펴가며 추측해 가야 한다는 점에서 어려움이 있다.

근거가 명확하다는 장점에 비추어, 후자의 방법으로 한국어의 역사를 거슬러 올라가 보자. 현대 한국어의 이전 시기에 근대국어가 있고, 그 이전 시기에 중세국어가 있다. 중세국어의 앞 시기에 고대국어가 있는데, 이 고대국어는 신라어로 살필 수밖에 없다. 고구려와 백제의 언어 자료가 남아 있지 않아서 그 모습을 살피기 현실적으로 어렵기 때문이다. 물론 그와 같은 이유로 신라어 이전의 언어 모습 역시 알 수 없다. 그리하여 한국어의 역사를 살피는 것은 신라어로부터 출발할 수밖에 없다. 그 결과, 고대국어는 신라어로 연구되고 있다.

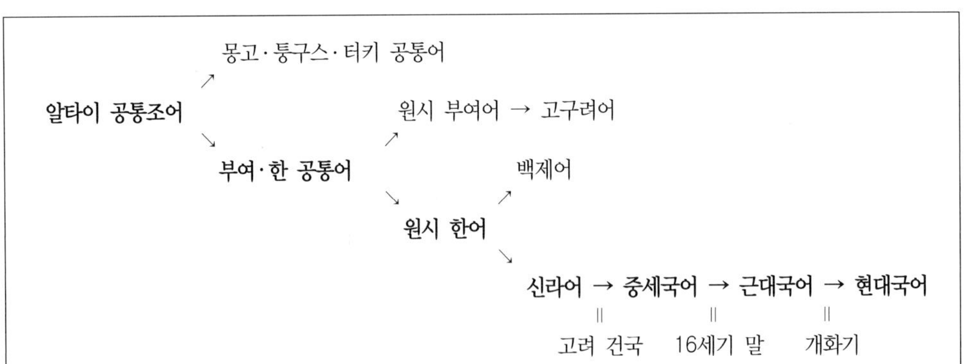

〈그림2〉 한국어의 시대 구분

한국어가 형성되는 데 영향을 미친 중요한 사건을 들면, 신라의 삼국 통일과 고려의 개성 도읍이 있다. 신라어는 통일된 국가를 대표하는 최초의 언어라는 점에서 의의가 크다. 원시 한어와 원시 부여어가 비로소 하나의 정부에게 관리되기 시작한 것이다. 그러한 과정에서 오늘날 통일된 한국어의 모습을 만들고 그 언어 자료를 후대에 남겨 준 고대의 언어라는 점에서, 신라어의 의의가 크다. 또한 고려의 개성 도읍은 남부 방언이 중심지였던 한국어를 오늘날의 중부 방언으로, 언어의 중심지를 옮겼다는 점에서 의미가 크다. 그러므로 고려의 건국은 고대국어로부터 중세국어로 이행되게 하였다.

그러나 1392년, 같은 중부 방언권으로 수도를 둔 조선의 건국은 언어사에서 변화의 획을 긋는 요인이 아니다. 그리고 1443년, 한국인의 문자생활을 바꾼 한글 창제는, 말 생활인 한국어를 변화시키는 데 큰 영향을 주지 못했다. 1592년 임진왜란을 비롯하여 일어난 크고 작은 전쟁 또한 그러하다. 언어의 역사를 알려면 언어의 변화를 살펴야지, 언어 외적인 것에 따라 언어를 논할 수 없기 때문이다.

한편, 16세기는 한국어가 변화하던 과도기였다. 다시 말하면, 소리와 문법, 그리고 단어의 의미가 조금씩 변화하고 있던 시기였다. 그때 변화된 내용이 적지 않았는데, 특히 소리의 변화가 두드러졌다. 이러한 이유로 17세기 초를 근대국어의 출발점으로 본다. 근대국어에서 현대 국어의 특성을 많이 갖추게 되었고, 이후 19세기 말까지 큰 변화는 없었다. 그러다가 갑오개혁(1894) 이후에, 한국어는 국가의 공용어가 되었다. 이전에는 한국어를 한자를 이용하여 한문으로 써 왔다. 한문 생활 속의 한국어와, 한국어를 한글로 바로 쓰고 말할 수 있게 된 시기의 한국어는 여러 면에서 달랐다. 그 사건 이후의 언어를 현대국어라고 한다.

〈한국어의 시대 구분과 역사적 사건〉

○ 고대국어 : ~ 신라어(9세기)

- 신라의 삼국 통일, 최초의 언어 통일

○ 중세국어 : 고려 건국(10세기) ~ 조선 초기(16세기)

- 고려 건국으로 언어의 중심지 이동

○ 근대국어 : 조선 후기(17~19세기)

- 중세국어에서 현대국어로의 이행

○ 현대 국어 : 갑오개혁 이후(20세기)

- 한글과 한국어의 공용화와

한국어사는 한국어의 역사이다. 한국어사를 공부하는 목적은 한국어가 어떻게 형성되어 왔는지, 각 시대별 특성은 무엇인지 아는 것이다. 한국어의 역사를 알면 현대의 한국어를 이해할 수 있다. 그리고 이전 시기의 한국어에서 시대별 특징을 알면, 그 시대에 나온 역사적 자료를 언어적으로 이해할 수 있다. 그 시대의 자료는 그때의 말과 표기법에 따라 적혀 있다. 당시의 표기법을 알고 그 말을 알아야 그 당시의 자료가 올바로 이해된다. 이러한 이유로 우리는 한국어의 역사를 공부한다.

한편 우리가 한국어사를 공부하는 데에는 이러한 두 가지 외에 또 하나의 목적이 있다. 그것은 우리가 한국어를 사용하던 이들의 후손이며 현재도 한국어를 사용하는 이들이기 때문이다.

2. 시대별 소리와 문법적 특징

1) 옛말의 표기법

(1) 훈민정음 이전의 표기법

인간은 말을 하는 존재이다. 인간의 말은 일회적이고 보존과 전달에 한계가 있어, 인간은 이것을 남기고 싶어했다. 그 결과로 문자가 발명되었다. 실존하는 사람을 사진으로 찍거나 그림으로 그리는 것처럼, 문자는 인간의 말을 적는 도구이다.

한국 사람은 한국말을 매개로 사회를 이루었다. 사회가 커지면서 지식도 축적되고 전달량도 많아졌으나, 한국어를 적을 고유문자가 없었다. 그리하여 이웃나라인 중국의 문자를 빌려와서 한국어를 적고자 했다. 한국어는 중국어와 많이 달라서, 원래 중국어를 적기 위한 것이었던 한자로 한국어를 적는 데 많은 어려움이 있었다. 그리하여 한국인들은 오랫동안 그 문자를 활용하는 여러 가지 노력을 했다. 그것은 15세기 고유문자를 만들 때까지 계속되었다.

한국어를 적는 도구인 문자와 그 표기법의 변천을 살펴본다. 이것은 고유문자 이전의 표기법과 고유문자 발명 이후의 표기법으로 크게 나뉜다. 아래에서 첫째 단계부터 셋째 단계까지는 고유문자 이전의 표기법이며, 넷째 단계는 고유문자 발명 이후의 표기법이다.

첫째 단계는 중국어를 적는 한문을 그대로 사용하던 단계이다. 이 표기법으로는 한국어의 모습이 드러나지 않는다.

둘째 단계는 한문을 이용하여 한국어를 표현하려는 노력인, 어휘표기 단계이다. 이때 주로 인명과 지명, 관명 등을 적으려고 했다.

〈어휘표기의 예〉

○ 인명 : 赫居世-弗矩內, 居柒夫-荒宗

○ 지명 : 買忽-水城, 密城郡-推火郡, 永同郡-吉同郡

○ 관명 : 尼叱今

셋째 단계는 한문을 빌려서 쓰던 단계이다. 이것을 차자표기(借字表記)라고 한다. 차자표기의 초기 단계에는 이두(吏讀)가 출현했다. 이두는 한국어를 문장 단위로 적기 위해 문자생활 초기에 노력한 결과물이다. 어순을 중요하게 여기는 중국어를 적는 표기 수단이 한자이고, 그 한자로 문장을 적은 것이 한문이다. 그러나 한국어는, 어순이 아니라, 조사와 어미로 한국어 문장을 표현해야만 한다. 그리하여 한자 가운데 특정한 몇 개를 빌려 일정한 규칙을 정하고, 그것으로 한국어의 조사와 어미를 적기 시작했다.

한편, 한문을 구절 단위로 끊어서, 구절 내부는 그대로 두고 구절과 구절 사이에 토를 넣어 읽는 방식이 통용되고 있었다. 한문으로 된 글을 읽는 데 편리하게 하려는 노력이었는데, 이러한 방식에 사용된 것이 구결(口訣)이었다. 구결은 이두와 사용 목적이 다른 데 있었다. 이두가 실용문을, 그것도 한국말을 문장으로 적고자 하는 노력에서 나온 것이었다면, 구결은 경전을 읽는 데 편리하게 하고자 했던 것이다.

차차표기법은 향찰 단계에 와서 가장 발달하였다. 향찰 표기에서는 한국어 어휘와 문장뿐만이 아니라 한국어의 발음까지 명확히 표기하고자 하였다. 음절 말음을 적기 위한 말음첨기(末音添記)와 같은 예가 그것이다. 향찰이 차자표기법 가운데서 가장 늦게 생성되고도 가장 일찍 소멸된 이유가 향찰의 이러한 특성에 있다고 해도 과언이 아니다. 향찰은 원래 향가를 표기하기 위한 것이어서 향가가 소멸되면서 향찰의 필요성도 없어진 것이 소멸의 중요한 이유이다. 그런데 한자를 빌려서 한국어의 문장과 단어는 물론, 소리까지 적고자 했던 완벽성 추구가 오히려 향찰의 융성에 방해가 되었던 면이 크다.

넷째 단계는 한국어를 고유 문자로 적는 것이다. 1500년 이상 한자로만 적어오던 고유어를 적기 위해 고유 문자가 발명되었다. 그것이 지금 한글로 불리는 훈민정음(訓民正音)이다. 훈민정음이 발명된 이후에도 사람들은 이를 몇백 년 이상 한자와 병행하여 사용하였다. 그러나 훈민정음으로 기록된 한국어야말로 오늘날 후손들이 제대로 볼 수 있는 당시의 언어 모습이다.

(2) 훈민정음과 그 표기법

1400년대의 중반에 이르러, 비로소 한국어 소리와 문장이 제대로 적힐 수 있게 되었다. 세종대왕의 문자 창제로 글살이에 큰 변혁이 있었던 것이다. 세종은 이 문자를 1443년(세종 25년)에 창제하고 1446년(세종 28년)에 반포하였으며, 한국어를 적기 위해 발명한 이 문자를 훈민정음(訓民正音)이라 했다. 훈민정음은 '백성을 가르치는 바른 소리'란 뜻이다. 이 훈민정음으로 문자생활을 하고 있는 우리는 이것에 대해 얼마나 알고 있을까? 이제 훈민정음에 대해 자세히 알아보자.

① 훈민정음 제자원리

한국의 고유문자인 훈민정음을 창제할 때, 창제자는 자음과 모음에 각각 다른 원리를 적용하였다.

자음은 발음기관(發音器官)을 상형(像型)하여 기본 5글자를 만들고, 기본자에 획을 더하여[加劃] 총 17자를 만들어 나갔다. 모음은 천(天) · 지(地) · 인(人)의 삼재(三才)를 상형하여 기본 3글자를 만들고 이를 합하여 초출자(初出字) 4개와 재출자(再出字) 4개, 총 11자를 만들었다. 이로써 고유문자 28자가 완성되었다.

한편 음운학적 면에서 중국의 홍무정운(洪武正韻)이, 사상적 면에서 역학(易學)과 성리학(性理學)이 창제 배경이 되었다.

〈표1〉 제자원리로 본 한글의 자모체계 : 초성 17자

	牙音	舌音	脣音	齒音		喉音	半舌音	半齒音
全淸	ㄱ	ㄷ	ㅂ	ㅈ	ㅅ	ㆆ		
次淸	ㅋ	ㅌ	ㅍ	ㅊ		ㅎ		
全濁	ㄲ	ㄸ	ㅃ	ㅉ	ㅆ	ㆅ		
不淸不濁	ㆁ	ㄴ	ㅁ			ㅇ	ㄹ	ㅿ

〈표2〉 제자원리로 본 한글의 모음체계 : 중성 11자

<table>
<tr><th>상형</th><th>기본자</th><th>초출자</th><th>재출자</th></tr>
<tr><td>천</td><td>·</td><td rowspan="3">ㅗ ㅏ ㅜ ㅓ</td><td rowspan="3">ㅛ ㅑ ㅠ ㅕ</td></tr>
<tr><td>지</td><td>ㅡ</td></tr>
<tr><td>인</td><td>ㅣ</td></tr>
</table>

② 훈민정음 판본

우리가 알고 있는 '훈민정음'은 사실 두 가지이다. 하나는 세종이 창제한 고유문자의 이름인 훈민정음이고, 또 하나는 그 문자에 해설을 붙여 반포한 책 이름 『훈민정음』이다. 여기서 우선 후자에 대해 알아본다.

『훈민정음』은 〈해례본〉, 〈언해본〉, 〈실록본〉 등 여러 판본이 있다.

〈해례본〉은 1446년(세종 28년)에 목판으로 간행된 것이며, 한문으로 쓰여 있다. 훈민정음 해례본이라고 하는 이것을 흔히 해례본이라고 한다. 해례본은 본문인 예의(例義)와 해례(解例)로 구성되어 있다. 해례는 이름 그대로, 예의 부분을 풀이한 것으로, 제자해 · 초성해 · 중성해 · 종성해 · 합자해 · 용자례로 구성되어 있다. 세종의 어지 부분에서 창제 취지와 정신을 말하고, 자모의 음가에서는 초성 23자, 중성 11자의 소리값을 소개한다. 자모의 운용에서 종성법 · 연서법 · 병서법 · 부서법을, 성음법에서는 음절 이루는 법을, 사성점에서

는 음의 고저 표시 방법을 소개한다. 덧붙어 있는 정인지의 서는 훈민정음 창제의 취지, 경위, 가치 등을 설명한 것이다. 1940년 경북 안동에서 발견되어 세상에 알려진 후 간송 박물관에 소장되어 있다. 국보 70호로 지정되어 있다.

〈언해본〉은 훈민정음 해례본에서 본문 부분인 예의만을 우리말로 옮겨 놓은 것[諺解]이며, 『월인석보』의 첫머리에 실려 있다.

〈실록본〉은 세종 실록 28년 9월 조에 예의 부분만 한문으로 실려 있는 것이다.

③ 훈민정음의 표기법

훈민정음은 표음적 표기를 주로 하고 표의적 표기를 부분적으로 허용한다. 표음적 표기란 소리 나는 대로 적는다는 것인데, '사라미, 노픈'과 같이 적는 연철과 '놉고(〈 높-)'와 같은 8종성법이 그 대표적인 것이다. 이에 반해 표의적 표기란 '사람이, 높은'과 같이 형태를 밝혀서 적는다는 것이다.

여기서 잠시 훈민정음의 종성규칙이 어떻게 바뀌어갔는지 알아보자.

〈훈민정음의 종성 규칙〉

○ 終聲復用初聲 : 종성은 초성에서 쓴 것을 다시 쓸 수 있다.

예 훈민정음 예의, 용비어천가, 월인천강지곡

○ 八終聲可足用也 : 종성은 초성 가운데 8개(ㄱ, ㆁ, ㄴ, ㄷ, ㄹ, ㅁ, ㅂ, ㅅ)면 가히 족하다.

예 훈민정음 해례 종성해, 훈몽자회

○ 初聲獨用八字 : 초성에만 쓰는 8개가 따로 있다.

예 훈몽자회

○ 七終聲法 : 종성에는 7개(ㄱ, ㄴ, ㄹ, ㅁ, ㅂ, ㅅ)만 쓴다.

예 영조 이후 문헌

○ 終聲復用初聲 : 종성은 초성에서 쓴 것을 다시 쓴다.

예 한글맞춤법 통일안

한편, 훈민정음 창제 목적 가운데는 당시 한자음을 정리하는 것도 포함되어 있다. 한자음을 표기하기 위해서 동국정운식 한자음을 제정했다. 동국정운식 한자음은 중국 원음에 가깝게 적도록 하는 것으로, 23자모로 이를 적기로 했다. 이 표기에서 ㄹ받침의 입성적 자질을 살리기 위해 ㆆ을 사용한 것도 원음에 가깝게 적으려는 노력의 하나이다. 그리고 받침 없는 한자음에 음가가 없는 ㅇ받침을 적은 것도 특징적이다. 그러나 이 표기법은 세조 이후에 주목받지 못했다.

마지막으로, 훈민정음의 표기법의 큰 특징은 방점을 표기한다는 것이다. 방점은 음절의 높이를 표기하기 위한 것으로, 소리의 높이에 따라 글자 왼편에 점을 찍은 것이다. 중국어 음운의 사성을 모방한 것이기도 하고, 초분절음소를 표기에 일일이 반영하기에는 어려움이 많은 탓에, 방점은 임진왜란 이후에 소실되었다. 순조 때 학자 유희는 『언문지』에서 사성무용론을 주장하기도 하였다. 사성과 방점을 소개하면 다음과 같다.

〈방점〉

○ 평성(平聲) - ᄆᆞᆺ ᄂᆞᆺ가ᄫᆞᆫ 소리
(가장 낮은 소리)
: 점이 없음 예 곶(花)

○ 거성(擧聲) - ᄆᆞᆺ 노ᄑᆞᆫ 소리
(가장 높은 소리)
: 점 하나로 표시함 예 · 비(雨)

○ 상성(上聲) - 처ᅀᅥᆷ미 ᄂᆞᆺ갑고 乃終이 노ᄑᆞᆫ 소리
(처음은 낮았다가 끝이 높아지는 소리)
: 점 둘로 표시함 예 :돌(石)

○ 입성(入聲) - ᄲᆞᆯ리 긋ᄃᆞᆮᄂᆞᆫ 소리
(빨리 그쳐 닫는 소리)
: 점과 관련 없이 종성(ㅂ, ㄷ, ㄱ, ㅅ)과 관련됨
예 긷(柱) · ᄆᆞᆺ

2) 옛말의 소리와 문법적 특징

(1) 소리의 특징

① 자음의 변화

옛말의 자음은 현대 국어와 무엇이 얼마나 같고 다를까? 중세국어의 소리를 정리한 다음의 표로 옛말의 모습을 살펴보려고 한다.

〈표3〉 중세국어의 자음 체계

	순음	치음	경구개음	연구개음	후음
파열음	ㅂ ㅍ ㅃ	ㄷ ㅌ ㄸ		ㄱ ㅋ ㄲ	
마찰음		ㅅ ㅆ			ㅎ ㆅ
유성마찰음	ㅸ	ㅿ		ㅇ	
파찰음		ㅈ ㅊ			
비음	ㅁ	ㄴ		ㆁ	
유음		ㄹ			

현대국어와 비교해 볼 때, 조음위치 면에서 경구개음에 해당하는 자음이 없다는 것이 첫 번째 특징이다. 현대의 경구개음은 옛말에서는 치조에서 발음되었다. 한국어에서 경구개음은 근대국어에 와서 생성된다.

둘째, 중세국어에서는 파찰음의 경음이 없다. 파찰음의 경음 'ㅉ'은 근대국어에 와서 생성된다.

셋째, 중세국어에는 후음의 마찰음에 된소리가 있다. 이 소리는 근대국어에 와서 소실되었다.

넷째, 중세국어에는 유성 마찰음이 하나의 계열로 존재한다. 이것은 유성 환경, 즉 모음 및 울림소리 사이에서 나타나는 것이 특징이다.

다섯째, 중세국어에는 파열음에 된소리가 있다. 된소리는 현대국어에도 마찬가지로 존재하며, 파열음에서의 삼지적 상관속은 한국어 음운의 가장 두드러진 특징이다. 그러나 파열음의 된소리는 고대국어에서는 없었던 소리이고 중세국어에 와서야 음운으로 등장한 것이다.

한편, 옛말의 소리를 적기 위한 문자 가운데 지금은 쓰이지 않는 문자가 있다. 이 문자는 어떤 소리를 나타내었던 것이며 어떤 변화 과정을 거쳐 소실되었을까?

첫째, ㆁ은 불청불탁의 아음(牙音)이다. 이 문자의 음가는 [ŋ]인데, 문자가 16세기에 소실되었다. 이후에 'ㆁ'은 'ㅇ'으로 쓰게 되었다. '당다ᅌᅵ〉당당이, 부ᅌᅥ〉붕어, 스ᄉᆞᅌᅵ〉스승이'와 같은 예가 있다.

둘째, ㆆ은 전청의 후음이다. 된소리를 나타내던 부호였으며, 세조 이후 15세기에 소실되었다. 동국정운식 한자 독음 초성(예 : 音 ᅙᅳᆷ), 이영보래(예 : 月 ᅌᅯᇙ), 사잇소리(예 : 虛헝ㆆ字 ᄍᆞᆼ), 된소리 부호(예 : ᄒᆞᇙ배) 등에 쓰였다.

셋째, ㅿ은 불청불탁의 반치음이다. 이 문자의 음가는 [z]이며, 임진왜란 후인 16세기에 소실되었다. 이후에 'ㅿ'은 'ㅇ'으로 나타난다. '아ᅀᆞ〉아우, ᄀᆞᅀᆞᆯ〉가을'과 같은 예가 있다.

넷째, ㅸ은 순경음으로, 음가는 [β]이다. 훈민정음에는 이 음가에 대해 개별적으로 설명한 것이 없다. 세조 이후(15세기)에 소실되었으며, 이후 'ᄫᆞ〉오/우, ᄫᅵ〉ㅇ'의 변화를 보여준다. '스ᄀᆞᄫᆞᆯ〉스ᄀᆞ올, 수ᄫᅵ〉수이'와 같은 예가 있다.

다섯째, ㆅ이 있었다. 이것은 ㅎ의 된소리를 표기하기 위한 것으로, 1460~1480년에 쓰였다. 'ᅘᅧ다(引)'의 예처럼 우리말에서는 ㅕ 앞에서 쓰였다. 한편 긴장된 'ㅣ'음을 나타내기 위한 ㆀ이 있었다. '히*cc*, 괴*cc*'와 같이 사동 및 피동의 접미사가 줄어서 쓰인 것으로 보인다.

여섯째, 합용병서의 소리값과 변화를 알아본다.

합용병서로 ㅳ, ㅲ, ㅄ 등의 ㅂ계 글자와, ㅴ, ㅵ의 ㅄ계 글자가 있었다. 이 중에서 ㅂ계 글자는 중자음으로 어두자음군을 나타내기 위한 글자였으나, 이후 어두자음군이 소실되면서 쓰임이 달라졌다. 중세국어에서 ㅺ, ㅻ 등 ㅅ계 합용병서가 된소리를 표시하고 있었는데, ㅂ계 및 ㅄ계 합용병서가 된소리를 나타내게 된다. ㅄ계열은 16세기에, ㅂ계열은 17세기에 각각 된소리로 바뀐다.

② 모음의 변화

옛말 모음의 특징을 중세국어로 살펴보려 한다.

〈표4〉 중세국어의 모음 체계

	전설모음		후설모음	
	평순	원순	평순	원순
고모음	ㅣ		ㅡ	ㅜ
중모음			ㅓ	ㅗ
저모음			ㅏ	·

중세국어의 모음은 모두 7개이다. 단모음이 10개인 현대국어와 비교하면 그 수가 많이 적다.

첫째, 중세국어에는 'ㆍ'가 있었다. 'ㆍ'는 후설 원순 저모음으로, 근대국어에서 소실되었다. 그 소리를 가졌던 단어는 현대국어의 'ㅏ, ㅓ, ㅗ'로 바뀌었다.

둘째, 중세국어에는 전설모음에 고모음만을 가지고 있었다. 'ㅐ, ㅔ'는 옛말에서는 단모음 [æ, e]가 아니라 각각 이중모음 [ai, əi]로 발음되었다. 이것은 근대국어에 와서 단모음에 합류하였다.

셋째, 중세국어에는 'ㅗ, ㅜ'의 전설모음 'ㅚ, ㅟ'가 없었다. 'ㅚ, ㅟ'는 근대국어의 말기에 이르러 단모음에 합류하였다.

넷째, 이전 시기인 고대국어와 비교해 보면, 위 음운체계는 모음조화가 붕괴된 상태이다. 모음추이로 모음의 위치가 바뀐 것이다.

지금까지 살핀 것은 옛말의 소리에 대한 것이었고, 이제 그 소리를 표기하던 문자에 대해 알아볼 것이다. 옛말에 쓰인 문자 가운데 오늘날과 소리값이 다르거나 소실된 것이 있다.

첫째, 'ㆍ'의 소리값과 변화를 알아본다.

'ㆍ'의 음가는 [ʌ]이며, 17세기 이후에 소실되었다. 먼저 제1음절에서 'ㆍ〉ㅏ'(예 : ᄀᆞ술〉가을)로 변했다. 다음으로 제2음절에서 'ㆍ〉ㅡ'(예 : ᄆᆞ술〉마을)로 변했다. 이후 한국어에서

'ㆍ'는 소리값을 잃고 말았다. 한편 소리값이 사라진 이후에도 글자는 한동안 남아 있었다. 언중들에게 음가와 습관적으로 쓰이다가, 1933년 한글맞춤법통일안을 제정한 후에 더 이상 쓰이지 않게 되었다.

둘째, 이중모음의 소리값과 변화를 알아본다.

이중모음에는 상향 이중모음과 하향 이중모음이 있다. 상향 이중모음으로 'ㅑ, ㅕ, ㅛ, ㅠ'가 있으며, 이것은 훈민정음 중성 11자에 처음부터 포함되어 있다. 하향 이중모음으로 'ㆎ, ㅐ, ㅔ, ㅚ, ㅟ, ㅢ'가 있다. 이는 훈민정음에 포함되어 있지 않은 것이다. 이후에 하향이중모음은 변화를 겪어, 'ㆎ, ㅐ, ㅔ, ㅚ, ㅟ'는 현대국어에서 모두 단모음으로 바뀌었다.

③ 음운현상

가. 모음조화

중세국어 시기에는 명사나 어간 내부에서 모음조화가 비교적 철저히 이루어졌다. 그리고 모음으로 시작되는 조사와 어미가 뒤따를 때도 그러했다. 근대국어를 거쳐 현대에 이르러서는 일부 활용의 경우와 음성상징어를 제외하면 상당히 약화되었다.

예 사ᄅᆞᄆᆞᆯ, 프를

나. 모음동화

'ㅣ' 모음이 선행하거나 후행할 때 단모음 'ㅏ, ㅓ, ㅗ, ㅜ, ㅔ' 등이 j계 이중모음인 'ㅐ, ㅔ, ㅚ, ㅟ, ㅖ'로 바뀌는 것이다. 'ㅣ' 모음이 선행할 때는 순행동화가, 역행할 때는 역행동화가 일어난다.

예 괴어〉괴여, 겨시다〉계시다

다. 원순모음화

평순모음 'ㅡ'가 원순모음 'ㅗ, ㅜ'로 바뀌는 것이다. 'ㅁ, ㅂ, ㅃ, ㅍ'과 같이 양순 자음 아래서 원순모음화하였다. 중세국어에서 순음 아래 평순 고모음은 근대국어 시기, 특히 17세기를 거치면서 원순모음화를 겪어 오늘날에 이르렀다.

예 믈〉물, 블〉불, 플〉풀, ᄡᅳᆯ〉ᄡᅮᆯ

라. 전설모음화

후설 고모음 'ㅡ'가 전설 고모음으로 바뀌는 것이다. 주로 치음 'ㅅ, ㅈ, ㅊ' 아래에서 이와 같은 변화가 일어났다. 이 현상은 근대국어의 말기에 일어나 현대국어에 이르렀다.

예 슳다>싫다, 즛>짓, 아츰>아침

마. 모음축약

연속되는 두 음절의 모음이 한 음절로 줄어드는 것을 이른다.

예 사이>새, 가히>가이>개

입시울>입슐>입술

바. 자음동화

파열음 'ㅂ, ㄷ, ㄱ'이 비음 앞에서 비음으로 바뀌거나, 비음 'ㄴ'이 유음 앞에서 유음으로 바뀌는 것을 이른다.

예 ᄃᆞᆮ니다>ᄃᆞᆫ니다>다니다

사. 구개음화

한 음절 안에서 비구개음이 'ㅣ'모음과 만나 구개음으로 변하는 현상이다. 주로 치조음 'ㄷ, ㅌ'가 'ㅣ'모음과 만나 구개음 'ㅈ, ㅊ'으로 변화한 것인데, 옛말의 구개음화는 현대국어의 그것과 성격이 다르다. 한 음절 안에서 일어난 현상이라는 점, 특정 시기에 특정 환경을 갖춘 모든 음절에 적용되었다는 점 등이 그것이다.

예 텬디>쳔지>천지, 둏다>죻다>좋다

(2) 문법적 특징

① 조사

한국어는 교착어로, 조사와 어미가 많고 그 역할이 다양하다. 한국어의 옛말에서도 다양한 조사를 찾아볼 수 있다. 조사는 그 기능에 따라 격조사, 보조사, 접속조사로 나뉜다. 아래에 조사의 자세한 분류와 그 예를 정리했다.

〈표5〉 옛말의 조사

유형	하위 분류	예시
격조사	주격조사	-이/ ㅣ/ ∅
	목적격조사	-ᄋᆞᆯ/을, -ᄅᆞᆯ/를, -ㄹ
	속격조사	-ᄋᆡ/의, ㅅ
	서술격조사	-이라, -ㅣ라, ∅라
	보격조사	-이
	부사격조사	처격 : -애/에, -예, -ᄋᆡ/의 비교격 : -과/와, -이/ㅣ 여격 : -ᄋᆡ/의, ㅅ, -그에게, -거긔, -손ᄃᆡ, -ᄃᆞ리다 도구격 : -ᄋᆞ/으로 공동격 : -와/과 호격 : -아(야), -하
보조사	주제, 대조	-ㄴ/ᄋᆞᆫ/은/ᄂᆞᆫ/는, -ᄋᆞ/으란
	강세	-ᅀᅡ, -곳/옷, -ᄇᆞᆺ/봇, -곰/옴, ㄱ, ㅇ, ㅁ
	의문	-가, -고
	균일	-나마, -인ᄃᆞᆯ
	양보	-마ᄅᆞᆫ
접속조사		-과/와, -ᄒᆞ고, -며, -이여, -(이)랑

② 곡용

체언이 조사와 결합하는 것을 곡용이라 한다. 이것은 용언에서 어간과 어미가 활용하는 것과 상대되는 개념이다. 현대국어에서는 체언이 조사와 결합할 때 아무런 변화를 보여주지 않는다. 그런데 옛말에서는 이 결합에서 비자동적 교체를 보이는 다음과 같은 특징적인 사례가 있다. 이를 아래에 정리했다.

가. ㅎ 종성 체언

조사가 붙을 때 'ㅎ'이 더 들어가는 말

예 하ᄂᆞᆯ, ᄯᅡ, 길, 우, 내, ᄀᆞ올, ᄀᆞᅀᆞᆯ, ᄆᆞᅀᆞᆯ, 나하, 드르, 나조, 안, 암, 수 ᄉᆞᆯ
등 80여 개의 낱말

나. 비자동적 교체

예 나모, 남기, 남ᄀᆞᆯ, 남ᄀᆡ, 남ᄀᆞ로, 나모와, 남기라

* ㄱ첨가형 : 나모(木), 녀느(他), 구무(穴), 불무(冶)

* ᄅᆞ/르→ ㄹㅇ(설측음화)형 : 노ᄅᆞ, ᄀᆞᄅᆞ, ᄂᆞᄅᆞ, 시르

* ᄅᆞ/르→ ㄹㄹ(설측음화)형 : ᄆᆞᄅᆞ, ᄒᆞᄅᆞ

* ᄋᆞ/으탈락형 : 아ᅀᆞ, 여ᅀᅳ

③ 어미

용언에서 어간과 어미가 결합하는 것을 활용이라고 한다. 옛말의 어미를 현대어와 같이 세 가지 유형으로 나누어 다음에 정리해 보았다.

〈표6〉 옛말의 어미

유형	분류	예시
선어말어미	의도법	-오-
	경어법	존경법 -시- 겸양법 -ᅀᆞᆸ- 공손법 -ᅌᅵ-
	시제	현재 -ᄂᆞ- 과거 -거-, -더- 미래 -리-
어말어미	종결어미	-ᄂᆡ이다, -ᄂᆞ니잇가, -쇼셔
	연결어미	-고, -며, -며셔, -나 -니, -오ᄃᆡ, -ㄹ씨, -고져 -어/나, -긔/게, -디, -고
전성어미	명사형	-옴/움, -기
	관형사형	-ㄴ, -ᄂᆞᆫ, -던, -ㄹ

※ [비교하며 보기] 〈근대국어의 문법적 특징〉

① 격조사와 용언 어미가 단순화

② 객체높임의 기능 상실

③ 시제 및 시상 선어말어미의 변화

④ 의도법 선어말어미 소실

⑤ 상대높임 선어말어미 '-이/잉/잇-'의 소실

3. 참고자료

1) [불경] 월인석보

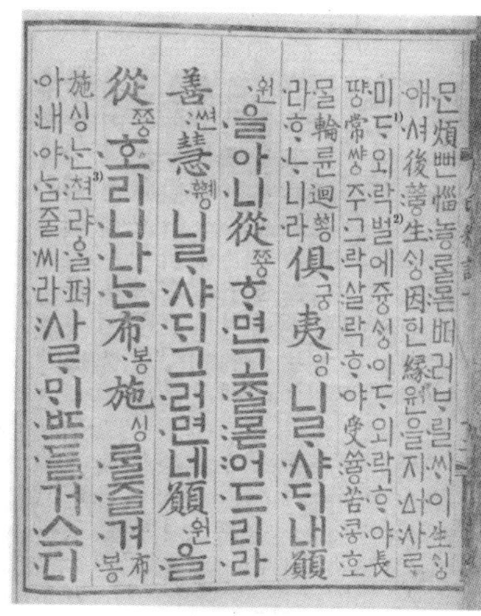

「월인석보(月印釋譜)」는 월인천강지곡과 석보상절을 합편하여 간행한 책이다. 석보상절(釋譜詳節, 1447)은 소헌왕후의 명복을 빌기 위하여 석가모니의 일대기를 엮은 책인데, 세종의 명으로 세조가 수양대군 시절에 쓴 것이다. 그리고 이를 보고 석가의 공적을 칭송한 찬불가집이 월인천강지곡(月印千江之曲, 1447)이다. 월인석보는 세조가 1459년(세조 5년)에 간행하였으며, 전 25권의 목판본으로 되어 있다.

-본문-

그저긧 燈照王이 普光佛을 請ᄒᆞᅀᆞᄫᅡ 供養호리라 ᄒᆞ야

나라해 出令호ᄃᆡ 됴ᄒᆞᆫ 고ᄌᆞ란 ᄑᆞᄃᆡ 말오 다 王ᄭᅴ 가져오라

善慧 드르시고 ᄎᆞ기 너겨 곳 잇ᄂᆞᆫ ᄯᅡᄒᆞᆯ ᄌᆞ가 가시다가 俱夷ᄅᆞᆯ 맛나시니

곳 닐굽 줄기ᄅᆞᆯ 가져겨샤ᄃᆡ 王ㄱ出令을 저ᅀᆞᄫᅡ 甁ㄱ소배 ᄀᆞ초아 뒷더시니

善慧 精誠이 至極ᄒᆞ실ᄊᆡ 고지 소사나거늘 조차 블러 사아지라 ᄒᆞ신대

俱夷 니ᄅᆞ샤ᄃᆡ 大闕에 보내ᅀᆞᄫᅡ 부텻긔 받ᄌᆞᄫᆞᆯ 고지라 몯ᄒᆞ리라

善慧 니ᄅᆞ샤ᄃᆡ 五百 銀도ᄂᆞ로 다ᄉᆞᆺ 줄기ᄅᆞᆯ 사아지라

俱夷 묻ᄌᆞᄫᆞ샤ᄃᆡ 므스게 ᄡᅳ시리

善慧 對答ᄒᆞ샤ᄃᆡ 부텻긔 받ᄌᆞᄫᅩ리라

俱夷 ᄯᅩ 묻ᄌᆞᄫᆞ샤ᄃᆡ 부텻긔 받ᄌᆞᄫᅡ 므슴호려 ᄒᆞ시ᄂᆞ니

善慧 對答ᄒᆞ샤ᄃᆡ 一切種種 知慧를 일워 衆生ᄋᆞᆯ 濟渡코져 ᄒᆞ노라

俱夷 너기샤ᄃᆡ 이 男子ㅣ 精誠이 至極ᄒᆞᆯᄊᆡ 보ᄇᆡ를 아니앗기놋다 ᄒᆞ야 니ᄅᆞ샤ᄃᆡ 내 이 고ᄌᆞᆯ 나ᅀᆞ리니 願ᄒᆞᆫᄃᆞᆫ 내 生生애 그딋 가시 ᄃᆞ외아지라

善慧 對答ᄒᆞ샤ᄃᆡ 내 조ᄒᆞᆫ ᄒᆡᇰ뎌글 닷가 일 업슨 道理를 求ᄒᆞ노니 죽사릿 因緣은 듣디 몯호려다

俱夷 니ᄅᆞ샤ᄃᆡ 내 願을 아니 從ᄒᆞ면 고ᄌᆞᆯ 몯 어드리라

善慧 니ᄅᆞ샤ᄃᆡ 그러면 네 願을 從호리니 나는 布施를 즐겨 사ᄅᆞᄆᆡ ᄠᅳ들 거스디 아니ᄒᆞ노니 아뫼어나와 내 머릿바기며 눉ᄌᆞᅀᆞ며 骨髓며 가시며 子息이며 도라ᄒᆞ야도 네 거튫 ᄠᅳᆮᄒᆞ야 내 布施ᄒᆞ논ᄆᆞᅀᆞᄆᆞᆯ 허디 말라

俱夷 니ᄅᆞ샤ᄃᆡ 그딋 말다히 호리니 내 겨지비라 가져가디 어려ᄫᅳᆯᄊᆡ 두 줄기를 조쳐 맛디노니 부텻긔 받ᄌᆞᄫᅡ 生生애 내 願을 일티 아니케 ᄒᆞ고라

2) [외국어학습서] 『번역노걸대』

『번역노걸대(飜譯老乞大)』는 중국어 학습서인 老乞大의 원문 한자에 한글로 음을 달고 번역한 상하2권 2책이다. 조선시대 중종 때 최세진이 만들었다. 간행연도는 대략 1517년 이전의 것으로 알려져 있다.

본문의 체재는 백화문과 정음, 속음, 우리말 번역으로 구성되어 있다. 먼저 일정한 구절 단위로 나눈 백화문(중국어 구어)을 싣고, 한자의 정음(중국어 규범음)과 속

음(중국어 현실음)을 달고, 원문을 번역한 우리말 번역을 실었다.

본문의 내용은 고려인이 중국 북경에 가는 길에서 있었던 일을 대화 형식으로 엮은 것이다. 이 책은 대화 형식으로 되어 있어, 언해서나 경서 등과 비교할 때 당시의 구어를 보여준다.

-본문-

○ 큰형님

내高麗王京으로셔브터오라

내北京향ᄒᆞ야가노라

내이ᄃᆞᆳ초ᄒᆞᄅᆞᆺ날王京의셔ᄠᅥ나라

이제반ᄃᆞ리로ᄃᆡ

내ᄒᆞᆫ버디

내길조차날회여녀기들워오노라

오미더듸요라

이버디곧듸니

○ 네이ᄃᆞᆳ그믐ᄭᅴ

가디몯ᄒᆞᆯ가

그마ᄅᆞᆯ엇디니ᄅᆞ리오

모미편안ᄒᆞ면

○ 너ᄂᆞᆫ高麗ㅅ사ᄅᆞ미어시니

내漢兒人의손ᄃᆡ글ᄇᆡ호니

져그나漢語아노라

내되ᄒᆞᆨ당의셔

○ 네므슴그를ᄇᆡ혼다

○ 네ᄆᆡ실므슴이력ᄒᆞᄂᆞᆫ다

ᄒᆞᆨ당의가

ᄒᆞᆨ당의노하든

네어드러로브터온다

○ 이제어드러가ᄂᆞᆫ다

네언제王京의셔ᄠᅥ난다

○ 이믜이ᄃᆞᆳ초ᄒᆞᄅᆞᆺ날王京의셔ᄠᅥ나거니

엇디앗가ᅀᅡ예오뇨

ᄠᅥ디여올ᄉᆡ

이런젼ᄎᆞ로

○ 그버디이제미처올가몯올가

어재ᄀᆞᆺ오다

北京의갈가

모로리로다

하ᄂᆞᆯ히어엿비너기샤

가리라

ᄯᅩ엇디漢語닐오미잘ᄒᆞᄂᆞ뇨

이런젼ᄎᆞ로

○ 네뉘손ᄃᆡ글ᄇᆡ혼다

글ᄇᆡ호라

論語孟子小學을닐고라

ᄆᆡ실이른새배니러

스승님ᄭᅴ글듣ᄌᆞᆸ고

지븨와밥머기ᄆᆞᆺ고

ᄯᅩᄒᆞᆨ당의가셔품스기ᄒᆞ고
셔품ᄡᅳ기ᄆᆞᆺ고년구ᄒᆞ기ᄒᆞ고
년구ᄒᆞ기ᄆᆞᆺ고글이피ᄒᆞ고
글입피ᄆᆞᆺ고스승님앏픠글강ᄒᆞ노라
○ 므슴그를강ᄒᆞᄂᆞ뇨
小學論語孟子를강ᄒᆞ노라
○ 글사김ᄒᆞ기ᄆᆞᆺ고ᄯᅩ므슴공부ᄒᆞᄂᆞ뇨
나죄다듣거든
스승님앏픠셔사ᄉᆞᆯᄲᅢ혀글외오기ᄒᆞ야
외오니란스승님이
免帖ᄒᆞ나ᄒᆞᆯ주시고
ᄒᆞ다가외오디몯ᄒᆞ야든
딕실션븨ᄒᆞ야어피고
세번티ᄂᆞ니라
○ 엇디ᄒᆞᆯ시사ᄉᆞᆯᄲᅢ혀글외오기며
엇디ᄒᆞᆯ시免帖인고
ᄆᆡᄒᆞᆫ대ᄲᅩᆨ애
ᄒᆞᆫ선븨일훔ᄡᅳ고
모든선븨일후믈다이리써
ᄒᆞᆫ사ᄉᆞᆯ애다마
딕실션븨ᄒᆞ야
사ᄉᆞᆯ통가져다가흔드러
그듕에ᄒᆞ나ᄲᅢ혀
ᄲᅢ혀니뉜고ᄒᆞ야
믄득그사ᄅᆞᆷᄒᆞ야글외오요ᄃᆡ
외와든
스승이免帖ᄒᆞ나흘주ᄂᆞ니
그免帖우희
세번마조ᄆᆞᆯ면ᄒᆞ라ᄒᆞ야쓰고
스승이우희쳐두ᄂᆞ니라
ᄒᆞ다가다시사ᄉᆞᆯᄲᅢ혀
외오디몯ᄒᆞ야도
免帖내여ᄒᆡ야ᄇᆞ리고
아ᄅᆡ외와免帖타잇던공오로
이번몯외온죄를마초와티기를면ᄒᆞ거니와
ᄒᆞ다가免帖곳업스면
일뎡세번마조믈니브리라
○ 너ᄂᆞᆫ高麗ㅅ사ᄅᆞ미어시니
漢人의글ᄇᆡ화므슴ᄒᆞᆯ다
네닐옴도올타커니와
각각사ᄅᆞ미다웃듬으로보미잇ᄂᆞ니라
○ 네므슴웃듬보미잇ᄂᆞ뇨
네니ᄅᆞ라내드로마
이제됴뎡이텬하를一統ᄒᆞ야겨시니
셰간에ᄡᅳ노니漢人의마리니
우리이高麗ㅅ말소믄
다믄高麗ㅅᄯᅡ해만ᄡᅳᄂᆞᆫ거시오
義州디나
中朝ᄯᅡ해오면
다漢語ᄒᆞᄂᆞ니
아뫼나ᄒᆞᆫ마를무러든
ᄯᅩᄃᆡ답디몯ᄒᆞ면
다ᄅᆞᆫ사ᄅᆞ미
우리를다가

므슴사ᄅᆞᄆᆞᆯ사마보리오
이네ᄆᆞᅀᆞ모로ᄇᆡ호ᄂᆞᆫ다
올ᄒᆞ니우리어버ᅀᅵ나를ᄒᆞ야ᄇᆡ호라ᄒᆞ시ᄂᆞ다
내ᄇᆡ환디반ᄒᆡ남즉ᄒᆞ다
ᄆᆡ실漢兒션ᄇᆡᄃᆞᆯ콰ᄒᆞ야
이런젼ᄎᆞ로
○ 네스승이엇던사ᄅᆞᆷ고
○ 나히언메나ᄒᆞ뇨
○ 즐겨ᄀᆞᆯᄂᆞ녀즐겨ᄀᆞᄅᆞ치디아닛ᄂᆞ녀
ᄀᆞ장즐겨ᄀᆞᄅᆞ치ᄂᆞ다
언메나漢兒人이며언메나高麗ㅅ사ᄅᆞᆷ고
○ 그듕에ᄀᆞᆯ외ᄂᆞ니잇ᄂᆞ녀
ᄆᆡ실學長이
스승님ᄭᅴᄉᆞᆲ고
다함저티아닌ᄂᆞ니라
ᄀᆞ장ᄀᆞᆯ외거니와
져기어디니라

○ 네이리漢人ㅅ손ᄃᆡ글ᄇᆡ호거니
네어버ᅀᅵ너를ᄒᆞ야ᄇᆡ호라ᄒᆞ시ᄂᆞ녀
○ 네ᄇᆡ환디언마오라뇨
○ 알리로소녀아디몯ᄒᆞ리로소녀
ᄒᆞᆫᄃᆡ셔글ᄇᆡ호니
져기아노라
이漢人이
설흔다ᄉᆞ시라
우리스승이셩이온화ᄒᆞ야
○ 네모든션ᄇᆡ듕애
漢兒와高麗반이라
ᄀᆞᆯ외ᄂᆞ니잇닷마리ᅀᅡ니ᄅᆞ려
ᄀᆞᆯ외ᄂᆞᆫ學生을다가
그리텨도
漢兒아ᄒᆡᄃᆞᆯ히
高麗ㅅ아ᄒᆡᄃᆞᆯᄒᆞᆫ

3) [언간] 현풍곽씨언간

현풍곽씨언간이란 곽주와 그 부인 하씨, 및 그 가족들이 주고받은 편지글을 말한다. 이것은 1989년에 현풍 곽씨 후손들이 12대 조모 진주 하씨 묘 이장 작업을 하던 중에서 하씨의 관 속에서 여러 유품과 함께 발견한 것이다. 전체 172건으로 된 이 자료의 시대적 배경은 17세기 전기(1602~1652)이다. 임진란 전후의 경제적 궁핍 상황과 치안의 불안이 편지 속에 반영되어 있는 등, 당시의 언어뿐만이 아니라 사회상과 생활상 등을 보여주는 중요한 자료이다.

아래 편지글은 곽주가 부인 하씨에게 보낸 것 중의 하나이다. 곽주는 하씨에게 아이들을 데리고 아이들의 할아버지 댁을 방문하라고 하면서, 이번 기회에 어린 딸아이에게 옷을 한 벌 해 입히라고 한다. 새 옷을 기대하며 보채는 딸과, 알뜰하게 살림살이할 걱정에 무조건 아끼려는 아내 사이에서, 곽주는 아버지의 마음으로 이 일을 해결하려 하고 있다.

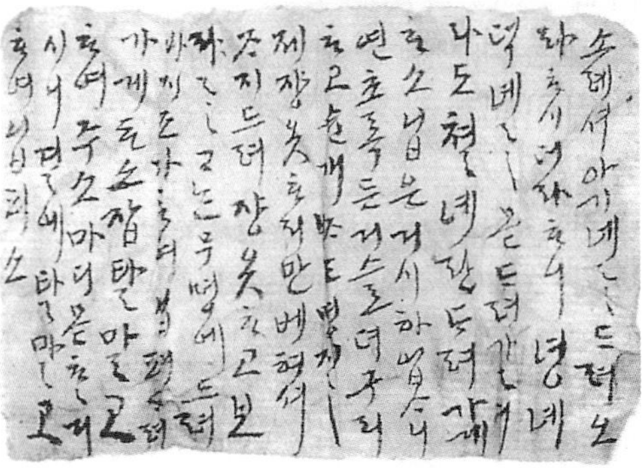

〈판독문〉	〈현대어〉
소례셔 아기네롤 ᄃᆞ려오	소례에서 “아기네를 데려 오
라 ᄒᆞ시더라 ᄒᆞ니 녕녜	라”고 하시더라 하니 녕녜와
덕녜롤 몯 ᄃᆞ려 갈디	덕녜를 못 데려 갈지
라도 쳘녜란 ᄃᆞ려 가게	라도 철녜는 데려 가게
ᄒᆞ소. 닙은 거시 하 업ᄉᆞ니	하소. 입은 것이 하도 없으니(=변변찮으니)
연초록 든 거스로 뎌구리	연초록 물든 것으로 저고리를
ᄒᆞ고 슌대 ᄧᆞᄂᆞᆫ 명지롤	하고, 슌개가 짜는 명주를
제 쟝옷 ᄒᆞ리말 베혀셔	제 장옷 할 만큼만 베어서
ᄌᆞ지 드려 쟝옷ᄒᆞ고 보	자주색 물을 들여 장옷을 하고 보
라롤 ᄀᆞᄂᆞᆫ 무명에 드려	라색을 가는 무명에 물들여
바지조차 ᄒᆞ여 닙펴 ᄃᆞ려	바지까지 하여 입혀 데려
가게 ᄒᆞ소. 잡탈 말고	가게 하소. 잡탈 말고
ᄒᆞ여 주소. 마디 몯ᄒᆞᆯ 거	하여 주소. 아니하지 못할 것
시니 결에 탈 말고	이니 하는 김에 탈 말고
ᄒᆞ여 닙피소	하여 입히소.

참고문헌

1. 박영준 외 3인, 『우리말의 수수께끼-역사 속으로 떠나는 우리말 여행』, 김영사, 2002.

▸ 이 책에서는 우리말과 글에 관하여 흥미 있고 유용한 지식을 비교적 어렵지 않게 읽어나가며 얻을 수 있다. 문자의 탄생과 발전, 역사 속에서 찾아보는 사라진 언어들의 발자취와 우리말의 다양한 모습들이 주된 내용이다. 문자는 왜 출현했는가? 우리 조상들은 어떻게 글을 쓰고 한문 경전을 읽었을까? 훈민정음은 어떻게 만들어졌고, 왜 최만리는 훈민정음 창제를 반대했을까? 이런 질문에 답을 찾아가는 형식으로 구성되어 있다.

2. 박숙희 · 유동숙, 『우리말의 나이를 아십니까? -우리말과 함께 떠나는 시간 여행』, 서운관, 1995.

▸ 우리말에도 나이가 있다. 상고시대부터 써 온 말, 삼국시대에 생긴 말, 개화기에야 들어온 말 등 각각 시기가 다르다. 태어나는 말과 없어지는 말, 징기스칸의 기마부대와 들어온 말과 중국의 무역상에게서 들어온 말 등, 우리말의 나이에 관심을 가지고 자료를 조사한 것이 바로 이 책이다.

3. 전정례 · 김형주, 『훈민정음과 문자론』, 역락, 2002.

▸ 동서고금 여러 문자 가운데 한글이 위대한 문자인 까닭을 설명할 수 있는 책이다. 세계의 여러 문자를 쉽고 알차게 소개하고, 한글은 어떠한 특성이 있어 발달된 것인지 가르쳐 준다. 그 외에 수화와 컴퓨터 문자도 다루고 있다.

4. 이기문, 『개정판 국어사개설』, 태학사, 1998.

▸ 한국어의 역사를 아는 데 도움을 줄 전공책이다. 1961년에 초판이, 1972년에 개정판이 나왔으므로, 이 책은 셋째 판이 된다. 한국어의 형성부터 현대 국어까지 각 시기별 자료, 표기법, 음운, 문법, 어휘를 상세하게 다루고 있다.

5. 김동소, 『한국어의 역사』, 정림사, 2007.

▶ 이 책은 역사의 시대 구분을 음운 체계의 변화에 바탕하여 고대, 중세, 근대로 나누어, 각 시기별 한국어의 특징을 설명하고 있다. 과거 한국어 역사 학계에서 통설처럼 되어 있던 가설을 논리적으로 재고하는 것이 이 책의 특징이다.

제2부 한국문학

1장 한국문학과 고전문학

2장 구비문학

3장 고전시가

4장 고전산문

5장 한국문학과 현대문학

6장 현대시

7장 현대소설

8장 현대희곡 및 시나리오

1장 한국문학과 고전문학

강의목표

- '한국문학'과 '국문학'이라는 두 용어가 지닌 장점과 단점을 이해한다.
- 한국문학 속에서 고전문학의 위상을 파악하고 한국 고전문학이 지닌 외연과 내포를 이해한다.
- 한국 고전문학의 특질이 국문학자들에 의해 어떻게 논의되어 왔는지를 파악한다.

1. 한국문학의 범위와 고전문학의 위상

1) 한국문학과 국문학

'한국문학'과 '국문학'은 같은가 다른가? 우리는 이 두 용어를 함께 사용하기도 하고 구분해서 사용하기도 한다. 『삼국유사』에 등재되어 있는 신라 노래인 향가(鄕歌)는 한국문학인가 국문학인가? 이광수의 〈무정〉은 한국문학인가 국문학인가? 어떤 사람은 한국문학이라 하고, 어떤 사람은 국문학이라고 한다. 유사한 내용을 다루면서 어떤 책에서는 『한국문학개론』이라는 제명을 붙이고, 또 어떤 곳에서는 『국문학개론』이라고 제명을 붙인다. 이 문제에 대하여 특별한 의식 없이 통용하는 경우와 의식은 하되 동일하다고 생각하여 하나를 선택해서 사용하는 경우, 그리고 의식적으로 구별하여 사용하는 경우가 있는 것 같다.

한국문학과 국문학은 같은 것이라는 입장에서 생각해 보자. 우선 한국문학과 국문학은 외연과 내포에서 아무런 차이가 발견되지 않는다는 점이다. 국문학은 '국+문학'인데, 이때 '국(國)'은 '나라'를 의미하고, '나라'는 말할 것도 없이 우리나라 즉 한국을 뜻한다. 이렇게 보면 한국문학과 국문학은 같은 것이다. 그러나 글자가 다르므로 쓰임새가 다르기 마련인데, 대외적으로는 한국문학이라 하고 대내적으로는 국문학이라 하면 된다. 우리나라 안에서 굳이 국문학을 한국문학이라 할 필요는 없다는 것이다.

한국문학과 국문학은 다른 것이라는 입장에서 생각해 보자. 과연 이 두 용어가 동질의 의미를 내포하고 있을까 하는 문제가 발생할 수 있다. 한국문학은 '한국의 문학'을, 국문학은 '민족문학'이라는 뜻을 함의할 수 있기 때문이다. '국'이 나라이고 그 나라는 우리나라를 뜻하기는 하지만 그 이면에는 영어의 'Nation'에 해당하는 '국민' 또는 '민족'의 뜻을 내포하고 있는 것이다. 이렇게 보면 한국문학은 세계문학과의 대비 속에서 이해되고, 국문학은 민족문학으로서 가치를 부여받게 된다.

한국문학과 국문학이 의미를 달리한다고 볼 때 어떤 용어를 사용하는 것이 사리에 맞을까? 이에 대한 논란도 있을 수 있다. 어쨌든 국문학이 '민족', '역사', '전통', '고유' 등과 결합되어 있기 때문에 편향성을 드러내므로 객관적이며 가치중립적인 한국문학을 사용해야 한다고 할 수 있다. 더욱 나아가 '국문학'이 종종 근대 이전의 고전문학을 가리키는 것으로 사용되기도 하니, 그런 혼란을 피하기 위해서 우리나라 전체의 문학은 한국문학이 타당하다고 한다.

그러나 국문학으로 맞서는 논자들도 적지 않다. 국문학이라는 말에는 '우리나라'라는 뜻이 강하게 담겨 있으므로 우리나라의 문학을 지칭하는 말로 제격이라는 것이다. 우리나라는 대한민국이라는 국명을 사용하고 있지만 신라와 고구려, 그리고 조선 등 역사성을 동시에 갖고 있으므로 이를 포괄한 국문학이 더욱 타당하다는 것이다. 더욱이 북한 학자들이 자신들의 문학을 조선문학이라는 용어로 고집하는 사정을 고려할 때 통일 이후의 상황을 염두에 둔다면 국문학이 더욱 적합하다는 것이다.

우리는 한국문학과 국문학은 동일한 의미로 보고자 한다. 어느 하나만을 고집할 때 그것이 지닌 한계가 뒤따르기 마련이고, 배제된 용어가 지닌 장점을 포기하지 않으면 안 된다. 대학의 학과 명칭이 대체로 '국어국문학과'로 되어 있는 현실적 상황과, 세계화 시대에 맞추어 한국문학이라는 용어가 더욱 확장되어 가는 추세를 감안하더라도 이 둘을 분리하여 사용해야 할 타당한 이유가 존재하지 않는다. 우리나라 사람이 사용하는 국문학은 한국문학을 의미하며, 한국문학은 세계문학 속의 국문학이다.

2) 한국문학의 영역 확보와 그 전통

한국문학의 개념은 여러 학자들에 의해 다양하게 정의되었지만, 대체로 '한국인이 국어로 이룩한 언어예술'이라는 점에 합의하고 있다. 여기서 '한국인', '국어', '언어예술'을 어떻게 볼 것인가에 따라 한국문학의 범위가 설정된다. 여기에 따른 쟁점이 있을 수 있고 사실 있어 왔다. 그 쟁점들은 모두 한국문학의 영역을 어떻게 확보할 것인가 하는 문제를 심각하게 고민한 결과다. 연구자들은 대체로 한국문학의 영역을 넓혀가는 쪽으로 방향을 잡아나갔는데, 이 글에서는 한국인과 국어, 그리고 언어예술을 어떻게 볼 것인가 하는 문제를 둘러싸고 발생했던 논의를 간략히 정리한다.

먼저, '한국인'을 어디까지로 볼 것인가 하는 문제다. 한국인은 시간적 흐름에 따라 지속되었고 공간적 이동 역시 광범하게 이루어졌다. 우리 민족은 한반도에서 '삼국-통일신라-고려-조선' 등 여러 나라로 이어지며 흥망성쇠를 되풀이하였지만 모두가 단일민족의 국가이다. 과거로부터 현재까지 한반도를 중심으로 생활해 온 한 핏줄의 사람들이라는 것이다. 이렇게 볼 때 우리 민족은 단일민족이라는 민족적 특색이 뚜렷하고, 이에 따른 작자와 수용자 모두가 한국인이니 종적인 시간 개념 속에서 한국인을 가리는 데는 문제가 존재하지 않는다.

한국인은 공간적으로 이동을 하기도 했다. 외국에 유학을 하는 등 단기적인 이동도 있고 아예 이민을 가는 등 장기적인 이동도 있으며, 아예 외국에서 세대를 이루며 살기도 한다. 이에 따라 한국인의 범위가 논란의 대상이 된다. 가령 신라 육두품 출신으로 당나라에 유학했던 최치원(崔致遠, 857-?)의 경우, 중국에서 〈격황소서(檄黃巢書)〉[1] 등 많은 문학을 남긴다. 중국에서 그 나라의 필요에 의해 지은 것이기 때문에 한국문학이 아니라고 할 수도 있으나 최치원은 한국인이고 그의 중요한 문학활동 가운데 하나였기 때문에 한국문학으로 보아도 무방하다. 이로 볼 때 중국의 동북방이나 중앙아시아로 이주해서 우리말로 지은

1) 격황소서 : 신라 말 헌강왕 때 최치원(崔致遠)이 중국 당나라에서 벼슬하면서 황소(黃巢)를 치기 위하여 지은 격문이다. 881년 당나라에서 황소가 난을 일으키자 최치원은 토벌총사령관인 고변(高駢)의 막하에 종군하였는데 이때 지은 격문이다. 전하는 말에 의하면 황소가 이 격문을 보다가 자신도 모르게 침상에서 떨어졌다고 한다. 최치원은 우리나라 최초의 시문집인 『계원필경(桂苑筆耕)』을 남기는데, 〈격황소서〉는 여기에 실려 있다.

문학 역시 한국문학의 범위 안으로 포섭될 수 있을 것이다.

다음으로 '국어'를 어디까지로 볼 것인가 하는 문제이다. 한국문학을 국어로 이룩한 언어예술이라고 볼 때, 국어에 대한 표기방법은 크게 세 가지로 나뉜다. 한글로 적는 경우와 한자를 빌려 우리말 어순에 맞게 적는 경우, 한자로 적는 경우가 그것이다. 첫째 경우는 시조나 가사 등 국문문학이고, 둘째 경우는 향가 등 향찰문학이다. 그리고 셋째 경우는 다량의 작품을 확보하고 있는 한문학이다. 이 가운데 한문학의 한국문학 귀속 여부에 따른 진통이 심각하게 일어났다. 이는 대체로 다음과 같이 요약된다.

첫째, 한글로 표기된 순수한 국문문학만이 한국문학이라는 견해이다. 이는 이광수나 고정옥 등 초기 국문학자들의 입장이다. 국문학을 '자기 나라 글'로 이루어진 문학이라고 규정하였기 때문에 한국 사람이 창작하였다 하더라도 한문으로 이루어진 것은 한국문학이라 할 수 없다는 것이다. 이것은 한문학 중심의 중세적 시각에 대한 반기였고, 일제 강점하의 우리글에 대한 애착에서 나온 것이다. 그러나 이 시각은 근대적 민족주의 사상이 나타나기 이전에 한자가 동아시아 문명권의 공통문어였다는 역사적 특수성을 간과한 것이고, 17세기 이전의 주창작계층이었던 사대부계층의 문학행위를 무시한 것이다.

둘째, 국문문학을 진정한 의미의 국문학으로, 한문문학도 넓은 의미의 국문학에 포함시켜야 한다는 견해이다. 이 같은 절충론은 이병기 · 조윤제 · 장덕순 등에 의해 주장되었다. 한문으로 된 문학은 그것의 가치에 따라 취사선택해야 한다는 입장을 보였는데, 국문학의 주변으로만 한문학적 가치를 인정하였다. 그러나 이는 한문학 자료에 대한 가치 기준이 불투명하며 한글 반포를 기점으로 하여 그 이전의 문학은 차자(借字)이건 한자이건 한국문학으로 처리하되, 그 이후의 문학은 국문문학을 한국문학으로 우선 규정해야 한다는 한계점을 지닌다.

셋째, 한문학도 국문문학과 동등하게 한국문학에 포함시켜야 하며 미리부터 어떤 자격상의 차등을 둘 필요가 없다는 견해이다. 이는 정병욱 · 조동일 · 김흥규 등의 주장으로, 한국문학은 한국인의 생활을 형상적으로 창조한 문학이기 때문에 표기양식이 한글이냐 한자냐 하는 것은 한국문학의 자격 여부를 판별하는 기준이 될 수 없다는 것이다. 결국 한자로 작품을 썼다고 하더라도 그 시대 사람들도 우리 문학으로 간주하였으며 우리 발음으로 한자를 읽었기 때문에, 문자 중심이 아닌 문예 중심으로 한국문학의 개념과 범위가 설정되어야 한다는 것이다. 이로써 한문학도 한국문학의 중요한 일원이 될 수 있었다.

마지막으로, 문학을 '언어예술'이라는 관점에서 볼 때 그 범위를 어떻게 잡아야 할까 하는 문제다. 먼저 '언어'를 어디까지로 볼 것인가 하는 것이 논란으로 대두되었다. 초기 연구에서는 대체로 문헌에 정착되어 있는 구비문학을 국문학에 포함시켜 다루고, 구전되는 자료는 민속학의 소관으로 돌리는 것이 관례였다. 그 뒤 현지조사를 수반하지 않고 문헌자료를 통해서 설화 등을 다루는 연구가 광범하게 이루어졌으나, 설화를 소설의 원천으로 보는 데 그치고 그 자체를 문학으로 보지는 않았다. 이것은 언어를 '말'이라기보다 '글'로 보았기 때문에 발생한 문제였다.

그러나 장덕순 등을 중심으로 이에 대한 반론이 나타났다. 동양의 '문학'이라는 단어나 서양의 'literauter'라는 단어에서 '문'과 'letter'가 모두 글을 의미하지만, 문학에 관한 정의는 이 같은 선입견이 배제되어야 한다는 것이다. 문자를 사용하기 이전에는 모두 말로 창작되고 전해지는 구비문학만이 있었으며, 표현양식이 문자냐 말이냐 하는 것이 문학의 본질을 가르는 기준이 될 수 없다. 따라서 문학이 언어예술임을 염두에 둔다면 말로 된 문학인 구비문학도 당연히 한문학이나 국문문학과 대등한 위상을 가진 한국문학의 중요한 일원이라 하지 않을 수 없다.

또한 문학을 언어예술로 볼 때 어디까지를 '예술'로 볼 것인가 하는 것도 문제이다. 이것은 본질적으로 문학의 개념과 본질적으로 결합되어 있는 논란이다. 오늘날 우리는 근대적 개념인 협의의 개념으로 문학을 이해한다. 즉 문학이란 언어를 매개로 하되 상상적이며 정서적이어야 하며, 독자에게 미적 쾌감을 주어야 하고, 전문적 형식이 아닌 일반적 형식으로 제시되어야 한다는 것이다. 문학이 상상력에 기반하여 인생을 구체적으로 탐구하고 언어라는 형식을 통해 형상화하는 창조적 세계여야 한다는 것이다. 오늘날 우리 현대문학은 모두 이 개념으로 정의되고 있다.

전근대 시대에 창작된 한문학이나 고전문학의 경우는 사정이 다르다. 동양의 경우 문학(文學)이라는 용어는 『논어』에서 공자가 사과십철(四科十哲)[2]을 이야기하면서, '문학에는 자

2) 사과십철 : 『논어』 「선진편(先進篇)」에서 공자 문하생 가운데 중심을 이룬 제자 10명을 그 장점에 따라 네 가지로 분류하였는데, 이것을 후세에 '사과십철(四科十哲)'이라 하였다. 덕행(德行)에는 안연(顔淵) · 민자건(閔子騫) · 염백우(冉伯牛) · 중궁(仲弓), 언어(言語)에는 재아(宰我) · 자공(子貢), 정사(政事)에는 염유(冉由) · 계로(季路), 문학(文學)에는 자유(子遊) · 자하(子夏)라 한 것이 그것이다.

유(子遊)와 자하(子夏)가 뛰어나다'고 했던 것에서 처음 보인다. 이때의 문학은 오히려 학문을 의미하는바 광의의 문학개념으로 포섭될 수 있는 용어이다. 고전시대 작가들이 '도문(道文)'의 관계를 말할 때의 '문(文)' 역시 오늘날의 문학과는 달라 그 범위가 훨씬 넓다. 따라서 사대부의 상소문(上疏文)이나 비문(碑文)은 물론이고, 일기를 바탕으로 구성된 실기(實記) 역시 문학의 주요 범주 안으로 들어온다. 한국의 고전문학은 이들 작품을 모두 연구대상으로 삼아, '예술'을 상상력에 근거한 협의의 개념으로 한정하지 않는다.

한국 고전문학의 외연은 항상 내포와 함께 고찰해야 한다. 한국의 고전문학이 구비문학 · 한문학 · 전근대의 국문문학이라는 외연을 확보하고 있지만, 근대적 개념의 문학으로 고전문학을 재단할 수는 없는 노릇이다. 즉 고전문학의 시대에는 문학의 관점을 달리했다는 것을 인정하자는 것이다. 이렇게 보면 고전시대 문학의 내포는 문학을 광의의 개념으로 보아 실용적인 목적에 의해 쓰인 작품을 두루 포괄하게 된다. 문학에 대한 인식이 현대와는 다르다 하더라도 그 시대의 사람들이 문학으로 인정한 것을 우리 역시 문학으로 인정하자는 것이다.

3) 고전문학의 위상

한국문학은 구비문학과 한문학, 그리고 국문문학을 포괄한다. 언어는 '말'과 '글'을 포괄하므로 구비문학은 문학이고 한국의 구비문학은 한국문학이다. 얼마간 논란이 있었으나 의견의 일치를 보았고 현재 국문학과에서 구비문학을 주요 과목으로 가르친다. 한자는 동아시아의 공통문어였으므로 한국의 한문학 역시 한국문학이다. 한문은 중국의 구어인 백화(白話)와 상당한 거리가 있을 뿐만 아니라 한국어 발음에 토(吐)[3]를 달아 읽었으니 한국의 문어체이다. 구비문학과 한문학은 한글로 된 국문문학과 대등한 관계를 유지하면서 성장해 왔고, 국문문학이 구비문학에서 표현을, 한문학에서 사상을 빌어 발전해 왔다는

---

3) 토 : 현토(懸吐) 혹은 석의(釋義)라고도 하며, 한문의 원전을 읽을 때 그 뜻 및 독송을 편하게 하기 위하여 한문의 구절 아래 우리말을 달아 읽는 것을 말하는 문법적 요소의 총칭이다. 『세종실록』 세종 10년 윤4월 기해조(己亥條)에 권근(權近)이 태종(太宗)의 명을 받아 마지못해 『시경(詩經)』 · 『서경(書經)』 · 『역경(易經)』 등의 토를 달았다는 기록이 있으며, 그 주(註)에 한문을 읽을 때 국어를 구절에 달아 읽는 것을 토라 한다고 하였다.

측면에서 이들은 상호 경쟁하고 협동하면서 보다 큰 우리 문학을 만들었다고 할 수 있을 것이다.

구비문학이 말로 된 문학이고, 한문학은 한문으로 이루어진 문학이며, 국문문학은 한글을 사용한 문학이다. 이 가운데 고전문학의 위상은 어떻게 될까? 고전문학과 근대문학을 나누는 방법은 다양할 수 있다. 이는 근대의 기점을 어떻게 잡느냐 하는 문제와 결합되어 있기 때문이다. 근대의 기점은 다양하게 논의되고 있지만, 국문사용이 확대 · 공식화된 갑오경장(1894)을 그 기점으로 잡으면 그 이전이 고전문학이 되고 그 이후가 근대문학이 된다. 구비문학과 한문학이 근대 이전의 주요 문학영역이므로 이 역시 고전문학의 범위 안으로 들어간다. 따라서 다음의 두 그림은 고전문학의 위상을 파악하는 데 도움이 된다.

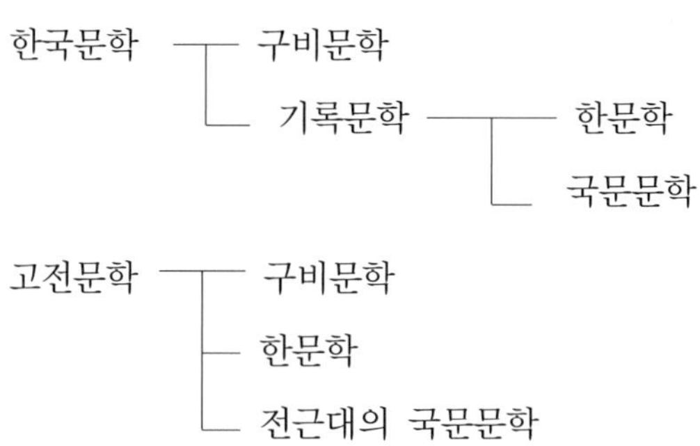

앞의 그림은 한국문학이 말로 되었는가 글로 되었는가에 따라 구비문학과 기록문학으로 나누고, 기록문학이 한자로 되었는가 한글로 되었는가에 따라 한문학과 국문문학으로 나눈 것이다. 그런데 엄밀한 의미에서 향찰문학도 기록문학에 포함시킬 수 있다. 우리말 어순에 따라 한자를 배열한 문학이기 때문이다. 문학사 안에서 보면 구비문학이 먼저 있었고, 한문이 전래되면서 구비문학의 일부가 기록문학화 하고 향찰문학이 등장했다. 지배계층을 중심으로 한문사용이 보편화되면서 상층의 한문학과 하층의 구비문학이 병존하고, 한글이 창제되면서 구비문학과 한문학, 그리고 국문문학이 상호 밀접한 관계를 유지하면서 한국문학이 비약적으로 발전해 나가게 되었다.

뒤의 그림은 한국문학에 시대성을 부여한 것이다. 근대 이전의 문학이 고전문학이므로 한국의 고전문학은 구비문학과 한문학, 그리고 전근대의 국문문학을 포괄한다. 조선후기에 봉건질서가 무너짐에 따라 한문학은 존재기반을 상실하고 구비문학의 의의도 약화된다. 동학혁명과 갑오경장을 거치면서 국문의 공식화라는 어문생활 자체에 커다란 변화가 일어나 근대문학은 빠른 속도로 발전해 갔으며, 고전문학의 사상적 기반이 되었던 유교가 퇴각하면서 교술문학이 몰락한다. 근대 이후에도 수필이라는 교술산문이 존재하기는 하지만 근대문학의 대표적인 장르인 서사나 서정, 그리고 새롭게 나타난 희곡에 비해 열세를 면치 못하였던 것이다.

한국문학은 구비문학 · 한문학 · 국문문학으로 구성되어 있다. 어느 한 쪽이 일방적으로 우세하게 나타나는 것이 아닌 대등의 관계를 유지하고 있다. 글이 없던 시대에 문학 창작의 유일한 방법은 '말'이다. 이 '말'을 중요한 양식으로 한 구비문학은 오늘날까지 이어지면서 기록문학의 저층 노릇을 충실히 해 왔다. 중국에서 한자를 받아들여 한문학을 성립시켜 문학의 폭이 더욱 확대되었다. 처음에는 한자를 이용하여 우리말을 표기해 오다가 한글을 창제한 이후에도 사대부계층에서 한문학은 중심이 되었다. 이 같은 구비문학과 한문학은 국문문학을 발전시키는 역할을 했고, 한국의 문학사는 바로 이 세 가지 문학이 밀접한 관계를 맺으면서 성장해 온 역사라 할 수 있다.

2. 한국 고전문학의 특질

문학은 사상과 정서를 형상화한 것이다. 인간이 지닌 보편적인 사상과 정서를 담고 있으면서도, 특수한 민족과 개인의 사상과 정서를 담고 있다. 이 때문에 문학은 인간이면 가질 수 있는 보편성, 즉 세계성을 지니고 있으면서도 그 문학을 창작한 민족이나 개인의 개별적 특질을 갖고 있다. 한국의 고전문학 또한 중국의 고전문학이나 영미의 고전문학과 마찬가지로 문학으로서의 보편성을 가지면서도 다른 민족의 고전문학과 대별되는 어떤 특질을 동시에 가지고 있다.

한국 고전문학의 특질은 간단하게 말하기는 어렵다. 보는 관점에 따라 다를 수 있고, 전공 영역에 따라서도 다르다. 한국문학에 대한 근대적 연구가 시작되면서 이 문제에 대하여 많은 연구자들이 관심을 가졌지만 정설화되지는 않았다. 이 때문에 이 글에서는 특정 연구자의 견해를 일방적으로 제시하기보다 고전문학 전공자들이 한국문학의 특질로 제시하였던 것을 중심으로 간단히 검토하는 데서 그치기로 한다. 이를 통해 우리는 한국의 고전문학이 지닌 특질을 대체적으로 이해하게 될 것이다.

한국 고전문학의 특질에 먼저 주목한 사람은 조윤제이다. 그는 한국문학의 특질로 '은근'과 '끈기', '가냘픔'과 '애처로움', '두어라'와 '노세'를 들었다. 은근과 끈기에서 민족성을 찾고 〈춘향전〉의 춘향이나 정몽주(鄭夢周, 1337-1392)의 〈단심가〉 등에서 이것은 두루 나타난다고 하였다. '가냘픔'과 '애처로움'은 곡절이 많은 우리의 역사를 염두에 둔 것으로 남도의 〈육자배기〉나 서도의 〈수심가〉 등에서 잘 나타난다는 것이다. 그리고 '두어라'와 '노세'는 낙천적인 운명관에서 비롯된 것으로 시조 종장의 첫 구에 잘 나타나는 '두어라'라든가 노래 가락의 '노세' 등이 그 좋은 예라고 하였다. 조윤제가 제시한 이 같은 고전문학의 특질은 민족주의와 강하게 결합되어 있는 특징이 있다.

김동욱은 조윤제의 견해에 바탕을 두고 고전문학에 잠재해 있는 특질을 '멋'이라고 하였다. 그는 한국문학의 특질로서의 '멋'은 앞에 어떤 수식어가 붙는 멋이라고 했다. 김동욱은 조윤제가 말하는 끈기가 미적 범주의 네 가지 유형인 숭고미 · 비장미 · 우아미 · 골계미에 포함될 수 없다고 보고 이를 제외한 후, '가냘픔'과 '은근함'을 연결시켜서 '가냘프고 은근한 멋'이 바로 한국문학의 특질이라고 하였다. 우리 고전문학의 중심축의 하나로 풍류가 있다는 점을 감안한다면, 김동욱의 '멋'은 우리문학을 근저를 이해하는 중요한 요소가 된다고 하겠다.

구자균은 한국 고전문학의 특질을 양반형의 문학과 평민형의 문학으로 나누고, 양반형의 문학에는 점잖음 · 도덕파 · 공명주의가, 평민형 문학은 해학성 · 색정파 · 취락주의가 주로 나타난다고 하였다. 이 같은 구도 속에서 공업(功業) · 개세(慨世) · 송축 · 회고 등은 양반문학의 주요 소재가 되고, 골계 · 호색 · 염정(艶情) · 별한(別恨) 등은 평민문학의 주요 소재가 된다고 보았다. 또한 우리 고전문학에는 조윤제와 마찬가지로 연면성(連綿性)의 끈기가 있으며, 구체적인 표현태에 있어서는 공식적인 문장과 생동하는 문장이 있음을 지적하고 사회적 계층에 따라 문학적 특질이 다르게 나타나고 있다고 하였다. 구자균의 이 분류는 한국의 전통사회가 신분제 사회였다는 것을 염두에 두고 그 문학의 특질을 밝힌 것이라 하겠다.

조동일은 민족의 생활이나 민족주의와 관련된 특질을 제시한 여타의 학자들과는 달리 작품 자체에 주목하면서 다섯 가지의 특질을 제시하였다. 시조의 경우처럼 율격이 규칙에 매이지 않고 자연스런 변형을 갖추도록 하였다는 점, 작품 전개에서 일상적이고 자연스러운 말을 소중하게 여겼다는 점, 문학하는 행위를 놀이로 여겨 함께 춤추는 마당놀이에 회귀하고자 하는 의지를 보였다는 점, 문학의 양면성을 하나가 되게 합치는 것을 바람직한 풍조로 여겼다는 점, 서사문학 작품이 행복한 결말에 이른다는 점이 그것이다. 조동일의 이 논의는 한국 고전문학의 다양한 특질을 제시하고 있어 구체성을 확보하고 있다고 할 것이다.

김병국은 다양하게 이야기되던 한국 고전문학의 특질을 '행복한 세계관'에 두고 논의를 전개했다. 그는 서양의 자연관과 대비되는 동양적 자연관에 기초하여 한국인의 원초적 심성은 동화적 밝음의 순수성에 있다고 보았다. 그 대표적인 예로 송순(宋純, 1493-1583)의 시조 '십년을 경영하여 초려 한 간 지어내니, 반 간은 청풍이요 반 간은 명월이라. 강산은 들일 데 없으니 둘러 두고 보리라.'를 들었다. 이 때문에 한국의 고전문학에는 비극이나 리얼리즘의 발달을 기대할 수 없게 되었으며, 서사문학도 대체로 행복한 결말로 마무리된다고 했다. 김병국의 이 논의는 한국 고전문학의 특질을 한국인의 세계관과 결합하여 미의식의 근저를 밝히고 있다.

이밖에도 한국 고전문학의 특질로 강한 경향성(傾向性)과 순수에 가까운 소박성, 현실긍정의 낙천성을 들기도 하고, 인간위주의 문학과 부정의 미학, 호야형(好爺型)의 인간상으로 집약하기도 한다. 그리고 어떤 연구자는 우리 고전문학의 주된 정조를 관조의 미학, 변형의 미학, 소극적 인간상, 다양한 수식 등이라 하기도 한다. 어느 하나로 집약해서 말할 수 없는 다양성이 한국 고전문학에 있다고 보면서도 많은 학자들은 한국 고전문학의 특질에 어떤 구체성을 부여하기 위하여 노력하였다. 한국 고전문학의 특징이 다양하게 나타나기는 하지만 그 근저를 이루고 있는 통일적인 논리가 있었다. 그것은 바로 작가와 수용자로 구성된 한국인의 심성에 내재한 소통과 상생의 논리체계이다. 이와 관련하여 다음 자료를 검토해 보자.

예시1 우리나라에 현묘한 도가 있으니 이를 풍류라고 한다. 교의(教義)를 세운 근원은 선사(仙史)에 상세하게 실려 있지만, 실로 삼교(三教)를 포함한 것으로 여러 사람들과 접하면서 교화되도록 한다. 이를테면 집에 들어와 부모에게 효도하고 나와서 나라에 충성하는 것은 공자(孔子)의 주된 가르침이요, 무위(無爲)의 일에 처하고 불언(不言)의 가르침을 행하는 것은 노자(老子)의 사상적 핵심이며, 모든 악한 일을 하지 않고 모든 착한 일을 받들어 행하는 것은 불타(佛陀)의 교화이다.

예시2 노인[퇴계 이황]이 본디 음률을 잘 모르지만 오히려 세속 음악을 듣기는 싫어하므로, 한가한 곳에서 병을 수양한 여가에 느낀 바 있으면 문득 시로써 표현을 하였다. 그러나 오늘날의 시는 옛날의 시와 달라서 읊을 수는 있겠으나 노래하기에는 어렵게 되었다. 이제 만일 노래를 부른다면 반드시 우리 글로 지어야 할 것이니, 이는 대체로 우리 국속(國俗)의 음절이 그러지 않을 수 없기 때문이다. …… 중략 …… 아이들로 하여금 아침저녁으로 이를 연습하여 노래를 부르게 하고는 안석에 기대어 듣기도 하려니와 또한 아이들로 하여금 스스로 노래를 부르게 하는 한편 스스로 무도(舞蹈)를 한다면 거의 비루함을 씻고 느끼어 융통할 바 있어서, 노래하는 자와 듣는 자가 서로 이익됨이 없지 않을 것이다.

〈예시 1〉은 최치원이 쓴 〈난랑비서(鸞郎碑序)〉의 첫머리다. 최치원은 여기서 우리 사상의 원류를 화랑의 지도이념인 풍류도라 하고 있다. 이 글에서 주목되는 것은 '포함삼교(包含三敎)'라는 네 글자이다. 즉 풍류도에는 유교 · 불교 · 도교의 사상이 본래부터 내재되어 있다는 것이다. 이것은 풍류도가 유교나 불교, 도교와 구별되지만 삼교의 종지(宗旨)인 충효(忠孝)와 무위불언(無爲不言), 그리고 위선거악(爲善去惡)의 요소가 고유한 인자로 포함되어 있음을 의미한다. 사상사적 측면에서 한국 고전문학이 유불도의 이념을 포함하면서도 이를 회통하고 상생하여 새로운 경계를 창출한다는 논리를 여기서 성립시킨다.

〈예시 2〉는 이황(李滉, 1501-1570)이 쓴 〈도산십이곡발(陶山十二曲跋)〉의 일부이다. 이황은 이별(李鼈)의 〈육가(六歌)〉를 모방하여 〈도산육곡(陶山六曲)〉 둘을 짓는다고 하면서 여기서 한글로 짓는 이유를 밝히고 있어 특별히 주목된다. 즉 한시는 읊을 수 있어도 노래할 수가 없기 때문이라는 것이다. 노래하자면 우리의 음절로 만들어진 한글로 된 우리 노래가 필요하고, 이렇게 곡조에 맞추어 부르고 춤을 추게 되면 마음을 깨끗이 할 수 있다고 했다. 여기서 우리는 이황의 생각에 한문학과 국문문학, 혹은 문학과 놀이의 소통과 상생을 통해 문학의 효용적 가치를 극대화하자는 의도를 감지하게 된다. 여타 장르와의 소통과 상생, 그리고 효용적 측면의 강조는 한국 고전문학이 갖는 중요한 특질이 되는 것은 물론이다.

초창기 학자들은 우리 고전문학의 특질을 민족의 생활이나 민족주의와 관련하여 찾으려고 노력하였고 나름의 성과를 거두었다. 그러나 개인의 서정을 소홀히 한 한계 역시 갖고 있었다. 이후 개인의 서정은 물론이고 작품 자체가 가지고 있는 특질에 주목하면서 이 방면의 논의가 다양하게 이루어져 왔다. 그 결과 한국 고전문학은 사상적 측면에서 유·불·도를 포함하면서도 여기에 구애되지 않고, 형식적 측면에서도 정형화되어 있지 않는 '느슨함'이 있었으므로 여유와 변화를 주기가 쉬웠다. 이것은 한국 고전문학이 어느 하나의 이념으로 경화되지 않았으며, 무한한 가능성을 내질적으로 갖고 발전해 왔음을 의미하는 것이다.

참고문헌

1. 조윤제, 『국문학개설』, 동국문화사, 1955.

▸ 민족주의 사관에 입각한 한국문학 연구라는 당대의 시대적 이념성이 강한 개론서다. 저자는 이 책에서 한국문학을 중심에 두고 국어와 국문학, 고전문학과 현대문학, 국문학과 외국문학 등 국문학을 인접학문과의 관계 속에서 살피는가 하면, 국문학과 자연, 국문학과 인생, 국문학의 특질 등 국문학의 바탕이 되는 여러 요소들을 포괄적으로 다루고 있다.

2. 김동욱, 『국문학개설』, 민중서관, 1962.

▸ 한국문학의 개념과 범위에서 시작하여 민족서사시, 향가, 고려가사, 시조, 소설, 수필 등 국문학의 다양한 장르를 포괄적으로 다룬 개론서다. 특히 국문학의 특질 부분을 '결론'에서 다루고 있어 저자의 고심이 어디에 있는가를 알게 하며, '한국문학연구사'를 이 책의 마지막에 다루어 초창기 한국문학 연구의 실상을 파악할 수 있게 한다.

3. 황패강 외, 『한국문학연구입문』, 지식산업사, 1982.

▸ 한국문학연구를 총결산한다는 입장에서 기획하게 된 책으로, 총론·구비문학·한문학·고전문학·근대문학으로 구성되어 있어 고전문학 연구자들의 충실한 안내자 역할을 한다. 이 책의 '총론' 가운데 김흥규의 「한국문학의 범위」, 김인환의 「한국문학의 미의식」은 '한국문학과 고전문학'을 이해하는 중요한 지남이 된다.

4. 장덕순 외, 『한국문학사의 쟁점』, 집문당, 1986.

▸ 한국문학의 근대적 연구가 시작된 초창기 연구에서부터 1986년까지, 한국문학 연구가 어떻게 이루어져 왔으며 이 과정에서 어떤 쟁점이 있었는가 하는 문제를 문학사적 흐름에 입각하여 다루었다. 이 책의 '총론' 가운데 조동일의 「국문학의 개념과 범위」는 이 분야와 관련한 다양한 쟁점들이 체계적으로 정리되어 있다.

5. 조동일 외, 『한국문학강의』, 길벗, 1994.

▸ 한국문학의 기본적인 사실과 주요작품들을 알기 쉽게 소개하면서, 한국문학의 의의와 가치에 대한 설득력 있는 논의를 갖추고 있는 개론서다. '총설'은 조동일이 맡았는데, 여기서는 한국문학의 범위와 영역, 한국문학사의 전개, 한국문학의 특질, 한국문학 연구의 경과 등을 포괄적으로 다루고 있어 한국문학을 전반적으로 이해하는 데 도움을 준다.

6. 김일렬, 『한국문학의 전통과 아름다움』, 새문사, 2006.

▸ 구체적인 작품을 통해 한국문학이 지닌 전통과 아름다움을 선명하게 드러내고 있다. 문학사를 염두에 두면서도 민족사의 현장에서 꽃핀 민족의식, 민중의 애환과 민중의식, 애정의 진실과 정열, 전통사상의 문학적 개화 등과 같은 주제를 설정하고 있어 한국문학의 특질과 그 가능성을 모색하는 데 중요한 시사점을 제공하고 있다.

2장 구비문학

강의목표

- 기록문학과 구비문학의 차이와 특성을 이해한다.
- 구비문학의 기원에서부터 현대의 구비문학까지 사적인 추이를 살펴보면서, 변모 양상을 파악한다.
- 설화와 민요, 판소리, 민속극 등 구비문학의 개별 장르에 대한 이해를 바탕으로 구비문학 전반에 대한 특성을 이해한다.

1. 구비문학 이해를 위한 기본 개념

1) 구비문학의 대상과 갈래

구비문학은 문자를 통한 기록물의 형태가 아니라, 입을 통해 구비 전승되는 문학을 일컫는다. 우리 민족이 한반도와 만주 일대를 중심으로 집단생활을 영위하면서 집단의 풍요와 안녕을 기원하는 제천의식의 모습에서 구비문학의 근원을 찾을 수 있다. 이런 점에서 볼 때, 구비문학은 우리 민족의 역사와 함께 형성되어 가장 오랜 기간 동안 전승되어 온 문학이라는 점에서 그 의의를 찾을 수 있다. 삼국시대에 이르러 본격적인 국가 체제가 갖추어지고 한자가 수용되지만, 한자를 사용하여 문학을 창작 · 향유할 수 있는 사람은 소수의 귀족층에 불과했다. 대다수의 사람들은 여전히 구비문학을 향유했다. 당시 전승되던 신화와 민요 등은 한문으로 번역되어 『수이전』 · 『삼국유사』 · 『삼국사기』 등의 문헌에 전해진다. 일차적 구비문학이 문자매체를 통해 문헌에 정착될 경우, 이는 기록구비문학으로서 구비문학의 범주에 포함된다.

그러므로 구비문학의 일차적 대상은 현재 구술현장에서 전승되는 설화, 민요, 판소리, 무가 등이고, 이차적 대상은 일차적 구비문학이 문자매체를 통해 정착된 기록구비문학이다.

구비문학의 구체적인 대상은 다음과 같이 구분된다.

〈표1〉 갈래에 따른 구비문학의 대상

서사양식	신화, 전설, 민담, 판소리
서정양식	민요
희곡양식	가면극대사, 인형극대사
교술양식	무가, 만가(輓歌)
기타	속담, 수수께끼

2) 구술문화의 사고와 표현방식

구비문학은 구술문화에 바탕을 두고 있다. 구술문화의 사고와 표현방식은 기록문화와는 변별되는 특징을 지닌다. 구술문화에 바탕을 두고 생성된 구비문학에는 이러한 구술문화의 특징이 고스란히 반영되어 있다. 월터 J. 옹에 따르면 구술문화에서의 사고와 표현은 다음과 같은 성질을 지닌다.

① 종속적이라기보다는 첨가적이다.
② 분석적이라기보다는 집합적이다.
③ 장황하거나 '다변적'이다.
④ 보수적이거나 전통적이다.
⑤ 인간의 생활세계에 밀착된다.
⑥ 논쟁적인 어조가 강하다.
⑦ 객관적 거리 유지보다는 감정이입적 혹은 참여적이다.
⑧ 항상성이 있다.
⑨ 추상적이라기보다는 상황 의존적이다.

3) 설화의 분류

설화는 민족적 · 집단적 공동생활 속에서 공동심성(共同心性)에 의해 만들어진 후 구비 전승되는 일정한 구조를 가진 이야기이다. 일정한 구조를 지니고 있다는 점에서 일상의 신변잡담과 구분되고, 만들어진 허구의 이야기라는 점에서 역사적 사실과 변별된다.

설화는 신화와 전설, 민담으로 나누어진다. 이들의 특징을 몇 가지 기준에서 살펴보면 다음과 같다.

〈표2〉 신화 · 전설 · 민담의 특징

	신화	전설	민담
전승자 태 도	진실성(○) 신성성(○)	신성성(×) 진실성(○)	신성성(×) 진실성(×)
시간과 장 소	* 일상적 경험으로 측정 불가능한 시간 * 특별한 신성 장소	구체적인 시간과 장소	구체적인 시간과 장소가 제시되지 않는다.
증거물	포괄적	특정의 개별적 증거물	아주 포괄적 (흥미를 위해 첨가)
주인공 및 그 행위	탁월한 능력을 가진 신이나 영웅으로, 인간과는 구별되는 존재	* 여러 종류의 인간 * 신화와 민담의 주인공에 비해 왜소 * 인간과 사물 사이의 관계를 성공적으로 극복하지 못하는 경향	* 일상적인 인간 * 난관을 극복하고 운명을 개척
전승의 범 위	민족적 범위	지역적 범위	지역이나 민족으로 한정되지 않는다.
기 능	전승집단의 신앙을 요구하며, 집단 단결의 기능을 수행한다.	일정한 지역을 발판으로 지역적 유대감과 애향심을 고취한다.	흥미본위로 예능적 · 문학적 성격이 강하다.

4) 민요의 분류와 가창방식

민요는 민중들의 생활상의 필요에 따라 창작 · 구연 · 전승된다. 생활에서의 필요성과 기능은 민요의 존속 근거가 되기에, 생활상의 필요성과 기능이 사라지면 민요 또한 사라지고 만다. 그러므로 민요는 기능에 따라 분류하는 것이 가장 적절한 분류 방법이 될 수 있다. 기능에 따라 민요를 분류할 때, 크게 세 가지로 나눌 수 있다.

〈표3〉 기능에 따른 민요의 분류

노동요	노동을 하면서 부르는 민요를 일컫는다. 주로 일의 지루함을 잊고 능률을 높이기 위해 부른다.
의식요	의식(儀式)의 일부로 주술적 목적이나 의식 진행상의 목적을 위해 불리는 민요이다. 세시의식요(歲時儀式謠)와 장례의식요(葬禮儀式謠)가 대표적이다.
유희요	유희의 과정에서 불리는 민요를 일컫는다. 놀이의 진행을 위해, 놀이 자체의 흥겨움을 위해, 놀이의 승부에서 이기기 위해 주로 부른다.

민요의 가창방식은 독창과 공동창으로 나눌 수 있다. 공동창은 다시 선후창(先後唱), 교창(交唱), 복창(復唱), 제창(齊唱) 등으로 나뉜다.

〈표4〉 민요의 가창방식

선후창	한 사람이 부른 후 나머지 사람들이 후렴을 부르는 방식 - 메기고 받는 형식
교창	창자들이 두 패로 나뉘어 번갈아 노래 부르는 방식 - 주고 받는 형식
복창	선창자의 노래를 후창자가 그대로 받아 부르는 방식 - 돌림으로 부르는 방식
제창	참여한 사람 모두가 함께 노래 부르는 방식 - 내리 부르는 방식

5) 판소리의 구성요소와 장단

판소리는 창자의 창과 아니리, 발림과 고수의 반주, 고수와 관객의 추임새가 어우러져 성립된다. 아니리는 판소리 공연 요소 중 하나로 공연자가 장단 없이 말로 연기하는 것을 말한다. 발림은 판소리에서 창자가 소리의 가락이나 사설의 극적인 내용에 따라서 손·발·온몸을 움직여 소리나 이야기의 감정을 표현하는 몸짓을 말하며, 너름새라고도 한다. 고수는 연출의 역할을 담당한다. 창자를 이끌어나가기도 하고 관객의 반응을 살피며 소리의 진행을 조절한다.

판소리의 장단은 서양음악의 박자와는 전혀 다르다. 장단은 사설과 유기적인 관계를 맺으며 판을 이끌어 나가고 감정을 묘사하는 역할을 담당한다. 장단은 박자, 빠르기, 강약, 고저, 음색 등의 복합적인 개념이다. 장단은 북에 의해 표현된다. 장단에는 진양조, 중모리, 중중모리, 자진모리, 휘모리, 엇모리, 엇중모리의 일곱 가지가 있다.

2. 구비문학의 특성과 작품 세계

1) 설화

한국의 설화는 한자 전래 이후 문헌에 정착된 문헌설화와 민간에서 구비 전승되는 구비설화로 나눌 수 있다. 문헌설화의 경우에는 주로 건국시조와 역사적 영웅의 이야기가 대부분이다. 이는 문헌설화의 주된 향유층이 한자 해독력과 유교적 교양을 갖춘 이들이었다는 사실과 깊은 관련이 있다. 이에 반해 구비설화는 흥미 중심의 허구적 이야기가 많다. 그러나 구비설화와 문헌설화 모두 우리 민족의 정신세계를 반영하고 있다는 점에서는 공통적이라 할 수 있겠다. 설화는 크게 신화와 전설, 민담으로 구분된다.

일반적으로 신화는 세 가지의 보편적 성격을 지니는 것으로 알려져 있다.

① 신(神)에 관한 이야기
② 자연현상이나 사회현상의 기원(起源)과 질서를 설명하는 이야기
③ 신성시(神聖視)되는 이야기

그러나 이러한 요소들이 한국의 신화에 모두 적용되는 데에는 무리가 있다. 한국 신화의 대표적인 인물인 주몽이나 단군의 경우를 살펴보면, 신의 속성과 함께 인간의 속성을 겸하고 있어 ①의 조건을 완전하게 충족시키지는 않는다. ②의 조건에 해당하는 대표적인

신화인 〈해와 달이 된 남매〉의 경우 신화라기보다는 민담적인 요소가 더 많아 신화로 취급되지 않는다. 이런 측면에서 볼 때, ①과 ②의 조건을 절대적인 기준으로 제시할 수는 없다. 그러나 ③의 조건은 예외 없이 적용이 가능해 신화를 가늠함에 있어 가장 타당한 기준으로 적용될 수 있다.

그러므로 모든 신화는 신성시되고, 신성시되지 않는 이야기는 신화로 볼 수 없다. 신성성은 위대하거나 숭고한 행위로써 성립된다. 위대하거나 숭고한 행위는 일상생활에서 흔하게 볼 수 있는 일이 아니라 반드시 특이한 행위여야 한다. 신화는 이러한 신성성을 받아들이는 집단의 것이다.

한국의 신화는 신성성을 받아들이는 집단의 성격에 따라 국가 시조 신화, 촌락 시조 신화, 씨족 시조 신화 등 조상신 신화와 농경 생산신 신화, 가정 수호신 신화, 수명 복록신 신화 등의 무속신 신화로 나눌 수 있다. 이 중 신성성 인지의 범위를 우리 민족 전체로 확대할 수 있는 신화는 바로 국가 시조 신화이다.

한국의 국가 시조 신화는 〈단군신화〉, 〈주몽신화〉, 〈박혁거세신화〉, 〈수로왕신화〉 등이다. 이들 국가 시조 신화는 고조선과 고구려의 건국신화와 관련된 북방지역의 신화와, 신라와 가락국 건국신화와 관련된 남방지역의 신화로 나누어진다.

〈단군신화〉와 〈주몽신화〉는 북방지역의 신화로 둘은 유사한 구조를 지니고 있다. 두 신화에는 모두 하늘과 땅(또는 물)에 대한 신성 관념이 드러난다. 즉 하늘과 땅의 기운을 지닌 남신과 여신이 혼례를 치르고, 그 결과로 국가의 시조가 탄생한다.

하늘의 신(남신)과 땅의 신(여신)의 혼례	⇒	국가 시조의 탄생	⇒	건 국

반면 남방지역의 신화인 〈박혁거세신화〉와 〈수로왕신화〉에는 하늘과 땅의 결합이 혼례라는 구체적인 모습으로 드러나지는 않는다. 〈박혁거세신화〉의 내용을 간략히 살펴보자. 기원전 69년 3월 1일 하늘과 땅의 기운이 연결된 양산 나정에서 흰 말이 하늘로 올라간 자리에 커다란 알이 나타난다. 육촌의 촌장들이 이 알을 발견하고 알을 깨자 한 사내아이가 나왔는데, 그 아이가 후일 박혁거세가 된다. 같은 날 사량리 알영정 가에서 계룡이 왼쪽

옆구리로 한 여자 아이를 낳았는데 이 아이가 혁거세의 왕비인 알영이다.

이 내용으로 미루어 보아 박혁거세는 천신과 지신의 후예이긴 하지만 천신과 지신의 혼례 과정은 생략되어 있음을 알 수 있다. 시조의 출생이 먼저 이루어지고, 시조의 혼례 과정이 나타난다.

국가 시조의 탄생	⇒	건 국	⇒	국가 시조의 혼례

시조가 왕이 되는 과정 또한 두 계열이 다른 양상을 보인다. 북방계 신화는 시조가 태어나 존재하던 국가와는 다른 새로운 국가를 건설한다는 내용을 담고 있는 데 반해, 남방계 신화는 국가 자체가 존재하지 않는 상태에서 시조가 국가를 만들어 낸다. 이런 점에 비추어 볼 때, 남방계 신화가 북방계 신화보다 더욱 초기의 국가 건국의 모습을 보여준다.[1)]

그러나 이들 신화 모두 공통된 특징을 지닌다. 첫째, 하늘과 땅(또는 물)을 신성시하는 경향이 나타난다. 천신과 지신의 혼례로 시조가 탄생하고 건국이 이루어진다는 것은 하늘과 땅의 결합을 의미한다. 이를 통해 우리 민족이 천신과 지신을 숭배의 대상으로 삼았다는 것을 알 수 있다. 하늘과 땅은 신성한 대상이며 동시에 인간생명의 근원으로 기능했다. 둘째, 신화의 주인공은 영웅 일대기의 전형적 모습을 보여주기도 한다.[2)]

전설은 구비 전승되는 이야기 중 전승자가 그 내용을 사실이라고 여기는 이야기들을 가리킨다. 전설을 이야기하는 사람들은 사실성을 증명하기 위해 증거물을 제시하기도 한다. 전설이 특정한 역사적 시간과 구체적 공간을 제시한다는 점은 민담과 구별되는 특징이다.

---

1) 국가시조신화의 구조에 대해서는 서대석의 글 참고.(서대석, 「구비문학」, 『한국문학강의』, 길벗, 1994.)
2) ① 고귀한 혈통, ② 비정상적인 출생, ③ 탁월한 능력, ④ 버림과 고난, ⑤ 보호자의 등장과 양육, ⑥ 성장과 위기, ⑦ 위기의 극복과 위대한 승리.

2) 민요

민요는 전문 소리꾼이 아닌 민중들의 일상생활 속에서 형성되어 구비 전승되는 노래를 말한다. 무가와 판소리, 잡가 역시 구비 전승되는 노래이기는 하나 광대나 기생, 무당이라는 전문 소리꾼에 의해 불리는 노래이기 때문에 민요로 볼 수 없다.

민요는 민중들의 일상생활에 뿌리를 두고 있다. 일을 하면서 부르거나, 놀이를 하면서 부르거나, 장례나 세시 풍속을 치르면서 부르는 등 모두 일상생활의 필요에 의해 노래를 부른다. 노동, 유희, 의식의 세 가지는 바로 민요의 기능이 된다.

노동요는 효과적인 노동을 위해 불린다. 여러 사람이 일을 하면서 보조를 맞추거나 노동 동작을 지시하는 등 일의 능률을 높이기 위해 주로 부른다. 예를 들어 벌목 현장에서 무거운 돌이나 나무를 여럿이 옮길 때 서로 보조를 맞추기 위해 〈목도하는소리〉를 부르고, 어부들은 여럿이 호흡을 맞추어야 하기 때문에 〈노젓는소리〉를 부른다.

노동요는 노동의 종류에 따라 농업노동요, 어업노동요, 벌채노동요, 길쌈노동요 등으로 나누어진다.

> 이논에다 모를심어 장잎이 훨훨 영화로다 - 선창자
> 우리동상 곱게길러 갓을씌워 영화로다 - 후창자
> 서마지기 논배미가 반달같이 남았구나 - 선창자
> 그게무슨 반달인가 초생달이 반달이지 - 후창자

이 노래는 대표적인 모심기노래이다. 노래를 부를 때에는 선창자와 후창자로 나누어 '교환창'이나 '선후창'의 방법으로 부르는 것이 원칙이다. 선창자가 일꾼들의 속도를 맞추고 완급을 조절하면서 먼저 부르면 일꾼들은 노래를 이어 받아 부른다.

의식요는 일반 민중들이 의식을 치르면서 부르는 민요이다. 염불이나 무가는 승려나 무당이 부르는 전문적인 노래이므로 민요의 범주에 포함될 수 없다. 〈지신밟는소리〉나 〈성주풀이〉, 〈조왕풀이〉, 〈상여소리〉 등이 대표적인 의식요이다. 〈상여소리〉는 장례 때 상여를 메고 가면서 부르는 노래이다. 상여를 메고 운반하는 사람들의 발을 맞추기 위해 부르는 노래라는 측면에서 노동요로 볼 수도 있다. 그러나 상여를 메고 마을 전체를 돌며 망자에게 하직 인사를 시키고 망자를 저승으로 인도하며 남은 가족을 위로하는 사설은 오히려 장례 의식을 수행하는 측면이 강해 의식요의 범주에 포함된다.

유희요는 놀이의 진행이나 놀이의 흥을 돋우기 위한 목적으로 부르는 민요이다. 놀이의 주체에는 어른들뿐만 아니라 아이들도 포함되기에 유희요에는 동요가 포함된다. 한국의 대표적인 유희요는 〈놋다리밟기하는소리〉, 〈강강술래하는소리〉, 〈월워리청청하는소리〉 등이 있다.

민요에는 민중들이 일상생활에서 느끼는 정서가 잘 드러나 있다. 농작물을 수확하고 느끼는 보람, 풍작을 기뻐하는 모습 등 소박하고 진실한 민중의 심성이 고스란히 드러나 있다.

그러나 민요에 기쁨과 즐거움만이 드러나는 것은 아니다. 생활의 고통이 고스란히 묻어나기도 한다. 〈시집살이 노래〉가 가장 대표적인 경우이다. 〈시집살이 노래〉는 시집간 여자가 시집생활에서 겪는 생각과 감정을 표현한 노래이다. 이 노래는 과거 여성이라면 누구나 겪어야만 했던 '시집살이'라는 공통적 경험에 바탕을 두고 있어 여성들의 공감을 얻으며 폭넓게 전승되었다. 여성들은 시집 식구들의 횡포를 사설에 담아 노래를 통해서나마 현실의 고통을 토로하였다. 이러한 노래를 통해 현실에서 직설적으로 토로할 수 없는 삶의 고통을 풀어냄으로써 오히려 현실의 고통을 심리적으로 해소하기도 하였다.

3) 판소리

판소리는 직업적인 전문 소리꾼이 고수의 북장단에 맞춰 긴 이야기를 말과 창을 교체해 가며 관중들 앞에서 구연하는 한국의 전통적 공연예술이다. 판소리 이론가로 널리 알려진 신재효(申在孝, 1812~1884)는 명창의 조건으로 인물치레, 사설치레, 득음, 너름새를 제시했다. 인물치레는 선천적인 성격이 강하기에 크게 중시되지는 않았다. 명창이 갖추어야 할 나머지 요소인 사설치레는 작품의 문학적 요소, 득음은 음악적 요소, 너름새는 연극적 요소에 해당하므로 결국 판소리는 문학과 음악, 연극을 포괄하는 종합예술의 성격을 갖는다.

판소리는 모든 계층의 예술이라고 할 수 있다. 판소리를 담당하는 판소리광대는 천민계층이었지만, 판소리를 향유한 수용층은 중인계층과 양반계층을 거쳐 궁중에까지 확대되었다.[3] 판소리 수용층이 가지고 있는 다층적인 면모는 판소리의 주제와 내용에도 반영될 수밖에 없었다. 이러한 이유에서 판소리에는 서민의 시각과 양반의 시각이 공존한다.

판소리는 17세기 중엽 이후 전라도 지역에서 발생했을 것으로 추정된다. 전라도 지역의 무가와 판소리가 담당층, 구연방식, 음악성 등의 여러 면에서 일치되는 지점이 발견된다는 사실이 이를 뒷받침한다. 전라도 지역의 세습무[4]는 아내가 굿을 담당하고 남편이 굿을 뒷바라지하며 악공 노릇을 하였다. 악공 노릇을 하던 남자 무당은 돈벌이를 위해 소리 공부에 매진했고, 이 과정에서 판소리 광대가 배출되었다는 것이 일반적인 견해이다.

전라도 일대를 중심으로 불리던 판소리가 점차 전국으로 확산되면서 18세기에 이르면 경제력을 지닌 서울의 중간층에게 많은 인기를 얻게 된다. 19세기에 이르면 수용층의 확대와 더불어 판소리 자체의 양적 · 질적 변화가 수반되어 작품 수도 열두 마당[5]으로 늘어난다. 고종조에 이르면 중인 · 양반층을 넘어 당시 집권자였던 대원군의 후원으로 판소리의 전성기를 맞이하게 된다. 판소리의 이론가였던 신재효는 광대들을 모아 전문적인 교육을 실시하는 한편 판소리 사설 여섯 마당(〈춘향가〉, 〈심청가〉, 〈박타령〉, 〈토별가〉, 〈적벽가〉, 〈변강쇠가〉)을 정리했다.

19세기를 지나 20세기에 이르면 판소리는 쇠퇴하기 시작한다. 판소리 작품을 창극[6]으로 공연하기도 하면서 공연방식에서도 변화가 나타나고, 악곡과 사설이 함께 전해지는 작품이 〈변강쇠가〉를 제외한 다섯 마당으로 축소되면서 쇠퇴의 길을 걷게 된다.

다섯 마당의 대체적인 내용과 특징은 다음 도표와 같다.

---

3) 19세기 전반기에 활동한 판소리 광대인 모흥갑과 송흥록은 집권층의 애호를 받아 벼슬을 제수받기도 했으며, 대원군의 후원으로 궁궐에서도 판소리에 대한 관심이 높았다.

4) 부모로부터 무당의 신분이나 직능을 물려받아 된 무당.

5) 〈춘향가〉, 〈심청가〉, 〈흥보가〉, 〈수궁가〉, 〈적벽가〉, 〈변강쇠가〉, 〈배비장타령〉, 〈옹고집타령〉, 〈장끼타령〉, 〈무숙이타령〉, 〈강릉매화타령〉, 〈가짜신선타령〉.

6) 판소리가 분창(分唱)된 형태를 일컫는다. 판소리가 고수의 북소리에 맞춘 창자의 일인극 형태인 데 반해, 창극은 작품 속의 주인공들을 여러 창자들이 나누어 맡는 형태이다.

〈표5〉 판소리 다섯마당의 근원설화와 내용적 특징

작품	특징
적벽가	* 중국소설 『삼국지연의』의 각색 * 원작 소설과 판소리 주제의 차별성 -나라의 흥망과 영웅호걸의 행적 중심(소설) /병졸의 자탄사설 중심(판소리) * 판소리의 서민적 의식세계 대변
춘향가	* 관탈민녀형설화(官奪民女型說話)와 신원설화(伸冤說話)의 영향 * 인간평등사상 · 자유연애사상 · 사회개혁에 대한 의지 · 정절에 대한 신념 * 지배계층과 피지배계층 사이의 갈등 * 주체적이고 자율적인 성숙한 서민 여성의 모습 제시
흥보가	* 선악형제담, 동물보은담, 무한재보담(無限財寶譚)의 결합 * 권선징악의 윤리적 덕목과 조선후기 농촌현실에 대한 비판의 시각 공존 -유교 이데올로기 지배질서에 바탕을 둔 농촌사회에 물질만능주의가 대두되면서 나타나는 유교 이데올로기의 와해와 농촌사회의 분열 · 혼란
심청가	* 개안설화(開眼說話) · 인신공희설화(人身供犧說話) · 여성영웅설화(女性英雄說話)의 결합 * 삶의 결핍요소로서 육체적 불구를 문제 삼은 작품 * 부모에 대한 절대적 효의 가치 * 심청의 희생과 이에 대한 보상 -고통 속에 살아가는 서민들의 꿈을 투영
수궁가	* 왕-오만하고 자기도취적이며 경솔한 인물 왕의 인간적인 모습과 고독한 모습, 절대권력의 허무함을 함께 드러냄 * 신하들-일신상의 안전만 꾀하는 인물 * 별주부-봉건주의시대 절대권력자 밑의 신하의 모습 * 토끼-빈궁한 서민의 모습, 끈질긴 생명력을 지닌 궁핍한 민중의 모습

4) 민속극

민속극은 민간에서 행위로 전승되는 연극이다. 일반적으로 극은 우리가 살아가는 일상의 모습을 허구적으로 꾸며 대사와 동작을 통해 관중에게 보여주는 무대예술이다. 민속극 또한 우리 일상의 모습과 여러 인물들의 갈등을 보여주지만, 개인 창작물이 아니라 오랜 기간 동안 첨삭의 과정을 거치며 구비 전승되었다는 점에서 현대 희곡과는 변별된다. 일반적으로 민속극은 무극, 가면극, 인형극으로 분류된다. 무극은 굿에서 연행되는 굿놀이를 말하며, 인형극은 사람이 아닌 인형이 나와 일정한 줄거리를 가지고 연행하는 극의 형태이다. 유랑 연예집단인 남사당패의 주요 레퍼토리였던 〈박첨지놀이〉가 이에 해당된다. 가면극은 가면을 쓰고 직접 대사를 했던 것으로 각 지역에서 전승되던 탈놀이가 이에 해당된다.

민속극의 기원은 고대 국중대회[7]에서부터 찾을 수 있다. 제천의식에서 행해졌던 가무와 놀이에서 탈춤과 북춤 등의 형태를 발견할 수 있다. 이후 삼국의 민속극의 시원적 모습에 대한 기록은 『해동역사』와 『일본서기』를 통해 확인할 수 있다. 특히 신라 말기 최치원의 『향악잡영』에 묘사된 오기(五伎)의 기록이 남아 있어 탈춤의 모습을 찾을 수 있다.[8]

① 대면(大面) : 실제 얼굴보다 더 크다는 의미이다. 금빛 탈을 쓰고 방울채를 손에 쥔 한 사나이기 귀신을 쫓는 모습이 묘사되어 있다.

② 산예(狻猊) : 사자춤으로서 동물춤의 대표적인 예에 해당한다. 두 사람이 사자 머리와 다리 · 꼬리로 짝을 이뤄 흔드는 춤으로서, '벽사진경(辟邪進慶)'의 의미를 지닌다.

③ 월전(月顚) : 어깨는 솟고 목은 움츠리며 꼽추 시늉을 하는 골계가무로서, 시의 묘사만으로는 탈을 쓰고 한 것인지에 대해 확실히 알 수 없다.

④ 속독(束毒) : 쑥대머리에 파란 얼굴을 지닌 탈의 모습을 하고 새의 동작을 보이는 일종의 동물춤이다.

⑤ 금환(金丸) : 여러 개의 방울을 공중으로 던지며 재주를 보이는 놀이이다.

이와 같은 문헌상의 기록을 오늘날의 민속극과 동일시할 수는 없다. 그러나 금환을 제외하고는 모두 탈을 썼을 가능성을 상정할 수 있으므로 신라시대 탈춤의 흔적을 찾아볼 수 있겠다. 처용이 추었다고 전해지는 '처용무' 또한 탈춤의 한 형태였을 것으로 추정된다.

고려조에 이르면 불교를 국교로 하여 '팔관회'와 '연등회' 등이 성대하게 열렸으므로

---

7) 국중대회는 부여 · 고구려시대의 제천행사(祭天行事)인 영고(迎鼓) · 동맹(東盟)에 대한 총칭이다.
8) 『향악잡영』은 신라 말기에 최치원(崔致遠)이 지은 한시로서, 신라오기(新羅五伎)의 모습을 읊은 칠언시로 모두 5수이다.

여러 형태의 가무와 극이 연행되었을 것임을 짐작할 수 있다. 연등회는 불교 의식이었으며, 팔관회는 토속신에 대한 제의였다. 제의 날이 되면 등을 밝히고 채붕을 설치하고 가무백희를 통해 국가의 안녕을 기원했다. 의식이 끝날 무렵 행해지는 나례(儺禮)[9]는 잡귀를 쫓기 위한 하나의 의식이었다. 중국에서 들어온 나례가 우리 고유의 잡희(雜戲)와 섞이면서 점차 극적인 색채의 연희가 강화되기 시작했다. 이런 연희들이 놀이를 위해 만들어진 '산대(山臺)'[10] 위에서 이루어졌다. 산대에서 행해진 일련의 연희를 '산대잡극(山臺雜劇)'이라고 일컫는다. 잡극이라는 명칭에서도 알 수 있듯이 '극'이라는 말이 붙어 있긴 하지만 일정한 줄거리를 가지지 못한 여러 연희였을 것으로 추정된다.

조선조에 이르면 나례는 종교적인 경향에서 탈피해 나희(儺戲)의 기능을 하며 조선 중기 이후까지 지속되었다. 산대잡극으로 일컬어지던 각종 연희들도 분리되기 시작해 탈놀이는 독자적인 영역을 형성하기 시작한다. 이러한 변화의 중심에는 나례가 존재했다. 나례도감을 중심으로 활동했던 광대들은 나라의 큰 행사가 있을 경우 상경하여 연희에 참여하였다. 행사가 없는 평상시에는 각지를 돌아다니며 연희를 벌여 생계를 유지했다. 사람들이 많이 모이는 전국의 큰 시장들을 중심으로 연희가 벌어지고 점차 예술적 완성도를 확보해갔다.

'나례 기원설'을 부정하며 최근에는 가면극이 마을굿에서 기원했다는 주장이 제기되었다. 마을의 공동제의인 마을굿에서 연행되었던 농악대의 '잡색놀이'가 가면극의 기원이 되었다는 설이다. 가면극에 빈번하게 출현하는 남녀의 결합과 아이의 출산은 풍요를 기원하는 농경제의와 상통한다는 것이 증거로 제시되기도 한다. 전국에 산재해 있던 가면극이 조선 후기에 이르면 농촌의 제전과 분리되어 독자적인 장르로 형성되어 도시 서민들의 관람거리로 발전하며 도시 가면극으로 성장하게 되었다는 것이다.

가면극은 지역에 따라 여러 종류가 전승된다. 해서지방을 중심으로 〈봉산탈춤〉, 〈강령탈춤〉, 서울 근교를 중심으로 〈양주별산대놀이〉, 〈송파산대〉, 경남 통영을 중심으로 〈오광대놀이〉, 수영에 〈야류〉가 전승된다. 가면극의 각 과장은 대체로 비슷한 내용을 담고 있으며 노장과장, 양반과장, 미얄과장, 영노과장 등이 대표적이다. 〈봉산탈춤〉을 중심으로 이들의

---

9) 나례는 음력 섣달 그믐날에 민가와 궁중에서 묵은 해의 잡귀를 몰아내기 위하여 벌이던 의식으로 집 안의 잡귀를 몰아내고 깨끗하게 새해를 맞이하기 위한 행사이다.

10) 산대는 산대잡극(山臺雜劇)이 연희될 때 진설(陳設)한 장식무대이다.

의미를 살펴보자.

〈봉산탈춤〉은 ① 사상좌춤, ② 팔목중춤, ③ 사당춤, ④ 노장춤, ⑤ 사자춤, ⑥ 양반춤, ⑦ 미얄춤의 일곱 과장으로 구성되어 있다. 제1과장에서 제3과장까지는 극적인 갈등이나 대사가 거의 나타나지 않고 춤과 노래만 이어진다. 제4과장부터는 본격적인 대사와 행위가 시작된다. 노장과장의 내용을 간략하게 살펴보자.

① 팔목중이 소무를 가마에 태우고 등장한다.

② 노장이 등장해 팔목중과 소무가 난무(亂舞)하는 광경을 물끄러미 바라본다.

③ 노장을 발견한 목중들이 날이 흐렸다느니 숯짐을 벗어 놓았다느니 하면서 딴전을 피우다 비로소 노장님이라고 말한다.

④ 노장이 쓰러지고 목중들은 노장의 재를 올리자며 무대에서 사라진다.

⑤ 소무가 춤을 추고 노장이 소무의 춤을 바라본다.

⑥ 소무에게 노장의 염주를 걸어 주고 함께 어울려 춤을 춘다.

⑦ 신장수가 등장하고 노장은 신장수를 불러 소무에게 신을 사 준다.

⑧ 신장수의 짐 속에서 원숭이가 나와 신장수와 성행위의 몸짓을 하고 소무와도 같은 몸짓을 한다.

⑨ 취바리가 등장해 소무를 차지하려 노장과 대결한다.

⑩ 노장과의 대결에서 취바리가 승리하고 소무는 취바리의 아이를 낳는다.

가면극에서 보이는 남녀의 갈등과 결합, 출산은 풍농을 기원하는 제의적 성격을 갖는다. 늙은 노장의 패배와 젊은 취바리의 승리, 그리고 취바리와 소무의 결합은 생산력이 강한 남신과 여신의 결합을 통해 풍요를 기원하는 제의적 모습이 극의 한 과장으로 전이된 것으로 볼 수 있다.

또한 노장춤은 노장이 파계하는 대목이다. 노장은 제자인 목중들의 시달림을 받고 소무에게 반해 파계하는 인물로 그려진다. 이러한 모습에서 타락한 파계승의 전형적인 모습이 부각되어 탈춤이 지닌 사회비판적 측면을 읽어낼 수 있다.

양반과장은 이생원네 삼형제 양반이 말뚝이에게 조롱당하는 모습을 보여준다. 작품의 서술자로 등장하는 말뚝이는 양반을 모시고 다니는 마부이다. 말뚝이와 양반의 대화는 '양반의 위엄에 대한 말뚝이의 조롱 → 양반의 질책 → 말뚝이의 변명 → 안심하는 양반'의 구조로 이루어져 있다. 표면적으로는 말뚝이의 변명과 양반의 승리로 끝나지만 이는 양반의 권위와 위엄에 대한 파괴이며 심화된 조롱일 뿐이다. 양반에 대한 풍자와 조롱을 담고 있는 양반과장의 내용은 가면극이 민중에 의해 형성되고 향유 · 전승되었기에 가능한 것이다. 양반의 허위와 가식, 유식한 척 보이지만 실생활에는 아무 도움도 되지 못하는 지식은 가면극에서 통렬한 비판의 대상이 된다.

지금까지 살펴보았듯이 가면극은 각 과장이 대체로 독립되어 파계승에 대한 풍자, 양반에 대한 풍자와 저항 등이 잘 드러나 있다. 각 과장의 극적인 갈등은 대사를 통해 드러나기보다는 춤과 몸짓을 주요 전달도구로 삼고 있다. 각 과장의 갈등이 유기적으로 연결되어 이어지기보다는 과장별로 각각 갈등이 해소되고 새로운 삶의 출발로 마무리된다. 가면극을 향유했던 민중들은 이러한 결말을 통해 삶에 대한 희망과 활력을 얻을 수 있었을 것으로 추정된다.

3. 참고자료

1) 설화 : 〈단군신화〉

고기(古記)에 이렇게 전한다.

옛날에 환인(桓因)의 서자(庶子) 환웅(桓雄)이 천하에 뜻을 두고 인간 세상을 몹시 바랐다. 아버지는 아들의 뜻을 알고 삼위태백(三危太白)을 내려다 보매 인간 세계를 널리 이롭게 할 만한지라, 이에 천부인(天符印) 세 개를 주어 내려가서 세상을 다스리게 하였다. 환웅은 3천 명을 거느리고 태백산(太白山) 신단수(神檀樹) 아래에 내려온 후, 신시(神市)라 불렀다. 그는 풍백(風伯) · 우사(雨師) · 운사(雲師)를 거느리고 곡식 · 수명(壽命) · 질병(疾病) · 형벌(刑罰) · 선악(善惡) 등을 주관하고, 인간의 삼백예순 가지나 되는 일을 주관하였다.

이때, 곰 한 마리와 범 한 마리가 늘 신웅(神雄, 곧 환웅)에게 사람 되기를 빌었다. 때마침 신(神)이 쑥 한 심지와 마늘 스무 개를 주면서 말했다.

"너희들이 이것을 먹고 백일 동안 햇빛을 보지 않는다면 사람이 될 것이다."

곰과 범은 이것을 받았다. 곰은 몸을 삼간 지 삼칠일 만에 여자의 몸이 되었으나, 범은 능히 삼가지 못했으므로 사람이 되지 못했다. 웅녀(熊女)는 그와 혼인할 상대가 없었으므로 항상 단수(壇樹) 아래에서 축원했다. 환웅은 임시로 변하여 그와 결혼해 주고, 그는 임신하여 아들을 낳았다. 이름을 단군 왕검이라 하였다.

단군(檀君)은 요(堯) 임금이 왕위에 오른 지 50년인 경인년에 평양성에 도읍을 정하고 조선(朝鮮)이라 불렀다. 또다시 도읍을 백악산(白岳山) 아사달(阿斯達)로 옮겼다. 그곳을 궁(弓)이라 한다. 그는 1천5백 년 동안 이곳에서 나라를 다스렸다.

[해설] 〈단군신화〉는 단군의 탄생 및 고조선의 건국을 다루고 있다. 〈단군신화〉에 등장하는 곰은 '웅녀'로 전환되어 생산력을 나타내는 지모신(地母神)의 상징을 갖는다고 할 수도 있다. 천상과 지상의 결합과 조화로 시조가 탄생하는 과정이 그려져 있다. 신화 속에 등장하는 천손(하느님의 후손)의 하강 모티프는 한국 신화에서 일반적이다.

그리고 '환인-환웅-단군'으로 이어지는 구조에서, 환인은 하늘에 있어 역사적인 시간을 초월해서 존재한다. 환웅은 하늘에서 땅으로 내려와 초월적인 시간에서 역사적인 시간으로 전환되는 인물이다. 단군은 역사적인 시간 속에서 일정한 수명을 지니고 있다. 이를 볼 때 천상의 것보다 지상의 것이, 초월적인 시간보다는 역사적인 시간이 중요하다는 사유방식을 읽어낼 수 있다. 단군의 탄생은 인간 중심의 사고방식을 드러낸다고 볼 수 있다.

2) 민요 : 〈시집살이 노래〉

형님 온다 형님 온다 / 보고저즌 형님 온다.
형님 마중 누가 갈까 / 형님 동생 내가 가지.
형님 형님 사촌 형님 / 시집살이 어뗍데까?
이애 이애 그말 마라 / 시집살이 개집살이.
앞밭에는 당추 심고 / 뒷밭에는 고추 심어

고추 당추 맵다 해도 / 시집살이 더 맵더라.
둥글둥글 수박 식기 / 밥 담기도 어렵더라.
도리도리 도리 소반 / 수저 놓기 더 어렵더라.
외나무다리 어렵대야 / 시아버님같이 어려우랴?
나뭇잎이 푸르대야 / 시어머니보다 더 푸르랴.
시아버니 호랑새요 / 시어머니 꾸중새요
동서 하나 할림새요 / 시누 하나 뾰족새요
시아지비 뾰중새요 / 남편 하나 미련새요
자식 하난 우는새요 / 나 하나만 썩는샐세.
귀먹어서 삼 년이요 / 눈 어두워 삼 년이요.
말못하여 삼 년이요 / 석 삼 년을 살고 나니.
배꽃 같던 요내 얼굴 / 호박꽃이 다 되었네.
삼단 같던 요내 머리 / 비사리춤이 다 되었네
백옥 같던 요내 손길 / 오리발이 다 되었네

[해설] 시집살이 노래는 시집간 여자가 시집생활에서 겪는 생각과 감정을 표현한 노래이다. 이 노래는 과거 여성이라면 누구나 겪어야만 했던 '시집살이'라는 공통적 경험에 바탕을 두고 있어 여성들의 공감을 얻으며 폭넓게 전승되었다. 길쌈이나 밭매기, 바느질 등 여성들이 오랜 시간 동안 홀로 단조로운 노동을 해야 할 때 주로 불렀다. 시집살이노래는 어떤 공간에서나 쉽게 들을 수 있는 노래는 아니다. 시집살이라는 경험을 공유하고 있는 또래 여성 집단을 중심으로 주로 전승되고, 남자가 섞이거나 같은 또래 여성이 아닐 경우에는 함께 부르지 않는 경우가 일반적이다.

3) 판소리 : 〈춘향가〉

[아니리] "어, 차마 못 보겠다. 내가 어사 된 것이 선영 덕택인 줄 알았더니, 예 와 보니 춘향 모 정성이 반이나 되겠구나. 저러헌 형상에 이 모양으로 들어가면, 저 늙은이

성질에 괴변이 날 테니 잠시 속일 수밖에 없지."

어사또가 춘향 모를 속여 부르는디, 꼭 이렇게 부르것다.

"이로너라, 이로너라, 게 아무도 없느냐?"

춘향 모 울다가 깜짝 놀라,

"향단아, 이것이 뭔 소리다냐?"

향단이도 어찌 놀랬던지,

"비 올라고 천둥헝개비요."

"너의 애기씨 들어가시게 되니, 성조 지신이 발동을 하였는가, 어느 놈이 술 담뿍 먹고 와서 오뉴월 장마에 토담 무너지는 소리를 허는지, 나가서 좀 보고 오너라."

…… 중략 ……

[중모리] 어사또 목이 메여 춘향 손을 부여잡더니 눈물이 듣거니 맺거니,

"네가 이것이 웬일이냐. 부드럽고 곱던 손길이 피골(皮骨)이 상연(相連)쿠나."

"나는 이게 내 죄요마는, 서방님은 웬일이요?"

"나도 역시 팔자로다."

"서방님을 잠시라도 뵈오니 이제 죽어 한이 없나이다. 내일 본관 사또 생신 잔치 끝에 나를 올려 죽인다니, 서방님은 먼 데 가지 말고 옥문 밖에 서겼다가, 날 올리라 영(令)이 내리거든 칼머리나 들어 주오. 나를 죽여 내어 놓거든 다른 사람 손대기 전에, 싹군인 체 달려들어 나를 업고 물러나와, 우리 둘이 인연 맺던 부용당(芙蓉堂)에 나를 누이고 서방님 속옷 벗어 입혀 주고 나를 묻어 주되, 신산(新山) 구산(舊山) 다 버리고 서울로 올라가서, 선대감(先大監) 제절 하(除節下)에 은근히 묻어 주고, 정조 한식(正朝寒食) 단오 추석 선대감 시제(時祭) 잡순 후, 주과포혜(酒果脯醯) 따로 차려 놓고 술 한 잔 부어 들고, 나의 무덤에 우에 올라서서 발 툭툭 세 번 구르고, '춘향아' 부르시고, 청초(青草)는 우거진디 앉었느냐 누었느냐? 내가 와 주는 술이니 퇴(退)치 말고 많이 먹어라.' 그 말씀만 하여 주오. 그 말밖에 할 말 없오."

…… 후략 ……

[해설] 판소리 〈춘향가〉는 관탈민녀형설화(官奪民女型說話)와 신원설화(伸冤說話)를 영향을

받아 판소리 사설로 발전하였다. 판소리계 소설 〈춘향전〉으로 개작된 후 일제강점기에는 이해조에 의해 신소설 〈옥중화〉로 개작되었다. 인간평등사상과 자유연애사상, 사회개혁에 대한 의지가 잘 드러나며 정절에 대한 신념도 보여준다. 춘향은 주체적이고 자율적인 성숙한 서민 여성의 모습을 제시하고 있다.

4) 민속극 : 〈봉산탈춤〉

제6과장 양반춤

말뚝이 : (벙거지를 쓰고 채찍을 들었다. 굿거리 장단에 맞추어 양반 3형제를 인도하여 등장)

양반 3형제 : (말뚝이 뒤를 따라 굿거리 장단에 맞추어 점잔을 피우나, 어색하게 춤을 추며 등장. 양반 3형제 맏이는 샌님(生員), 둘째는 서방님(書房), 끝은 도련님(道令)이다. 샌님과 서방님은 흰 창옷에 관을 썼다. 도련님은 남색 쾌자에 복건을 썼다. 샌님과 서방님은 언청이며(샌님은 언청이 두 줄, 서방님은 한 줄이다.), 부채와 장죽을 가지고 있고, 도련님은 입이 삐뚤어졌고, 부채만 가졌다. 도련님은 일절 대사는 없으며, 형들과 동작을 같이 하면서 형들이 면상을 부채로 때리며 방정맞게 군다.)

말뚝이 : (가운데쯤 나와서) 쉬이. (음악과 춤 멈춘다.) 양반 나오신다아! 양반이라고 하니까 노론(老論), 소론(少論), 호조(戶曹), 병조(兵曹), 옥당(玉堂)을 다 지내고 삼정승(三政丞), 육판서(六判書)를 다 지낸 퇴로 재상(退老宰相)으로 계신 양반인 줄 아지 마시오, 개잘량이라는 '양'자에 개다리 소반이라는 '반'자 쓰는 양반이 나오신단 말이오.

양반들 : 야아, 이놈, 뭐야아!

말뚝이 : 아, 이 양반들, 어찌 듣는지 모르갔소. 노론, 소론, 호조, 병조, 옥당을 다 지내고 삼정승, 육판서 다 지내고 퇴로 재상으로 계신 이 생원네 3형제분이 나오신다고 그리 하였소.

양반들 : (합창) 〈이 생원이라네.〉 (굿거리 장단으로 모두 춤을 춘다. 도령은 때때로 형들의 면상을 치며 논다. 끝까지 그런 행동을 한다.)

…… 후략 ……

[해설] 양반과장은 이생원네 삼형제라는 양반이 말뚝이에게 조롱당하는 모습을 보여준다. 말뚝이와 양반의 대화는 "양반의 위엄에 대한 말뚝이의 조롱→양반의 질책→말뚝이의 변명→안심하는 양반"의 구조로 이루어져 있다. 표면적으로는 말뚝이의 변명과 양반의 승리로 끝나지만 이는 양반의 권위와 위엄에 대한 파괴이며 심화된 조롱일 뿐이다. 허위와 가식으로 가득찬 양반은 탈춤에서 통렬한 비판의 대상이 되었다.

참고문헌

1. 고정옥, 『조선민요연구』, 수선사, 1949.

▸ 우리나라 민요를 체계적으로 연구한 학술서이다. 민요 연구와 수집의 목적, 민요의 개념과 성립 · 발전, 조선 민요의 형식과 분류, 조선민요의 특질 등에 대해 상세히 기술했다. 이 책을 통해 초창기 민요 연구의 실제를 이해할 수 있다.

2. 장덕순 · 조동일 · 서대석 · 조희웅, 『구비문학개설』, 일조각, 1971.

▸ 구비문학에 대한 체계적이고 학문적인 접근을 시도한 구비문학 연구의 입문서라고 할 수 있다. 구비문학의 개념과 개별 장르에 대한 특징뿐만 아니라 구비문학 현지 조사 방법까지 다루고 있다.

3. 김태곤 외, 『한국구비문학개론』, 민속원, 1996.

▸ 이 책은 구비문학에 대한 체계적인 이해와 개별 장르에 대한 전반적인 특징 파악에 도움을 줄 수 있다. 전체 목차는 총론과 설화, 민요, 무가, 판소리, 민속극, 속담, 수수께끼로 구성되어 있다. 각각의 항목마다 사적 전개와 작품 경향, 연구 경향까지 서술하고 있어 지금까지의 구비문학 연구 경향에 대한 전반적인 이해와 더불어 하위 장르의 개별 특징을 파악하는 데 도움을 줄 것이다.

4. 조동일 · 김흥규 편, 『판소리의 이해』, 창작과 비평사, 1978.

▸ 판소리의 원리와 판소리의 음악적인 측면, 개별 작품론까지 판소리에 대한 체계적인 접근이 이루어진 연구서이다. 판소리란 무엇이며 어떠한 의식이 반영되어 있는지, 판소리의 사적 전개 과정은 어떠한지에 대한 규명이 이루어져 있어 판소리의 특질과 미학을 이해하는데 많은 도움을 줄 수 있다.

5. 월터 J. 옹, 『구술문화와 문자문화』, 문예출판사, 1997.

▸ 구술문화와 문자문화에 대한 체계적인 접근이 이루어져 있다. 언어를 입으로 구술하는 것과 문자를 쓰거나 인쇄하는 것이 인간의 사고와 어떠한 관계를 가지는가에 대해 명쾌하게 밝혀내고 있다. 이 책은 구비문학의 토대를 형성한 구술문화에 대한 전반적인 이해에 많은 도움을 준다.

3장 고전시가

강의목표

- 노래와 시의 차이를 이해하고, 고전시가라는 명칭에 함의된 뜻을 파악한다.
- 고전시가와 현대시가 지닌 동질성과 차별성을 이해한다.
- 고전시가가 어떠한 변모 과정을 겪으며 전개되어 왔으며, 개별 장르의 사적인 추이에 내재된 우리 시가만의 고유성은 무엇인지 파악한다.
- 계층별로 향유되었던 시가의 실상과 작품의 특징을 이해한다.

1. 고전시가 이해를 위한 기본 개념

1) 음수율

시가는 산문에 비해 소리의 질서를 지니고 있다. 소리의 질서, 즉 시가의 율격을 설명하기 위해 자수율(음수율), 강약률, 고저율, 장단율, 음보율이 제기되었다. 이들 중 가장 널리 통용되어 왔던 자수율(음수율)의 논리과 한계에 대해 간략하게 살펴보도록 하겠다.

글자 수를 헤아려 한국 시가의 율격을 해명하고자 했던 시도는 1920년대 후반부터 상당 기간 이루어졌다. 자수율론은 시조의 율격을 주로 해명하는 데 사용되었다. 시조의 음절수를 표시하면 다음과 같다.

3	4	4(3)	4
3	4	4(3)	4
3	5	4	3

그러나 음절수가 이러한 구성을 지닌 시조는 극히 적어, 현재는 시조의 율격을 설명함에

있어 글자 수에 따른 것은 부적절한 것으로 받아들이고 있다.

2) 음보율

음수율, 강약률, 고저율, 장단율의 네 가지 이론이 한국 시가의 율격을 해명하기에는 한계가 많은 것으로 판단되어, 1970년대 이후로는 음보율의 타당성이 인정되고 있는 실정이다. 음보는 '호흡상의 실체적(實體的) 단위'라 할 수 있다.

동기로 / 세 몸 되어 / 한 몸같이 / 지내다가 //
두 아운 / 어디가서 / 돌아올 줄 / 모르는고 //
날마다 / 석양 문외(門外)에 / 한숨겨워 / 하노라 //

인용된 시조를 읽어 내려갈 때, 한국인이라면 누구나 언어감각에 따라 /와 //로 구분된 마디의 연쇄를 따라가게 된다. /표로 나뉜 소리마디가 음보에 해당한다. 음보의 크기는 대강 2음절에서 5음절 정도이며, 3음절과 4음절로 된 음보가 가장 많다. 출현 빈도가 가장 높은 4음절의 음보를 기준으로 그 미만의 음절수로 구성된 음보를 소음보(小音步), 초과의 음절수로 구성된 음보를 과음보(過音步)라 일컫는다. 기준이 되는 4음절의 음보는 평음보(平音步)라고 지칭한다.

2. 고전시가의 사적 전개와 작품 세계

1) 상고시대의 시가

상고시대의 시가는 역사상 가장 이른 시기에 나타난 일련의 작품들을 일컫는다. 연구자에 따라서 '상고시가(上古詩歌)', '상대시가(上代詩歌)', '상고가요(上古歌謠)', '상대가요(上代歌謠)', '고대시가(古代詩歌)' 등의 명칭을 사용한다. 시가의 발생 단계에 속하는 작품들을 묶어 편의

상 명명한 갈래이기에, 통일된 장르적 지향성을 찾긴 힘들다.

상고시가의 연원은 구석기시대로 거슬러 올라간다. 그러나 구체적인 존재 양상을 알 수는 없다. 상고시가의 존재 양상에 대해서는 부족국가 시대의 모습을 기록한 『삼국지』 위지 동이전에 실린 제의의 기록을 통해 짐작할 수 있다. 풍농을 기원하던 제의는 제천의식과 가무가 결합된 형태였다. 즉 여러 사람이 모여 하늘을 향해 제사지내고 동시에 노래와 춤을 추었다.

오늘날 그 내용이 전해지는 상고시가는 〈구지가〉, 〈황조가〉, 〈공무도하가〉 세 편뿐이다. 상고시가는 대부분 서사문맥 속에 존재하므로 서사문맥을 따라가며 그 기능과 의미를 짐작할 수 있다.

〈구지가〉는 『삼국유사』의 〈가락국기〉에 기록되어 있으며, 가락국 건국 신화라는 서사문맥 속에 편입된 삽입가요의 형태를 띠고 있다. 〈구지가〉에 대한 해석은 지금까지 다양하게 시도되었다. 사회학적인 관점에서는 통치자를 맞는 노래, 발생학적인 관점에서는 노동요, 제의적인 관점에서는 영신가(迎神歌), 토템의 관점에서는 거북토템신앙의 표현으로 해석되었다. 〈가락국기〉 전체가 건국 신화의 형태라면 〈구지가〉는 왕 맞이를 위한 절차의 절정에 해당하는 대목이라고 할 수 있다. 왕을 맞이하는 제의의 한 부분으로 불렸다는 점에서 상고시가가 지닌 제의적 · 집단적 · 주술적 성격을 단적으로 드러내는 작품이다.

다음으로 〈공무도하가〉는 중국 문헌인 최표의 『고금주』와 채옹의 『금조』 등에 전해진다. 중국 문헌에 기록되어 있으므로 우리 노래가 아니라 중국 노래일 것이라는 의견도 있으나, '조선'이라는 지명이 명시되어 있으므로 우리 노래가 중국까지 전파되었을 것으로 추측한다. 〈공무도하가〉는 공후인이라는 이름으로도 널리 알려져 있다. 〈구지가〉가 집단적 서정가요의 성격을 지닌다면 〈공무도하가〉는 이별의 정서를 애절하게 드러낸 개인적 서정가요의 성격을 지닌다. 이러한 이별의 정서는 고려시대 〈가시리〉로 이어진다. 머리가 하얀 '백수광부'의 정체에 대해서는 많은 학설이 제기되었다. 물로 들어갔다는 점에 착안해 성공하지 못한 무당으로 보기도 하고, 권능이 떨어져 죽음에 이르게 된 무당으로 보기도 하며, 술에 취한 주신(酒神)으로 해석하기도 한다. 또 고단한 삶을 이기지 못해 죽음을 선택하는 당시 민중의 모습으로 해석하기도 한다.

〈황조가〉는 『삼국사기』에 관련 설화와 노랫말이 전해진다. 떠난 님을 그리워하는 유리왕의 심정을 읊은 서정시로 보기도 하고, 일각에서는 정치적인 어려움을 상징적으로 드러내는 시로 해석하기도 한다.

상고시가는 앞서 살펴보았듯이 노래로 전해지다가 기록되었다는 점에서 공통적이다. 이들 노래가 광범위하게 불릴 수 있었던 이유는 당시 생활과 밀접한 관련이 있는 것으로 파악된다. 당시가 주술이나 제의 중심의 사회였으므로 이들 노래가 가진 집단적이고 주술적인 기능이 생활과 유기적으로 결합해 지속적으로 불릴 수 있었을 것으로 추측된다.

2) 삼국시대의 시가

상고시대를 지나 삼국시대에 들어서면 한자가 전래되어 본격적인 기록전승의 시대가 열리지만, 어디까지나 한자는 지배계층의 전유물이어서 당시 노래 문화의 전체적인 지형도를 명확하게 그려내기에는 한계가 있다. 이 시대의 노래에 대한 기록인 『고려사』와 『삼국유사』 등을 살펴보면 향가를 제외하고는 노랫말이 전해지지 않아 구체적인 실상을 파악할 수 없다. 고구려와 백제의 노래는 관련 기록을 토대로 내용을 유추해 볼 수 있을 뿐이다.

〈표1〉 문헌에 기록된 고구려와 백제의 노래

나 라	제 목	내 용
고구려 『고려사』 악지 삼국속악조에 기록	〈내원성〉	투항하는 오랑캐의 정착지였던 내원성을 기념하기 위한 노래
	〈연양〉	나무에 자신을 비유한 머슴의 노래
	〈명주〉	사랑을 맹세한 연인에게 자신이 강제로 혼인하게 되었음을 서찰로 적어 잉어를 통해 님에게 전달해 사랑을 성취한다는 내용의 노래
백제 『고려사』 악지 삼국속악조에 기록	〈선운산〉	출정한 남편이 돌아오지 않자, 선운산을 바라보며 남편을 그리워한다는 내용의 노래
	〈무등산〉	무등산에 성을 쌓은 백성들이 안심하고 생업에 종사하게 된 기쁨을 표현한 노래
	〈방등산〉	도둑떼에 잡혀간 아내가 남편이 빨리 구하러 와 주지 않음을 풍자하여 불렀다는 노래
	〈지리산〉	용모가 아름다운 여인을 왕이 데려가려 했으나 죽음으로 이를 거부했다는 내용의 노래
	〈정읍〉	고려속요로 알려진 〈정읍사〉와 같은 노래로 보임

신라시대의 대표적 시가 갈래는 향가이다. 향가는 신라시대부터 고려 광종조까지 창작·전승된 노래이다. 현재 25수의 향가 작품이 전해지는데, 『삼국유사』에 14수, 『균여전』[1]에 〈보현시원가〉 11수가 전해진다. 과거에는 '향가(鄕歌)'라는 명칭의 '향(鄕)'이 '시골'이라는 뜻을 가지고 있으므로 중국노래에 대해 우리 노래를 폄하하기 위한 명칭이라고 인식하였다. 그러나 '향(鄕)'은 행정구획상의 명칭으로 '야(野)'가 아닌 '경(京)'의 의미이므로, 왕성과 그를 둘러싼 마을, 더 나아가 '나라'를 가리키는 말로 볼 수 있다는 의견이 제기되어 지금은 '나라 노래', '우리 노래' 정도로 해석하고 있다. 향가라는 명칭 외에 '사뇌가'라는 명칭이 사용되기도 한다. 그러나 사뇌가라는 명칭이 향가 중에서도 10구체 향가만을 지칭한다는 주장이 있어 명확한 입장이 정리되지 않은 실정이다.

향가의 기능과 특징에 대해서는 『삼국유사』 월명사 도솔가조를 통해 짐작해 볼 수 있다. 경덕왕이 월명사를 불러 노래를 지을 것을 명하자, 월명사는 자신이 국선(國仙)의 무리에 속하므로 향가만 겨우 알 뿐 '범성(梵聲)'은 알지 못한다고 대답한다. 이러한 정황으로 보아 향가는 전문성이 상대적으로 덜 요구되었을 것으로 짐작된다. 또한 신라 사람들이 향가를 숭상한 지 오래되었다는 진술이 있는 것으로 보아 향가가 신라인들의 많은 공감을 얻으며 폭넓게 향유되었던 노래였음을 알 수 있다.

『삼국유사』에 전하는 현전 향가의 대략적인 내용과 특징을 살펴보면 다음 도표와 같다.

---

1) 『균여전』은 1075년(문종 29년)에 혁련 정(赫連挺)이 지은 균여의 전기로, 균여가 죽은 후 138년이 지나 완성되었다. 전체는 10개의 내용으로 구성되어 있다. 이 중 〈역가현덕분〉에 수록되어 있는 〈보현시원가〉는 모두 11수의 불찬가(佛讚歌)로 종교적 성격이 강하게 나타난다.

① 〈강탄영험분(降誕靈驗分)〉 - 출생과 성장기
② 〈출가청익분(出家請益分)〉 - 출가와 수도
③ 〈자매제현분(姉妹齊賢分)〉 - 누이와의 일화
④ 〈입의정종분(立義定宗分)〉 - 화엄종 통합을 위한 균여의 행적
⑤ 〈해석제장분(解釋諸章分)〉 - 균여의 저술 안내
⑥ 〈감통신이분(感通神異分)〉 - 신이한 설화 소개
⑦ 〈가행화세분(歌行化世分)〉 - 〈보현시원가(普賢十願歌)〉에 관한 기록
⑧ 〈역가현덕분(譯歌現德分)〉 - 〈보현시원가〉의 번역문 소개
⑨ 〈감응항마분(感應降魔分)〉 - 정수(正秀)와의 대립에 대한 서술
⑩ 〈변역생사분(變易生死分)〉 - 균여의 죽음에 대한 기록

〈표2〉 현전 향가 작품의 개괄적 이해

노래명	형식	작자	내용
〈서동요〉	4구체	백제 무왕	*현전 최고(最古)의 노래 *동요 *두 남녀의 염문을 소문내는 내용
〈풍요〉		성안의 士女	*사찰 공사장의 여인들이 흙을 운반하면서 부른 노래
〈헌화가〉		소 끄는 늙은이	*소를 끌고 가던 노인이 아름다운 수로부인에게 절벽에 핀 철쭉꽃을 따 바치며 불렀다는 노래
〈도솔가〉		월명사	*하늘에 두 개의 해가 나타난 뒤 열흘이 지나도 사라지지 않자 왕명에 의해 지은 노래
〈모죽지랑가〉	8구체	득오	*죽지랑의 낭도였던 득오가 죽지랑의 높은 인격을 사모하여 그리워하는 마음을 담은 노래
〈처용가〉		처용	*역신이 아내와 동침하는 광경을 보고 처용이 불렀다고 전해짐 *벽사진경(辟邪進慶)의 무가적(巫歌的) 성격
〈혜성가〉	10구체	융천사	*혜성이 심대성(心大星)을 침범하자 융천사가 이 노래를 지어 부르니 혜성이 사라졌으며, 신라를 침범했던 일본병까지 되돌아갔다는 기록
〈원왕생가〉		광덕	*서방정토에서의 왕생을 염원한 기원가.
〈원가〉		신충	*신충이 약속을 어긴 임금을 원망하며 지은 노래 *원래 10구체였으나 9, 10구의 망실로 8구로 전해짐
〈제망매가〉		월명사	*죽은 누이를 추모하기 위한 노래
〈안민가〉		충담사	*군(君)·신(臣)·민(民)의 상호관계와 각자가 지켜야 할 본분을 노래
〈찬기파랑가〉		충담사	*기파랑의 숭고한 정신을 찬양하는 노래
〈천수대비가〉		희명	*희명이라는 아낙이 눈먼 자식을 천수대비 화상(畫像) 앞에 데리고 가 눈을 뜨게 해달라고 빌면서 아이에게 부르게 한 노래
〈적가〉		영재	*영재라는 노승이 속세를 떠나 지리산으로 향하던 중 도적떼를 만나 그들의 청에 따라 지어 부른 노래

현재 전해지는 향가 작품들은 '향찰'이라는 표기방식으로 기록되었다. 향찰이란 한자의 음과 훈을 빌어 우리말을 표기한 방식이다. 향가가 향찰로 표기되었다고 하여 향찰로 창작되었다고 볼 수는 없다. 창작·전승된 노래가 고려조에 들어 기록될 당시 향찰로

표기되었을 뿐이다.

향가의 작자는 다양한 계층을 망라하고 있다. 〈보현시원가〉를 지은 균여를 포함해 월명사와 같은 승려가 있기도 하고, 신충의 경우에는 왕과 밀접한 관계를 가진 정치가에 가깝다. 또한 작자가 큰 의미를 지니지 못하는 〈풍요〉와 같은 민요적 성격의 노래도 존재한다. 이러한 다양성은 향가의 형식에서도 그대로 드러난다. 민요적 성격의 4구체 노래는 형식의 단순함만큼이나 내용도 간결하다. 8구체 노래는 넉 줄에 다시 넉 줄을 더한 모습이다. 이는 4구체와 10구체의 중간적 양식으로 볼 수 있겠다. 10구체 향가는 단순히 길이가 길어졌다는 의미만을 지니지는 않는다. 두 줄이 덧붙여졌을 뿐이지만 9구의 감탄사를 중심으로 정서가 고양되고 시상이 전환되면서 시적 구조가 하나의 완성된 체계를 갖추게 된다.

3) 고려시대의 시가

고려시대에 들어오면 향가는 급격하게 쇠퇴한다. 담당층과 양식적 특징에 근거했을 때 두드러지는 시가 양식은 13세기 경 형성된 경기체가라 할 수 있다. 경기체가를 제외한 나머지 노래를 통틀어 속요라고 지칭한다. 경기체가를 제외한 노래들이 민간가요적인 성격이 강해 붙여진 명칭이다.

고려조 노래들은 『악학궤범』, 『악장가사』, 『시용향악보』 등 조선초기의 악서에 기록되어 있다. 이 악서들이 모두 궁중음악에 대한 기록을 담은 책이라는 점을 감안할 때 고려조부터 민간에서 전승되던 속요가 조선조 궁중음악으로 편입되었음을 알 수 있다. 우리는 궁중음악으로 편입된 노래들만을 확인할 수 있을 뿐이므로 실제로는 훨씬 다양한 층위의 노래들이 존재했을 것으로 예상된다. 또한 고려 멸망 후 한 세기 이상이 지나 조선조에 수집 · 정리되었다는 사실을 상기한다면, 현재 전하는 노래의 가사가 원형을 그대로 보존하고 있다고 보기는 어렵다.

속요의 가장 두드러진 형식적 특징은 3음보격이 중심을 이루며, 여음 혹은 후렴이 존재한다는 것이다. 여음과 후렴은 흥을 돋우는 동시에 형식적 동질성을 갖추는 역할을 한다. 구성상으로 보았을 때 속요는 크게 분련체(分聯體)와 단련체(單聯體)의 두 가지로 나눌 수 있다. 대부분의 속요는 분련체에 속한다. 속요는 남녀 간의 사랑과 이별의 아쉬움 등의 정서를 표출한 작품이 많다. 이는 조선 초기 속요를 '남녀상열지사(男女相悅之詞)'로 폄하한 원인이 되기도 했다.

오늘날 노랫말이 전해지는 속요는 〈정읍사〉, 〈동동〉, 〈처용가〉, 〈정과정〉, 〈정석가〉, 〈청산별곡〉, 〈서경별곡〉, 〈사모곡〉, 〈가시리〉, 〈쌍화점〉, 〈이상곡〉, 〈만전춘별사〉, 〈유구곡〉, 〈상저가〉의 14편이다.

〈상저가〉는 방아를 찧어 지은 밥을 부모님께 먼저 드린 후 남는 것이 있다면 자신이 먹겠다는 내용으로 효(孝)를 주제로 한 4행의 짧은 노래이다. 방아 찧는 소리를 '듥기동'이라는 의성어를 사용해 생동감 있게 표현했다. 여음구 '히애', '히야해'는 방아를 찧을 때 박자를 맞추기 위한 것으로 보여 민요의 노동요와 유사하다. 이런 면에서 볼 때 〈상저가〉는 표현과 형식에서 민요의 모습을 고스란히 담고 있는 것으로 파악된다.

〈사모곡〉은 『악장가사』에 노랫말이 전하며, 『시용향악보』에도 수록되어 있으나 노랫말이 부분적으로 차이를 보인다. 여음을 제외하면 모두 5행으로 되어 있으며, 제5행은 4행의 반복으로 서두에 '아소 님하'를 추가했을 뿐이다. 행의 반복은 '어머니에 대한 사랑'이라는 주제를 부각시키는 역할을 한다.

〈유구곡〉은 '비두로기'라고 일컬어지기도 한다. 예종이 자신의 허물과 정치의 실상을 제대로 듣고 싶어 소통의 통로를 마련한 후, 혹 군신의 신분을 염려하여 신하들이 옳은 말을 해주지 않을까 염려하여 지은 노래이다. 뻐꾸기처럼 시원하게 말해달라는 내용을 담고 있다.

〈정읍사〉는 백제의 노래로 알려져 있으며, 노랫말이 전해지는 노래 중 가장 오래된 작품이다. 행상을 떠난 후 돌아오지 않는 남편의 무사귀환을 기원하는 내용이다.

〈가시리〉는 '위 증즐가 太平聖代'라는 여음구를 기준으로 모두 4연으로 구분되어 있다. 원래는 짧은 형식의 노래였으나, 궁중음악으로 편입되는 과정에서 음악적 재배치 과정을 거치며 분련된 것으로 보인다. 님을 떠나보내는 여인의 안타까운 심정을 노래했으며, 민요 〈아리랑〉이나 김소월의 〈진달래꽃〉의 정서와 일맥상통한다.

〈이상곡〉은 전체 13행으로 구성되어 있으며, 향가의 잔존 형태를 보여주는 속요이다.

〈정과정〉은 '충신연주지사(忠臣戀主之詞)'에 속하는 작품이다. 고려 속요 중 유일하게 작자

(정서, 鄭敍)가 밝혀져 있다. 10구체 향가의 형태를 가지고 있다.

〈처용가〉는 향가 〈처용가〉에 기원을 둔 작품으로 전체가 45행으로 이루어져 있다. 이 중 향가 〈처용가〉의 전체 8구 중 앞의 6구가 부분적으로 개작되어 34~36행에 걸쳐 삽입되어 있다.

〈정석가〉는 구운 밤에서 싹이 나거나 옥으로 새긴 연꽃에서 꽃이 피는 등 불가능한 상황을 상정하고, 이러한 상황이 발생했을 때에만 님과 이별하겠다고 읊음으로써 님과 헤어질 수 없음을 강조하고 있다.

〈만전춘별사〉는 남녀간의 정사를 대담하게 표현한 작품으로 전체 6연이다. 전체 연의 형태와 표현기법에서 일관성이 약해 여러 노래를 모아 놓은 듯한 인상을 준다.

〈서경별곡〉은 후렴과 여음을 지닌 3음보의 분련체 형식이라는 점에서 전형적인 속요의 모습을 보여준다. 14연으로 이루어져 있으나 의미의 맥락을 읽어나가면 전체를 세 단락으로 나눌 수 있다. 두 번째 단락은 〈정석가〉의 마지막 연이 그대로 들어가 있다. 이를 통해 당대에 널리 향유되던 노래의 구절을 따다가 다른 노래를 부를 때 섞어 썼음을 확인할 수 있다. 〈서경별곡〉은 이별의 아픔을 노래하고 있다는 점에서는 〈가시리〉와 동일하지만 화자의 태도와 정서의 표출 양상은 두 작품이 대조적이다. 〈가시리〉의 화자가 이별을 받아들이고 소극적으로 대처한 데 반해, 〈서경별곡〉의 화자는 더욱 적극적이다. 물론 이별의 탓을 뱃사공에게 돌린다는 점에서 적극성의 부족을 읽어낼 수도 있지만, 님과의 직접적인 갈등을 뱃사공과의 갈등으로 돌림으로써 화자는 이별의 상황을 정서적으로 극복할 수 있다.

〈쌍화점〉은 '남녀상열지사'의 가장 대표적인 노래로 오랫동안 고려속요의 난잡함을 주장하는 증거 작품으로 자주 인용되었다. 이 작품은 타락한 시대의 풍자적 의미로 이해할 수 있겠다.

〈청산별곡〉은 8연으로 구성된 반복 형식의 노래이다. 매 연의 끝은 '얄리얄리 얄랑셩 얄라리 얄라'라는 여음구로 마무리되어 있다. 고려 후기 삶의 터전을 잃고 떠돌아다니는 유랑민들의 비애와 현실의 고독과 절망을 표현한 작품으로 파악된다.

〈동동〉은 전체 13연으로 구성된 작품이다. 님을 존귀한 존재로 묘사하고 상대적으로 자신을 낮추어 님에 대한 무조건적이고 헌신적인 사랑을 노래하고 있다. 서사(序詞)는 궁중

음악으로 편입되는 과정에서 첨가된 것으로 보인다.

경기체가는 13세기 초 고려 고종 때(1216년경)의 〈한림별곡〉을 시작으로 조선조 16세기 권호문의 〈독락팔곡〉까지 그 명맥이 이어진다. 노랫말에 "경(景)긔 엇더하니잇고"라는 구절이 있어 '경기체가'라는 명칭이 붙었다. 주로 사대부의 이상과 흥취와 자부심을 드러내는 내용이 대부분이다.

4) 조선시대의 시가

(1) 악장

악장(樂章)이란 말은 원래 궁중에서 이루어지는 공식행사에 쓰이는 노래를 일컫는다. 그러나 우리 문학사에서는 특별히 조선 초 궁중의 공식적인 행사에 사용하기 위해 새로 지은 노래를 악장이라고 지칭한다.

악장은 조선 건국의 정당성을 입증하고 통치 질서를 확립하기 위한 목적으로 창작된 목적문학이다. 따라서 악장의 내용은 대부분 개국의 정당성, 창업주의 찬양, 왕조의 무궁한 번영에 대한 기원 등을 담고 있다. 악장은 장르 내적 형식의 통일성에 근거해 부여된 명칭이 아니므로 형식적 통일성을 도출해내는 것은 힘들다. 대신 왕조에 대한 송도의 성격이 더욱 중요한 장르적 원리로 기능한다.

악장의 대표적인 작품인 〈용비어천가〉를 살펴보자. 〈용비어천가〉는 정인지, 권제, 안지 세 사람의 신하가 명을 받고 지은 작품으로 세종 27년(1445년, 훈민정음 반포 한 해 전)에 완성되었다. 총 125장으로 구성되어 있다.

海東(해동) 六龍(육룡)이 ᄂᆞᄅᆞ샤 일마다 天福(천복)이시니
古聖(고성)이 同符(동부)ᄒᆞ시니 (1장)

불휘 기픈 남ᄀᆞᆫ ᄇᆞᄅᆞ매 아니 뮐ᄊᆡ 곶 됴코 여름 하ᄂᆞ니
ᄉᆡ미 기픈 므른 ᄀᆞᄆᆞ래 아니 그츨ᄊᆡ 내히 이러 바ᄅᆞ래 가ᄂᆞ니 (2장)

千世(천세) 우희 미리 定(정)ᄒᆞ샨 漢水北(한수북)에 累仁開國(누인개국)ᄒᆞ샤 卜年(복년)이 ᅟᅳᆫ업스시니

聖神(성신)이 니ᅀᆞ샤도 敬天勤民(경천근민)ᄒᆞ샤ᅀᅡ 더욱 구드시리이다

님금하 아ᄅᆞ쇼셔 洛水(낙수)예 山行(산행) 가이셔 하나빌 미드니잇가 (125장)

〈용비어천가〉는 개국 초기부터 국가적 사업으로 진행된 국문시가의 완결편으로 악장의 성격을 가장 분명하게 드러낸다고 볼 수 있다. 조선 창업의 정당성과 태조 · 태종의 영웅적 행적을 서사적 방법으로 드러내고 있다.

1장과 2장에서는 왕들의 영웅적 행적에 초점을 맞춰 앞으로 이어질 내용에 대한 방향을 제시하고 있다. 3장에서 109장까지는 중국의 고사와 왕들의 영웅적 행적을 대응시켜 중국과 조선이 대등한 관계임을 노래한다. 110장에서 125장까지는 후대 임금에 대한 당부로 구성되어 있다. 125장에서는 중국 하(夏) 나라의 왕이 사냥을 좋아해 사냥터로 떠난 후 백 일이 지나도 돌아오지 않아 결국 왕의 자리에서 쫓겨난 고사를 통해 임금이 어떻게 나라를 다스려야 하는지를 제시하고 있다.

(2) 시조

시조라는 명칭은 '시절가조(時節歌調)'에서 유래되었다. '시절가'란 '이 시절의 노래'라는 뜻이므로, 옛 가락이 아닌 당대 유행하던 이 시절의 노래를 일컫는 말로 해석할 수 있다.

시조의 형식은 전체가 초 · 중 · 종장의 3장으로 되어 있으며, 각 장은 3~4음절 정도로 된 네 개의 음보로 되어 있다. 종장의 첫 음보는 반드시 3자를 지키는 것이 관례이다. 두 개의 음보를 하나의 '구(句)'로 보아 일반적으로 '3장 6구'의 형식이라고 설명하기도 한다. 그러나 이러한 형식은 평시조에만 해당된다. 사설시조는 종장의 첫 음보를 3음절로 규격화하는 것 외에는 그 길이에 제한이 없어 작품에 따라 길이가 매우 다양하게 나타난다.

시조는 사대부층을 중심으로 창작 · 향유되었으므로 이들 계층의 운명과 궤를 같이 한다. 즉, 고려 말 신흥 사대부층의 대두와 더불어 시조가 형성된 후, 성장 · 발전기를 거쳐 조선 말기 사대부층의 퇴조와 함께 쇠퇴 · 소멸의 길을 걷게 된다. 20세기 초 신문 · 잡지를 중심으

로 개화기 시조와 근·현대 시조가 창작되기는 하지만 이미 담당층과 세계관, 장르적 양식과 지향성이 현저히 달라 같은 장르로 다루기에는 무리가 따른다.

시조는 14세기 고려 말기와 조선 초기에 신흥 사대부층이 유가이념을 바탕으로 창작·향유하였다. 물론 사대부층이 완전히 새로운 양식을 고안하고 창안했다고 볼 수는 없다. 기존의 양식에 형식적 근원을 두고 변화시켜가면서 시조의 형식적 틀을 완성하게 되었을 것이다. 시조의 기원과 형성에 대해서는 대략 네 가지 정도의 논의가 진행되었다.[2] 그러나 시조의 기원과 발생과정에 대해서는 아직 분명한 합의가 이루어지지 못한 실정이다. 모든 시가 양식이 그러하듯 시조 또한, 근본적이고 절대적인 선행 장르가 존재하는 것은 아닐 것이다. 기존의 양식이 그 생명을 다하고 참신성을 잃자, 사대부층은 새로운 양식을 모색하는 과정에서 여러 요인이 작용해 시조라는 형태를 만들어냈을 것이다.

시조가 형성된 고려 말·조선 초는 정치적·사회적 격변기였다. 시조를 담당했던 신흥 사대부층은 이러한 시대적 상황과 이에 대처하는 그들의 의식과 지향을 시조에 고스란히 담았다. 이러한 시대 변화를 반영한 시조는 크게 두 가지 주제로 나뉜다. 즉 조선왕조에 대한 충성의 다짐과 몰락한 고려왕조에 대한 회고가 바로 그것이다.

仙人橋(선인교) 나린 물이 紫霞洞(자하동)에 흐르르니
半千年 王業(반천년 왕업)이 물소래뿐이로다
아희야 故國興亡(고국 흥망)을 무러 무삼하리오 (정도전)

위의 시조 작품은 조선 왕조의 개국 공신인 정도전의 작품이다. 몰락한 고려왕조에 대한 회고와 한 나라의 흥망이 물과 같다는 데에서 무상감이 느껴진다. 그러나 물어도 소용없다는 마지막 구절에서는 몰락한 왕조를 잊고 새 왕조에서 희망을 찾자는 의미를 읽어낼 수 있다. 이외에도 조선 왕조에 대한 적응과 촉구를 읊은 작품에는 이방원의 〈하여가〉가 대표적이다.

이에 반해 길재, 이색, 이존오, 원천석, 이조년 등의 시조 작품은 몰락한 고려왕조에

2) ① 외래 기원설(한시 기원설), ② 사뇌가→속요→시조→가사 발생설, ③ 민요 기원설, ④ 선행장르(祖父장르) 변형 계승설.

대한 회고의 주제를 형상화했다.

오백 년 도읍지를 필마로 도라 드니
산천은 依舊(의구)하되 인걸은 간 디 업다
어즈버 태평연월이 꿈이런가 하노라 (길재)

고려의 유신(遺臣)이었던 길재는 고려의 옛 도읍지를 둘러보며, 망국의 한과 고려 왕조에 대한 회고의 심정을 읊고 있다.

정치적 · 사회적 격변기를 지나 조선 왕조가 안정기에 접어들자 시조의 주제 또한 변모하였다. 조선 왕조의 정치적 이념이었던 유교적 생활태도를 드러내거나 자연과의 조화를 강조하는 시조 작품들이 대거 출현하였다.

대쵸 볼 불근 골에 밤은 어이 뜻드르며
벼 뷘 그르헤 게는 어이 나리는고
술 닉쟈 체 쟝사 도라가니 아니 먹고 어이리 (황희)

황희는 이 작품에서 대추와 밤이 익는 늦가을의 농촌 풍경을 배경으로 평화롭고 넉넉한 가을의 풍경을 그리고 있다. 이 외에도 이현보 등이 한가로운 전원생활의 넉넉함을 보여주면서 자연친화적인 작품을 창작했다. 이들에게 자연은 갈등이나 정복의 대상이 아니라 조화를 추구하는 대상이었으며, 이러한 자연관은 시조에 지속적으로 나타났다.

이황의 〈도산십이곡〉은 12수로 된 시조로서, 자연에 뜻을 두면서 학문을 배우는 사대부의 지향이 잘 드러난 작품이다.

煙霞(연하)로 지블 삼고 風月(풍월)로 버들사마
太平聖代(태평성대)예 病(병)으로 늘거나뇌
이듕에 바라난 이른 허믈이나 업고쟈 (이황)

위의 시조는 〈도산십이곡〉의 2곡에 해당한다. 〈도산십이곡〉은 전체가 두 부분으로 나누어져 있는데 〈전육곡(前六曲)〉은 '언지(言志)'이며, 〈후육곡(後六曲)〉은 '언학(言學)'이다. 인용된 작품은 '언지'에 해당하며 자연에 뜻을 뜬 작자의 이념이 잘 드러난다.

靑山(청산)난 엇뎨하야 萬古(만고)애 프르르며
流水(유수)난 엇뎨하야 晝夜(주야)애 긋디 아니난고
우리도 그치디 마라 萬古常靑(만고 상청) 호리라 (이황)

위의 시조는 〈도산십이곡〉의 11곡으로, 학문에 대한 자세가 잘 드러난 작품이다. 자연은 언제나 한결같으며 우리 또한 이러한 한결같음을 배워 배움의 자세를 굳건히 하자는 내용이다. 이렇듯 자연에 몰입해 자연과의 조화를 추구하면서 인성을 닦고 갈등을 해소하는 일련의 작품을 '강호시조(江湖時調)'라고 일컫는다. 강호시조는 시조의 형성과 전개 · 발전 과정에서 두드러진 경향을 보이며 한 축을 형성하였다.

16세기 말 임진왜란과 병자호란을 거치면서 조선 사회는 충격에 휩싸였다. 이러한 사회적 · 정치적 혼란과 변모는 시조의 내용과 표현에 반영되었다.

가노라 三角山(삼각산)아 다시 보쟈 漢江水(한강수)야
故國山川(고국산천)을 떠나고쟈 하랴마난
時節(시절)이 하 殊常(수상)하니 올동말동하여라 (김상헌)

인용된 시조는 병자호란 후 청나라로 끌려가는 마음이 형상화되어 있다. 고국을 떠나면서도 혼란한 당시의 상황으로 인해 다시 돌아올 수 있을지에 대한 염려가 담겨 있다. 이렇듯 임 · 병 양란을 겪으면서 시조 작품에는 전쟁의 처참함과 나라에 대한 걱정과 근심이 표현되기 시작한다. 이전까지의 작품에서 자연 친화나 임금에 대한 충성이 주를 이뤘다면 전쟁의 체험은 시조의 주제에 많은 변모를 가져왔다. 이러한 이유로 일반적으로 임 · 병 양란을 기점으로 조선 전기와 후기 시조로 나눈다. 즉 17세기 이후의 시조를 일반적으로 조선 후기의 시조로 분류한다.

앞서 살펴보았듯이 조선 후기에는 전쟁의 체험과 나라에 대한 걱정 등 현실을 반영하는 시조들이 대거 등장했다. 또한 농민들의 생활상 등 일상생활도 시조의 주된 관심사가 되었다. 위백규의 〈농가구장〉이 대표적이라고 할 수 있다. 현실에 대한 관심과 백성들의 피폐한 삶에 대한 관심은 조선 전기 시조에서는 찾아볼 수 없는 내용적 특징이다. 유교의 이념에 충실하며 관념적인 삶을 주로 묘사했던 조선 전기 시조 경향은 전쟁이라는 급격한 변화를 겪으며 현실에 대한 각성과 반영을 통해 다양한 주제로 형상화되었다. 물론 모든 시조 작품이 현실을 반영하고 일상생활에 대한 관심을 드러낸 것은 아니다. 조선 전기부터 내려온 자연 친화적인 작품 경향과 교훈적인 주제는 여전히 지속되었다. 가장 대표적인 작가로 윤선도(尹善道)를 들 수 있다. 윤선도의 〈오우가(五友歌)〉는 자연물과 자신의 삶을 조화시켜 강호시조의 흐름을 이어갔다.

조선 후기 시조의 또 다른 특징은 담당층의 변모에서 찾을 수 있다. 지금까지 사대부층과 소수의 기녀가 시조 창작에 참여했다면 조선 후기에 들어와서는 김천택, 안민영, 박효관 등 전문 가객들이 시조 창작에 참여하였다. 이들은 가집 편찬을 통해 기존의 시조 작품을 모으고 새롭게 창작하는 등 시조의 유행과 전승에 크게 기여했다.

담당층이 확대되고 주제가 다양화되면서 조선 후기 시조는 평시조의 형태에만 그치지 않고 사설시조가 대거 창작되기 시작했다. 사설시조의 발생에 대해서는 명확하게 그 시기를 단정할 수 없다. 즉 16세기 이전에 창작된 것으로 보이는 작품들도 있으므로, 사설시조가 조선 후기에 창작되기 시작했다고 볼 수는 없다. 하지만 현실에 대한 관심과 해학성이 평시조라는 단형보다는 사설시조와 형식적으로 결합하기에 더욱 용이했기에 조선 후기에 들어 창작과 향유가 두드러졌을 것으로 보인다. 사설시조는 현실에 대한 풍자와 비판, 본능적 행위에 대한 묘사와 해학 등 조선 전기 평시조에서는 볼 수 없었던 노골적이고 거리낌 없는 표현을 통해 현실에 대한 관심을 드러내며 19세기까지 꾸준히 창작 · 향유 · 전승되었다.

(3) 가사

가사는 시조와 함께 조선조 문학의 대표적인 갈래로서, 고려 말엽부터 일제강점기까지 창작 · 향유되었다. 작품의 수량 면에서는 국문학 중 가장 많은 양을 차지한다. 많은 양만큼이나 그 내용 또한 다양하게 나타난다.

일반적으로 가사의 개념은 '3.4조 혹은 4.4조가 우세한 4음보격 무제한 연속체로서 일정한 율격을 지닌 다소 개방된 시'로 정리할 수 있다. '일정한 율격을 지닌 개방된 시'란 형식적으로는 '1행을 4음보로 하는 일정한 율격을 지닌 시'요, 내용적으로는 '삶의 다양한 모습을 서술적으로 묘사하는 시'라는 뜻이다.

가사의 발생과 장르적 기원에 대해서는 크게 다섯 가지의 견해가 제시되었다.[3] 각각의 견해들은 일정 부분 타당성을 지니지만, 어느 것도 완전한 설명이 되지는 못한다. 따라서 짧은 형식의 시조에 상보적인 긴 형식의 노래가 필요해진 문학적 환경의 변화가 주된 요인이 되고, 가사 이전 혹은 당대의 여러 가지 긴 노래양식이 지닌 여러 요소들이 두루 작용했다고 보는 것이 타당할 것이다.

가사가 언제 발생했느냐에 대해서도 여러 가지 의견이 분분하다. 최초의 작품이 나옹화상의 〈서왕가〉라는 견해와 정극인(丁克仁, 1401~1481)의 〈상춘곡〉이라는 견해가 가장 대표적이다. 나옹화상의 〈서왕가〉를 가사의 효시로 볼 경우 가사의 발생은 14세기로 소급된다. 정극인의 〈상춘곡〉을 가사의 효시로 본다면 가사의 발생 시기는 15세기가 된다. 그러나 〈서왕가〉를 최초의 작품으로 인정한다 하더라도 지속적으로 창작이 이루어지는 시기는 조선조이므로 가사가 조선조의 대표적인 시가 양식이라는 점에서는 논란의 여지가 없다고 할 수 있다.

가사는 시조와 마찬가지로 임·병 양란을 기점으로 조선 전기와 후기의 가사로 나뉜다. 먼저 조선 전기 가사의 내용적 특징에 대해 살펴보자.

조선 전기의 가사는 주로 사대부들에 의해 지어졌다. 이들은 초야에 묻혀 도학적 생활태도를 드러내며 안빈낙도(安貧樂道)의 주제를 형상화했다. 일반적으로 이러한 경향의 작품을 '강호시가(江湖詩歌)'라고 일컫는다. 정극인의 〈상춘곡〉, 송순의 〈면앙정가〉, 허강의 〈서호별곡〉, 백광홍의 〈관서별곡〉 등이 대표적이다. 조선 전기 가사 작가 중 가장 뛰어난 인물은 정철이다. 그는 〈사미인곡〉과 〈속미인곡〉을 통해 현실에서의 자신의 상황을 님에게 버림받은 여인의 심정으로 노래하며 뛰어난 문학성을 획득했다. 또 다른 작품 〈성산별

3) ① 경기체가 기원설, ② 시조 기원설, ③ 악장 기원설, ④ 한시현토체(漢詩縣吐體) 기원설, ⑤ 교술민요(敎述民謠) 기원설.

곡〉에서는 초야에 묻혀 사는 고결한 삶을 통해 자연친화와 안빈낙도의 주제를 형상화했다. 〈관동별곡〉에서는 금강산과 동해안의 절경과 감흥을 통해 자신의 심리를 탁월하게 묘사했다.

임진왜란과 병자호란을 겪고 17세기에 이르면 가사는 조선 전기와는 변별되는 몇 가지 특징을 가진다. 첫째, 현실에 대한 관심이 증가하면서 현실의 문제가 가사의 주제로 등장하기 시작한다. 가장 대표적인 작가가 박인로이다. 박인로는 임진왜란 당시 수군으로 전쟁에 참전하며, 그 체험을 바탕으로 〈선상탄〉과 〈태평사〉를 창작했다. 그리고 전쟁 후의 자신의 곤궁한 삶을 〈누항사〉를 통해 표현했다. 도학적이고 이념 지향적이었던 조선 전기 작품과 달리 현실의 피폐한 삶과 전쟁 체험이 구체적으로 드러나며 생활의 갈등이 사실적으로 묘사되기 시작했다. 즉 '이념'의 주제 경향이 '생활과 현실'로 치환되는 것이 조선 전기와 후기 가사의 변별적 특징이라 할 수 있다. 박인로 외에도 정학유의 〈농가월령가〉 등에서 구체적인 생활이나 일상의 모습이 제재로 활용되었다.

둘째, 가사의 작자층이 확대되었다. 사대부층에 의해 주로 창작되었던 가사가 조선 후기에 이르면 여성과 평민까지 그 범위가 확대되었다. 여성들의 가사 작품을 일반적으로 '규방가사'라고 일컫는다. 허난설헌의 〈규원가〉가 대표적이다. 평민들에 의해 지어진 가사는 18세기 말과 19세기에 대거 등장하였다. 이들을 일반적으로 '서민가사'라고 일컫는다. 〈갑민가〉, 〈합강정가〉, 〈거창가〉 등이 대표적이며, 주로 탐관오리의 학정이나 실향민의 삶 등 현실의 문제를 폭로하고 있다.

(4) 잡가

잡가는 18세기부터 20세기 초에 유흥공간에서 연행된 시가 장르이다. 18세기 당시 최하층의 신분에 있었던 소리꾼들에 의해 흥행을 목적으로 불리기 시작한 잡가는 점차 대중 속으로 전파되어 20세기 초에 이르면 노래 문화의 중심으로 자리 잡게 된다. 잡가 중 가장 인기 있었던 레퍼토리를 12개로 묶어 12잡가[4]라 일컬었으며, 12잡가는 20세기 전반까지 지속적으로 유행성을 획득했다.

---

4) 〈유산가〉, 〈적벽가〉, 〈제비가〉, 〈소춘향가〉, 〈집장가〉, 〈형장가〉, 〈평양가〉, 〈선유가〉, 〈출인가〉, 〈방물가〉, 〈십장가〉, 〈달거리〉.

잡가는 주 담당층이 서민계층이고, 서민계층의 의식과 생활감정을 바탕으로 형성, 전개되어 온 시가이다. 그렇지만 잡가는 비전문적인 서민 일반의 노래로 향유되어 왔던 민요 자체와는 구분되는 것이다. 잡가가 서민계층이 향유한 시가의 한 가지임에는 틀림없지만, 그것은 특수한 서민집단의 전문적이고 유흥적인 노래로서 존재했던 독자적인 갈래의 시가였다.

3. 참고자료

1) 상고시가 : 〈구지가〉

龜何龜何	거북아 거북아
首其現也	머리를 내어라
若不現也	내어 놓지 않으면
燔灼而喫也	구워서 먹으리

[해설] 〈구지가〉는 가락국 건국설화에 삽입된 노래로서, 왕을 맞이하는 절차에서 불렸다. 사설의 구조는 '호칭-명령-가정-위협'의 순서로 이루어져 있다. 〈구지가〉와 유사한 구조와 사설을 지닌 노래로 〈해가〉가 있다.

2) 향가 : 〈제망매가(祭亡妹歌)〉

生死路隱	生死 길흔
此矣有阿米次肹伊遣	이에 이야매 머믓그리고
吾隱去內如辭叱都	나ᄂᆞᆫ 가ᄂᆞ다 말ㅅ도
毛如云遣去內尼叱古	몯다 니르고 가ᄂᆞᆫ닛고
於內秋察早隱風未	어느 ᄀᆞᄉᆞᆯ 이른 ᄇᆞᄅᆞ매

此矣彼矣浮良落尸葉如	이에 뎌에 뜨러딜 닙곧
一等隱枝良出古	ᄒᆞᄃᆞᆫ 가지라 나고
去奴隱處毛冬乎丁	가논 곧 모ᄃᆞ론뎌
阿也 彌陀刹良逢乎吾	아야 彌陀刹아 맛보올 나
道修良待是古如	道 닷가 기드리고다

[해설] 〈제망매가〉는 세상을 떠난 누이를 그리워하면서 부른 노래이다. 노랫말과 함께 전하는 기록에 따르면 노래를 마치자 문득 바람이 일어나 제의에 사용했던 종이돈이 서쪽으로 날려갔다고 한다. 이러한 측면에 주목했을 때 이 노래는 불교적 색채를 띤 것으로 파악된다. 그러나 이 노래를 관통하고 있는 정서는 더 이상 현세에서 만날 수 없는 누이에 대한 그리움과 고통의 정서라고 할 수 있다. 이런 측면에서는 작자의 심정을 서정적으로 표출한 노래로 볼 수 있다. 인간의 유한한 삶을 나뭇잎에 견주고 무상함을 드러내다가 9구의 감탄사에 이르면 그 고뇌를 종교적 발원을 통해 해결하고자 한다. 즉 누이를 잃은 슬픔과 인간의 유한함에 대한 무상감이 강화되다가 9구에 이르면 이러한 정서가 전환되면서 10구에 이르러 이러한 감정을 모두 종교적 발원을 통해 극복해내는 구조를 갖추고 있다. 이러한 시상 전개의 과정은 10구체 향가가 가장 높은 수준의 향가임을 단적으로 보여주고 있다.

3) 고려속요

(1) 〈가시리〉

가시리 가시리잇고 나는 / ᄇᆞ리고 가시리잇고 나는
위 증즐가 大平盛代 (이후 후렴 생략)

날러는 엇디 살라 ᄒᆞ고 / ᄇᆞ리고 가시리잇고 나는

잡ᄉᆞ와 두어리마ᄂᆞᄂᆞᆫ / 선ᄒᆞ면 아니 올셰라

셜온님 보내ᄋᆞᆸ노니 나ᄂᆞᆫ / 가시ᄂᆞᆫ ᄃᆞᆺ 도셔 오쇼셔 나ᄂᆞᆫ

[해설] 〈가시리〉는 남녀간의 이별의 정한(情恨)을 노래한 작품이다. 이별의 애절한 정서와 순박한 사랑이 3음보의 율격으로 표현되었다. 〈가시리〉에서 보여준 이별의 정한은 민요 〈아리랑〉이나 김소월의 〈진달래꽃〉으로 이어진다.

(2) 〈서경별곡〉

西京이 아즐가 / 西京이 셔울히 마르는
위 두어렁셩 두어렁셩 다링디리 (이후 후렴 생략)
닷곤 ᄃᆡ 아즐가 / 닷곤 ᄃᆡ 쇼셩경 고외마른
여ᄒᆡ므론 아즐가 / 여ᄒᆡ므론 질삼뵈 ᄇᆞ리시고
괴시란ᄃᆡ 아즐가 / 괴시란ᄃᆡ 우러곰 좃니노이다
구스리 아즐가 / 구스리 바회예 디신ᄃᆞᆯ
긴히ᄯᆞᆫ 아즐가 / 긴힛ᄯᆞᆫ 그츠리잇가 나ᄂᆞᆫ
즈믄 ᄒᆡ를 아즐가 / 즈믄 ᄒᆡ를 외오곰 녀신ᄃᆞᆯ
信잇ᄃᆞᆫ 아즐가 / 信잇ᄃᆞᆫ 그츠리잇가 나ᄂᆞᆫ
大同江 아즐가 / 大同江 너븐디 몰라셔
ᄇᆡ 내여 아즐가 / ᄇᆡ 내여 노ᄒᆞᆫ다 샤공아
네 가시 아즐가 / 네 가시 럼난디 몰라셔
녈 ᄇᆡ예 아즐가 / 녈 ᄇᆡ예 연즌다 샤공아
大同江 아즐가 / 大同江 건넌편 고즐여
ᄇᆡ타들면 아즐가 / ᄇᆡ타들면 것고리이다 나ᄂᆞᆫ

[해설] 〈서경별곡〉은 후렴과 여음을 지닌 3음보의 분련체 형식이라는 점에서 전형적인

속요의 모습을 보여준다. 14연으로 이루어져 있으나 의미의 맥락을 읽어나가면 전체를 세 단락으로 나눌 수 있다. 두 번째 단락은 〈정석가〉의 마지막 연이 그대로 들어가 있다. 이를 통해 당대에 널리 향유되던 노래의 구절을 따다가 다른 노래를 부를 때 섞어 썼음을 확인할 수 있다. 〈서경별곡〉은 이별의 아픔을 노래하고 있다는 점에서는 〈가시리〉와 동일하지만 화자의 태도와 정서의 표출 양상은 두 작품이 대조적이다. 〈가시리〉의 화자가 이별을 받아들이고 소극적으로 대처한 데 반해, 〈서경별곡〉의 화자는 보다 적극적이다. 물론 이별의 탓을 뱃사공에게 돌린다는 점에서 적극성의 부족을 읽어낼 수도 있지만, 님과의 직접적인 갈등을 뱃사공과의 갈등으로 돌림으로써 화자는 이별의 상황을 정서적으로 극복할 수 있다.

4) 시조

(1) 평시조

이런들 엇더하며 져런들 엇더하료
萬壽山(만수산) 드렁칡이 얼거진들 긔 엇더하료
우리도 이갓치 얼거져 百年(백년)까지 누리리라 (이방원)

[해설] 고려의 충신인 정몽주(鄭夢周)를 회유하기 위해 지은 시조이다. 〈하여가〉라고도 불리는 이방원의 이 시조에 대해 정몽주는 〈단심가〉로 답을 하며 고려에 대한 굳은 절개를 지켰다. 몰락한 왕조를 그리워하며 의리를 지킬 것이 아니라, 새로운 조선 왕조에서 함께 영화를 누릴 것을 회유하고 있다.

興亡(흥망)이 流水(유수)하니 滿月臺(만월대)도 秋草(추초) ㅣ로다
오백 년 王業(왕업)이 牧笛(목적)에 부쳐시니
夕陽(석양)에 지나난 客(객)이 눈물계워 하노라 (원천석)

[해설] 고려 왕조의 찬란했던 시절인 '만월대의 영화'도 퇴락하는 허무와 무상감 앞에서

작자는 눈시울을 적시며 왕조에 대한 회고의 정과 안타까움을 드러내고 있다.

눈 마자 휘여진 대를 뉘라셔 굽다턴고
구블 節(절)이면 눈 속의 프를소냐
아마도 歲寒孤節(세한고절)은 너뿐인가 하노라 (원천석)

[해설] 눈 속에서도 휘지 않는 대나무를 통해 고려 왕조에 대한 절개를 표현하고 있다. 끝까지 고려에 대한 절개를 지키는 고려 유신들의 충절이 잘 표현되어 있는 작품이다.

白雪(백설)이 자자진 골에 구루미 머흐레라
반가온 梅花(매화)난 어내 곳에 피엿난고
夕陽(석양)에 홀로 셔 이셔 갈 곳 몰라 하노라 (이색)

[해설] 이 작품은 조선 왕조가 건국되자 고려의 유신이었던 지식인들의 고뇌와 현실에 대한 안타까움이 드러난 작품이다.

房(방) 안에 혓는 燭(촉)불 눌과 離別(이별) 하엿관대
것츠로 눈물 디고 속타는 쥴 모르는고
뎌 燭(촉)불 날과 갓트여 속타는 쥴 모로도다 (이개)

[해설] 수양대군의 왕위 찬탈과 단종(端宗)의 유배와 관련한 자신의 심정을 읊은 작품이다. 단종과의 이별을 촛불에 이입시켜 자신의 심정을 드러낸 절의가(節義歌)이다.

首陽山(수양산) 바라보며 夷齊(이제)를 恨(한)하노라
주려 죽을진들 採薇(채미)도 하난 것가
비록애 푸새엣 것인들 그 뉘 따헤 났다니 (성삼문)

[해설] 은나라 말 주왕이 폭정을 일삼아 제후 서백(西伯, 周王)의 아들 발(發, 周武王)이 주왕을 치려 하자, 백이와 숙제는 신하의 도리를 들어 이를 만류했다. 그러나 결국 '무왕'이 주왕을 공격하고, 백이와 숙제는 수양산에 들어가 고사리를 뜯어먹다가 굶주려 죽었다. 성삼문은 백이와 숙제의 고사를 인용해 단종에 대한 충절의 마음을 형상화했다.

[春]
江湖(강호)에 봄이 드니 미친 興(흥)이 절로 난다
濁醪溪邊(탁료계변)에 錦鱗魚(금린어) 안주로다
이 몸이 한가해옴도 亦君恩(역군은)이샷다

[夏]
江湖(강호)에 녀름이 드니 草堂(초당)에 일이 업다
有信(유신)한 江波(강파)난 보내나니 바람이로다
이 몸이 서날해옴도 亦君恩(역군은)이샷다

[秋]
江湖(강호)에 가알이 드니 고기마다 살져잇다
小艇(소정)에 그믈 시러 흘리 띄여 더뎌 두고
이몸이 消日(소일)해옴도 亦君恩(역군은)이샷다

[冬]
江湖(강호)에 겨울이 드니 눈기픠 자히 남다
삿갓 빗기 쓰고 누역으로 오슬 삼아
이 몸이 칩지 아니해옴도 亦君恩(역군은)이샷다 (맹사성)

[해설] 이 작품은 맹사성의 〈강호사시가〉로, 우리나라 최초의 연시조 작품이다. 춘·하·추·동 사계절의 변화에도 불구하고 임금의 은혜는 변함없다는 충의사상이 잘 드러나

있다. 안분지족하는 은사(隱士)의 유유자적한 생활과, 비록 자연에 묻혀 있으나 임금을 향한 충의(忠義) 정신을 잊지 않는 유학자의 모습을 볼 수 있다.

十年(십 년)을 經營(경영)ᄒᆞ여 草廬三間(초려 삼간) 지여 내니
나 ᄒᆞᆫ 간 ᄃᆞᆯ ᄒᆞᆫ 간에 淸風(청풍) ᄒᆞᆫ 간 맛져 두고
江山(강산)은 들일 듸 업스니 둘러 두고 보리라 (송순)

[해설] 전형적인 강호한정을 읊은 작품으로 자연친화와 안분지족의 자세가 잘 드러난다.

보리밥 픗나말을 알마초 머근 後(후)에
바횟긋 믈가의 슬카지 노니노라
그나믄 녀나믄일이야 부랄 줄이 이시랴 (윤선도)

잔들고 혼자 안자 먼 뫼흘 바라보니
그리던 님이오다 반가옴이 이리하랴
말삼도 우움도 아녀도 못내 됴하하노라 (윤선도)

[해설] 이 작품은 윤선도의 연시조 〈만흥(漫興)〉의 2연과 3연이다. 〈만흥〉은 병자호란 당시 윤선도가 영덕에 유배되었다가 풀려나 해남에 은거할 때 지은 작품이다. 귀양살이에서 풀려나 산중생활을 하면서 느끼는 흥취와 심정이 잘 드러났다. 2연과 3연은 각각 안분지족과 자연친화의 주제가 잘 형상화되었다.

동짓달 기나긴 밤을 한 허리에 버혀 내어
春風(춘풍) 니불 아래 서리서리 너헛다가
어론님 오신 날 밤이여든 구뷔구뷔 펴리라 (황진이)

[해설] 님에 대한 사랑을 동짓달 긴 밤과 봄 바람처럼 따뜻한 이불 사이의 거리에서 느껴지는 애절함으로 잘 표현해낸 작품이다. 추상적인 대상을 구체화킨 발상이 돋보인다.

(2) 사설시조

두터비 파리를 물고 두험 우희 치달아 앉아
건넛산 바라보니 白松骨(백송골)이 떠 있거늘, 가슴이 금즉하여 풀떡 뛰어 내닫다가
두험 아래 자빠지거고
모쳐라, 날랜 낼시만정 에헐질 번하괘라 (작자 미상)

[해설] 두꺼비, 파리, 송골매를 각각 의인화하여 약육강식의 세태와 양반들의 위선을 풍자하고 있는 작품이다. 힘없는 백성(파리)을 괴롭히는 지배층(두꺼비)들이 더욱 강한 자(송골매) 앞에서는 비굴해지는 모습을 풍자하고 있다.

댁들에 동난지이 사오. 져 쟝스야, 네 황후 긔 무서시라 웨난다, 사쟈
外骨內肉(외골내육) 兩目(양목)이 上天(상천), 前行(전행) 後行(후행), 小(소)아리 八足(팔족) 大(대)아리 二足(이족), 淸醬(청장) 아스슥하는 동난지이 사오
쟝스야, 하 거복이 웨지 말고 게젓이라 하렴은 (작자 미상)

[해설] 게젓 장사치와의 대화 형식의 작품이다. '게젓'이란 쉬운 우리말이 있음에도 불구하고 어려운 한자를 쓰는 현학적인 태도에 대한 빈정거림을 해학적으로 표현했다.

5) 가사

(1) 정극인, 〈상춘곡〉

홍진(紅塵)에 뭇친 분네 이내 생애(生涯) 엇더ᄒᆞ고 녯사ᄅᆞᆷ 풍류(風流)를 미ᄎᆞᆯ가 못미

ᄎᆞᆯ가 천지간(天地間) 남자(男子) 몸이 날만ᄒᆞᆫ 이 하건마ᄂᆞᆫ 산림(山林)에 뭇쳐 이셔 지락(至樂)을 ᄆᆞᄅᆞᆯ 것가 수간 모옥(數間茅屋)을 벽계수(碧溪水) 앏픠 두고, 송죽(松竹) 울울리(鬱鬱裏)예 풍월 주인(風月主人) 되어셔라 엇그제 겨을 지나 새봄이 도라오니 도화 행화(桃花杏花)ᄂᆞᆫ 석양리(夕陽裏)예 퓌여 잇고 녹양 방초(綠楊芳草)ᄂᆞᆫ 세우 중(細雨中)에 프르도다 칼로 ᄆᆞᆯ아 낸가 붓으로 그려 낸가 조화 신공(造化神功)이 물물(物物)마다 헌ᄉᆞ롭다 수풀에 우ᄂᆞᆫ 새ᄂᆞᆫ 춘기(春氣)ᄅᆞᆯ ᄆᆞᆺ내 계워 소ᄅᆡ마다 교태(嬌態)로다 물아 일체(物我一體)어니 흥(興)이ᄋᆡ 다ᄅᆞᆯ소냐 시비(柴扉)예 거러 보고 정자(亭子)에 안자보니 소요 음영(逍遙吟詠)ᄒᆞ야 산일(山日)이 적적(寂寂)ᄒᆞᆫ듸 한중 진미(閑中眞味)ᄅᆞᆯ 알 니 업시 호재로다 이바 니웃드라 산수(山水) 구경 가쟈스라 답청(踏靑)으란 오ᄂᆞᆯ ᄒᆞ고 욕기(浴沂)란 내일(來日)ᄒᆞ새 아ᄎᆞᆷ에 채산(採山)ᄒᆞ고 나조ᄒᆡ 조수(釣水)ᄒᆞ새 ᄀᆞᆺ 괴여 닉은 술을 갈건(葛巾)으로 밧타 노코 곳나모 가지 것거 수 노코 먹으리라 화풍(和風)이 건ᄃᆞᆺ 부러 녹수(綠水)ᄅᆞᆯ 건너오니 청향(淸香)은 잔에 지고 낙홍(落紅)은 옷새 진다 준중(樽中)이 뷔엿거ᄃᆞᆫ 날ᄃᆞ려 알외여라 소동(小童) 아ᄒᆡ 다려 주가(酒家)에 술을 믈어 얼운은 막대 집고 아ᄒᆡᄂᆞᆫ 술을 메고 미음완보(微吟緩步)ᄒᆞ야 시냇ᄀᆞ의 호자 안자 명사(明沙) 조ᄒᆞᆫ 믈에 잔 시어 부어 들고 청류(淸流)ᄅᆞᆯ 굽어보니 ᄯᅥ오ᄂᆞ니 도화(桃花)ㅣ로다 무릉(武陵)이 갓갑도다 져 ᄆᆡ이 긘 거인고 송간(松間) 세로(細路)에 두견화(杜鵑花)ᄅᆞᆯ 부치 들고 봉두(峰頭)에 급피 올나 구름 소ᄀᆡ 안자보니 천촌 만락(千村萬落)이 곳곳이 버러 잇ᄂᆡ 연하 일휘(煙霞日輝)ᄂᆞᆫ 금수(錦繡)ᄅᆞᆯ 재폇ᄂᆞᆫ ᄃᆞᆺ 엇그제 검은 들이 봄빗도 유여(有餘)ᄒᆞᆯ샤. 공명(功名)도 날 ᄭᅴ우고 부귀(富貴)도 날 ᄭᅴ우니 청풍 명월(淸風明月) 외(外)예 엇던 벗이 잇ᄉᆞ올고 단표 누항(簞瓢陋巷)에 흣튼 혜음 아니 ᄒᆞᄂᆡ. 아모타 백년 행락(百年行樂)이 이만ᄒᆞᆫ ᄃᆞᆯ 엇지ᄒᆞ리

[해설] 정극인은 이 작품에서 관직에서 물러나, 고향 태인(泰仁)의 자연 속에 묻혀 참다운 삶이 무엇인지에 대해 노래했다. 그에게 참다운 삶이란 부귀공명이 아니라 자연 속에서 묻혀 살아가는 것이다. 주어진 현실에 만족하며 안빈낙도의 생활 태도를 실천하는 유학자의 이념적 지향이 잘 드러난 작품이다.

(2) 정철, 〈속미인곡〉

뎨 가ᄂᆞᆫ 뎌 각시 본 듯도 ᄒᆞᆫ뎌이고. 텬상ᄇᆡᆨ옥경(天上白玉京)을 엇디ᄒᆞ야 니별(離別)ᄒᆞ고 ᄒᆡ 다 져믄 날의 눌을 보라 가시ᄂᆞᆫ고. 어와 네여이고 내 ᄉᆞ셜 드러보오. 내 얼굴이 거동이 님 괴얌즉 ᄒᆞᆫ가마ᄂᆞᆫ 엇딘디 날 보시고 네로다 녀기실ᄉᆡ 나도 님을 미더 군 ᄠᅥ디 전혀 업서 이ᄅᆡ야 교ᄐᆡ야 어ᄌᆞ러이 구돗썬디 반기시ᄂᆞᆫ ᄂᆞᆾ비치 녜와 엇디 다ᄅᆞ신고. 누어 ᄉᆡᆼ각ᄒᆞ고 니러 안자 혜여ᄒᆞ니 내 몸의 지은 죄 뫼ᄀᆞ티 ᄡᅡ혀시니 하ᄂᆞᆯ히라 원망ᄒᆞ고 사ᄅᆞᆷ이라 허믈ᄒᆞ랴. 셜워 플텨 혜니 조믈(造物)의 타시로다. 글란 ᄉᆡᆼ각마오. ᄆᆡ친 일이 이셔이다. 님을 뫼셔 이셔 님의 일을 내 알거니 믈 ᄀᆞᄐᆞᆫ 얼굴이 편ᄒᆞ실 적 몃 날일고. 츈한고열(春寒苦熱)은 엇디ᄒᆞ야 디내시며 츄일동텬(秋日冬天)은 뉘라셔 뫼셧ᄂᆞᆫ고. 쥭조반(粥朝飯) 죠셕(朝夕) 뫼 녜와 ᄀᆞᆺ티 셰시ᄂᆞᆫ고. 기나긴 밤의 ᄌᆞᆷ은 엇디 자시ᄂᆞᆫ고. 님 다히 쇼식(消息)을 아므려나 아쟈 ᄒᆞ니 오ᄂᆞᆯ도 거의로다. ᄂᆡ일이나 사ᄅᆞᆷ 올가. 내 ᄆᆞᄋᆞᆷ 둘 ᄃᆡ 업다. 어드러로 가쟛 말고. 잡거니 밀거니 놉픈 뫼ᄒᆡ 올라가니 구롬은 ᄏᆞ니와 안개ᄂᆞᆫ 므ᄉᆞ일고. 산쳔(山川)이 어둡거니 일월(日月)을 엇디 보며 지쳑(咫尺)을 모ᄅᆞ거든 쳔리(千里)ᄅᆞᆯ ᄇᆞ라보랴. ᄎᆞᆯ하리 믈ᄀᆞ의 가 ᄇᆡ 길히나 보쟈 ᄒᆞ니 ᄇᆞ람이야 믈결이야 어둥졍 된뎌이고. 샤공은 어ᄃᆡ 가고 븬 ᄇᆡ만 걸렷ᄂᆞ니 강텬(江天)의 혼쟈 셔셔 디ᄂᆞᆫ ᄒᆡᄅᆞᆯ 구버보니 님다히 쇼식(消息)이 더옥 아득ᄒᆞᆫ뎌이고. 모쳠(茅簷) ᄎᆞᆫ 자리의 밤듕만 도라드니 반벽청등(半壁青燈)은 눌 위ᄒᆞ야 ᄇᆞᆯ갓ᄂᆞᆫ고. 오르며 ᄂᆞ리며 헤ᄠᅳ며 바니니 져근덧 녁진(力盡)ᄒᆞ야 픗잠을 잠간 드니 졍셩(精誠)이 지극ᄒᆞ야 ᄭᅮᆷ의 님을 보니 玉옥 ᄀᆞᄐᆞᆫ 얼굴이 반(半)이나마 늘거셰라. ᄆᆞᄋᆞᆷ의 머근 말ᄉᆞᆷ 슬ᄏᆞ장 ᄉᆞᆲ쟈 ᄒᆞ니 눈믈이 바라나니 말인들 어이ᄒᆞ며 졍(情)을 못다ᄒᆞ야 목이조차 몌여ᄒᆞ니 오뎐된 계셩(鷄聲)의 ᄌᆞᆷ은 엇디 ᄭᆡ돗던고. 어와, 허ᄉᆞ(虛事)로다. 이 님이 어ᄃᆡ 간고. 결의 니러 안자 창(窓)을 열고 ᄇᆞ라보니 어엿븐 그림재 날 조ᄎᆞᆯ ᄲᅮᆫ이로다. ᄎᆞᆯ하리 ᄉᆡ여디여 낙월(落月)이나 되야 이셔 님 겨신 창 안ᄒᆡ 번드시 비최리라. 각시님 ᄃᆞᆯ이야ᄏᆞ니와 구ᄌᆞᆫ 비나 되쇼셔.

[해설] 〈사미인곡〉의 속편으로 선조 임금에 대한 애정을 두 여인의 대화 형식으로 읊은 연군가사이다. 서사에서는 갑(甲) 여인과 을(乙) 여인이 등장하여 자신의 심정을 토로

하고 있다. 한때는 님의 사랑을 받았으나 이제는 님의 사랑이 받지 못하는 것이 자신의 운명임을 밝히고 있다. 서사에서 '갑' 여인은 단순히 '을' 여인의 말을 이끌어내는 역할만 할 뿐이다. 본사에서는 사계절을 통해 님의 소식을 궁금해 하는 자신의 안타까운 심정을 드러내고 있다. 경사에서는 달이 되어서라도 님 계신 곳 가까이에 가고자 하는 여인의 심정이 드러난다.

6) 잡가 : 〈유산가〉

화란춘성(花爛春城)하고 만화방창(萬和方暢)이라. 때 좋다 벗님네야 산천경개(山川景概)를 구경(求景)을 가세. 죽장망혜단표자(竹杖芒鞋單瓢子)로 천리강산(千里江山) 들어를 가니 만산홍록(滿山紅綠)들은 일년일도(一年一度) 다시 피어 춘색(春色)을 자랑노라. 색색이 붉었는데 창송취죽(蒼松翠竹)은 창창울울(蒼蒼鬱鬱)한데 기화요초난만중(奇花瑤草爛慢中)에 꽃속에 잠든 나비 자취 없이 날아난다. 유상앵비(柳上鶯飛)는 편편금(片片金)이요 화간접무(花間蝶舞)는 분분설(紛紛雪)이라. 삼춘가절(三春佳節)이 좋을씨고 도화만발점점홍(桃花滿發點點紅)이로구나. 어주축수애산춘(漁舟逐水愛山春)이라던 무릉도원(武陵桃源)이 예 아니냐. 양류세지사사록(楊柳細枝絲絲綠)하니 황산곡리당춘절(黃山谷裏當春節)에 연명오류(淵明五柳)가 예 아니냐. 제비는 물을 차고 기러기 무리져서 거지 중천(中天)에 높이 떠 두 나래 훨씬 펴고 펄펄펄 백운간(白雲間)에 높이 떠서 천리강산(千里江山) 머나먼 길을 어이 갈꼬 슬피 운다. 원산(遠山) 첩첩태산(疊疊泰山)은 주춤하여 기암(奇巖)은 층층(層層) 장송(長松)은 낙락(落落)에 허리 구부러져 광풍(狂風)에 흥을 겨워 우쭐우쭐 춤을 춘다. 층암절벽상(層巖絶壁上)의 폭포수(瀑布水)는 콸콸 수정렴(水晶簾) 드리운 듯 이 골 물이 수루루루룩 저 골 물이 쏼쏼 열의 열 골 물이 한데 합수(合水)하여 천방(天方)져 지방(地方)져 소쿠라져 펑퍼져 넌출지고 방울져 건너 병풍석(屛風石)으로 으르렁 콸콸 흐르는 물결이 은옥(銀玉)같이 흩어지니 소부(巢父) 허유(許由) 문답(問答)하던 기산영수(箕山潁水)가 예 아니냐. 주곡제금(奏穀啼禽)은 천고절(千古節)이요 적다적조(積多鼎鳥)는 일년풍(一年豊)이라. 일출낙조(日出落照)가 눈앞에 어려라(버려나니) 경개무궁(景概無窮) 좋을씨고.

[해설] 〈유산가〉는 12잡가 중 가장 대표적인 노래이다. 이 작품은 의성어와 의태어를 적절히 구사하여 우리말의 묘미를 잘 살렸다. 그러나 전반적으로 토속적인 표현보다 상투적인 한자어나 중국 고사를 많이 원용했다. 대구법과 은유법을 효과적으로 사용하여 자연에 취한 화자의 감흥을 드러내고 있다. 주제는 봄의 아름다운 경치와 그 속에서 느끼는 감흥이다.

참고문헌

1. 김흥규, 『한국문학의 이해』, 민음사, 1986.

▸ 넓은 범위의 독자들을 대상으로 우리 문학의 전체적인 윤곽을 소개하기 위한 입문적 성격의 저서이다. 고전문학의 기본적 이론과 특징을 이해하는 데 지침이 될 수 있을 것이다. 국문학의 갈래, 율격, 위상 등 전반적인 지식을 알기 쉽게 설명해 주고 있다.

2. 성기옥 외, 『한국문학개론』, 새문사, 1992.

▸ 한국문학의 입문서로서 한국문학을 총체적으로 개관했다. 상고시대 문학부터 현대문학까지 개괄적으로 다루고 있어, 한국문학의 전반적인 흐름과 특성을 이해하는 데 용이하다. 고전시가는 장르별로 주요 쟁점과 작품세계 및 역사적인 전개과정을 다루고 있으므로 장르별로 문학을 이해하는 데 많은 도움을 줄 수 있을 것이다.

3. 김학성 · 권두환 편, 『신편 고전시가론』, 새문사, 2002.

▸ 고전시가의 일반론과 장르론을 두루 다루고 있어 고전시가의 특성과 미학을 파악해내는 데 도움을 줄 수 있다. 한국시가의 특질과 율격을 비롯하여 각 장르의 주요 쟁점을 면밀하게 다루고 있다. 고전시가의 주요 쟁점이나 각 장르에 속한 주요 작품의 특성을 이해하는 데 많은 도움을 준다.

4. 김대행, 『노래와 시의 세계』, 역락, 1999.

▸ 노래와 시의 공통점과 변별점이 무엇인지를 이해하는데 많은 도움을 줄 수 있는 책이다. 노래의 자질은 무엇이며 시의 자질은 무엇인지, 우리는 왜 노래하는지 등 흥미로운 질문들을 따라가다 보면 시와 노래가 갖추고 있는 요건은 무엇이며 이 둘의 차이는 무엇인지에 대한 해답을 얻을 수 있을 것이다.

4장 고전산문

강의목표

- 다양한 기준에 의해 분류된 고전소설의 유형을 이해할 수 있다.
- 고전소설의 유통을 짐작해보고, 고전소설의 기원 문제를 생각해봄으로써 고전소설의 개념을 파악할 수 있다.
- 한국 고전소설의 역사적 변모와 주요 작품의 내용을 파악할 수 있다.
- 한문 산문 가운데 패관문학, 전기, 가전, 몽유록, 야담의 특징과 문학적 성격을 이해할 수 있다.

1. 고전산문 이해를 위한 기본 개념

1) 고전소설의 유형

수많은 고전소설을 모두 살펴볼 수는 없다. 공통성을 기준으로 묶어 동시에 이해하는 것이 효과적일 수 있다. 그런데 하나의 기준으로, 예컨대 소재나 주제, 형식 등으로 나눈다면 너무나 다양해져서 오히려 이해하기 어렵다. 또한 하나의 기준만을 적용하기에는 고전소설이 드러내 보이는 의미가 너무나 크다. 이 때문에 유형을 나누는 기준도 다양할 수밖에 없으며, 다음에 제시하는 유형도 소재와 주제, 형식이 혼용된 구분이다.

가정소설(家庭小說)은 가족 구성원 간의 갈등을 중점적으로 다루는 작품을 말하는데, 처첩간의 갈등을 다룬 쟁총형 가정소설, 계모와 전실 자식 사이의 갈등을 다룬 계모형 가정소설, 형제간의 갈등을 다룬 우애형 가정소설로 나뉜다. 군담소설(軍談小說)은 주인공이 전쟁을 통해 군담 및 영웅적 활약상을 보이는 작품군으로 역사적 사실을 허구적으로 꾸민 역사군담소설, 완전히 허구적인 내용으로 꾸민 창작군담소설, 기존의 작품을 번역하거나 번안한 번역 및 번안군담소설이 있다. 의인소설(擬人小說)은 의인의 수법을 차용한 소설로 동물의인소설, 식물의인소설, 심성의인소설[천군소설(天君小說)], 사물의인소설로 나눌 수 있다. 이상소설(理想小說)은 이상세계를 추구한 작품으로 귀족의 이상을 그린 귀족적 이상소설과 서민의 이상을 그린 서민적 이상소설이 있다. 전기소설(傳奇小說)은 고전소설 가운데 가장 많은 비중을 차지하고 있다. 전기(傳奇)는 중국 당대(唐代)에 발생한 소설을 지칭하는 것으로 육조시대(六朝時代)의 소설이 귀신(鬼神) · 괴이(怪異)의 세계를 묘사하여 '지괴(志怪)'라고 일컬어진 데 대하여 상대적으로 부르는 말이다. 한국문학에서 전기소설이라고 할 때는 좁게는 현실의 인간생활을 떠나 천상(天上) · 명부(冥府) · 용궁(龍宮) 등에서 벌어지는 기이한 사건을 다룬 소설을 가리키며, 넓게는 환상적인 세계를 무대로 하여 기이한 사건이 풍부하게 전개되는 소설은 물론이고, 비현실적인 무용담(武勇譚)이나 연애담의 요소를 지닌 소설을 모두 전기소설에 포함시키기도 한다. 가문소설(家門小說)은 여러 세대에 걸친 가문의 이야기를 다룬 작품을 말한다. 천군소설은 심성(心性)을 의인화한 가전체 소설이다. 이성계(理性界)의 인물, 감성계(感性界)의 인물이 등장하며 온몸에서 일어나는 심통성정(心統性情)의 사건들을 다룬다.

2) 고전소설의 형태와 유통

고전소설은 다양한 형태로 유통되었다. 필사본(筆寫本)은 한지에 붓으로 베껴서 제본한 책이다. 고전소설 대다수가 이렇게 유통되었다. 판각본(板刻本)은 나무 · 흙 · 돌 등으로 판을 만들어 그 위에다 글씨를 쓴 종이를 뒤집어 붙인 뒤 각수(刻手)가 양각하여 먹물로 찍어내어 제본한 책인데, 재료가 나무인 경우 목판본(木板本)이라 하며 고전소설의 판각본은 전부가 목판본이다. 방각본(坊刻本)은 출판의 주체인 판원(板元)에 따라 분류된 명칭으로 관청에서 출판한 것을 관본(官本) 혹은 관판(官板), 개인이 가정에서 출판한 것을 사가본(私家本) 혹은 사가판(私家板), 상인인 민간 출판업자가 서점에서 판매 목적으로 출판한 것을 방각본이라 한다. 구활자본(舊活字本)은 딱지본이라고도 하는데, 필사본이나 방각본을 대본으로 하여 개화기에 연활자로 인쇄한 고전소설을 지칭하는 말이다. 같은 내용을 저본으로 하여 판각(板刻) 또는 펴낸 때나 곳이 다른 책을 이본(異本)이라 한다. 고전소설의 경우 필사의 과정에서 다양한 이본이 생성된다.

조선 후기에는 소설의 인기가 높아져 소설을 모아놓고 빌려주는 것을 업으로 삼았던 가게가 있었는데 이를 세책점(貰冊店)이라 하였다. 18세기경 등장하였을 것으로 추정되며, 서울에만 있었다고 한다. 주로 부녀자를 상대로 그릇이나 가구 등을 담보로 맡았다.

고전소설은 책의 형태로만 유통된 것은 아니다. 전기수(傳奇叟)라는 전문낭독가가 있어서 문자해독능력이 없는 사람을 대상으로 소설을 유통시키기도 하였다.

3) 소설의 개념

소설이라는 명칭은 동양과 서양에서 다르게 사용되었다. 동양의 경우 『장자(莊子)』 〈외물편〉에서 "자그마한 이야기를 꾸며 현령 등의 관직을 구한다."는 말에서 소설이라는 말이 처음 언급되었다. 이후 『한서(漢書)』 〈예문지(藝文志)〉에서는 "소설가란 대개 패관(稗官)에서 나왔다. 거리나 골목에 떠도는 이야기를 길에서 듣고 길에서 이야기하는 대로 지어낸 것이다." 라고 하여 항간에 떠도는 허구적인 이야기를 소설이라 하고 있다. 우리나라의 경우 고려시대 이규보의 『백운소설』에서 소설이라는 용어가 처음 쓰였는데, 이때 소설이라는 말은 일종의 잡록(雜錄)을 의미했다. 대체로 동양에서 소설이란 경전류에 비해서 가치가 낮은 글을 지칭하였으며, 허구적이고 기괴한 서사물을 모두 소설이라고 통칭하였던 듯하다.

영미를 중심으로 한 서구 문학사에서 '소설'로 번역되는 원어는 픽션(fiction), 로망스(romance), 노벨(novel) 등으로 다양하다. 이때 픽션이란 사실이 아닌 지어낸 이야기 전반을 나타내며, 로망스란 지방어인 로망어로 쓴 모험적이고 괴기적이며 이국적인 정조의 중세 기사담을 의미한다. 노벨은 로망보다 새로운 이야기라는 의미로 근대 이후 출현한 서사문학을 가리키는데, 우리가 흔히 '근대소설'이라고 일컫는 것은 노벨을 말한다.

근대문학의 한 양식으로서의 소설 속에 전설이나 야담과 같이 예로부터 전해오는 이야기는 물론, 설화와 같이 역사적 사건이 아니면서 실제로 있었던 일이라고 전해지는 이야기들은 포함되지 않는다. 또한 반드시 작자가 전제되며, 작자가 없는 이야기는 소설이 될 수 없다. 작자 이외에도 주제, 구성, 서술형태, 창조성, 개연성, 현실성 등의 요건을 갖추어야 한다. 이렇게 볼 때 동양에서 예로부터 쓰여 내려오는 소설이라는 말과, 근대문학의 소설이라는 말이 공통적으로 가진 조건은 문장으로 기록된 서술형태의 '허구적 이야기'라는 것뿐이라고 할 수 있다.

4) 소설의 기원

소설의 기원에 대해 현대 서구의 이론을 적극 도입하여 이해하려는 견해와 전래의 소설이라는 본원적 의미와 관련시킨 견해가 대립하고 있다. 서구 이론을 수용하는 경우 우리 소설의 기원을 15세기 『금오신화』에서 찾는다. 새로운 왕조의 출현, 패도정치의 출현 등 지식인의 세계에 대한 고민이 증폭되었다는 역사적 배경과 설화를 중심으로 한 전대 서사문학의 등장이라는 문화사적인 배경, 그리고 김시습이라는 천재 작가의 작가의식과 문제의식이라는 개인(인물)적 배경에 바탕하여 『금오신화』라는 걸작이 탄생하였다고 본다.

소설의 의미를 보다 넓게 파악하고 동양적 의미를 수용하는 경우, 소설의 기원은 이보다 소급하여 9~10세기 나말여초 『수이전』계 작품인 〈김현감호〉, 〈수삽석남〉, 〈조신〉, 〈최치원〉 등을 초기 소설이라고 정의한다.

일반적인 통설은 서구의 문예이론을 적용하여 『금오신화』를 최초의 소설로 간주한다. 본서에서는 이러한 견해를 받아들여 『금오신화』로부터 신소설이 탄생하기 전까지의 소설을 고전소설로 본다. 북한의 경우에도 설화로부터 소설이 연원했으며, 고려 때 나타난 의인전기체 산문은 설화와 소설의 교량 역할을 했고, 이후 중국소설의 유입으로 창작의식과 의욕을 가짐으로써 『금오신화』가 탄생하게 되었다고 한다. 소설이 대부분 조선조에 발생하여 유통되고 향유되었기에 조선 전기, 조선 중기, 조선 후기로 나누어 살핀다.

2. 고전산문의 사적 전개와 작품 세계

1) 고전소설

(1) 조선 전기 소설의 사적 전개와 작품 세계

조선 전기는 선초(1392)부터 임진왜란(1592) 이전까지이다. 이때는 정치적으로 왕조의 교체기였으며, 사상적으로는 불교에서 유교로 바뀌어 정치, 사상, 문화 등의 구조에 일대

변혁을 이루었던 시기이다. 문학사적으로는 설화와 소설이 공존하면서 소설 우위의 체제로 바뀌어 가는 시대이기도 하다.

이 시기의 특징은 첫째, 전기소설의 양적 팽창이다. 당나라 전기소설과 명나라 구우가 쓴 『전등신화』 등 중국소설이 국내에 유입된 이후 김시습(金時習, 1435~1493)에 의해 본격적인 전기소설인 『금오신화』가 창작되었다. 이어 채수(蔡壽, 1449~1515)는 국문으로 〈설공찬전〉을 지어 그 뒤를 이었으며, 신광한(申光漢, 1484~1555)의 『기재기이』도 전기소설의 맥을 잇는 작품이다. 둘째, 몽유와 의인 등 우의적 기법의 소설이 많이 창작되었다는 것이다. 몽유의 수법을 사용한 작품으로는 남효온(南孝溫, 1454~1492)의 〈수향기(睡鄕記)〉, 심의(沈義, 1475~?)의 〈대관재몽유록〉 그리고 그 속편격인 〈몽사자연지〉, 작자에 대한 이론은 있지만 통상 임제(林悌, 1549~1587)의 작이라 하는 〈원생몽유록〉 등이 있다. 의인의 수법은 이 시기에 이르러 고려의 가전체 산문처럼 사물의 의인화를 벗어나 심성을 의인화한 소설이 출현하여 비약적 발전을 이루었다. 김우옹(金宇顒, 1540~1603)의 〈천군전〉, 임제의 〈수성지〉 등이 대표적이다. 한편 전대의 의인수법을 크게 벗어나지 못한 성간(成侃, 1427~1456)의 〈용부전〉, 정수강(丁壽崗, 1454~1527)의 〈포절군전〉, 송세림(宋世琳, 1479~?)의 〈주장군전〉 등과 같은 작품도 나왔다. 셋째, 다음 시기 국문소설을 예비하는 불교계 국문소설이 등장한 것이다. 이 시기 문학사에서 획기적인 사건은 훈민정음의 창제이다. 훈민정음의 창제로 말미암아 서사문학에 있어서 새로운 국문형태의 소설이 싹트기 시작했다. 세조의 명에 의하여 이룩된 〈월인석보〉에는 불전설화로 엮어진 작품이 채집되었는데, 그 가운데 〈안락국태자전〉, 〈목련전〉, 〈선우태자전〉, 〈사리불강마기〉와 〈석가여래십지수행기〉 중의 〈금우태자전〉 등은 불교계 국문소설의 시발점이 되면서 후대의 국문소설인 〈안락국전〉, 〈적성의전〉, 〈금송아지전〉 등으로 발전하였다.

① 전기소설

전기소설로는 『금오신화』, 〈설공찬전〉, 『기재기이』 등이 있다. 『금오신화』는 김시습의 작품으로 〈만복사저포기(萬福寺樗蒲記)〉, 〈이생규장전(李生窺墻傳)〉, 〈취유부벽정기(醉遊浮碧亭記)〉, 〈남염부주지(南炎浮洲志)〉, 〈용궁부연록(龍宮赴宴錄)〉의 다섯 편으로 구성되어 있다. 〈만복사저포기〉는 남원에 사는 양생(梁生)이라는 노총각이 부처님과의 저포놀이에서 이겨 죽은 여인을 만나 사랑을 이룬 후 이별하는 이야기이다. 전래하는 인귀교환설화(人鬼交歡說話), 시애설화(屍愛說話), 명혼설화(冥婚說話) 등이 복합적으로 어우러져, 이승의 사람과 저승의 영혼의 결합이라는 전기성(傳奇性)을 두드러지게 하고 있다. 이 같은 생인(生人)과 사자(死者)의 사랑은 살아 있는 남녀간의 사랑보다 더욱 강렬한 의지를 표현한다. 그리고 그 의지를 좌절시키려 하는 세계의 횡포를 고발하는 데 더욱 큰 효과를 거두고 있다.

〈이생규장전〉은 개성의 선비 이생이 최씨녀와 우여곡절 끝에 사랑을 맺었으나 홍건적의 난으로 사별하였다가 귀신이 되어 돌아온 부인과 사랑하다 헤어진다는 이야기이다. 이 작품은 재자와 가인의 만남이라는 전기소설의 공식에 충실하면서 생사를 초월한 만남을 다룬다. 그러나 주인공의 만남은 영원한 이별로 이어지는데 이는 생과 사는 기(氣)의 모이고 흩어짐일 뿐이라는 김시습의 정기이산설(精氣已散說)의 사상을 그대로 표현한 것이다. 또한 죽음을 부각시키면서도 죽음을 미화하지 않는 것에서 작가의 현실주의적 태도를 볼 수 있다. 이생의 은거는 표면적으로 세계의 횡포에 패배한 것으로 보이지만 그들의 절의가 세상사람들에게 인정과 찬탄을 받음으로써 실질적으로는 승리를 거둔 것이라 할 수 있다.

〈취유부벽정기〉는 홍생이 평양의 부벽루에서 기씨녀를 만나 즐거움을 함께 나눈 이야기이며, 〈남염부주지〉는 유학자 박생이 저승사자를 따라 염라대왕을 만나고 돌아온 후, 죽은 뒤 염왕이 되었다는 이야기이다. 〈용궁부연록〉은 문사 한생이 용왕의 초대를 받아 용궁의 상량문을 지어 칭찬받고 돌아온 이야기인데 꿈의 구조 속에 이야기가 진행된다. 이상 다섯 편으로 이루어진 『금오신화』는 모두 공간과 시간적 배경을 우리나라에 두고 있어 자주적인 성격을 보여준다. 또한 주인공들은 모두 뛰어난 재능을 지니고 있지만 현실에서는 그들의 뜻을 펼치지 못하고 있다. 그들의 행동은 일상적 경험의 세계를 넘어선 신비로운 체험이었으며, 시의 삽입을 통해 주인공의 심리적 정황을 극대화하고 있다는 특성을 공유한다.

『기재기이』는 신광한의 작품으로 〈안빙몽유록〉, 〈서재야회록〉, 〈최생우진기〉, 〈하생기우전〉으로 구성된 한문소설집이다. 신광한은 신숙주(申叔舟, 1417~1475)의 손자로 일찍이 등과하여 신진사류(新進士類)로서 조광조(趙光祖, 1482~1519) 등과 함께 대사성(大司成)에 발탁되었으나 기묘사화에 연좌되어 관직이 삭탈되었다. 중종 즉위 후 다시 등용되어 영달의 만년을 보냈다. 『기재기이』는 그가 벼슬에서 물러났을 때 지은 것으로 보이며, 『금오신화』의 직접적인 영향을 받은 듯하다.

〈설공찬전〉은 순창에 살던 설공찬이 죽은 뒤 다시 환혼하여 저승의 위치, 나라 이름, 임금 이름, 저승의 심판 양상, 지상과 염라국의 관계 등 사후 세계에 대해 서술한 이야기이다. 작자 채수는 이 작품을 둘러싼 논란 끝에 사헌부의 탄핵을 받아 삭탈관직당하는 필화를 당했으며, 이 작품은 소각되었다가 최근 발견되었다.

② 몽유소설

몽유소설에는 남효온의 〈수향기〉, 심의의 〈대관재몽유록〉, 〈몽사자연지〉, 작자에 대한 이론은 있지만 통상 임제의 작이라 하는 〈원생몽유록〉 등이 있다.

〈대관재몽유록〉은 〈몽기(夢記)〉라고도 하는데, 몽유자가 꿈속에서 최치원, 을지문덕, 이제현, 이규보 등의 쟁쟁한 문사를 만나 문장대국을 만드는 이상을 펼쳐 보이는 작품이다. 심의는 을묘사화의 주역인 심정의 동생으로 권력쟁탈로 얼룩진 당대 현실에 대해 환멸을 느꼈던 것으로 보인다. 이 작품을 통해 그는 꿈속에서나마 이러한 현실 문제를 해결해보려는 이상을 드러내 보였다.

〈수향기〉는 작자 남효온이 취향(醉鄕), 수향(睡鄕), 화서씨지국(華胥氏之國), 괴안국(槐安國), 나부촌(羅浮村), 고구(高丘)의 양대(陽臺) 등을 두루 찾아다니며 풍속의 순미함을 찬양하면서 자기의 마음을 바로잡고 천군에게 보고하는 이야기이다.

③ 의인소설

의인소설에는 김우옹의 〈천군전〉, 임제의 〈수성지〉, 성간의 〈용부전〉, 정수강의 〈포절군전〉, 송세림의 〈주장군전〉 등이 있다. 〈천군전〉과 〈수성지〉는 심성, 즉 마음을 의인화한 작품으로 천군을 중심으로 충신형 인물과 간신형 인물이 갈등하고 이를 해결하는 과정에서 마음의 수양을 문제 삼는 작품이다. 특히 〈수성지〉에서는 국양장군(麴釀將軍)이 수성을 친다는 내용을 통해 작가는 수심(愁心)을 술로 이겨낸다는 의식을 드러내고 있다.

〈포절군전〉은 대나무를 의인화하여 선비의 절개를 칭송한 것이며, 〈주장군전〉은 남근을 의인한 희작이다. 이 작품들은 전통적 의인수법을 답습한 것이지만, 〈주장군전〉의 경우

소재의 폭이 넓어졌다는 점에서 의의가 있다고 할 수 있다.

④ 불교계 국문소설

불교계 국문소설의 대표적인 작품은 〈왕랑반혼전〉이다. 『권념요록』에 수록되어 있는데, 불교 포교의 목적으로 쓰였다. 이 작품의 작자는 보우(普雨, 1515～1565)로 추정되는데, 그 내용은 다음과 같다. 왕랑은 이웃에 있던 안노숙의 염불을 비방했는데 염왕이 왕랑의 부인 송씨를 잡아갔다. 10년이 지난 후에도 왕랑이 염불을 하지 않자 염왕은 차사를 보내 왕랑을 잡아오게 한다. 송씨가 이를 알고 환혼하여 왕랑에게 염불을 권하자, 왕랑은 참회하고 염불한다. 염왕은 그들을 칭찬하며 왕랑은 본래의 몸으로, 송씨는 월씨국 옹주의 몸으로 환생하게 하는데 왕랑과 송씨는 염불 공덕을 쌓아 극락세계에 왕생한다.

(2) 조선 중기 소설의 사적 전개와 작품 세계

임진왜란(1592)부터 영조 원년(1725)까지로 중세에서 근대로의 전환기에 해당한다. 이 시기의 특징으로 먼저 전란의 체험을 들 수 있다. 양란은 지배층과 민중에게 극복해야만 할 문제였고, 동시에 조선조의 구조적 모순을 드러낸 사건이었다. 전란의 체험을 소재로 한 〈박씨전〉, 〈임경업전〉 등의 역사 군담소설과 전란을 꿈을 통해 극복해보려는 〈강도몽유록〉, 〈달천몽유록〉 등 몽유록의 저작은 이러한 문제의식의 결과였다. 둘째, 조선조의 구조적 모순에 대한 고민과 그 해결의 모색을 시도하는 작품도 창작되었다. 허균(許筠, 1569~1618)의 〈홍길동전〉과 한문단편이 민중의 입장을 반영한 개혁적 시도였다면, 김만중(金萬重, 1637~1692)의 〈사씨남정기(謝氏南征記)〉는 현실의 사건을 소재로 한 참여문학이라 할 수 있다. 셋째, 국문소설의 창작과 유통이 시작되었다는 것이다. 전대가 한문 식자층의 작품 활동과 창작이 주를 이루어 상층의 고민을 반영한 작품이 대부분이었다면, 양란 이후 최초의 국문소설인 〈홍길동전〉 이후 〈전우치전〉, 〈박씨전〉, 〈숙향전〉, 〈구운몽〉 등 국문으로 된 소설이 유통되어 소설 독자가 확대되어 다음 시기의 폭발적 팽창을 예비한다. 그러나 여전히 한문작가의 작품이 우세하였던 것은 시대적 한계였다고 할 수 있다. 마지막으로 작품의 내용이 전대(前代)에 비해 전기적 · 비현실적 요소가 줄어들었고, 작자 의식이 크게 부각된 점이 특징적이다.

① 허균의 소설

허균은 명문거족의 자제로 태어났으나 타고난 자유분방한 성격으로 인해 파란만장한 환로(宦路)를 지나다, 만년에는 역모를 꾸몄다는 죄로 형장의 이슬로 사라진 인물이다. 그의 작품으로 국문소설 〈홍길동전〉과 한문단편 〈남궁선생전(南宮先生傳)〉, 〈장생전(將生傳)〉, 〈장산인전(張山人傳)〉, 〈엄처사전(嚴處士傳)〉, 〈손곡산인전(蓀谷山人傳)〉이 있다.

〈홍길동전〉은 뛰어난 능력을 지녔으나 서자 출신이라는 신분적 한계를 지닌 홍길동이 활빈당이라는 도적의 우두머리가 되어 탐관오리의 재물을 빼앗아 백성에게 나누어 주고 병조판서에 제수되며 급기야 율도라는 이상국의 왕이 된다는 이야기이다. 길동이 제도적 모순에 저항하며 자신의 꿈을 이루어 간 과정은 길동 개인뿐만 아니라 가정, 사회, 국가의 불평등과 부조리를 차례로 타파해 나간 과정이었다. 그러나 율도가 조선의 중세적 봉건지배 체제를 변혁시킨 새로운 체제의 공간이 아니었다는 시대적 한계도 드러내고 있다. 이런 점에서 〈홍길동전〉은 사회소설이자 이상소설로 평가할 수 있다.

허균의 한문 단편은 주인공이 뛰어난 능력을 지니고 있지만 신분적 제약이나 사회적 환경 때문에 능력을 발휘하지 못하고 세상과 화합하지 못하는 주인공의 이야기인 일사소설(逸士小說)이다.

〈남궁선생전〉의 남궁두는 첩의 간통을 목격하고 첩을 살해한 후 도주하여 신선술을 닦지만 이마저 실패한 인물이다. 과거를 통한 입신 영달의 꿈이 좌절된 상황에서 그것을 극복하고자 신선의 세계에 기대지만 현실에 대한 미련을 버리지 못하고 지상선(地上仙)에 머무르고 만다는 이야기에서 허균의 현실비판의식을 읽을 수 있다.

〈장산인전〉은 대단한 의술을 지닌 장산인이 자신의 능력을 제대로 펴보지 못하고 임진왜란 중에 죽임을 당했다가 다시 살아나 금강산으로 떠났다는 이야기이다. 능력을 알아주지 못하는 당대 현실을 풍자하고 비판하는 작가의 의식이 드러나 있다.

〈장생전〉은 밀양좌수의 아들이었으나 거지 두목이 된 장생이 혁명의 웅지를 품고 저자에 숨어 있다가 어느 날 수표교에서 취중에 죽었다가 재생하여 해동일국토를 찾아간다는 이야기이다. 경회루에서 도적의 회합을 갖고 해동일국토라는 이상국을 찾아가는 내용에서 현실에 대한 강한 집념과 좌절 및 그 보상심리를 찾을 수 있다.

〈손곡산인전〉은 대단한 문재를 지녔지만 서자라는 신분적 한계 때문에 평생을 불우하게 살다 간 이달에 대한 이야기이다. 여기에서 작자는 신분제도의 모순을 지적하고 유교사회의 행동규범을 비판하고 있다.

〈엄처사전〉은 세상의 부조리에 부화하지 않고 자신의 절개를 지키며 살다가 은둔한 엄처사의 이야기이다. 이는 당대의 훼손된 유교적 질서를 거부하고 산수간에서나마 유교적 질서의 회복을 꾀해 본 엄처사란 인물을 형상화함으로써 당대의 훼손된 유교적 질서를 고발하고 이의 시정을 촉구한 것이라 할 수 있다.

② 김만중의 소설

김만중은 예학(禮學)의 대가인 김장생의 증손이요, 숙종비 인경왕후(仁敬王后)의 숙부였다. 유복자로 태어나 현명하였던 윤씨에 의해 길러졌던 그는 29세에 등과하여 순조로운 벼슬살이를 하였지만 강직한 성품이라는 개인적 성향과 당쟁이 격화하는 사회적 풍파에 휩싸여 결국 56세에 남해(南海) 유배지에서 생을 마감한다.

〈구운몽〉은 김만중이 남해 유배 중에 그의 어머니를 위해 지은 작품이다. 육관대사의 제자 성진이 팔선녀와 희롱하고, 꿈에 양소유가 되어 출장입상의 부귀공명을 누리다 깨어 득도한다는 내용이다. 유불도 삼교 사상이 혼합되어 있으며, 특히 불교의 윤회설, 인과응보설, 삼생연분설과 관련을 맺고 있다. 즉 불교적인 공사상을 배경으로 인생무상의 주제를 표출한 작품인 것이다. 〈구운몽〉은 환몽구조를 통해 몽자류 소설의 발달, 가문소설의 창작에 영향을 주었는데, 김만중의 국문의식이 반영되어 있으면서 양반의 이상을 반영한 전형적인 이상소설이라 할 수 있다.

〈사씨남정기〉는 유한림이 아이를 낳지 못하는 사씨의 권유로 교씨를 맞이하였으나, 교씨의 계략에 빠져 사씨는 남방을 떠돌고 유한림은 원배(遠配) 갔다가 모략임을 깨닫고 다시 사씨를 맞이하여 정실로 맞는다는 이야기이다. 당시 흔히 볼 수 있는 처첩제도의 모순을 지적하고 있어 쟁총형 가정소설의 전형이 된다. 또한 숙종이 인현왕후를 내쫓고 장희빈을 맞아들인 사건을 풍자하는 풍자소설이기도 하다. 이는 당대의 허물어져가는 윤리의식의 일단을 보여주며 동시에 그것을 비판하는 것이다. 〈구운몽〉이 이상주의를 택했다면, 〈사씨남정기〉는 삶의 실제 양상이 이상과는 거리가 멀다는 것을 나타내 사실주의로 나아가는 길을 열었다고 할 수 있다.

③ 역사군담소설

역사적 전란에서의 실존인물을 주인공으로 삼아 그들의 활약상을 그린 작품을 역사군담소설이라고 한다. 이러한 작품들은 임병양란으로 인한 민족적 울분을 토로하고자 하는 작가 의식, 〈삼국지연의〉 등 중국소설의 유입 등으로 인해 창작되었다. 〈임진록〉, 〈임경업전〉, 〈박씨전〉, 〈사명당전〉, 〈김덕령전〉, 〈이화전〉 등이 있다.

〈임진록〉은 임진왜란이라는 역사적 사건에 등장하는 이순신, 곽재우, 김덕령, 정문부, 조헌, 영규, 김응서, 논개, 계월향 등 역사적 인물의 영웅적 모습을 다소 과장하여 허구적인 승전의 역사로 기록한 것이다. 이것은 현실적으로는 패한 전쟁이지만, 현실과 달리 승리의 역사로 허구화함으로써 민족의 사기를 진작시키고 패전으로 인한 수모를 정신적으로 보상해 보고자 한 의식의 표출이다.

병자호란의 치욕을 허구적으로 극복하려 한 작품은 〈박씨전〉이다. 금강산에 은거하는 거사의 딸로 추녀인 박씨가 병조판서 이시백에게 시집와서 구박을 당하다가 얼굴의 허물을 벗고 이시백에게 다시 사랑받는다. 그녀는 뛰어난 재주를 지니고 있어 명마를 알아보기도 하고 하루저녁에 조복(朝服)을 만들어 내기도 하는데, 호란이 일어나자 청나라 장수를 압도하는 능력을 보여주며 청나라에 조선에도 인재가 있음을 경고한다. 이것도 오랑캐에 대한 적개심과 복수심을 나타낸 것이지만, 여성을 주인공으로 내세워 그들 또한 지략과 용맹이 남다르다는 것을 보여 다음 시기 여성영웅소설의 발판을 마련하였다.

④ 몽유소설

임병양란은 상하층 모두에게 심각한 고민을 던져주었다. 하층의 민중이 설화를 바탕으로 하여 비현실적 전기적 설정을 통해 자존심 회복에 나선 데 비해, 상층은 꿈이라는 소재를 통해 전란의 참상을 고발하거나 전란에 대한 책임 소재를 따졌다.

〈달천몽유록(達川夢遊錄)〉은 윤계선(尹繼善, 1577~1604)의 작품이다. 몽유자인 파담자(坡潭子)가 이순신, 고경명, 조헌 등의 장수와 회포를 풀고 원균이 곤욕을 당하는 것을 보고 돌아온 후 초혼제를 지낸다는 내용이다. 임란 영웅의 충절에 대한 숭앙과 패전 장수에 대한 기롱을 담고 있다. 한편 황중윤(黃中允, 1577~1648)의 〈달천몽유록(㺚川夢遊錄)〉은 전란의 패배를 신립 등 기존 장수에게 돌리던 윤계선의 작품과 달리 신립의 선택은 어쩔 수 없었던 것임을 강조하면서 전란에 대한 이성적 성찰의 모습을 보여주고 있다.

〈강도몽유록(江都夢遊錄)〉은 작자 미상의 작품으로 병자호란 때 강화도 함락으로 인해 비명횡사한 여인들의 원령(怨靈)이 꿈에 나타나, 조정 대신과 강화 수비를 맡았던 관리들을 비난하는 내용이다. 한편 〈피생명몽록(皮生冥夢錄)〉도 전란을 소재로 한 작품이긴 하지만, 전쟁의 문제보다 인간 삶의 구조적 문제를 다루고 있다. 여강(驪江)의 피달(皮達)이 전란이 끝난 뒤에도 여전히 버려진 썩은 뼈를 대하고 탄식하는 내용의 시를 읊었는데, 꿈에 이헌(李憲)이 나타나 아들 이극신이 다른 사람의 뼈를 잘못 거두었다고 통탄한다. 이때 역리(驛吏) 김검손(金儉孫)이 나타나, 이극신이 자신의 시신을 거두어 장사지낸 것은 삼생(三生)의 인연에 맞는 것이라고 강변한다. 피달이 전생의 인연보다 차생의 인연이 중함을 들어 설득하니 김검손은 받아들인다는 내용이다. 이극신은 당대의 실존 인물로, 부패하고 부도덕한 봉건관료의 전형이다. 이를 통해 〈피생명몽록〉은 전란의 원인이 봉건적 모순에 있음을 여실히 드러낸다. 그리고 삼생을 이어져 오는 신분적 한계라는 문제를 제기함으로써 그것이 지니는 비극과 질곡의 문제를 다루고 있다. 이것은 다음 시기 신분질서의 붕괴, 자아 각성이라는 근대적 성격과 이어진다.

⑤ 애정소설

남녀 사이의 애정은 성리학을 기반으로 한 조선 사회에서는 금기의 대상이었다. 조선 중기 이후 인간성에 대한 새로운 인식과 신분사회의 동요, 감정에 대한 이해가 확산되면서 애정소설이 소설사의 전면에 부각한다.

〈운영전(雲英傳)〉은 〈수성궁몽유록〉으로도 불리는데, 몽유의 양식을 지닌 애정소설이다. 유영이 수성궁에 놀러갔다가 꿈에 안평대군의 궁녀인 운영과 그의 애인 김진사를 만나 그들의 비극적인 사랑 얘기를 듣는다는 내용이다. 궁녀의 신분 때문에 김진사와 사랑을 이루지 못한 운영이 이승에서 이루지 못한 사랑을 천상에서 이룬다. 그러나 사랑에 대한 미련은 여전히 남아 유영의 꿈속에서 자신의 이야기를 한다. 대부분의 소설이 행복한 결말이라는 보편적 주제를 지니는 데 반해, 이 작품은 비극적 결말을 맞이한다. 이를 통해 이 작품은 남녀 간의 순수한 사랑과 신분제에 억압당한 궁녀의 비극적 삶을 잘 보여주고 있다.

〈숙향전〉은 작자와 창작 연대가 미상이나, 대략 17세기 작품인 것으로 보인다. 김전의 만득녀(晩得女) 숙향은 도적의 난리 속에서 부모를 잃고 장승상댁에 의탁하지만 누명을 쓰고 쫓겨나 천태산 마고할미에게 구출된다. 여기서 놓은 자수(刺繡)가 인연이 되어 이선과 인연을 맺고 천상의 도움으로 위기를 극복하여 행복한 삶을 누리다 천상으로 복귀한다. 〈숙향전〉은 영웅의 일생이라는 구조를 그대로 따르면서 적강소설적 면모를 보이는데, 이는 그들의 애정이 이미 천상의 운명이었음을 반영하는 것이다. 한편 여주인공이 고난과 역경 속에서도 애정을 포기하지 않는다는 설정은 여성 독자의 욕구를 반영하는 것으로 봉건사회의 여성이 꿈꾸는 삶을 낭만적으로 표출한 것이다. 그러나 작품 속에서 주인공의 고난이 철저히 천상적 질서나 신이한 존재의 도움을 통해 해결되고 있다는 것은 이 작품이 지닌 시대적 한계라 할 수 있다.

애정의 문제를 현실의 차원에서 현실적 방법으로 해결한 작품으로는 〈주생전〉이 있다. 〈주생전〉은 권필(權韠, 1569~1612)이 쓴 한문소설이다. 권필은 정철(鄭澈, 1536~1593)의 문인으로 광해군 초에 이이첨(李爾瞻)이 교제하기를 청하였으나, 끝내 거절하였다. 광해군 비(妃) 유씨(柳氏)의 아우 유희분(柳希奮) 등 척족(戚族)들을 비방하는 궁류시(宮柳詩)를 썼다가 귀양길에 올라 동대문 밖에 이르렀을 때 폭음하고 이튿날 죽었다고 한다. 〈주생전〉은 임진왜란에 참전했던 명나라 사람, 주생으로부터 들은 이야기를 기록한 것이라 하면서 주생과 배도, 선화의 삼각관계와 애정을 다룬다. 주생은 어릴 적 떠났던 고향으로 돌아와 기생이 된 배도를 만난다. 배도의 도움으로 과거를 준비하다 선화를 만난 주생은 배도를 버리고 선화와 연을 맺는다. 그들의 사랑은 주생이 징발되어 임진왜란에 참전하기 위해 출정함으로써 이루어지지 못한다. 〈주생전〉은 이들의 비극적인 사랑을 전기형식(傳記形式)을 빌어 그려내고 있지만, 비현실적 요소 없이 현실감 있게 그려낸다. 사랑과 입신의 욕망 사이에서 방황하는 문사와 정열적 사랑에 눈먼 여인과 사랑을 잃은 여인이 어우러져 사실성을 획득하고 있다.

이 밖에도 〈윤지경전〉, 〈영영전〉, 〈위경천전〉 등의 애정소설이 있으며, 조성기(趙聖期, 1638~1689)의 〈창선감의록(彰善感義錄)〉, 이항복(李恒福, 1556~1618)의 〈유연전(柳淵傳)〉, 조위한(趙緯韓, 1567~1649)의 〈최척전(崔陟傳)〉 및 의인소설인 〈화사〉, 〈천군연의〉, 〈의승기(義勝記)〉 등도 조선 중기의 소설이다.

(3) 조선 후기 소설의 사적 전개와 작품 세계

조선 후기는 영조 원년(1725)에서 신소설 출현(1906) 이전까지이다. 이 시기는 정치, 사상적인 측면에서 북학파 학자들에 의해 실학이 등장했고, 자본주의가 그 싹을 틔우기 시작했으며, 신분제도가 붕괴하고, 서민의식이 성장하는 등 격변의 시기였다. 이 시기의 특징은 먼저 서민의식이 문학의 주도권을 잡게 됨에 따라 소설에서도 서민의식 등 근대적 성격이 두드러지게 나타나게 된다는 것이다. 〈춘향전〉을 비롯한 판소리계소설이 등장하여 발랄한 서민의식을 생생하게 보여주고 있다. 둘째, 근대화의 기운이 성숙하면서 소설에서도 비현실적인 요소나 전기적인 요소가 거의 제거되었고, 사건 전개에 있어서도 우연성의 남용은 사라졌으며, 소재도 거의 현실 세계에서 구하여 있는 그대로 투영하고자 하는 사실적 표현 수법이 사용되었다. 특히 연암소설, 문무자소설을 비롯한 풍자소설은 시정의 삶을 가감 없이 드러내 보이면서 소설의 질적 성장을 이끌었다. 셋째, 표현 문자도 한문에서 국문으로 전환되어 가고 있다는 것이다. 조선 중기의 소설은 여전히 한문소설이 차지하는 비중이 높았다. 조선 후기에 들어서는 독자층의 확장, 이본 제작을 포함한 작자군의 확산이 이루어지면서 〈유충렬전〉 등 창작군담소설을 비롯하여 국문소설이 압도적 우위를 차지하게 된다. 넷째, 이른바 가문소설로 불리는 대장편소설의 등장이다. 실학사상의 등장, 서민의식 성장 등 기존의 질서가 도전받는 상황을 극복하기 위한 대안으로써 가문의식을 고취하고 강상의 윤리를 강조하는 내용의 소설이 이루어졌다. 가문소설은 장편이었기에 당시까지 형성된 모든 구조 유형, 즉 적강화소(謫降話素), 영웅의 일생구조, 군담 요소, 기연기봉요소(奇緣奇逢要素), 변신화소(變身話素), 혼사장애요소(婚事障碍要素) 등이 융합되어 있다.

① 박지원의 소설

박지원(朴趾源, 1737~1805)은 명문가의 후손으로 태어났으나 집안 형편 때문에 제대로 교육받지 못하다가 16세에 처숙(妻叔) 이군문(李君文)에게 수학하여 두각을 나타내었다. 그러나 과업을 포기하고 홍대용(洪大容)·박제가(朴齊家) 등과 함께 이용후생(利用厚生)의 실학에 몰두하며 청나라의 문물을 배워야 한다는 이른바 북학파의 거두가 되었다. 그의 소설 〈허생전(許生傳)〉, 〈호질(虎叱)〉, 〈양반전(兩班傳)〉 등에는 그의 실학사상이 반영되어 있다.

〈허생전〉은 『열하일기』 〈옥갑야화(玉匣夜話)〉에 실려 있는데 〈허생전〉이라는 제목은 편의

상 붙인 명칭이다. 허생은 글읽기 좋아하는 가난한 선비였으나 돈을 벌어오라는 아내의 성화에 못 이겨 변부자에게 만금을 빌려, 과일과 말총을 매점하여 큰돈을 번다. 이를 바탕으로 변산의 도적 무리를 무인도에 데리고 가 이상국을 만들며, 돌아와 변부자의 빚을 갚는다. 변부자가 허생의 능력을 알아보고 이완을 소개하였는데, 이완은 허생의 시무책을 받아들이지 못한다는 내용이다. 허생은 비판적 지식인의 표상이다. 그의 매점 행위는 상업 경제 사상을 고취하는 것이었다. 무인공도로 도적을 이끈 것은 이상국의 건설과 해외 진출 사상을 보여주는 것이며, 특히 글읽는 사람을 데리고 나왔다는 것은 지식인의 폐해를 지적한 것이라 할 수 있다. 이완과의 만남을 통해 그가 주장한 것은 이용후생의 북학 사상이었으며, 이를 통해 허생은 허위의식에 사로잡힌 비현실적 북벌론에 반론을 제기한다.

〈호질〉은 『열하일기』 〈관내정사(關內程史)〉에 실려 있다. 박지원은 이 작품을 심유붕의 집 격자에서 베껴온 것이라 하면서 당대 비판의 예봉을 피하고 있다. 당대의 석학 북곽선생이 과부인 동리자와 은밀히 만나다가 동리자의 자식들에게 쫓겨 거름 구덩이에 빠진다. 마침 호랑이가 이를 보고서 유학자의 이중성과 부패상을 지적하며 꾸짖어 유학자의 위선을 폭로한다는 내용이다. 〈호질〉에는 두 가지 비판이 있는데 하나는 북곽선생으로 대표되는 유자(儒者)들의 위선을 비꼰 것이고, 다른 하나는 동리자로 대표되는 정절부인의 가식적 행위를 폭로한 것이다. 또한 북곽선생이 호랑이에게 아첨하는 모습에서 해학을, 호랑이의 준엄한 질책에서 날카로운 풍자를 볼 수 있다.

〈양반전〉은 『방경각외전(放璚閣外傳)』에 전하는 작품이다. 정선 고을에 능력이 없어 관곡을 갚지 못한 양반을 대신해 부자인 상민이 관곡을 갚아주고 양반신분을 산다. 정선 군수가 중간에 나서 양반매매문서를 만들어 주었는데 양반의 횡포에 분노한 상민이 양반을 도둑이라 지칭하면서 다시는 양반이라는 말을 입에 담지 않았다는 이야기이다. 이 작품은 양반의 횡포를 사실적으로 묘사함으로써 양반을 풍자하고 있다. 아울러 평민 부자로 대표되는 새로운 인간형을 제시하고 있다는 점에서 근대적 면모를 보이고 있다고 할 수 있다.

이 밖에도 『방경각외전』에는 〈마장전(馬駔傳)〉, 〈예덕선생전(穢德先生傳)〉, 〈민옹전(閔翁傳)〉, 〈광문자전(廣文者傳)〉, 〈김신선전(金神仙傳)〉, 〈우상전(虞裳傳)〉 등이 실려 있으며, 〈역학대도전(易學大盜傳)〉과 〈봉산학자전(鳳山學者傳)〉은 제목만 전한다. 한편 『연암집(燕巖集)』 〈연상

각선본(烟湘閣選本)에는 〈열녀함양박씨전(烈女咸陽朴氏傳)〉이 실려 있어 박지원의 현실 인식을 담아내고 있다.

② 판소리계 소설

판소리계 소설이란 조선후기에 생성된 국문소설 가운데 작품의 생성과 전승 그리고 변이에 있어서 판소리와 밀접한 관계를 맺고 있는 몇몇 작품을 가리키는 말이다. 판소리계 소설의 특징은 첫째, 다양한 근원설화를 바탕으로 오랜 기간에 걸쳐 여러 사람의 손을 거쳐 형성되었다는 것이다. 둘째, 일반 고전소설이 산문체로 되어 있는데 판소리계 소설은 4음보의 율문체로 되어 있다. 셋째, 청중을 염두에 두고 묘사적이고 사실적인 표현을 함으로써 이른바 장면 극대화 현상과 부분의 독자성이란 특징을 갖는다. 넷째, 긴장과 이완의 서사적 구조로 짜여 있으며, 구성의 전개는 극적이고 단일하다. 다섯째, 당시의 각 계층을 대표하는 인물들의 성격을 전형적으로 잘 표현함으로써 등장인물을 생동감 있게 창조하고 있다. 여섯째, 주제에 있어서 당시에 성장된 민중의식과 체제 저항적인 면을 반영하고 있다. 일곱째, 지배계층의 횡포성과 부패성을 폭로하고 그들의 위선적인 생활을 풍자하기 위한 방법으로 해학이 풍부하게 나타난다는 것이다. 여기에 속하는 작품으로는 〈춘향전〉, 〈심청전〉, 〈흥부전〉, 〈변강쇠가〉, 〈토끼전〉, 〈화용도〉, 〈배비장전〉, 〈옹고집전〉, 〈장끼전〉 등이 있다.

이 가운데 〈춘향전〉은 춘향과 몽룡의 연애담 속에 당대 사회의 주요한 모순과 사회역사적 동향을 잘 반영하고 있어 주목받는 작품이다. 〈춘향전〉은 200여 종의 이본을 갖고 있다. 이본에 따라 주제 구현의 양상도 달라지는데, 대체로 양반자제 이도령과 천기의 딸 춘향의 '계급을 초월한 애정'을 표면적 주제로 본다. 그리고 춘향이 양반관료에게 항거하여 인격을 주장하고 인간적인 평등대우를 절규한 것은 계급투쟁의 한 양상이며 춘향의 승리는 민중의 승리라는 주장도 있다. 한편 춘향이 정절을 지킨 것은 위기를 극복하기 위한 방어로 수단적 가치밖에 없으며, 궁극적인 주제는 이도령과의 결합을 통한 신분상승이라는 주장도 있다.

기생이면서 기생이기를 거부한 춘향의 행위는 '인간 해방'의 의미를 내포하는 것이며, 민중 수탈의 상징인 변사또에 대한 춘향의 항거는 당대 민중의식의 반영이었다. 그러나 〈춘향전〉이 오늘날까지 사랑받는 이유는 춘향과 몽룡의 결합이 서로에 대한 깊은 애정과 신뢰의 소산이었다는 점 때문이라는 것도 간과할 수 없다.

③ 창작군담소설

창작군담소설은 가공적인 인물의 전쟁담을 허구적으로 꾸며낸 것으로 공식적인 서사구조를 갖고 있다. 즉 주인공이 권문세가의 외동으로 기자치성을 통해 태어나며, 난리를 만나거나 간신의 참소로 부모와 사별 혹은 이별하여 고난을 당하지만, 도사가 그를 구출하여 도술과 병법을 가르치는데, 이때 국가는 위기를 겪게 되고 주인공은 능력을 발휘하여 국가를 위기에서 구하고, 헤어졌던 부모와 재회하거나 혼사장애를 겪던 연인과 해후하여 행복한 여생을 보낸다는 내용이다.

창작군담소설은 몰락한 가문을 외적의 침입을 계기로 재건하는 이야기인 〈소대성전〉, 〈장풍운전〉, 〈금방울전〉, 〈현수문전〉 등의 소대성전 유형, 주인공이 정치적 적대세력의 탄압으로 수난을 겪으며 주인공의 적대자는 왕권에 도전하여 주인공과 대결하는 이야기인 〈조웅전〉, 〈유충렬전〉, 〈황운전〉 등의 유충렬전 유형, 주인공이 새 임금을 도와서 구왕권을 타도하여 창업하는 이야기인 〈장백전〉, 〈유문성전〉 등의 장백전 유형이 있다. 한편 후기의 작품으로 추정되는 〈정수정전〉, 〈홍계월전〉 등의 작품은 여성 주인공이 군담의 주역으로 등장하여 남성보다 우월한 능력을 발휘하는 내용을 담고 있다. 이는 여성 독자의 욕구를 수용한 결과로 보이며 창작군담소설의 인기를 반증하는 것이기도 하다.

창작군담소설의 창작에는 〈삼국지연의〉 등 중국소설의 유입, 임병양란의 전란 경험 등이 주요 배경이 되었을 것으로 보인다. 그런데 유충렬전 유형은 충신과 간신의 대결이 지속적으로 전개되며 주인공의 몰락과 수난 및 입공과 득세는 반대파의 득세와 몰락과 병행되어 전개되고 있다. 이는 대결에서 패배한 계층의 공감을 얻을 수 있었고 한편으로 무능한 왕권을 규탄하는 의식도 드러내는 것이다. 이렇게 볼 때 창작군담소설은 정치적 관심을 가졌던 계층이 향유했던 작품들이며, 특히 양반 몰락층의 정치의식이 투영된 소설이라 할 수 있다.

〈유충렬전〉의 줄거리는 다음과 같다. 정언주부(正言注簿)의 벼슬을 하고 있던 유심은 늦도록 자식이 없자 남악 형산에 치성을 드린 뒤 충렬을 낳는다. 이때 역심(逆心)을 품은 정한담, 최일귀 등이 유심을 모함하여 귀양 보내고, 유심의 집에 불을 질러 충렬 모자마저 살해하려 한다. 충렬은 천상의 도움을 받아 위기에서 벗어나 많은 고난을 겪다가 은퇴한 재상 강희주를 만나 그의 사위가 된다. 강희주가 유심을 옹호하는 상소를 올렸다가 귀양을 가고, 강희주의 가족은 모두 흩어진다. 충렬은 강 소저와 이별하고 백룡사의 노승을 만나 무예를 배우며 때를 기다린다. 이 때 남적과 북적이 반기를 들고 명나라에 쳐들어온다. 정한담은 자원 출전했다가 남적에게 항복하고, 오히려 남적의 선봉장이 되어 천자를 공격한다. 정한담에게 여러 번 패한 천자가 항복하려 할 즈음, 충렬이 남적의 선봉 정문걸을 죽이고 천자를 구출한다. 충렬은 단신으로 반란군을 쳐부수고 정한담을 사로잡는다. 그리고 호왕(胡王)에게 잡혀간 황후 · 태후 · 태자를 구출하며, 유배되었던 유심과 강희주를 구한다. 또한 이별하였던 어머니와 아내를 찾고, 정한담 일파를 물리친 뒤 높은 벼슬에 올라서 부귀영화를 누린다.

〈유충렬전〉은 이처럼 군담소설의 공식에 부합하는 구조를 가지고 있다. 유심과 정한담의 대립은 당쟁의 양상을 반영한 것이다. 이들의 경쟁은 개인간의 경쟁이 아니라 정치집단 사이의 대립이다. 곧 유심과 강희주를 중심으로 하는 집단과 정한담과 최일귀를 중심으로 하는 집단의 싸움이며, 한쪽의 승리는 한쪽의 몰락을 의미한다. 이때 충렬이 공을 세우고 이를 통해 유심 일파가 득세하는 것은 몰락층의 꿈을 투영한 것이다. 현실적으로 불가능한 꿈이었기에 소설을 통해 이루어보고자 한 것이다.

④ 가문소설

가문소설이란 여러 대에 걸친 한 가문의 파란만장한 이야기나 몇몇 가문이 결혼을 통해 서로 얽히면서 복잡한 관계를 형성하는 이야기를 통칭한다. 주로 가문 간의 갈등과 가문 내 구성원 간의 애정 문제 등을 주제로 하여 창작한 고전소설로 가계소설(家系小說) · 연대기소설(年代記小說) · 세대기소설(世代記小說) · 가족사소설(家族史小說) · 대하소설(大河小說) 등으로 불리고, 또한 별전(別傳)이 연작되는 시리즈소설이라는 점에서 연작소설 또는 별전소설 등의 명칭도 있다.

양란 이후 실추된 오륜의 기강이 사대부 계층의 권위 약화를 초래하고, 실학사상의 융성으로 기존 질서가 도전받게 되자, 기득권층에서는 이에 따른 해결책이 필요하였다. 이에 따라 국가적으로는 문체반정운동, 주자학의 장려 등의 활동이 있었고, 개인적으로는 보학사업 등으로 자가문(自家門)의 윤서(倫序)를 바로잡는 노력이 이루어졌다. 곧 가문소설은 사대부 가문의 복고를 통하여 실학자 및 평민에 맞서는 인자(因子)로써 정조 이후 붕괴되어 가는 중앙집권화의 재건과 퇴폐해 가는 강상(綱常)의 회복을 목적으로 창작되었던 것으로 보인다.

한편 상층 사대부 부녀, 궁중의 여인들은 물질적으로 넉넉하며 한가했는데, 소일을 위한 '읽을거리'가 필요하였고, 길이가 긴 작품을 선호하게 되었다. 따라서 기존의 소설보다 훨씬 더 길고, 상층 가문과 궁궐을 중심으로 벌어지는 남녀의 결연 및 그를 통한 가세의 확장과 부귀의 성취, 그리고 그에 수반되는 제반 갈등과 음모를 취급하는 소설을 희구했을 듯하다. 그 결과 소설의 길이가 길어졌다. 50책 이상 되는 것으로 〈완월회맹연(玩月會盟宴)〉(180책), 〈임화정연(林花鄭延)〉(139책), 〈윤하정삼문취록(尹河鄭三門聚錄)〉(105책), 〈명주보월빙(明珠寶月聘)〉(100책), 〈화산선계록(華山仙界錄)〉(80책), 〈유이양문록(劉李兩門錄)〉(77책), 〈명행정의록(明行正義錄)〉(70책) 등이 있으며, 20책 이상 되는 것으로는 〈임씨삼대록(林氏三代錄)〉, 〈이씨세대록(李氏世代錄)〉, 〈조씨삼대록(曺氏三代錄)〉, 〈유씨삼대록(劉氏三代錄)〉, 〈하진양문록(河陳兩門錄)〉 등 50여 종이 있다.

가문소설의 특징은 다음과 같다. 첫째, 주인공은 문벌을 자랑하는 상층 귀족 출신의 남녀이며, 다수의 남녀가 주인공이다. 둘째, 궁극의 지향점은 가문의 무한한 번영과 가부장적 질서의 회복이다. 셋째, 핵심적인 갈등은 두 남녀의 결연을 가로막는 존재와 두 남녀 사이의 갈등(혼사장애), 남편의 사랑을 독점하기 위한 '처-처' 혹은 '처-첩' 간의 갈등, 계모와 전실 소생 자식 간의 갈등이다. 넷째, 가정과 궁정, 가정사와 국가사가 밀접히 관련되어 있다. 다섯째, 조선 중기까지 형성된 모든 구조 유형이 가문소설 속에 융합되어 있다는 것이다.[1)]

〈명주보월빙〉은 〈윤하정삼문취록〉(105책), 〈엄씨효문청행록〉(30책)과 3부작의 연작소설이다. 윤·하·정 세 가문의 인물군이 혼사를 통하여 서로 결합되면서 새로운 혈족관계를 형성해 가는 과정을 보여주며 어느 특정인물이 주인공으로 설정되어 있지 않고, 윤·하·정 3부(三府)를 중심으로 하여 수많은 인물군이 등장한다. 여성의 경우는 주로 천정배필(天定配匹)과의 혼사를 완성하기까지의 험난한 고행을 통한 자기 갱신의 과정을 보여주며,

1) 조동일 외, 『한국문학강의』 길벗, 1994 참고.

남성의 경우는 영웅의 일대기를 따라 움직이면서 전인적 존재로서의 자기완성에 이르는 과정을 보여주고 있다.

〈완월회맹연〉은 중국 명나라 영종(英宗) 때의 승상 정한(程翰)과 후손 정잠(程潛) · 인성(仁星) · 몽창(夢昌) 등 4대에 걸친 많은 자손들의 입신출세와 일부다처 생활에서 일어나는 가정적 비극 및 궁중 안에서 벌어지는 음모와 모략, 그리고 여기에 영웅적인 인물이 등장하여 활약하는 등 복잡한 줄거리로 구성되어 있다. 특히 완월대에서 한 혼약이 이루어지는 과정과 정인성과 계모 소씨의 갈등(葛藤), 정인광과 장인(丈人)의 갈등을 중심으로 많은 사건들이 복합적으로 전개되고 있다. 유교사상을 그 밑바탕으로 하고 효제충신(孝悌忠信)을 그 주제로 내세운다.

이 밖에도 조선 후기에는 다양한 소설이 생산되었다. 의인소설로는 〈장끼전〉, 〈서동지전〉, 〈섬동지전〉, 〈황새결송〉 등이 있으며, 애정소설로는 〈홍백화전〉, 〈유록전〉, 〈숙영낭자전〉, 〈백학선전〉, 〈채봉감별곡〉, 〈낙동야언〉, 〈포의교집〉 등이 있고, 가정소설로는 〈옥린몽〉, 〈일락정기〉, 〈장화홍련전〉, 〈황월선전〉 등이 있다. 그 외에도 〈옥루몽〉, 〈육미당기〉, 〈삼한습유〉 등 셀 수 없는 작품이 쏟아져 나와 조선후기는 소설의 전성기라 할 수 있다.

2) 한문산문

한자가 언제 우리 민족에게 전래되었는지는 확실하지 않다. 학자에 따라 고조선 시대, 서력 기원 전후, 한사군 시대, 춘추 전국시대 등으로 추정하고 있다. 중국과 가장 인접하였던 고구려의 경우 이른 시기에 이미 한자를 사용했으며, 한문으로 방대한 분량의 역사책을 편찬한 사실에서 볼 때 한자의 도입과 활용은 우리 역사의 초기에 이루어진 것으로 볼 수 있다.

문자의 도입 이후 우리 조상은 한자를 이용하여 우리의 사상과 감정을 표현하였다. 그런데 현전하는 한문학 자료는 시문선집이나 개인의 문집으로 대단히 방대한 분량이다. 아직 발굴되지 않은 자료도 많으며 연구의 손길이 닿지 않은 작품도 많다. 한문산문은 시대별로 그 전개 양상을 살피는 것보다 하나의 갈래를 집중적으로 논의하는 것이 효과적일 것이라 판단되어 패관문학(稗官文學), 가전(假傳), 몽유록(夢遊錄), 야담(野談)에 대해 간략히 서술한다.

(1) 통일신라기 문헌설화와 고려의 패관문학

패관(稗官)이란 본래 한나라 때 악부에 소속된 관직으로, 당시 정치에 참고하기 위해 민간에 떠도는 이야기를 수집하고 기록하여 조정에 보고하는 임무를 맡은 벼슬이름이다. 이 패관의 역할을 자임하며 당시 구전하는 이야기나, 명구, 시평, 시작법 등 다양한 방면에서 채록하여 기록한 문집 수준의 기록을 패관문학이라 한다. 『수이전』, 이규보(李奎報, 1168~1241)의 『백운소설』, 이인로(李仁老, 1152~1220)의 『파한집』, 최자(崔滋, 1188~1260)의 『보한집』, 이제현(李齊賢, 1287~1367)의 『역옹패설』 등이 유명하다.

통일신라기 정통 한문학적 양식의 기록물들은 대부분 망실되었고, 『삼국사기』, 『삼국유사』 등 역사서에 일부 남아 있으나 문학적 성과를 이룬 것이라 할 수는 없다. 다만 소설에 근접한 설화가 『삼국유사』나 일문(逸文) 설화집 『수이전(殊異傳)』에 실려 있다. 『수이전』은 비록 전해지지 않지만 『삼국유사』, 『해동고승전』, 『대동운부군옥』에 『수이전』 일문이라며 부분적으로 흩어져 전하는 이야기가 있다. 〈조신(調信)〉, 〈수삽석남(首揷石枏)〉, 〈김현감호(金現感虎)〉, 〈최치원(崔致遠)〉, 〈연오랑과 세오녀〉 등 전기적(傳奇的) 작품이 그것이다.

① 조신

〈조신〉의 줄거리는 다음과 같다. 옛날, 신라 시대 세규사라는 절에 조신이라는 스님이 관리인으로 있었다. 조신은 그곳에서 태수 김흔의 딸을 좋아하여 낙산사의 관음보살 앞에 나아가 그녀와의 결합을 남몰래 빌었지만, 그 사이 김흔의 딸은 시집가 버리고 만다. 이에 조신은 관음보살 앞에 나아가 원망하며, 슬피 울었는데, 날이 저물 무렵 풋잠이 들었을 때 그 김씨 처녀가 반가운 얼굴로 나타나 함께 살자고 한다. 조신이 그녀와 함께 고향으로 돌아간 지 사십여 년 동안 자식만이 다섯이나 생겼을 뿐 가세는 엉망이어서 나물죽마저도 넉넉하게 먹지 못했다. 먹고 살기 위해 사방을 헤매 다닌 지 십여 년 만에 명주 해현 고개를 지나가다 열다섯 살 난 큰아이가 굶어 죽고 열 살 난 딸아이마저 걸식하다 개에게 물려 아파서 울부짖는다. 김씨가 이에 네 아이들을 각각 둘씩 나누어 갈라서자고 제안하고, 조신이 김씨녀와 헤어지려 할 꿈에서 깨어난다. 꿈에서 깬 조신은 인간 세상에 대한 미련이 사라지고 탐욕의 마음마저 얼음 녹듯 가시었다. 조신이 해현으로 가서 죽은 큰아이를 묻었던 자리를 파 보았더니 돌미륵이 나왔다. 이에 그 부근의 절에다 봉안하고, 후에는 사재를 털어서 정토사(淨土寺)를 세우고 부지런히 선행을 쌓다가 종적을 감추었다.

이 작품은 현실 - 꿈 - 현실의 환몽 구조로 이루어져 있으며, 당나라 전기소설인 심기제(沈旣濟)의 〈침중기(枕中記)〉의 수법에서 영향을 받은 듯하다. 후에 김만중의 〈구운몽〉 및 이광수의 〈꿈〉 등에 영향을 주어 환몽소설의 연원이 된다. 〈조신〉은 '꿈꾸기 전의 간절한 소망 - 꿈 속에서의 체험 - 깨어난 뒤의 각성'이라는 액자구조 속에, 인생의 즐거움에 대한 욕망은 한순간의 꿈이며 고통의 근원이라는 각성을 통해 욕망에 대한 집착을 끊을 것을 요구하는 불교적 주제의식을 담고 있다. 한편 꿈속에서의 삶에 주목해 볼 때, 무능한 파계승과 미모의 여인이 계급적 제약과 도덕적인 윤리를 무시하고 사랑을 바탕으로 결합하지만, 경제적 빈곤으로 생이별이라는 철저한 비극을 맞이한다는 점에서 당시 사회의 모습을 반영하는 작품이라고 볼 수 있다. 즉 불교적 각성의 이면에 사회적인 모순 또한 지적하고 있는 것이다.

② 〈김현감호〉와 〈수삽석남〉

〈김현감호〉는 〈호원설화〉라고도 하는데, 『삼국유사』와 『대동운부군옥(大東韻府群玉)』에 수록되어 전해지고 있다. 호랑이가 처녀로 변신하여 김현과 부부의 인연을 맺은 뒤, 자기의 세 오라비를 살리고 국가의 어지러움을 없애며 김현을 출세시키기 위하여 스스로 죽음을 택한다는 내용을 담고 있다.

〈수삽석남〉은 죽은 이가 재생하여 금지된 사랑을 나누었다는 내용의 이야기이다. 최항(崔伉)은 사랑하는 첩이 있었으나 부모가 금하여 몇 달을 만나지 못하였다. 이로 인하여 그는 죽게 되었는데, 죽은 지 8일째 되는 날 밤 다시 살아나 첩과 동침하고 자기의 머리에 꽂고 있던 매화 꽃가지[石枏]를 첩에게 나누어 주었다. 첩에게 부모가 동거를 허락하였다고 말하고 첩을 데리고 집으로 돌아왔는데, 새벽이 되도록 아무 소식이 없었다. 첩이 그 집에 들어갔다가 최항의 죽음을 알게 된다. 사실을 확인하기 위해 그의 관을 여니, 시체의 머리에 꽃이 꽂혀 있고 옷은 이슬에 젖었으며 신고 있는 신은 모두 닳아 있었다. 첩이 통곡하고 졸도하자 그가 다시 살아나 20년을 함께 살다가 죽었다고 한다.

이 이야기는 최항이 죽었다가 살아난다는 점에서 재생(再生), 육체는 죽었지만 혼이 살아 남아 사랑을 나눈다는 점에서 혼교(魂交), 또는 시애(屍愛) 모티프의 성격을 지니고 있다. 『금오신화(金鰲新話)』에 실린 〈만복사저포기(萬福寺樗蒲記)〉나 〈이생규장전(李生窺墻傳)〉 및 한글소설인 〈양산백전(梁山伯傳)〉·〈유문성전(柳文成傳)〉·〈김인향전(金仁香傳)〉·〈정을선전(鄭乙善傳)〉 등 재생 모티프를 지니고 있는 소설에 영향을 주었을 것으로 보인다.

이 밖에 설총이 임금의 자세를 충간하기 위해, 아첨하는 미인[장미]과 충간하는 백두옹[할미꽃] 가운데 화왕[모란]이 백두옹을 받아들인다는 내용으로 꾸민 〈화왕계(花王戒)〉 등의 작품이 있다.

③ 고려조 패관문학

이규보의 『백운소설』은 제명은 '소설'이라 하였으나 작품 해설이나 수필에 가까운 시평집이라 할 수 있다. 시화(詩話)·문담(文談)·시평·시작 이론 등으로 구성되어 있는데 저자의 문집인 『동국이상국집』에는 실리지 않고, 효종 때 홍만종(洪萬宗)이 엮은 시화집 『시화총림(詩話叢林)』 첫머리에 28편이 수록되었다.

이인로의 『파한집』은 저자가 명유(名儒)와 학자들의 시문이 인멸될 것을 슬퍼하여 이를 수록한 것이라고 한다. 『파한집』이라는 제목 그대로 문인의 파한적(破閑的)인 문담(文談)이나, 시화(詩話)·기사(記事)·자작시(自作詩)·고사·풍물 등을 기록하였다. 이는 한국 최초의 비평문학서로서의 가치를 지니는 한편, 저자가 보고들은 일화(逸話)와 교제에서 주고받은 문담을 해학적인 수법으로 기록하였다는 점에서 소설 태동기의 귀중한 자료로 평가받고 있다.

최자의 『보한집』은 이인로의 『파한집』을 보충한 시화집으로, 근체시(近體詩)와 시평(詩評), 거리에 떠도는 이야기, 흥미 있는 사실(史實), 부도(浮屠)와 부녀자들의 이야기를 수록하였다.

이제현의 『역옹패설』은 저자의 문집인 『익재난고』의 권말에 수록되어 있다. 그 내용은 대체로 이문(異聞), 기사(奇事), 시문, 서화, 인물에 관한 이야기이다. 이 책의 서문에 밝혀 둔 저자의 뜻에 따라 책명을 '낙옹비설'로 읽어야 된다는 주장도 있으며, 전집(前集)·후집(後集)·습유(拾遺) 등으로 되어 있다.

패관문학은 다음과 같은 의의가 있다. 첫째, 민간에 구전되어 오던 전승 설화가 비록 한문이긴 하지만 본격적으로 채록되어 당시의 삶을 알 수 있게 해준다는 것이다. 둘째, 소설의 전신으로서 소설 발달에 영향을 주었다는 점이다. 셋째, 조선조에 들어서 사대부 문인들의 잡기(雜記)나 시화(詩話)의 저작 기원이 되었다는 것이다. 넷째, 비평문학의 출발이 된다는 점이다. 그러나 채록과정에서 저자의 창의가 가미되어 윤색되었다고는 하지만 창의성이 떨어진다는 점에서 한계를 보이고 있다.

(2) 가전

전(傳)은 사마천의 『사기(史記)』 〈열전(列傳)〉에서 기원하였다. 사관(史官)에 의하여 입전된 인물의 일대기이며, 물려받은 논평적 참뜻을 후손에게 전달하는 전[轉]의 기능을 수행한다. 대체로 '입전 대상의 가계와 출생담 → 행적 → 죽음 → 처자손록(妻子孫錄) → 평결'로 구성된다.

이 〈열전〉을 모방하여 어떤 사물을 역사적 인물처럼 의인화하여 그 가계(家係)와 생애 및 개인적 성품, 공과(攻過)를 기록하는 전기(傳記) 형식의 글을 가전(假傳)이라 한다. 실전(實傳)이라 하지 않고 가전이라고 한 것은 '가(假)'가 허구적 성격을 내포하고 있기 때문이다.

가전은 12세기 무신란(武臣亂) 이후에 등장한 신흥 사대부들의 의식과 밀접히 관련되어 있다. 고려 후기에 새로 등장한 문인들은 원래 지방 향리 출신으로서 실무기술적인 역량에다 문인으로서의 소양까지 갖추어서 중앙 정계로 진출한 신흥사대부들이거나 이들과 처지는 다르면서도 여기에 동조한 사람들이다. 즉 실무적인 기능과 문학적인 수련을 겸비한 사람이 새 시대의 인재로서 가장 적합하다 하겠는데, 구체적인 사물을 의인화해서 표현하는 가전이야말로 이 두 가지 역량을 한꺼번에 보여주는 양식이었다. 한편 객관적 관념론자인 그들이 사물에 대한 관심과 인간 생활을 합리적으로 구성하려는 정신을 표현한 것이기도 하다. 한편 『고승전』 등 사람의 일생을 서술하는 문학 갈래가 형성되었고, 〈화왕계〉 같은 의인체 문학 형태가 축적된 데다 당송(唐宋)의 가전이 당시 문사들에게 많이 읽혀진 것이 가전 창작의 한 요인이기도 하다.

① 〈국순전〉

임춘(林椿, ?~?)은 관계 진출의 의욕은 대단하였으나 과거에 수차 낙방하였으며, 게다가

1170년(의종 24) 정중부의 난 때는 간신히 목숨을 건져 불우한 일생을 살았다고 할 수 있다. 이인로 · 오세재 등과 함께 강좌칠현(江左七賢)으로 불렸으며, 술로 세월을 보냈다고 한다. 그는 두 편의 가전을 남겼는데 하나는 누룩을 의인화한 작품인 〈국순전〉이고, 하나는 돈을 의인화한 작품인 〈공방전〉이다.

〈국순전〉은 임춘의 불우한 처지와 사회에 대한 비판을 문학적으로 형상화한 것이라 할 수 있다. 국순의 삶을 통해 술에 빠져 향락만을 일삼던 방탕한 무리를 풍자하고, 교활한 수법으로 임금에게 아부하여 나라를 어지럽히는 간신배들을 꾸짖고 있다. 단순히 술과 인간의 관계를 이야기하고 있는 것이 아니라, 신하와 임금을 술과 인간에 빗대어 그 당시 사회상을 비판하고 있다고 할 수 있다. 이 작품은 지금까지 전해지는 가전체 작품 가운데 가장 오래된 것으로, 이규보가 지은 〈국선생전〉에 영향을 주었다.

② 〈국선생전〉

이규보는 한평생 불우한 삶을 살았던 임춘과 달리, 무신 정권 아래에서도 재상의 자리까지 올라 최고의 명예를 얻은 사람이다. 그도 임춘과 마찬가지로 〈국선생전〉에서 인간과 술의 관계를 통해 임금과 신하의 관계를 이야기하고 있다. 그러나 그 주제는 전혀 다르다. 〈국순전〉이 향락만 일삼으며 임금에게 아부하는 벼슬아치를 풍자한 반면, 〈국선생전〉에서는 국선생을 위국충절(爲國忠節)의 대표적 인물을 형상화하여 사회적 교화를 강조하고 있다. 즉 신하는 신하의 도리를 굳게 지켜야만 하며, 동시에 때를 보아 물러날 줄 아는 지혜도 가지고 있어야 한다고 하였다.

③ 그 밖의 고려시대 가전

이외에도 거북을 의인화하여 어진 사람의 행적을 기린 이규보의 〈청강사자현부전(淸江使者玄夫傳)〉, 대나무를 의인화하여 절개를 나타낸 이곡(李穀, 1298~1351)의 〈죽부인전(竹夫人傳)〉, 종이를 의인화하여 글하는 선비의 행동 규범을 보인 이첨(李詹, 1345~1405)의 〈저생전(楮生傳)〉, 지팡이를 의인화하여 사람은 자기 스스로를 알아야 함을 경계한 석식영암(釋息影庵, ?~?)의 〈정시자전(丁侍者傳)〉 등이 있다.

고려의 가전은 창의성이 상당히 가미된 허구적 작품이라는 점에서 소설 문학에 한 단계 접근한 문학 양식으로, 설화와 소설의 교량적 구실을 하였다는 의의가 있다. 그러나 소수의 사대부 문인들에 의해서만 창작, 향유되는 국한성을 벗어나지 못한 한계도 있다. 그것은 이들 작품이 극히 난삽한 전고(典故)와 소수 문인들끼리의 현학적 기상(奇想)에 많이 의존하였을 뿐 아니라, 현실 체험과 동떨어진 가공성과 고답적 관념을 추구하는 데 골몰하였기 때문이다.

④ 조선시대 가전

가전의 저작은 조선조에도 이어진다. 정수강의 〈포절군전〉, 이덕무(李德懋, 1741~1793)의 〈관자허전〉, 유본학(柳本學, ?~?)의 〈오원전〉, 이이순(李頤淳, 1754~1832)의 〈화왕전〉, 황현(黃玹, 1855~1910)의 〈황의공자전〉, 변영만(卞榮晩, 1889~1954)의 〈시새전〉 등, 전통적인 가전의 모습을 갖춘 작품들이 한문학이 막을 내리는 시기까지 계속되었다.

조선조 가전의 특징은 첫째, 소재가 다양해졌다는 것이다. 이는 작자의 시계(視界)가 넓어졌음을 말해 주는 것이다. 둘째, 조선 초기보다는 후기에 대량으로 창작되었다는 것이다. 이는 어지러운 시대에 있어서 사대부들이 자신의 심회를 투영시킬 적당한 장르로서 가전문학을 선택하였고, 그 결과 서사문학 전반에 걸쳐 왕성한 창작이 이루어졌음을 보여주는 것이다. 셋째, 형식의 변형이 나타난다는 것이다. 천군소설 등 가전체소설이 출현하고 선계(先系)·후계(後系)·사평(史評) 등이 생략되거나 변형된다. 넷째, 내용면에 있어서 도가적인 색채가 많이 가미되고 은둔사상이 투영되어 있다는 점이다. 다섯째, 작자의 구성에 있어서 대부분이 문관들로서 벼슬하는 사람들이 주를 이룬다는 것이다.

(3) 몽유록

① 몽유록의 세계

몽유록은 조선시대 지식층 작가들이 꿈을 빌려 자신의 심회나 현실에 대한 비판을 토로하거나, 이상세계를 설정해서 그의 지향의식을 묘사하는 허구적 서사문학의 일종이다.

꿈을 소재나 기법으로 차용하여 문학적으로 형상화하는 작업은 예전부터 있었다. 〈조신〉 이야기나 중국의 〈한단몽〉 등의 고사가 그것이다. 이러한 전통 위에 조선조 사대부적 이상과 현실 사이의 모순이 심화되어 가며, 외세의 침입[임·병양란]과 민족 내부의 모순[신분모순의 문제]이 첨예하게 드러나는 시점에서 사대부들이 위기의식을 표출하는 수단으로 삼은 것이 몽유록이다.

몽유록에는 현실비판을 지향하는 것과 이상 추구를 지향하는 두 부류가 있다. 앞의 것은 자아와 환경과의 대결 의지가 적극적이고 강하며, 역사적 사건을 소재로 하여 비장하고 준열한 윤리의식을 보여준다. 〈원생몽유록〉, 〈달천몽유록〉, 〈피생몽유록〉 등이 여기에 속한다. 이상 추구를 지향하는 작품군은 자아와 환경과의 대결 의지가 소극적이고 굴절적이며 이상국 건설을 소재로 하여 환상을 통한 일시적 만족을 추구하는 경향을 띤다. 여기에 속하는 작품으로는 〈대관재몽유록〉, 〈사수몽유록〉, 〈금화사몽유록〉 등이 있다.

② 원생몽유록

〈원생몽유록〉의 줄거리는 다음과 같다. 가난하지만 강개한 선비인 주인공 원자허가 가을밤에 달빛을 이용하여 독서를 하다가, 밤이 깊고 정신이 어지러워 책상에 기대어 잠이 들게 된다. 꿈속에서 원자허는 몽중에 신선이 된 기분으로 어떤 강변에 다다라 휘파람을 불면서 시 한 수를 읊고 있다가, 한 선비의 영접을 받는다. 그 선비를 따라가 단종을 만난다. 단종의 곁에는 의관을 한 다섯 사람이 호위하고 앉아 있었는데 원자허는 말석에 앉아 그들과 대화를 나눈다. 복건을 쓴 사람이 요순우탕이 선위를 통해 왕이 된 것을 비판한다. 그러나 단종은 그들은 죄가 없고 다만 그들의 양위를 빙자한 자가 도적이라고 말한다. 이어서 단종과 박팽년, 성삼문, 하위지, 이개, 유성원이 차례로 세조의 왕위 찬탈에 대한 원한을 담은 비분강개의 시를 읊는다. 다음으로 복건 쓴 사람과 원자허가 애절한 심회를 시로 읊는다. 끝으로 뒤늦게 참석한 무신 유응부가 강개한 심정을 시로 표현한다. 그 뒤 갑자기 벼락 치는 소리에 원자허는 꿈에서 깨어난다. 원자허는 꿈 이야기를 해월거사에게 하는데, 꿈 이야기를 들은 해월이 현명한 단종과 충성스러운 신하들이 화를 당한 것에 대하여 하늘을 원망하는 것으로 작품은 끝난다.

〈원생몽유록〉의 작자에 대해서는 다양한 이설이 있다. 원호, 김시습, 임제 등이 작자로 거론되었는데, 대체로 임제 창작설을 유력한 것으로 본다. 임제는 선조조에 정계에 진출하였다. 당파싸움이 격화되는 것에 회의를 느껴 명산을 찾아다니며 여생을 보낸 인물이다. 당대 명문장가로 명성을 떨쳤으며 시풍(詩風)이 호방하고 명쾌했다고 한다. 임제는 낭만적 시인이면서도 현실의 본질을 냉정히 분석하고 비판하는 사실적 시각을 한편에 가지고 있었다. 순수하기만 한 낭만의 세계는 현실에 부딪힐 때 어느덧 냉정하고 예리한 사실의 세계로 바뀌고 있다. 이같은 임제의 현실비판적 인식이 '꿈'이라는 허구적 장치를 통해서 세조의 왕위 찬탈이라는 역사적 사건을 소재로 하여 정치권력의 모순을 폭로하여 중세적 권위에 대한 비판으로 구현된 것이 〈원생몽유록〉이다.

원자허는 강개한 선비로서 기개가 매우 커서 세상에 용납되지 않아 여러 번 과거에 실패하고 가난한 삶을 살았지만 책을 열심히 읽는 사람이었다. 이것은 임제 자신을 몽유자로 설정하지 않고 역사적 인물로 가탁한 것이다. 이를 통해 후대인으로서가 아니라 원자허 자신이 처한 입장에 결부시켜 비애감을 느낀다. 이를 통해 작가는 처연한 자신의 심정을 나타내는 기반을 마련하고 동시에 몽유자로서 사육신과 왕을 만날 수 있는 계기를 만든다.

해월거사(海月居士)는 원자허의 꿈 이야기를 듣고 이에 논평과 시를 덧붙이는 인물이다. 그는 현명지주와 충의지신이 힘을 모았는데도 의롭지 못한 권력의 횡포에 의해 참화를 입고 말았다고 하였다. 그러나 당시의 특수한 역사적 상황이나 정치권력의 판도가 일을 그렇게 만들었다고 하더라도 그 역시 복선화음하는 초월적이고 당위적 이념의 지배하에 있는 것이라고 말하여 이러한 비극적 진실을 극복하고자 한다.

복건자는 작품 속에 나타나는 또 하나의 작가의 분신이라 할 수 있다. 복건자는 중세의 주자학적 사유의 한계를 날카롭게 지적하고 있다. 요 · 순이 선양을 관례화한 이후로 세조와 같은 불의의 세력들이 천명을 빙자한 선위의 명분을 내세워 국권을 도적질하여 자신의 지배 체제를 합리화시켜도 이를 막을 도리가 없다고 말한다. 복건자의 이 격론은 역사의 과정이 복선화음하는 초월적 원리[天道 ; 天命]에 의해서가 아닌 시세에 의해 규정되는 현실 법칙에 의해 진행되고 있다는 사실을 날카롭게 지적한 것이다. 그러나 이에 대해 왕은 반론을 수용하는 태도를 보임으로써 현왕조의 정통성을 인정할 수밖에 없었던 당대의 시대적 상황을 드러내고 있다. 이것은 〈원생몽유록〉의 저작 의도가 사육신에 대한 추모가 아닌 그들이 실천했던 절의(節義)를 나타내고자 했던 것임을 보여주는 것이다. 곧 〈원생몽유록〉은 꿈의 형식을 통해 단종과 사육신의 비극을 나타냄으로써 세조의 왕위 찬탈을 간접적으로 비판하였던 것이다.

(4) 야담

서사문학의 활성화에 가장 적극적으로 반응한 것이 야담이다. 야담이란 통상 역사적 사건이나 인물에 관하여 민간에서 전해온 이야기를 말한다. 야사(野史) · 야승(野乘) · 패사(稗史) · 패설(稗說) 등의 명칭도 있지만 학술적 명칭이 아니라 관습적 명칭이므로 여기서는 야담이라 쓰기로 한다. 야담 속에는 양반계층의 향방, 객주의 상업활동, 치부담에 나타난 윤리관, 재산과 신분의 문제 등 당시 다양한 삶의 모습이 녹아 있어 우리 문학사에 있어서 주요한 자료이다.

야담에 자주 등장하는 문제는 재산의 축적, 사람의 본능적 요구, 세속적 이해 관계, 낡은 신분 질서의 붕괴, 주인과 노비 사이의 갈등, 도적과 사기꾼들, 시정인들의 생활상, 특이한 삶을 살아간 기인, 일사(일탈한 선비)들의 세태에 대한 풍자와 해학 등이다.

야담은 국문으로 기록된 것도 있고 한문으로 기록된 것도 있는데, 전문적 이야기꾼이나 유식자에 의해 구전되거나 기록되어 설화성과 역사성을 동시에 지니고 있다. 멀리 통일신라 시대의 『화랑세기』, 『계림잡전』, 『고승전』, 『수이전』 등과 고려 시대의 『파한집』, 『보한집』, 『역옹패설』 등도 넓게는 야담집에 속한다.

야담집의 출현을 사적으로 살펴본다면 15세기는 『태평한화골계전』, 『용재총화』, 『청파극담』, 『수문쇄설』 등이 중요 문헌이다. 『태평한화골계전』은 서거정(徐居正, 1420~1488)이 고려 말에서 조선 초 사이에 고관 · 문인 · 승도 사이에 떠돌던 해학적 기문(奇聞) 및 일화(逸話)를 들은 대로 기록한 것으로 『골계전』이라 부르기도 한다. 『용재총화』는 조선 전기의 문신이자 학자인 성현(成俔, 1439~1504)의 수필집으로 문담(文談)과 시화(詩話) · 서화(書畫)에 대한 이야기와 인물평(人物評) · 사화(史話) · 실력담(實歷談) 등을 모아 엮은 것이다. 『청파극담(青坡劇談)』은 성종 연간에 청파 이륙(李陸, 1438~1498)이 중국에 사신으로 다녀온 견문기(見聞記)를 엮은 책이다.

16세기의 대표적 야담을 다룬 문헌으로는 『어면순(御眠楯)』, 『패관잡기』, 『용천담적기』 등이 있다. 『어면순』은 연산군 때 송세림이 편찬한 것으로 『고금소총(古今笑叢)』에 들어 있다. 남녀의 성희를 노골적이며 해학적으로 표현하고 남녀의 호색을 풍자한 소화집(笑話集)이다. 『패관잡기』는 명종 때의 학자 어숙권(魚叔權, ?~?)이 지은 패관문학서(稗官文學書)로 강희안(姜希顏)의 『양화소록(養花小錄)』, 서거정의 『골계전(滑稽傳)』 · 『필원잡기(筆苑雜記)』 · 『동인시화(東人詩話)』, 강희맹(姜希孟)의 『촌담해이(村談解頤)』, 김시습의 『금오신화(金鰲新話)』, 이육의 『극담(劇談)』, 성현의 『용재총화(慵齋叢話)』, 남효온의 『육신전(六臣傳)』·『추강냉화(秋江冷話)』 등 한국의 각종 설화·시화를 모아 해설을 붙인 것이다.

17세기의 주요 야담 문헌으로는 『어우야담(於于野譚)』, 『명엽지해(蓂葉志諧)』 등이 있다. 『어우야담』은 광해군 때 어우당(於于堂) 유몽인(柳夢寅, 1559~1623)이 지은, 좁은 의미에서 한국 최초의 야담집(野談集)이라 할 수 있다. 앞의 야담집이 시화와 역사가 섞여 있는 비평과 수필, 야담의 중간적 성격인데 비해 『어우야담』은 야사(野史)·항담(巷談)·가설(街說) 등 민간에 유포된 풍자적인 설화와 기지 있는 야담들로 구성되어 있다는 점에서 본격적인 야담문학의 시작이라 할 수 있다. 『명엽지해』는 홍만종(洪萬宗, 1643~1725)이 민담을 모은 것으로 그가 서호(西湖)에 있을 때 마을 사람들의 한담을 듣고 기록하였던 글로서 그 내용은 사회 풍자적이고 교훈적이며 경계하는 글이 주종을 이루고 있다.

18세기의 대표적 야담 자료집으로는 『학산한언』이 있다. 『학산한언』은 숙종 때 신돈복(辛敦復, 1692~1779)이 쓴 문헌설화집으로 신돈복이 보고 들은 시화(詩話)·권학(勸學)·풍수(風水)·효자(孝子)·의인(義人)·응보(應報)·도술(道術)·신귀(神鬼)·신수(神獸)에 관한 이야기와 역사적 사건과 인물에 얽힌 뒷이야기, 인물 일화와 회화평, 그리고 장례풍속에 이르기까지 다양한 내용이 수록되어 있다.

19세기는 가히 야담의 전승시대라 할 수 있다. 3대 야담집으로 불리는 『청구야담(靑丘野談)』, 『계서야담(溪西野談)』, 『동야휘집(東野彙輯)』을 비롯하여 『동패락송(東稗洛誦)』도 이 시기의 자료이다. 『청구야담』은 민담과 야담을 소설 형식으로 기록한 조선 후기의 한문 야담집으로 연대는 미상이나 담긴 내용이 1700년에서 1800년까지의 현실을 사실적으로 그린 것으로 보아 19세기에 완성된 듯하다. 『계서야담』은 순조 때 이희준(李羲準, 1775~1842)이 지은 기담집(奇談集)으로 고금의 기사(奇事)·이문(異聞)·잡설(雜說)·해담(諧談) 등 여러 가지 재미있는 이야기들을 보고들은 대로 적은 책이다. 『동야휘집』은 조선 후기의 문신인 이원명(李源命, 1807~1887)이 전해오는 야담과 패설(稗說) 등을 수집하여 편찬한 야담집이다. 저자의 자서(自序)에 『어우야담』과 『기문총화(奇聞叢話)』, 그 밖의 책, 민간에서 구전되던 자료를 모아 고치고 윤색하여 수록한 것임을 밝히고 있다. 이 책의 체재상의 특징은 다른 설화집과는 달리 서문 및 주제별 분류가 있다는 점인데, 이 책의 분류는 20세기 이전에 이루어진

설화집으로서는 국내 최초의 설화분류법을 채택했다고 할 수 있다.

야담집의 편찬은 20세기에도 이어져 『월간야담(1934)』, 『야담(1935)』의 서적이 꾸준히 출간되었다.

3. 참고자료

1) 〈금화사몽유록(金華寺夢遊錄)〉

원나라 지정(至正) 말년에 성허(成虛)라는 선비가 있었다. 금화사에서 놀다가 꿈에 한 곳에 가보니 한고조(漢高祖) · 당태종(唐太宗) · 송태조(宋太祖) · 명태조(明太祖) 등 중국 역대의 창업주들이 모여 있었다. 좌정이 끝나고, 문무 제신을 동서로 나누어 앉히고는 주연을 베푼다. 한고조가 먼저 군신의 충렬에 힘입어 대업을 성취하였음을 말하고, 이어 당태종 · 송태조 · 명태조 등이 공신들의 지모와 용략으로 각각 창업을 성취하였다고 한다. 이후 당태종의 말에 따라 동한(東漢)의 광무제(光武帝), 촉한(蜀漢)의 소열제(昭烈帝) 등 중흥주를 초청하여 역대의 제왕과 공신의 반열을 정한다. 제갈량(諸葛亮)이 역대 공신들의 공적을 논평한 다음, 역대 군신을 총망라한 조정을 꾸리는데 그 결과 수상에는 동방삭, 좌상에는 제갈량, 우상에는 소하(蕭何)가 결정된다. 그리고 한고조는 한퇴지를 시켜 제왕연(帝王宴)에 대한 송시를 짓도록 한다. 이때 연회에 초청받지 못한 원태조(元太祖)가 변방의 추장들을 거느리고 쳐들어오자 진시황(秦始皇)과 한무제(漢武帝)가 출전하여 격퇴시킨다. 이윽고 날이 새고 닭이 울자 모두 해산하고, 그 연회를 구경하던 성허도 놀라 깨니 일장춘몽이었다.

[해설] 몽유자 성허가 직접 사건에 참여하지 않고 일어난 일을 그대로 기록하고 있다는 점에서 방관자적 유형이라 할 수 있다. 내용상 특징은 원태조를 제왕연에 초청하지 않았다는 것이다. 이것은 이 작품이 중국 한족 중심의 정통적 역사관에 기반하고 있음을 보여주는 것이다.

2) 〈두껍전〉

옛날 일월산 아래 살던 양옹 부부가 낚시로 두꺼비를 잡았다. 두꺼비가 조화를 부려 돈과 쌀과 보물을 솟아나게 하였다. 두꺼비가 수양아들 되기를 원하여 수양아들을 삼았더니 하루는 이판서댁 막내딸에게 장가들기를 청하였다. 이판서가 완강하게 거절하였지만 혼사는 이루어졌고, 신부가 자결하려 하였다. 이에 두꺼비가 탈을 벗고 장부가 되어 첫날밤을 치른다. 날 새자 다시 탈을 쓰고 나오니 온 식구가 모두 괄시하였다. 장인의 회갑에 쓸 짐승을 잡기 위해 동서들과 사냥을 갔는데 두꺼비 신랑은 도술을 써서 짐승을 많이 잡았다. 짐승을 잡지 못한 동서들이 짐승을 나누어 달라 하자, 동서들의 등에 도장을 찍고 모두 나누어주고는 빈손으로 돌아온다. 두꺼비 신랑은 장인의 회갑날 환골탈태하여 옥골선관이 되어서는 등에 찍힌 도장자국을 신표(信標) 삼아 두 동서를 자기의 종이라 한다. 동서들에게 매를 치다가 자신를 밝히고는 아내와 함께 하늘로 올라간다.

[해설] 동물의인소설의 하나이다. 이 이야기는 주로 영남 북부지방에 많이 분포된 〈두꺼비사위〉 설화가 정착된 것으로 보인다. 이본에 따라 회갑연 뒤에 동서들과 더불어 과거를 보러 가는 등 다양한 화소가 첨가되거나 삭제되어 있다.

3) 〈화왕계(花王戒)〉

…… 전략 ……

이때 베옷을 입고, 허리에는 가죽띠를 두르고, 손에는 지팡이, 머리는 흰 백발을 한 장부 하나가 둔중한 걸음으로 나와 공손히 허리를 굽히며 말했다.

"이 몸은 서울 밖 한길 옆에 사는 백두옹(白頭翁)입니다. 아래로는 창망한 들판을 내려다보고, 위로는 우뚝 솟은 산 경지에 의지하고 있습니다. 가만히 보옵건대, 좌우에서 보살피는 신하는 고량(膏粱)과 향기로운 차와 술로 수라상을 받들어 임금님의 식성을 흡족하게 하고, 정신을 맑게 해드리고 있사옵니다. 또, 고리짝에 저장해 둔 양약으로 임금님의 원기를 돕고, 금석의 극약으로써 임금님의 몸에 있는 독(毒)을 제거해 줄 것입니다. 그래서 이르기를 '비록 사마(絲麻)가 있어도 군자된 자는 관괴라고 해서 버리는 일이 없고, 부족에 대비하지 않음이 없다.'고 하였습니다. 임금님께서도 이러한 뜻을 가지고 계신지 모르겠습니다."

한 신하가 화왕께 아뢰기를,

"두 사람이 왔는데, 임금님께서는 누구를 취하고 누구를 버리시겠습니까?"

화왕께서는 이렇게 대답하였다.

"장부의 말도 도리가 있기는 하나, 그러나 가인(佳人)을 얻기 어려우니 이를 어찌할꼬?"

그러자 장부가 앞으로 나와 말하였다.

"제가 온 것은 임금님의 총명이 모든 사리를 잘 판단한다고 들었기 때문입니다. 그러나 지금 뵈오니 그렇지 않으십니다. 무릇 임금된 자로서 간사하고 아첨하는 자를 가까이 하지 않고, 정직한 자를 멀리 하지 않는 이는 드뭅니다. 그래서 맹자(孟子)는 불우한 가운데 일생을 마쳤고, 풍당(馮唐)은 낭관(郎官)으로 파묻혀 머리가 백발이 되었습니다. 예로부터 이러하오니 저인들 어찌하겠습니까?"

화왕은 마침내 다음의 말을 되풀이하였다.

"내가 잘못했다. 잘못했다."

이에 왕이 심각한 표정을 지으며 이르기를,

"그대의 우언(寓言)에 정말 깊은 의미가 있으니 글로 써서 왕자(王者)의 계감(戒鑑)을 삼게 하기 바라오." 하고, 설총을 발탁하여 높은 관직에 임명하였다.

– 『삼국사기(三國史記)』 〈열전(列傳)〉

[해설] 신라 때 설총(薛聰, ?~?)이 지은 단편 산문이다. 『동문선』에는 〈풍왕서(諷王書)〉라고 되어 있으나, 원래는 『삼국사기』 〈열전〉에 설총을 다루면서 제목 없이 언급된 것을 후대에 〈화왕계〉라 하였다. 신문왕이 무료함을 달래기 위하여 설총에게 재미있는 이야기를 해줄 것을 청하였는데 설총이 이 화왕(花王) 모란이 처음에는 장미를 사랑하였다가 결국 할미꽃의 충언에 감동하여 정직한 도리를 숭상하게 된다는 이야기를 하였다.

4) 〈어우야담〉 중에서

박계쇠는 시정 상인의 아들이다. 감사 홍춘경에게 첩에게서 난 딸이 있었는데, 결혼시켜야 할 나이가 되었다. 어떤 사람이 계쇠를 거론하니, 춘경의 조카 승지 홍천민이 말하기를,

"사대부가 어찌 시전 사람과 더불어 혼인하겠습니까?"

춘경이 말하기를,

"천녀(賤女)인데 뭐 나쁠 게 있겠는가?"

하고 마침내 첩에게서 난 딸을 계쇠의 처로 삼았다.

계쇠는 가업이 매우 풍요하였는데도, 왜와 무역해서 이익을 취하고자 동평관에 묵고 있는 왜인을 찾아갔다. 왜인이 야광주(夜光珠) 한 개를 자랑하는데 그 크기가 달걀만 하였다. 밤중에 시험해 보니 밝은 것이 마치 등불 같아 온 방이 환하였다. 그 값을 수백만 금이라 하였다. 속으로 생각하기를, '이 야광주의 값을 백 배로 늘리는 것은 연경에 가서 채단과 바꾸는 것이다.'라고 하며 뇌물을 써서 부경사 일원이 되었다.

요동 회원관에 이르러 상자를 열고 보니 광채가 조금 이그러져 있었다. 옥하관에 이르러 밤을 타서 살펴보니 컴컴하여 아무 광채가 없는, 보잘것없는 하나의 둥근 돌일 뿐이었다. 그것을 연경의 저자 사람들에게 보이며, "이것은 야광주요."라고 말하니, 저자 사람들이 모두 크게 웃고 그의 얼굴에 침을 뱉으며 말하기를,

"이것은 구워서 만든 가짜 진주요."라 하였다.

날이 지나자 광채가 없어져 연석 같은 옥보다도 못하여, 마침내 빈손으로 집에 돌아왔다. 이로부터 저자에 빚을 지게 된 것이 천금을 넘어 집을 팔아도 다 갚을 수 없었고, 전원을 팔아도 갚을 수 없었으며, 서울과 지방에 있는 장획(藏獲)을 팔아도 다 갚을 수가 없었다. 계책이 궁해지고 형세가 급박하게 되자 몰래 이부의 아전과 도모하여 이미 죽은 종실의 고신과 녹패 문서를 발급받고, 태창의 아전과 모의하여 3품의 종실의 녹을 태창에서 해마다 네 차례씩 하여 마치 조정의 벼슬아치인 듯 행세하였다.

이 짓을 거의 십 년 동안 하여 빚을 갚았는데, 후에 일이 발각되어 옥에서 죽었다. 해당 관부에서 죽은 지 삼 일 후에 그의 시체를 옥에서 꺼내 보니, 쥐가 양쪽 눈을

모두 파먹어 구멍이 뚫려 있었다.

슬프다. 사람이 보화를 중히 여기는 마음 때문에 처음에 실패하였고, 급히 구하고자 하는 꾀가 뒤를 이어 생겨난다. 하지만 죽음을 자초하는 계책이 생길 때에 억제하지 못하여, 흉화(凶禍)에 걸려 쥐가 두 눈을 파먹기에 이르렀다. 이에 대해 박계쇠를 책망하는 것으로는 부족하다. 사대부가 시정의 자식을 가려 그 딸을 처를 삼게 해 집안에 누를 끼친 것이니, 당연한 결과가 아니겠는가? 홍승지의 말은 진실로 귀감으로 삼을 만 하도다.

[해설] 『어우야담』은 조선 광해군 때 어우당(於于堂) 유몽인이 지은 한국 최초의 야담집(野談集)이다. 한문본은 5권 1책으로 되었는데, 내용은 권1은 인륜편으로 효열(孝烈) · 충 · 덕의(德義) · 은둔 · 혼인 · 처첩 · 기상(氣相) · 붕우 · 노비 · 배우(俳優) · 창기(娼妓), 권2는 종교편으로 선도(仙道) · 승려 · 서교(西教) · 무격(巫覡) · 몽(夢) · 영혼 · 귀신 · 속기(俗忌) · 풍수 · 천명, 권3은 학예편으로 문예 · 식감(識鑑) · 의식(衣食) · 교양 · 음악 · 사어(射御) · 서화 · 의약 · 기예 · 점후(占候) · 복서(卜筮) · 박혁(博奕), 권4는 사회편으로 과거(科擧) · 구관(求官) · 부귀 · 치부 · 내구(耐久) · 음덕 · 붕당(朋黨) · 무망(誣罔) · 고풍(古風) · 외임(外任) · 용력(勇力) · 처사(處事) · 구변(口辯) · 오기(傲忌) · 교학(驕虐) · 욕심 · 재앙 · 생활고 · 도적 · 해학(諧謔), 권5는 만물편으로 천지 · 초목 · 인류 · 금수(禽獸) · 인개(鱗介) · 고물(古物)로 각각 분류 · 수록하였다.

참고문헌

1. 한국고소설연구회, 『한국고소설론』, 아세아문화사, 1991.

▸ 한국고소설학회에서 펴낸 고전소설연구에 필요한 기초적 논의를 정리한 책이다. 고소설의 개념, 고소설발달사, 작자와 독자, 배경론, 주제론, 소재론, 인물론, 구성론, 유형론 및 유통구조까지 그야말로 고전소설에 대한 포괄적 이론이 정리되어 있다.

2. 김광순, 『고소설사』, 새문사, 2006.

▸ 한국 고소설을 사적으로 정리한 책이다. 이 책은 우리 고소설사를 9 · 10세기 『수이전』계 작품으로 끌어올려 논의하고 있다. 나말여초에서 무신란 이전까지를 중세초기로 보고 〈조신전〉, 〈김현감호〉, 〈최치원〉 등을 소설사의 초기에 두고 논의한다. 이후의 시대적 구분은 중세 중기, 중세 말기, 중세에서 근대로의 전환기, 근대전환기 초기 · 중기로 나누었고, 각 시기별 대표작과 문제작을 구체적으로 설명하고 있다.

3. 김일렬, 『고전소설신론』, 새문사, 1991.

▸ 이 책은 고전소설의 일반론과 작가 · 작품론으로 구성되어 있다. 일반론에서는 고전소설에 대한 기본적인 개념이 정리되어 있으며, 작가 · 작품론은 김시습과 금오신화, 허균과 홍길동전, 김만중과 구운몽, 박지원과 연암소설, 유충렬전, 춘향전에 대한 구체적인 연구 성과가 집적되어 있다. 고전소설론과 개별 작품 및 작가에 대한 이해를 위해 읽어야 할 책이다.

4. 차용주, 『한국한문학사』, 경인문화사, 1995.

▸ 이 책은 우리 한문학사를 고대 · 중세 · 근세로 나누어 각 시기별 주요 작품과 주요 작가, 문학 동향을 서술하고 있다. 위의 책이 전체적인 흐름에 치중하였다면 이 책은 각론에 치중한다. 작가의 개인 전기와 작품이 자세히 설명되어 있어 한문학에 대해 조금 더 깊이 있게 접근하고자 하는 욕구를 채워줄 수 있다.

5. 신재홍, 『한국몽유소설연구』, 계명문화사, 1994.

▸ 한문학 가운데 한 양식인 몽유양식이라는 큰 틀을 공유하는 작품을 몽유전기소설, 몽유록, 몽유장편소설로 나누어 사적 전개와 특징을 살폈다. 꿈이라는 소재를 서사화하는 방법으로써 몽유가 어떻게 작품 속에 적용되는지에 대해 꼼꼼히 살피고 있어 구체적인 작품론의 연구에 도움이 된다.

5장 한국문학과 현대문학

강의목표

- 현대문학의 개념과 기점을 이해하여 현대문학의 전반적인 성격을 안다.
- 미적 범주, 관점, 수사법 등 현대문학의 이해를 위한 기본적 지식을 습득한다.
- 역사적 특수성과 연계하여 현대문학의 특질을 이해한다.

1. 현대문학의 개념과 기본 지식

1) 현대문학의 개념과 기점

(1) 현대문학의 개념

한국 현대문학이란 '현대에 쓰인 한국문학'이라는 의미이다. 이때 '현대'는 시간적 조건뿐 아니라 내용적 조건까지 충족시켜야 한다. 임화가 "근대(현대)문학이란 단순히 근대에 쓰여진 문학을 가리킴이 아니라 근대적 정신과 근대적 형식을 갖춘 질적으로 새로운 문학"이라고 규정한 것도 이 때문이다. 문학사에서 사용하는 현대는 이 기준을 염두에 둔 개념이다.

이때 '현대'라는 말은 어떤 의미를 지닐까. 우리 문학에서 사용하는 '현대'는 영어의 '모던(modern)'의 번역이다. '모던'은 우리말로 '근대' 혹은 '현대'로 번역된다. 모더니티(modernity) 역시 '현대성' 혹은 '근대성'으로 번역된다. 현대성(근대성)이란 산업혁명과 자본주의에 의해 형성된 시대적 특성으로서, 이성과 과학에 대한 절대적인 신뢰, 역사의 무한한 진보에 대한 믿음을 바탕으로 한다. 문학에서 현대성은 모든 기술적 계획들을 실현시킴으로써 인류를 해방시키고자 하는 기획에 의해 특징지어지는 이성중심주의의 문학적 발현으로 나타난다.

현대성을 어떻게 이해하느냐에 따라 우리 현대문학을 바라보는 관점도 결정된다. 현대문학이 서구문학의 이식이냐 아니면 전통의 새로운 계승이냐 하는 문제가 그것이다. 전자를 '이식문학론', 후자를 '내재적 발전론'이라 한다. 이는 또한 현대문학의 기점을 언제로 잡느냐 하는 문제와 연계되어 있다.

이식문학론은 임화의 『개설 신문학사』에서 주장된 것으로, 서구문학의 수입으로 우리 현대문학이 시작되었다는 논의이다. 문학이라는 개념 자체가 그 전에는 경서류의 학문 일반을 의미하였는데, 서구문학의 수입으로 지금 부르는 것처럼 시, 소설을 의미하는 예술문학으로 그 의미가 바뀌었다는 것이다. 문학 개념이 기존의 개념과 완전하게 달라지면서 단절이 생기게 되었는데, 그 단절 이후의 문학이 현대문학이라는 주장이다. 이식문학론은 외래문화를 받아들이는 수용 주체의 창조적 노력이 무시되었다는 점에서 여러 각도에서 비판을 받았다.

내재적 발전론은 이식문학론에 대한 비판적 성찰로 나타나게 된 이론이다. 이는 근대성이 외부에 의해 주어진 것이 아니라 우리 문화의 발전과정상 자연스럽게 나타난 현상이라는 점을 강조한다. 김윤식, 김현의 주장(『한국문학사』, 1973)이 대표적인데, 이들은 서구의 근대가 영향을 미치기 이전에도 우리 역사에 자생적인 근대성의 발아가 있었기 때문에 그것을 찾아내는 노력이 중요하다고 본다. 그래서 그들은 근대의식과 근대적 언어의식이 나타나기 시작한 18세기 영·정조 시대를 근대의 시작으로 잡는다.

(2) 현대문학의 기점

현대문학의 기점에 대한 논의는 이식론과 내재적 발전론의 대립에 의해 다양하게 제기되었다. 시기적으로 갑오경장을 현대문학의 기점으로 삼는 논의가 먼저 나타나고 이를 극복하려는 논의들이 뒤이어 나타났다. 이것을 정리하면 〈표1〉과 같다.

2) 현대문학의 범위와 미적 범주

(1) 현대문학의 범위

한국문학이란 "한국 사람이 한국의 언어와 문자를 통하여 한국 사람의 생활과 사상을

〈표1〉 현대문학의 기점

기점	이론가	근거	한계
18세기 (영 · 정조 시대)	김태준, 김일근, 김윤식, 김현	영 · 정조 시대에 근대의식 및 근대적 언어의식이 대두되었음.	정치 경제사적 논리가 앞서고 구체적 작품성과가 부족함. 18세기는 근대의 기점이기보다 근대의 준비기에 불과하다는 논의가 지배적임.
19세기 중반 (동학혁명)	황패강, 임헌영	동학혁명(1860)을 통하여 근대적 민중의식이 발전하고 봉건체제가 붕괴함으로써 근대시민사회로 진입하게 됨.	개항 전후한 사회 · 경제적 변화에 주목함으로써 실제 작품이 뒷받침되지 않음.
19세기 후반 (갑오경장)	임화, 백철, 조연현	갑오경장(1894)이라는 역사적 사실을 통하여 근대적 정치제도가 도입되었음.	형식적인 개혁에 불과한 갑오경장의 의미를 과장함으로써, 고전문학과의 연계 및 자생적 계기 부정. 문학의 형식적 측면에만 주목하였음.
20세기 초반1 (개화기)	김동인, 전광용, 이재선	신소설이 이전 작품과 다른 근대문학의 전형적인 모습을 보여줌.	주로 소설사에서 주장되고 있음.
20세기 초반2 (1910년대)	박영희, 홍효민, 정한숙	이광수의 소설 〈무정〉(1919), 1908년 『소년』지 창간. 특히 〈무정〉이 문학적 완성도나 질적인 측면에서 근대문학의 특성을 보여줌.	구체적인 작품으로 시기 구분의 기준으로 삼았으나, 문학작품의 완성도에 집착함으로써 〈무정〉 이전의 다양한 작품 무시.
	조동일	3 · 1운동(1919)으로 근대적 문화운동이 확산되어 문학에서도 근대적 성격이 두드러지게 되었음.	3 · 1운동 이전의 근대문학적 성과들이 무시됨. 근대 이행기가 너무 길게 설정됨.

표현한 문학"이 된다. 이때 "한국 사람"은 주체적 조건, "한국의 언어와 문자"는 형식적 조건이며, 마지막으로 "한국 사람의 생활과 사상"은 내용적 조건이 된다. 그리고 한국의 현대문학이란 이 규정에 '현대'라는 어휘를 첨가한 것으로, "한국의 현대인이 현대식 표기방식을 통하여 현대 한국인의 생활과 사상을 표현한 문학"(조연현, 『한국현대문학사』)이

된다.

그런데 일제강점기 동안 강제적 혹은 반강제적으로 국외로 이주하는 경우가 생김으로써 일종의 민족 이산 현상이 발생하였다. 이후 현대사회가 다변화하고 세계화함에 따라 삶의 방식이 다양해짐으로써 이상의 현대문학 개념에 포섭되지 않은 예외적인 경우가 많이 나타나고 있어 더욱 신축적인 개념이 요구되었다. 그 중의 하나가 디아스포라문학이다.[1)]

디아스포라문학은 '재외 한국인문학'으로서, 재외 한국인들이 산출한 문학을 가리킨다. 재외 한국인은 한국에서 태어나 청년기에 외국으로 이주한 이민 1세대, 어린 시절 부모를 따라 외국으로 간 1.5세대, 이민 1세대 부모 아래 외국에서 태어나 외국에서 성장한 2세대 이후의 세대를 모두 포괄한다. 이들은 속인주의에 따르면 혈통상 한국인에 속할 수 있으나, 속국주의에 따르면 외국인이 되며, 속문주의에 따르면 한국어가 아니라 소속국의 언어로 문학 활동을 하는 경우가 많다.

디아스포라문학 중 재중 한국인문학(조선족 문학)은 한국어로 창작되고 있어 속문주의 기준에 적합하지만 대부분은 이에 부적합한 경우에 속한다. 비록 소속국의 언어를 사용하고 있으나 한국계 작가들이 한국계 자국인으로서 겪는 사회적 차별과 그로 인한 정체성 문제를 주로 다루고 있다는 점에서 디아스포라문학을 한국 현대문학의 일종으로 수용하려는 분위기가 고조되고 있다.

본격적으로 대두된 것은 미국에서 활동하는 한국계 작가들의 작품이 미국 사회에서 인정을 받은 이후이다. 특히 김은국의 〈순교자〉, 강용흘의 〈초당〉, 이창래의 〈네이티브 스피커〉 등이 문제적이다. 김은국의 〈순교자〉는 1964년 미국에서 영어로 발표되어 미국 내에서 문학성을 인정받음으로써 디아스포라문학의 문제를 본격적으로 제기한 작품이다. 그 외 재일 한국인문학도 일본에서 인정을 받은 후 한국에서 재조명되는 경우가 많다. 전체적인 것을 정리하면 다음과 같다.

---

1) 디아스포라 문학. 디아스포라(diaspora)는 동일한 민족 구성원이 세계 여러 지역으로 흩어져 사는 민족 이산의 상태를 의미함. 해외동포문학, 재외한국인문학, 재외동포문학, 유이민문학 등으로 불리기도 함.

〈표2〉 디아스포라 문학인과 작품

국가	대표 작가 및 작품
중국	김학철, 〈격정시대〉(소설 : 한국어) 김창걸, 〈무빈골 전설〉(소설 : 한국어)
미국	김은국, 〈순교자〉(소설 : 영어) 강용흘, 〈초당〉(소설 : 영어) 차학경, 〈딕테〉(소설 : 영어) 노라 옥자 켈러, 〈종군위안부〉(소설 : 영어) 수잔 최, 〈외국인 학생〉(소설 : 영어) 이창래, 〈네이티브 스피커〉(소설 : 영어) 김청미, 『청미: 시선집』(시 : 영어) 캐시송, 『사진 중매 신부』(시 : 영어) 김영미, 『깃발 아래』(시 : 영어)
일본	김사량, 〈빛 속에서〉, 〈토성랑〉(소설 : 일본어) 김달수, 〈현해탄〉, 〈박달의 재판〉(소설 : 일본어) 김석범, 〈까마귀의 죽음〉, 〈화산도〉(소설 : 일본어) 이회성, 〈다듬이질하는 여인〉, 〈유역〉(소설 : 일본어) 김학영, 〈얼어붙은 입〉, 〈끌〉(소설 : 일본어) 이양지, 〈나비타령〉, 〈유희〉(소설 : 일본어) 유미리, 〈가족 시네마〉, 〈풀하우스〉(소설 : 일본어) 김시종, 『이카이노』, 『광주』(시 : 일본어)

(2) 미적 범주

문학에서 미적 범주는 문학적 형상화를 통해 나타나는 미의 종류를 가리킨다. 문학에서의 미적 범주는 문학적 형상화를 보여주는 모든 문학 영역에 해당하는 것으로서, 고전문학, 현대문학에 공통적으로 적용된다. 미적 범주는 현대문학에서 더 자주 다루므로 이 자리에서 구체적인 내용을 정리하고자 한다.

문학에서 주로 사용되는 미적 범주는 조동일에 의해 크게 네 가지, 즉 숭고, 우아, 비장, 골계로 정리된다. 조동일은 자아와 세계 간의 관계에 따라 문학 장르를 네 가지, 즉 서정, 교술, 희곡, 서사로 나누었던 것처럼, '있어야 할 것'과 '있는 것'의 관계에 따라 미적 범주를 네 가지로 정리한다.

숭고 : '있어야 할 것'과 '있는 것'이 서로 필요로 하는 조화의 관계를 이루면서,

'있어야 할 것'으로 '있는 것'을 수정한다.

비장 : '있어야 할 것'과 '있는 것'이 서로 거부하는 갈등의 관계를 이루면서, '있어야 할 것'으로 '있는 것'을 부정한다.

우아 : '있어야 할 것'과 '있는 것'이 서로 필요로 하는 조화의 관계를 이루면서, '있는 것'으로 '있어야 할 것'을 수정한다.

골계 : '있어야 할 것'과 '있는 것'이 서로 거부하는 갈등의 관계를 이루면서, '있는 것'으로 '있어야 할 것'을 부정한다.

〈표3〉 미적 범주의 특성

미적 범주	'있어야 할 것'과 '있는 것'의 관계	작용 기준과 방향
숭고	조화	있어야 할 것, 수정
비장	갈등	있어야 할 것, 부정
우아	조화	있는 것, 수정
골계	갈등	있는 것, 부정

숭고와 우아는 조화의 관계를 나타내면서 그 성격에 있어서는 반대가 된다. 숭고한 것은 크고 위대하지만, 우아한 것은 작고 친근하다. 비장과 골계는 갈등의 관계를 나타내면서 그 성격에 있어서 반대된다.

3) 현대문학 이해의 관점

(1) 비평의 좌표

에이브람즈(M. H. Abrams)는 『거울과 램프(The Mirror and the Lamp)』라는 저서에서 문학을 이해하는 관점을 네 가지로 정리하고 있다. 그는 먼저 문학을 이해하는 데 필요한 네 가지 요소로 작가, 독자, 세계, 작품을 설정하고 각각의 요소에 초점을 맞춘 설명을 각각 표현론적, 효용론적, 반영론적, 구조론적(존재론적) 관점으로 분류한다.

표현론적 관점은 작가의 전기적 사실이나 심리적 사실에 초점을 맞추어 작품을 해석하는

〈표4〉 에이브람즈의 비평의 좌표

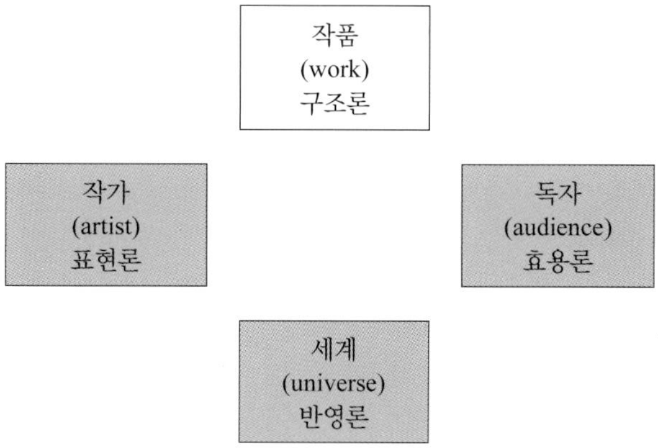

방식이다. 작가의 전기적, 심리적 사실이 작품에 얼마나 영향을 미치고 어떤 방식으로 드러나는지를 살펴보는 데 목적을 둔다.

효용론적 관점은 작품이 독자에게 미치는 영향에 초점을 맞추어 해석하는 방식으로, 독자가 작품을 읽고 난 후 어떤 변화를 일으키는가에 주목한다. 이런 해석에서는 하나의 작품이 독자에게 어떤 심리적, 실천적 변화를 가져오는가가 중요하다.

반영론적 관점은 작품을 시대적 상황과 연계시켜 해석하는 방식으로, 시대 현실이 얼마나 사실적으로 반영되었는가가 중요한 평가 지표가 된다. 시대와 상호작용하여 시대의 문제의식을 사실적으로 형상화하는 것이 중요하다.

구조론적(존재론적) 관점은 작품을 다루는 데 있어서 작품 그 자체에 초점을 맞추어 해석하는 방식이다. 작품 구조나 언어, 비유, 표현 방식, 운율, 이미지 등 작품을 형성하는 내적 요소들이 얼마나 미적으로 잘 조직되었는가가 중요한 판단기준이 된다.

앞의 세 가지 관점이 주로 작품 바깥에 놓인 요소에 초점을 맞추어 작품을 해석한다는 점에서 외재적 접근방식이라 한다. 이와 달리 작품 자체에 주목하는 관점은 내재적 접근방식이라 부른다. 인용한 표에서 색깔을 표시한 표현론, 효용론, 반영론적 관점은 외재적 접근방식이고, 나머지 구조론적 관점은 내재적 접근방식이다.

(2) 의사소통이론 도식

문학작품을 해석하는 방식은 에이브람즈식 도표뿐 아니라 야콥슨(R. Jacobson)의 의사소통

〈표5〉 야콥슨의 의사소통이론 도식

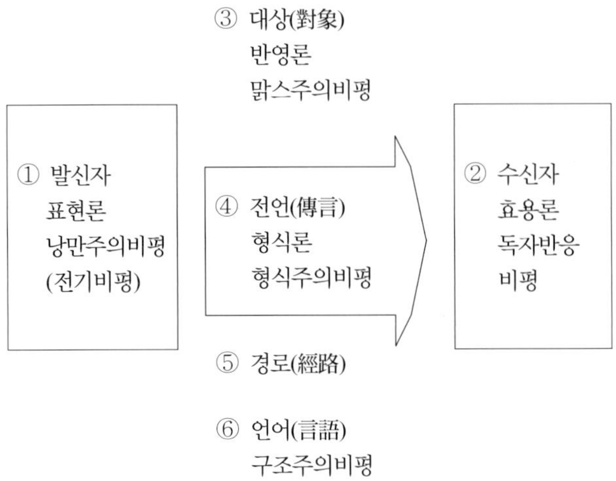

이론 도식을 응용할 수도 있다. 야콥슨은 언어학자로서 언어 기능을 설명하기 위해 의사소통에 필요한 여섯 가지 요소를 배치한 도식을 제시하고 각각의 요소에 초점을 맞춘 기능들을 설명한바 있다.

레먼 셀던(Raman Selden)은 『현대문학이론』에서 이 도식을 문학 비평에 응용하기도 하는데, 기존의 4분법을 넘어서서 새로운 비평 분야를 제시할 수 있다는 장점이 있다. 야콥슨의 도식을 에이브람즈의 좌표와 비교할 때 대응이 되는 요소는 ① 발신자=작가, ② 수신자=독자, ③ 대상=세계, ④ 전언=작품이다. 이 중 ①, ②는 정확하게 대응이 되지만 ③, ④는 부분적으로 대응된다. 그러나 ⑤, ⑥은 기존의 해석 방식을 벗어나거나 부분적으로밖에 적용할 수 없는 것이다. ⑥ 언어는 작품을 메타 언어적 관점에서 접근하는 논의가 될 수 있으므로, 부분적으로 에이브람즈의 구조론적 혹은 존재론적 관점과 겹친다. 하지만 이중언어의 문제를 다룰 수 있다는 점에서 구조론적 관점을 벗어난 접근방식이 되기도 한다. ⑤ 경로는 레먼 셀던이 미처 설정하지 못한 것으로 이후 보충이 요청되는 부분이다.

4) 현대문학의 표현기법

표현기법은 주로 수사법을 말하는데 이는 크게 3가지 부류로 나눌 수 있다. 비유법,

강조법, 변화법이 그것이다. 간단하게 표로 제시하면 다음과 같다.

〈표6〉 수사법의 종류와 특성

상위범주	하위범주
〈비유법〉 표현 대상을 생생하게 표현하기 위해 다른 대상에 빗대어 표현하는 방법	직유법 : '-처럼', '-같은'으로 유사성 지시 은유법 : 'A=B' 형식으로 동일성 표현 상징법 : 보조관념에 여러 개의 원관념 존재 의인법 : 사물, 동물을 사람처럼 표현 활유법 : 사물을 동물처럼 표현 풍유법 : 우화법. 우의법. 비유로 윤리적 의미 전달 대유법(제유, 환유) : 연관성 있는 대상으로 표현 중의법 : 하나의 말에 여러 의미 표현 의성법 : 소리를 흉내 의태법 : 모양을 흉내
〈강조법〉 표현을 더욱 인상 깊게 하기 위해 내용을 두드러지게 표현하는 방법	과장법 : 실제보다 크거나 작게 표현 영탄법 : 감탄사나 감탄형 어미로 감정 표현 반복법 : 유사한 표현을 반복적으로 사용 점층법 : 의미를 점차 강하게 하는 표현 점강법 : 의미를 점차 약하게 하는 표현 연쇄법 : 동일한 말로 두 문장을 연결 미화법 : 긍정적으로 표현 열거법 : 유사한 말을 늘어놓는 표현 억양법 : 반대되는 말 사용하여 한쪽 의미 강조 대조법 : 반대되는 말을 배치하여 차이점 강조
〈변화법〉 글이 단조롭게 되는 것을 피하기 위해 사용하는 방법	도치법 : 문장 성분의 위치 바꿈 설의법 : 쉬운 사실을 의문문으로 표현 문답법 : 스스로 묻고 대답하는 표현 대구법 : 형식이 유사한 구절을 병행 인용법 : 설득에 도움이 되는 말을 옮김 반어법 : 표현과 의미가 반대되는 표현 역설법 : 모순되는 두 말을 한 문맥 안에서 사용 생략법 : 불필요한 내용을 줄임 돈호법 : 어떤 대상을 부름 현재법 : 과거나 미래 상황을 현재 시점으로 표현

2. 현대문학의 특질

1) 서구중심주의적 결론으로서의 혼성적 특질

조연현은 『한국현대문학사』에서 우리 현대문학의 특징을 세 가지로 정리한다. 첫째는 시대적 후진성에서 오는 서구모방적 경향이다. 그는 현대를 서구적 기준에 따라 근대(14세기~19세기)와 현대(19세기 이후)로 나누고, 우리의 근대는 갑오개혁(1894)으로부터 시작되는 것으로 판단한다. 서구적 근대 기점과 비교해 볼 때 우리 근대는 그 출발이 길게는 5, 6세기가 늦은 셈이 된다. 이 같은 시간적 후진성으로부터 우리 현대문학은 서구모방적 경향을 띠게 된다는 결론이 나온다.

둘째는 시대적 미숙성에서 오는 기형적 경향이다. 서양에서 근대는 중세에 대한 충분한 비판과 근대적 자각에 의해 자율적으로 이루어진 데 반하여, 우리의 근대는 청일전쟁 이후 일본의 내정간섭을 통하여 타율적으로 이루어진 것이다. 이 때문에 서구 모방마저도 비정상적이고 기형적으로 이루어지게 되었다. 근대를 맞이할 기본적인 여건이 성숙되지 않은 상태에서 근대를 맞이하면서 근대문학은 미숙하고도 기형적인 상태가 되었다는 것이다.

셋째는 근대와 현대의 혼잡성(混雜性)에서 오는 혼성적 경향이다. 오랜 기간을 통해 이루어진 서구적 현대에 비할 때 우리 문학상의 현대는 시간적으로 현대이지만 시대의 특성은 근대에 속하여 성격상 혼란이 생긴다. 이로부터 우리 문학은 혼성적 경향을 지니게 되었다. 그런데 이런 부정적인 경향은 일제강점기라는 정치적 암흑기와 한국전쟁 후의 남북분단으로 인하여 극복 기회를 놓치면서 더욱 고착화하게 되었다.

조연현이 현대문학의 특질을 이처럼 부정적으로 보는 것은 그 기준을 서구에 두고 우리의 구체적인 현실을 왜곡하였기 때문이다. 서구 문학이 절대적인 기준이 될 때 서구 이외의 모든 문학은 기형적이고 미숙한 문학이 될 수밖에 없을 것이다. 이는 문화적 주체성을 제대로 인식하지 못한 서구중심주의자적인 평가라는 점에서 많은 한계를 지닌다.

6장 현대시

강의목표

- 현대시의 장르적 특성과 구성원리에 대한 이해를 심화한다.
- 개화기에서 1970년대까지 현대시가 어떻게 전개되었는가를 이해한다.
- 각 시대별, 시인별 작품 세계를 분석함으로써 현대시의 다양한 경향을 파악한다.

1. 현대시 이해를 위한 기본 개념

1) 시의 개념과 장르적 특성

(1) 시의 개념

시(詩)의 개념에 대해 한마디로 정의하기는 대단히 어렵다. 시에 대한 관점과 가치 평가의 기준을 어디에 두느냐에 따라 정의가 달라질 수밖에 없기 때문이다. 따라서 시에 대한 어떠한 정의도 항상 일면적일 수밖에 없다. 엘리어트는 이런 난제를 일컬어 “시의 정의의 역사는 오류의 역사이다.”라고까지 했다. 그러나 시 장르가 가진 기본적인 특성을 도출해 봄으로써 어느 정도 잠정적인 정의는 가능할 것이다. 대체로 시는 특수한 용법에 의해 언어를 사용하고, 음악성을 지니며, 고백적 성격이 짙은 문학 장르로 정의할 수 있다. 즉 시는 인간의 사상과 정서를 함축적인 언어로 표현한 운문문학이다.

(2) 시의 장르적 특성

시는 화자의 내면 고백적 성격이 강한 장르이다. 모든 문학장르는 어떤 무언가를 전달하기 위한 목적에서 창작된다. 그 가운데 시는 화자 자신의 정서나 의식의 전달, 즉 자기표현에 일차적인 목적이 있다. 이것이 시, 특히 서정시의 장르적 특성이다. 시를 주관적 장르라고 부르는 이유가 여기에 있다.

시는 다의적, 암시적, 상징적인 언어를 사용한다. 시는 일상언어를 재료로 하지만 그 일상언어를 일정한 변형과 가공을 통해 새로운 언어로 탈바꿈시킨다. 즉 일상언어는 시어로 변화되는 과정에서 의미와 구문의 압축, 생략이 일어난다. 그래서 시어는 다의성, 암시성, 상징성을 지닌다.

시는 리듬을 가진다. 모든 시는 제각기 리듬을 가진다. 이는 엄격한 정형률에서 탈피한 현대시에도 마찬가지로 적용된다. 현대시에서 리듬은 단어나 구문의 반복을 통해 만들어지는데, 시의 미감을 높이는 데 기여한다.

시는 시인의 상상력의 산물이다. 흔히 시를 대상의 창조적 변형이라고 말한다. 이는 시인이 대상을 표현할 때 주관성을 개입시켜 대상을 새롭게 창조한다는 말이다. 이 주관성이 상상력과 관련된다. 상상력은 시적 표현뿐만 아니라 한 시인의 시세계를 개성 있게 만들어주는 중요한 요소이다.

2) 시적 화자와 어조

(1) 시적 화자

시인은 시에서 자신의 사상이나 정서를 표현한다. 이 때 시인의 사상이나 정서를 전달하는 인물이 있기 마련이다. 이처럼 시에서 어떤 생각이나 느낌을 '말하는 인물'을 일컬어 '시적 화자'라고 부른다. 이 외에도 일반적으로 통용되는 개념으로 '시적 자아' 내지 '서정적 자아'가 있다. 또한 말하고 행동하는 중심인물이라는 의미에서 사용되는 '시적 주체' 개념도 있다.

시적 화자와 시인은 일치하는 경우도 있고, 경우에 따라 완전히 다를 수도 있다. 즉 시가 시인의 개인적 체험을 바탕으로 한 고백적 성격을 띨 경우 시적 화자와 시인은 일치한다. 반면 시인이 어떤 시적 목적을 달성하기 위해 자신과는 다른 화자를 선택할 경우 시적 화자와 시인은 완전히 달라진다. 예컨대 김소월이나 한용운 작품의 시적 화자는 여성인 경우가 많은데, 이들은 김소월이나 한용운과는 전혀 다른 인물로서 시의 정감을 효과적으로 전달하기 위해 선택되었다. 이런 경우 시는 극적인 성격을 갖게 된다. 이런 유형의 시를 일컬어 '배역시'라 부르며, 시인과 구분되는 화자를 페르소나(persona)라고 한다.

〈표1〉 시적 화자와 시인의 관계

유형	특징	예
시적 화자=시인	시인이 화자가 되어 자신의 사상이나 정서를 직접 표현하는 경우. 시는 자전적, 고백적 성격을 지님.	대부분의 서정시
시적 화자≒시인	시인이 다른 인물의 입을 빌어 사상이나 정서를 표현하는 경우. 시는 허구적, 극적인 성격을 지님.	김소월, 한용운의 시

(2) 시의 어조

어조(語調, tone)란 시에 나타나는 시적 화자의 목소리 내지 말투를 의미한다. 시인이 대상을 지각하고 그것을 형상화할 때에는 그의 주관적이고 개성적인 관점, 감정, 태도 등이 개입된다. 이처럼 대상에 대한 태도나 입장에 따라 대상을 서술하는 목소리의 질감도 달라진다. 그래서 거친/부드러운 어조, 냉정한/따뜻한 어조, 직설적/우회적 어조, 음울한/경쾌한 어조, 저항적/순응적 어조, 긍정적/부정적 어조 등 다양한 성격과 특징을 지닌 어조가 탄생하게 된다. 시를 담화의 한 형식으로 본다면 시적 화자의 목소리, 즉 어조에 대한 분석은 시를 이해하는 지름길이 된다. 한 편의 시에서 어조는 감정이나 의도와 함께 시의 의미를 결정하는 중요한 요소이기 때문이다.

〈표2〉 어조의 유형

기준	유형
화자의 정서 상태	기쁨, 슬픔, 감탄, 영탄, 분노 등
대상에 대한 화자의 태도	우호, 친화, 비판, 풍자, 희화, 냉소, 관조 등
청자에 대한 화자의 태도	권유, 요청, 애원, 명령, 기원, 의문 등
청자의 유무	독백, 대화

3) 시의 언어

(1) 일상어와 시어

인간은 언어를 통해 세계를 인식하고, 자신을 표현한다. 일상어는 의사소통을 목적으로 한다. 따라서 정확한 의사전달이 일상어 구사의 관건이다. 그래서 일상어를 지시적, 사전적 언어라고 부른다. 일상어는 언어의 과학적 용법을 중시한다.

반면 시는 언어의 정서적 용법을 중시한다. 시인의 내면 의식이나 정서를 표현하는 것이 시의 주요 목적이기 때문이다. 그런데 시어는 본래부터 별도로 존재하는 특수언어가 아니라 일상어를 특수한 용법으로 변화시킨 언어이다. 일상어가 일반적이고 객관적인 반면, 시어는 개성적이고, 주관적이다. 따라서 일상어와는 달리 시어는 정서적, 형상적 언어라고 불린다.

〈표3〉 일상어와 시어 비교

구분	일상어	시어
목적	의사 전달	정서 표현
특성	지시성	함축성, 다의성
범위	보편성	개인성

(2) 시어의 특성

시어는 함축적이다. 시어의 함축성이란 드러난 기호의 내부에 사전적, 지시적 의미와는 다른 새로운 의미가 내포되어 있음을 의미한다.

시어는 다의적이다. 언어는 의미론적으로 외연적 의미와 내포적 의미를 지닌다. 외연적 의미는 보편적으로 통용되는 사전적 의미를 말한다. 외연적 의미는 보편성을 띠는 만큼 불변한다. 반면 내포적 의미는 외연적 의미에 시인이 개성을 발휘하여 새롭게 부여한 의미이다. 내포적 의미는 특수성을 띠는 만큼 사람마다 다르다. 바로 이런 내포적 용법 때문에 시어의 다의성이 초래된다.

시어는 비문법적이다. 시어는 일상어를 지배하는 문법규칙과는 다른 자기 나름의 규칙을 지닌다. 즉 일상적 언어규범으로부터 벗어난 비문법성이 시어의 본질이다. 그래서 러시아 형식주의자들은 시를 “일상어에 가해진 조직적 폭력”이라고 부르기도 했다. 구문의 생략이나 모순적인 표현 등은 모두 시적 효과를 노린 것이다.

4) 시의 이미지

(1) 이미지의 개념

이미지(心象, image)란 일반적으로 언어를 통해 감각, 지각할 수 있는 모든 대상과 그것의 성질로 정의할 수 있다. 우리는 어떤 언어를 듣거나 볼 때 그것이 지시하는 대상을 마음속에 그려보게 된다. 이 마음속에 떠오르는 영상이 이미지이다.

이미지는 대상 인식, 의미 전달, 정서 환기 등의 기능을 수행한다. 우선 이미지를 사용하는 기본적 목적은 대상의 재현적 묘사에 있다. 따라서 이미지는 시인이 경험한 대상을 독자가 인식할 수 있도록 해 준다. 또한 이미지는 시인이 전달하려는 관념이나 체험 등의 의미를 구체적이고 생생하게 표현할 수 있도록 해 준다. 아울러 이미지는 시에서 정서를 불러일으키는 역할도 한다. 예컨대 1920년대 백조파는 시에 어둡고 음울한 이미지를 사용함으로써 병적이고 감상적인 정서를 환기했다.

(2) 이미지의 유형

이미지는 이미지와 대상의 관계에 따라 상대적 이미지와 절대적 이미지로 나눌 수 있다. 또한 언어발달 단계에 따라 정신적 이미지, 비유적 이미지, 상징적 이미지로 구분할 수 있다.

〈표4〉 이미지의 유형과 특징

분류기준	명칭	특징
대상과의 관계	상대적 이미지	대상을 가진 이미지. 대상은 관념, 정서, 사물
	절대적 이미지	대상을 가지지 않는 이미지. 관념 전달, 정서 환기, 대상 재현의 수단이 아님. 이미지 구축 자체가 목적.
언어발달 단계	감각적 이미지	사실적 단계. 언어에 의해 마음속에 떠오르는 이미지. 오감(시각, 청각, 후각, 미각, 촉각)과 관련. 대상의 재현에 초점.
	비유적 이미지	유추적 단계. 비유로서의 이미지. 원관념을 효과적으로 전달하기 위해 선택된 보조관념.
	상징적 이미지	상징적 단계. 상징으로서의 이미지. 원관념을 효과적으로 전달하기 위해 선택된 보조관념.

5) 시의 운율

(1) 운율의 개념

운율(韻律, rhythm)은 동일한 소리의 반복으로 형성되는 운(韻, rhyme)과 소리의 고저, 강약, 장단의 반복으로 형성되는 율(律, meter)이 결합되어 이루어진 것으로서 시에 음악성을 부여하는 핵심요소이다. 대개 운율은 동일한 음운이나 구문, 문장구조의 반복을 통해 만들어진다. 그 밖에 의성어나 의태어 등의 음성상징어를 활용하여 운율감을 조성하기도 한다.

(2) 리듬의 유형

〈표5〉 리듬의 유형과 특징

종류		특징
외형률	음수율	음절수가 규칙적으로 반복되어 생성되는 리듬. 3·4조, 4·4조, 7·5조 등.
	음보율	일정한 음절 단위로 끊어 읽는 마디인 음보의 수에 따라 형성되는 리듬. 3음보, 4음보 등.
	음위율	동일한 음이 특정한 위치에서 규칙적으로 반복되어 생성되는 리듬. 두운, 요운, 각운. 한시나 영시에 주로 쓰임.
	음성률	음절수와 소리의 고저, 강약, 장단이 어울려 형성되는 리듬. 한시나 영시에 주로 쓰임.
내재율		현대시의 리듬. 외형적으로 뚜렷이 드러나지는 않지만 작품의 내면에 존재. 사상이나 정서와 같은 의미가 리듬의 바탕을 이룸.

6) 시의 갈래

현대시는 형식에 따라 정형시, 자유시, 산문시로, 내용에 따라 서정시, 서사시, 극시로 구분된다. 또한 목적성의 측면에서 순수시와 참여시로 구분할 수 있다.

〈표6〉 시의 갈래

분류기준	갈래	특징
형식	정형시	음절수나 음보, 음성 자질 등 형식이 정해져 있는 시. 외형률에 의해 쓰인 시.
	자유시	운율의 제약을 받지 않는 자유로운 형식의 시. 내재율에 의해 쓰인 시.
	산문시	산문의 형태로 된 시. 형식면에서 자유시보다 더 자유로운 시.
내용	서정시	개인의 정서와 사상을 고백적으로 표현한 시.
	서사시	집단의 사건을 이야기의 형태로 서술한 장시.
	극시	희곡의 형식에 맞춰 쓰인 시.
목적성	순수시	문학의 자율성을 주장하며, 미학적 완결성을 중시하는 시.
	목적시	사회역사적 상상력에 근거를 두며, 사회적 역할을 중시하는 시.

2. 현대시의 사적 전개와 작품 세계

1) 개화기 시가

(1) 전반적 경향

개항 이래 조선은 일본과 서구 열강들의 침탈로 인해 국력을 잃고 점차 식민지로 전락해 갔고, 내부적으로는 봉건 지배계급과 농민을 중심으로 한 민중의 모순이 격화되었다. 이런 내외적 위기상황을 겪으면서 조선은 국가적 위기에 직면하게 되었다. 갑신정변(1884), 갑오농민전쟁(1894)은 이런 위기를 극복하려는 운동이었다. 이와 아울러 전개된 애국계몽운동은 개화파와 지식청년들을 주축으로 한 정치 · 문화운동이다. 이들은 자주독립과 부국강병을 목표로 했다. 이를 위해 그들은 독립협회(1896)를 설립하고 정치 개혁을 위해 노력했으며, 국문운동, 출판운동을 통해 민중 계몽에 힘썼다. 개화기 시가는 이러한 문화운동의 일환으로 창작되었다.

개화기 시가의 특징은 당대의 시대적 과제였던 자주독립, 문명개화를 주제로 하고, 전통시가를 계승하면서도 새로운 형식에 대한 모색을 시도한다는 점이다. 이 시기의 시가

문학은 전통시가인 한시, 시조, 가사, 민요 등이 잔존하면서도 창가, 신체시 등 새로운 양식이 등장하는 양상을 보인다. 그러므로 개화기 시가는 다양한 양식들이 융합, 길항하면서 공존했다. 그런 점에서 개화기 시가는 한국시가 중세 시가에서 현대시로 변화하는 과도기적 성격을 띤다.

(2) 개화가사

개화가사는 조선시대 가사의 율격적 전통 위에서 개화기의 현실과 정치경제적 과제를 담은 시가를 말한다. 당시 개화지식인들은 애국계몽운동의 일환으로 많은 개화가사를 지어 신문, 잡지에 실었다. 개화가사는 대부분 4 · 4조 4음보 형식을 취하고 있고, 자주독립이나 문명개화를 주제로 하고 있다. 대표적인 작품으로는 문명개화를 위해 민족이 대동단결할 것을 촉구한 이중원의 〈동심가〉(1896), 애국사상과 개화의식을 노래한 최돈성의 〈애국가〉(1896)가 있다. 이밖에도 자주독립, 문명개화를 주제로 한 무수한 개화가사가 『독립신문』, 『대한매일신보』 등에 게재되었다. 한편 개화기에 창작된 가사는 이 외에도 의병가사, 동학가사가 있다.

(3) 창가

창가는 교회의 찬송가나 학교 교가 등 서양 노래의 악곡에 자주독립, 문명개화의 내용을 담은 시가를 말한다. 창가는 학교 교육과정에 편성됨으로써 활발하게 보급되었다. 창가는 가창을 전제로 했기 때문에 일정한 율격 구조를 띠고 있는데, 개화가사와는 달리 6 · 5조나 7 · 5조 율격이 주종을 이룬다. 최남선은 〈경부철도가〉(1908)에서 신문물의 도입을 찬양했고, 〈한양가〉(1905)에서 서울을 찬양하고 애국정신을 노래했다.

(4) 신체시

신체시는 전통시가에서 벗어난 형식과 내용을 담은 시를 말한다. 그러나 신체시는 완전한 형태의 근대시라 보기는 어렵다. 전통시가의 율격은 아니지만 7 · 5조, 6 · 5조 등의 율격에 의지하고 있기 때문이다. 따라서 신체시는 전통시가와 완전한 근대시의 과도기적 성격을 지닌다. 대표적인 신체시는 최남선의 〈해에게서 소년에게〉(1908)이다. 이 시는 바다, 즉 외부세계를 향한 소년의 활달한 기상을 낙관적으로 노래한 작품이다. 이 시는 문명개화를 주제로 하고 있고, 자유시의 형태를 취하고 있어서 내용과 형식 양 측면에서 근대적인 면모를 갖추고 있다. 그러나 아직은 완전한 자유시의 형태를 갖추고 있지는 않다. 각 연이 동일한 율격구조를 지니고 있기 때문이다. 이 외에도 최남선의 〈신대한 소년〉, 〈구작 삼편〉(1909), 〈꽃 두고〉(1909), 이광수의 〈우리 영웅〉(1910), 〈말 듣거라〉 등이 있다.

2) 1910년대 시

(1) 전반적 경향

조선은 1910년 한일합방으로 일본의 식민지로 전락했다. 그후 일제에 의해 사회 제 방면에서 식민지 체제가 구축되었다. 일제는 조선을 식량과 산업자원의 공급지로, 자국 상품의 수출시장으로 전락시켰다. 한편 토지조사 사업으로 농민들은 소작농으로 전락하거나 도시 빈민이 되었다. 그와 더불어 일제의 식민지 공업화 추진으로 노동자들이 늘어났다. 이처럼 일제의 지배는 자주 독립과 문명 개화의 이상을 파괴했다. 1910년대 시는 이러한 사회문화적 배경 속에서 형성되어 갔다.

개화기 시가의 계몽주의적 경향은 1910년대 시에도 계승되나, 현저히 변질된 양상으로 나타난다. 1910년대 시는 개화기 시가에 나타나던 자주 독립의 문제가 사라지고 문명 개화만을 지향하는 탈정치적 계몽주의의 경향을 띠고 있다. 또한 민족주의적 경향이 나타나지만 관념적이고 추상적인 특징을 보인다. 최남선, 이광수의 시가 이러한 경향을 보인다. 한편 1910년대 시의 가장 큰 특징은 전통시가의 율격에서 벗어나 자유시를 정착시키려는 노력이 본격적으로 대두했다는 점이다. 일본 유학생들을 통해 서구문예사조가 도입되기 시작하면서 개인의 서정을 자유로운 형식을 통해 표현하는 근대 서정시 내지 자유시를 추구하는 경향이 점차 뚜렷해져 갔다.

(2) 자유시를 향한 노력 : 주요한, 김억

김억, 주요한은 1910년대 서구문예사조 도입과 자유시의 확립을 위한 모색의 중심에 놓여 있다. 이들은 시의 서정성 확보와 정감의 자유로운 표현을 적극적으로 추구함으로

써 현대시의 정착에 선구적인 역할을 담당했다. 김억은 『태서문예신보』에 서구 상징주의 시를 소개하고, 역시집 『오뇌의 무도』(1921)를 출간했으며, 많은 창작시를 통해 현대시단에 자유시를 정착시키는 데 중요한 역할을 담당했다. 김억의 초기 시는 상징주의적이고 감상적인 경향을 보여준다. 그의 대표작인 〈봄은 간다〉(1918)는 봄밤의 애상을 감상적으로 표현한 작품이다. 그러나 김억의 시적 경향은 시간이 흐르면서 점차 향토적 서정을 정형률에 맞춰 노래하는 경향으로 변모한다. 민요조 서정시는 김억이 전통시가의 율격에 관심을 기울인 결과이다. 주요한은 일본 유학시절 상징주의에 깊은 관심을 가져 상징주의 시를 소개하는 데 중요한 역할을 했다. 주요한의 초기시 〈불놀이〉(1919)는 김억의 시와 유사하게 상징주의적이고 감상적인 경향을 보인다. 그와 아울러 〈샘물이 혼자서〉(1924)와 같이 향토적이며 밝고 건강한 정서를 노래한 작품이 뚜렷한 또 하나의 경향을 이룬다. 형식적으로는 자유시를 추구하다가 점차 정형시로 기울어져 갔는데, 나중에는 시조 창작에 몰두했다.

3) 1920년대 시

(1) 전반적 경향

1919년 3 · 1운동은 일제에 의해 국권을 빼앗긴 이후 산발적으로 행해지던 민족적 저항이 일시에 폭발한 거족적 궐기였다. 3 · 1운동은 일제에 의한 조선의 강제적 점령과 강압적 지배의 실상을 세계에 알리는 계기가 되었다. 3 · 1운동 이후 일제는 무단통치에서 문화정치로 지배정책을 변경하면서, 다른 한편으로 민족운동의 분열과 개량화를 기도했다. 표면적 유화정책에 비해 더욱 강화된 지배전술을 구사한 것이다. 한편 산미증산계획 실시를 통해 농민 수탈을 강화했다. 따라서 민중생활은 피폐해져 갔다. 3 · 1운동을 계기로 국내의 민족운동은 두 가지 방향으로 분화했다. 우선 민족개량주의에 입각한 문화운동이 활발히 전개되었다. 3 · 1운동 이후 일제는 유화정책의 일환으로 신문, 잡지 발간을 허용하였다. 이에 따라 『조선일보』, 『동아일보』 등의 신문과 『개벽』과 같은 잡지들이 대거 발간되었다. 다음으로 사회주의에 기반을 둔 노동운동, 농민운동, 청년운동이 전개되었다. 신문, 잡지의 발행, 서구 문예의 유입, 사회운동의 성장 등이 1920년대

시문학의 토양이다.

1910년대에 대두되기 시작한 자유시 지향성은 1920년에 접어들면서 더욱 강화되었다. 이 시기의 시인들은 이전 세대의 계몽주의를 부정하고 문학의 순수성과 영원성, 자아의 해방 등을 추구했다. 따라서 시에서 개인의 내면적 정서 표출을 중시하고, 자유로운 운율을 추구했다. 다음으로 1920년대 초기 시는 대체로 3 · 1운동의 실패에 따른 시인들의 좌절감과 19세기말 서구 데카당스 문학의 영향이 겹치면서 절망과 비애, 애상 등 어둡고 감상적인 정서가 주조를 이룬다. 이상화, 박영희, 박종화, 홍사용 등 백조파 시인들이 이런 경향을 뚜렷이 보여준다. 1920년대에 들어 민족의 삶이 점점 더 피폐해져 감에 따라 민족이 처한 현실을 시적으로 형상화하려는 노력도 나타나기 시작했다. 신경향파, 카프파 시인들은 사회주의적 전망을 수용하면서 식민지 현실에 대한 천착과 극복의 길을 모색했다. 이와는 다르지만 김소월, 한용운과 같은 시인들은 서정시를 기반으로 식민지 현실과 민중의 고통을 자각하고 이를 시로 표현했다. 한편 김억, 주요한 등에 의해 민요나 시조와 같은 전통시가의 맥을 이어가려는 노력이 지속되었고, 최남선, 이병기, 이은상 등에 의해 시조 부흥 운동이 일어나기도 했다.

(2) 백조파의 낭만주의 시

1920년대 초기 시의 가장 큰 특징은 퇴폐적, 감상적 경향이 뚜렷이 나타난다는 점이다. 이는 3 · 1운동의 실패에 따라 지식인들의 좌절감과 현실도피의식이 짙어졌고, 각종 잡지들을 통해 서구문학의 세기말적 경향이 유입되었기 때문이다. 이러한 특성은 박영희, 이상화, 박종화, 홍사용 등 백조파 시인들의 시에 잘 나타난다. 이들의 작품 속에서 시적 화자는 절망과 비탄에 빠져 있으며 자신이 처한 현실을 암울하고 부정적인 것으로 인식하고, 그곳으로부터 벗어나 다른 세계를 지향한다. 한마디로 병적 감상주의, 현실도피적 초월의식이 백조파 시의 공통점이라 할 수 있다. 박영희는 『백조』에 〈월광으로 짠 병실〉(1923), 〈환영의 황금탑〉, 〈유령의 나라로〉 등을 발표했다. 박영희의 시는 몽환적, 퇴폐적, 감상적 경향을 보여준다. 〈월광으로 짠 병실〉은 초현실적이고 몽환적인 세계에서 비탄에 빠진 시적 화자가 등장한다. 시 전체가 어둡고 병적이며 감상적인 이미지로 가득하다. 그 밖의 작품들도 현실도피적이고 퇴폐적인 경향을 보인다. 박종화는 〈밀실로 돌아가다〉, 〈사의 예찬〉(1923), 〈흑방비곡〉 등의 작품에서 세계에 대한 비탄과 자폐적 공간 내지 초월적 세계에 대한 동경을 노래했다. 이상화의 〈나의 침실로〉(1923)나 〈말세의 희탄〉도 박영희, 박종화와 거의 동일한 세계를 보여준다. 한편 홍사용은 〈나는 왕이로소이다〉(1923)를 통해 3 · 1운동 이후 지식인층의 절망적 정서를 감상적이고 격정적인 어조로 노래했다.

(3) 신경향파·프로문학파의 경향시

일본 유학시절 사회주의 문학을 접한 지식인들은 1920년대 중반 무렵부터 사회주의 문학을 조선에 도입하고자 했다. 이들은 당대 현실의 모순과 노동자, 농민 등 무산계급의 실상을 시로 형상화하려 했다. 김석송은 〈무산자의 절규〉(1922), 〈숨쉬는 목내이〉(1922) 등을 통해 불평등에 대한 분노를 표시하고, 민중에 대한 인도주의적 연민을 표현하였다. 김기진은 〈한 개의 불빛〉(1923)을 통해 새로운 세계의 전망을 노래했다. 김기진은 『백조』 동인이었지만, 백조파의 주요시인들을 감상적 낭만주의에서 현실주의로 이끄는 데 주도적 역할을 했다. 백조파의 변화를 가장 잘 보여준 시인이 이상화이다. 『백조』 동인 시절 병적이고 감상적인 시를 썼던 이상화의 시적 경향은 신경향파에 가담하면서 급변한다. 그의 〈폭풍우를 기다리는 마음〉, 〈빼앗긴 들에도 봄은 오는가〉(1926)는 민족현실에 대한 비판적 인식과 저항정신을 표현한 민족시의 수작이다.

카프(KAPF) 결성 후 쓰인 경향시는 정치투쟁 과제의 선전선동이라는 목적성이 지나쳐 관념이나 구호의 나열에 그침으로써 관념적, 도식적 편향에 빠지기도 했다. 김창술, 유적구, 권환 등의 시인들의 작품이 이런 경향을 잘 보여준다. 임화는 경향시의 이러한 문제점을 극복하기 위해 시에 이야기를 도입하여 단편서사시를 창안했다. 〈네거리의 순이〉(1929), 〈우리 오빠와 화로〉(1929) 등이 대표적인 단편서사시이다. 단편서사시는 사상의 직설적 표출에 머물러 있던 기존의 경향시의 한계를 극복할 방안을 제시했다. 임화의 단편서사시는 다른 경향시인이나 동반자시인들에게 큰 영향을 끼쳤다.

(4) 국민문학파의 시조부흥운동

1920년대 중반 국민문학파의 형성을 계기로 시조를 부흥시키려는 노력이 구체화되었다.

최남선, 이은상, 이병기, 정인보 등은 시조부흥운동을 통해 전통문학 양식을 창조적으로 계승함으로써 민족정신을 지키고자 했다. 최남선의 『백팔번뇌』, 이은상의 『노산시조집』, 이병기의 『가람시조집』, 정인보의 『담원시조집』 등이 발간되었다.

(5) 서정시와 민족 현실의 만남: 김소월, 한용운

김소월은 자신의 개인적 정서를 통해 민족의 보편적 정서를 노래했다. 김소월 시의 주된 정서는 상실감, 비애, 한 등인데, 이는 나라 잃은 당대 식민지 조선인들의 보편적 정서와 맥이 닿아 있었다. 또한 그는 당대 민중의 생활어, 민요적 율격, 민담적 소재, 평이한 표현기법을 활용하여 민족의 감성을 노래했다. 그의 대표작 〈진달래꽃〉(1922)은 민요적 율격과 평이한 언어로 이별의 정한을 노래한 탁월한 작품이다. 한용운은 승려로서 구도의 길을 걷고, 민족운동가로서 독립을 위해 실천하면서도 꾸준히 시를 창작했다. 그는 시를 통해 민족 현실에 대해 성찰하고, 그러한 현실이 끝내는 극복될 것이라는 희망을 노래했다. 한용운은 시집 『님의 침묵』의 〈군말〉에서 "님만 님이 아니라 기룬 것은 다 님이다. 중생이 석가의 님이라면 철학은 칸트의 님이다."라고 말했다. 그에게 님은 세상에 존재하는 사랑과 그리움의 대상이다. 〈님의 침묵〉(1926)에서 님은 현실적으로는 조국이며, 종교적으로는 부처이며, 학문적으로는 진리이며, 인간적으로는 연인 등 다양하게 해석할 수 있다. 이 시는 님의 부재에 대한 슬픔에서 출발하여 회자정리, 거자필반이라는 불교적 신념을 통해 새로운 희망과 삶에의 의지를 노래한 것으로, 한용운의 시세계의 특성을 잘 보여주는 작품이다.

(6) 그 밖의 시인들

1920년대 전반기는 동인지 시대라 일컬어질 만큼 많은 동인지들이 창간되었다. 대부분의 시인들이 특정 동인지를 중심으로 활동했다. 그 중에서 황석우, 변영로, 이장희 등이 기억할 만한 시인들이다. 황석우는 『폐허』 동인으로 활약했고, 『장미촌』을 발간하기도 했다. 〈벽모(碧毛)의 묘(猫)〉(1920)는 사랑을 통한 구원을 노래한 작품으로서 관념을 비유로서 표현하는 그의 시적 경향을 잘 보여준다. 변영로는 『폐허』 동인이었으며, 전통주의적이고 민족주의적인 시를 썼다. 그의 대표작 〈논개〉(1923)는 선명한 색채 이미지를 통해 일제 강점기 현실을 우회적으로 비판한 작품이다. 이장희는 『금성』에 동인으로 가담했다. 주로 모더니즘적 경향의 시를 썼다. 〈봄은 고양이로다〉(1924)는 그의 대표작으로서 봄의 이미지가 감각적으로 잘 표현되어 있다. 김동환은 최초의 서사시 〈국경의 밤〉(1925)을 통해 식민지 치하의 민족의 고단한 삶을 형상화했다.

4) 1930년대-일제 말기 시

(1) 전반적 경향

일제는 1931년 만주사변을 시작으로 점차 대륙침략의 야욕을 강화해 갔다. 군국주의 파시즘의 강화는 식민지 조선에 대한 정치경제적 지배를 더욱 견고히 하는 계기가 되었다. 따라서 1920년대보다 더욱더 철저한 식민지 지배 정책을 강제했으며, 민족운동이나 사회운동에 대한 탄압을 한층 강화해 갔다. 1935년 카프의 강제해산은 일제의 파쇼적 지배가 민족문학을 어떻게 탄압, 파괴할 수 있는가를 잘 보여주었다. 따라서 저항적 문학은 점차 퇴조할 수밖에 없었고, 그와 아울러 비정치적인 성격을 띠는 문학이 대두하게 되었다.

1930년대 전반기까지 문단을 주도하던 프로문학이 점차 퇴조함과 더불어 다양한 유파와 경향이 새롭게 등장했다. 따라서 다양한 문학적 모색이 이루어졌다. 우선 시문학파가 등장했다. 김영랑, 박용철 등은 잡지 『시문학』을 창간하고 순수시를 추구했다. 이들은 언어를 섬세하게 갈고 다듬는 것은 물론 전통시가의 율격을 재해석하여 시의 음악성을 회복하는 데 기여했다. 다음으로 1920년대 중반 무렵에 유입되어 맥을 이어오던 모더니즘 시 창작이 이 시기에 활성화되었다. 김기림, 김광균, 이상 등은 도시적 감성과 새로운 기법으로 시를 창작했다. 다음으로 생명파가 등장했다. 서정주, 유치환 등은 순수시나 모더니즘 시 등 당대 시의 주류적 경향을 비판하고 생의 근원적 충동을 노래하고자 했다. 또 하나는 전원시가 뚜렷한 경향을 형성했다는 점이다. 신석정, 김상용 등은 도시나 근대문명에 대립적인 관점에서 전원 동경이나 자연 친화를 시에 썼다.

(2) 시문학파의 등장과 순수서정시

김영랑, 박용철이 중심이 되어 1930년 『시문학』을 창간했다. 이들은 시는 어떤 다른 것을 위한 수단이 아니므로 목적성을 지녀서는 안 된다고 보았다. 이들은 시가 언어예술임을 강조하며 언어 조탁에 힘쓰고, 전통시가의 율격을 토대로 시의 음악성을 추구했다. 김영랑은 섬세한 언어와 세련된 운율을 통해 내면의 정서를 아름답게 노래했다. 시문학파는 문학사에서 한국어의 미를 잘 살렸다는 평가를 받는데, 시문학파에 대한 이런 평가는 김영랑을 염두에 두고 이루어졌다고 해도 과언이 아니다. 〈끝없는 강물이 흐르네〉(1930)는 김영랑의 등단작인데, 그는 이 시에서 동일한 어구와 종결구조를 반복함으로써 리듬감을 살렸고, 부드럽고 섬세한 언어로 내면정서를 효과적으로 표현했다. 박용철은 김영랑과 함께 시문학파의 핵심 인물로서 시의 예술성을 강조하면서 계급문학파의 정치주의적 경향에 반대했다. 〈떠나가는 배〉(1930)는 청춘의 고뇌와 비애, 방황을 그린 박용철의 대표작이다. 그는 시 창작과 더불어 시론 정립에도 열성을 쏟았는데, 〈시적 변용에 대하여〉(1937)에서 시 창작은 정치적 목적에 의해 이루어지는 것이 아니라 인내를 통한 성숙의 결과라고 주장했다.

(3) 식민지 자본주의화와 모더니즘 시의 본격화

모더니즘은 19세기 말경 유럽을 중심으로 태동하여 전파된 것으로, 기존의 질서를 부정하고 미학적 혁신을 추구한 예술사조를 말한다. 모더니즘 문학은 현대 도시문명의 발달을 토대로 성립하였다. 1930년대에 이르자 식민지적이긴 하나 조선에도 자본주의가 가속화되었다. 자본주의 가속화는 필연적으로 도시의 발달을 초래했다. 이에 따라 1920년대에는 소개 수준에 머물러 있던 모더니즘 문학이 점차 그 세력을 확대해 갔다. 1930년대 모더니즘 시인들은 현대 문명에 대한 비판적 의식과 정서 표현, 새로운 기법의 실험을 추구했다. 김기림은 백조파의 감상주의적 경향과 경향시의 이념편향적 경향을 비판했다. 그러면서 현대적인 감각과 언어로 현대 문명에 대한 감수성을 노래했다. 〈기상도〉(1936)는 현대 문명의 한 단면을 감각적인 언어와 기법으로 형상화한 작품이다. 이외에도 김기림은 모더니즘 시론 정립에도 주력했는데, 지성의 도입과 시적 방법론 확립, 과학적 시학 정립 등을 강조했다. 이상은 다다이즘, 초현실주의에 영향을 받은 시인이다. 그는 〈오감도〉(1934), 〈거울〉(1933)에서 현대인의 불안한 내면세계를 실험적인 언어와 기법을 통해 표현했다. 김광균은 세련된 회화적 이미지를 통해 도시적 서정과 감수성을 표현했다. 〈외인촌〉(1939),

〈와사등〉(1939) 등의 시는 도시문명적 소재를 선택하여 현대인의 고독과 우수를 회화적으로 표현하였다. 장만영은 김광균과 더불어 1930년대 대표적인 이미지즘 시인으로 손꼽힌다. 김광균의 시와 달리, 그의 시는 농촌적이고 전원적인 감수성에 뿌리를 내리고 있다. 그래서 그의 시는 농촌이나 자연을 소재로 하여 대상을 시각적 이미지로 표현한 것이 주류를 이룬다. 대표작 〈달 · 포도 · 잎사귀〉(1936)는 밤 뜰의 풍경을 회화적 감각과 이미지를 잘 살려 표현한 작품이다. 정지용은 감각적인 언어를 통해 대상을 생생하게 묘파한 이미지즘 시를 썼다. 이 외에도 이시우, 신백수 등이 중심이 되어 『삼사문학』을 발간하고 초현실주의 시 운동을 전개하기도 했다.

(4) 생명파와 새로운 시를 향한 도전

서정주, 유치환 등은 시문학파가 언어의 아름다움을 추구한 점은 높이 사지만 내용과 사상을 소홀히 했다고 비판했으며, 모더니즘 시인들은 지나치게 서구 취향이나 도시적 감각에 매몰되었다고 비판했다. 그래서 이들은 문명에 변질되지 않은 인간 본연의 모습과 생명의 근원적 충동을 형상화하고자 했다. 서정주는 김달진, 오장환, 함형수 등과 동인지 『시인부락』을 발간하면서 생명의 원초적 욕망을 감각적 언어로 표현했다. 〈화사〉(1936)가 그러한 특징을 잘 보여준다. 유치환은 고독과 허무를 인간의 근원적 존재 조건으로 파악하고, 〈깃발〉(1936), 〈생명의 서〉(1938)에서 고독과 허무를 초극하려는 의지를 강렬한 어조로 노래했다.

(5) 전원파와 전원을 향한 동경

1930년대에 이르자 시문학에 전원지향적, 자연친화적 경향이 대두했다. 이런 경향의 시인들을 일컬어 전원파라 지칭한다. 이들은 현대 도시문명으로부터 벗어나 전원이나 자연에 귀의하고, 그 속에서 느끼는 서정을 노래했다. 신석정은 〈그 먼 나라를 알으십니까〉(1939), 〈아직 촛불을 켤 때가 아닙니다〉(1933) 등의 시에서 서정적이고 목가적인 언어와 정서로 전원 속에서 이루어지는 소박한 삶의 모습을 노래했다. 김상용은 〈남으로 창을 내겠소〉(1934)에서 달관적이고 관조적인 태도로 전원생활의 모습과 정서를 표현하였다.

(6) 민족 현실의 재발견 : 백석, 오장환, 이용악

1930년대 후반은 전시체제가 강화되어 가던 시기였다. 그에 따라 식민지 조선은 정치, 경제적으로 점점 더 암담한 상황으로 치닫고 있었다. 그러한 척박한 상황과는 반대로 시단에는 수많은 신진 시인들이 등장하였다. 그 가운데 모더니즘의 영향을 받았으나 개인사적 체험을 바탕으로 점차 민족 현실에 대한 사실적 형상화로 나아간 시인들이 있다. 이용악, 백석, 오장환이 그들이다. 이용악은 초기에는 모더니즘적 성격이 강한 시를 썼으나, 개인사적 체험을 통해 점차 민족의 보편적 현실을 형상화하는 방향으로 변모했다. 그의 대표작 〈낡은 집〉(1938)은 만주 유이민의 참상을 다룬 시이다. 이 시에서 화자는 자신들의 삶의 터전에서 더 이상 살 수 없어 만주로 떠난 '털보네 일가'의 비극적 상황을 서술하고 있다. 이용악은 현실의 한 단면을 통해 1930년대 후반 민족이 처한 보편적 현실의 본질적 국면을 형상화함으로써 리얼리즘 시의 탁월한 경지를 보여주었다. 백석은 평안도 방언을 사용하여 토속적이고 공동체적인 세계를 형상화했다. 〈여우난곬족〉(1935)이 그러한 세계를 잘 보여준다. 그와 더불어 〈여승〉(1936), 〈팔원〉 같은 작품에서는 가족의 해체와 삶의 파괴를 형상화함으로써 당대 민족이 처한 고통스러운 현실을 보여 주였다. 오장환의 작품 경향은 크게 두 가지로 구분해 볼 수 있다. 한편으로는 〈성씨보〉(1936)와 같이 봉건제도의 억압과 자본주의의 모순을 비판하는 작품들이 있고, 다른 한편으로는 〈모촌〉(1936)과 같이 일제의 수탈로 인해 삶의 터전을 빼앗긴 농민들의 비참한 상황을 표현한 작품들이 있다.

(7) 일제 말 암흑기와 이육사, 윤동주의 시

일제는 1930년대 후반에 접어들자 중일전쟁(1937), 태평양전쟁(1941)으로 이어지는 일련의 전쟁 승리를 위해 전시동원체제를 구축하고, 각종 법령과 제도를 제정했다. 또한 1938년에는 조선어 교육을 폐지하고 일본어 상용을 강요했다. 그리하여 내선일체 이데올로기를 강조하며 조선인들로 하여금 황국신민이 되기를 강요했다. 문학인들에게도 전시동원을 강요하여 일제의 전쟁을 찬양하고 전시동원을 독려하는 이른바 국민문학을 강요했다. 이러한 상황에서 많은 문인들은 친일의 길로 나아갔다. 이들은 문학작품을 통해 내선일체, 황도정신을 선전하고, 전쟁 승리를 찬양했다. 나머지 문인들은 절필 또는 침묵할 수밖에 없었다. 일제 말기를 한국문학의 암흑기라 부르는 이유가 여기에 있다. 이런 상황에서도 몇몇 시인들은 비록 발표를 전제로 한 것은 아니지만 민족이 처한 부정적 현실을 비판하고, 일제에 대한 저항의식을 시로 표현해 냈다. 이육사, 윤동주는 이러한 암흑기의 한국시를 빛낸 횃불이었다.

이육사는 지사적인 정신을 바탕으로 독립에 대한 열망을 형상화했고, 시대적 상황을 강인한 의지로써 초월하려는 모습을 보여주었다. 〈절정〉(1940)은 이육사의 대표작 가운데 하나로서 절망의 극한에서 그것을 초극하려는 의지를 노래한 작품이다. 윤동주는 이육사와 더불어 일제말 암흑기 문학을 빛낸 또 하나의 횃불이었다. 그는 〈자화상〉, 〈별 헤는 밤〉, 〈십자가〉 등에서 식민지 지식인의 자기반성과 고뇌, 순교자적인 자기희생의 의지를 서정적으로 노래했다.

(8) 청록파와 정신적 구원으로서의 자연

일제 말기에 이르러 자연에의 몰입을 통해 정신적 구원을 갈구했던 시인들이 등장했다. 박목월, 조지훈, 박두진이 그들로서, 이들은 모두 1930년대 말 『문장』을 통해 등단했다. 이들의 일제 말기 시들은 해방기에 간행된 『청록집』(1946)에 실려 있다. '청록파'라는 명칭은 이 시집의 이름에서 유래했다. 박목월은 〈산도화〉, 〈나그네〉 등에서 자연을 소재로 하여 향토적 서정을 노래했다. 조지훈은 〈고풍의상〉(1939), 〈승무〉(1939)에서 고전적인 감각과 태도를 바탕으로 민족정서와 전통미를 노래했다. 박두진은 〈향현〉(1939), 〈묘지송〉(1939) 등에서 자연에 대한 향수와 동경을 노래했다.

5) 해방기-1950년대 시

(1) 전반적 경향

1945년 8 · 15 해방은 빼앗겼던 국권을 회복하고, 새로운 나라를 만드는 역사적 계기로 작용했다. 그리하여 우리는 역사를 스스로 만들어갈 수 있는 민족적 주체성을 회복하게 되었다. 해방은 사회의 제 방면에서 낡은 것의 청산과 새로운 것의 건설을 촉진했다. 해방은 한국문학에도 새로운 출발점으로 작용했다. 시의 경우 해방 직후에는 해방의 감격과 새로운 세계에 대한 희망을 노래한 작품이 주종을 이루었다. 그러다가 해방기 시단이 이념적 갈등으로 인해 좌익과 우익으로 나누어져 대립함으로써 시의 경향도 두 가지로 뚜렷이 구분되었다.

해방기는 국내외적 혼란과 갈등을 겪다가 1948년 대한민국 정부 수립(8.15)과 조선민주주의인민공화국 정부 수립(9.9)을 계기로 분단 상황에 처하게 된다. 38선을 경계로 대립하던 남과 북의 갈등은 마침내 한국전쟁으로 비화되었다. 한국전쟁은 민족사의 비극으로서 분단이 고착화되는 결정적 계기가 되었다. 1950년대 시의 경향은 우선 전쟁 체험을 형상화한 시들을 한 묶음으로 분류할 수 있다. 전쟁시는 주로 종군시인들에 의해 창작되었으며, 전쟁의 참상과 민족의 비극을 노래한 것이 대부분이다. 한편 전쟁의 폐허 속에서 느끼는 허무와 불안의식, 그리고 사회의 부조리를 담은 주지주의 경향의 모더니즘 시, 전대의 순수서정시의 계보를 이어가려는 전통서정시 등도 이 시대의 주된 시적 흐름이었다.

(2) 해방기 시단의 다양한 면모들

해방기 좌익 시단은 임화, 오장환, 이용악 등 조선문학가동맹 소속 시인들이 중심을 이루며 형성되었다. 이들은 해방기 현실에 대한 강렬한 비판의식과 투쟁의지를 형상화했다. 반면 우익 시단은 문필가협회(청년문학가협회) 소속 시인들인 박목월, 조지훈, 박두진, 서정주 등이 중심이 되었는데, 이들은 전통적 정서와 관조적 세계인식을 담은 순수서정시를 주로 썼다. 그리고 해방기에는 일제 강점기에 미처 발행되지 못했던 시집들이 다수 출간되었다. 이육사의 『육사 시집』, 이상화의 『상화 시집』, 윤동주의 『하늘과 바람과 별과 시』, 심훈의 『그날이 오면』 등 유고 시인들의 시집이 속속 발간되었다. 또한 해방 전에 등단한 시인들의 시집 출간도 활발하게 이루어졌다. 김영랑의 『영랑시선』, 신석정의 『슬픈 목가』, 유치환의 『생명의 서』, 김광균의 『기항지』 등이 출간되었다. 또한 해방기에는 수많은 문예지들이 발간되어 한국문학의 새로운 출발을 위한 토대가 되었다. 『문학』, 『문예』, 『예술부락』 등의 문예지들은 당대의 중요한 작품을 게재하여 한국문학의 방향 모색에 도움을 주었고, 신진시인들을 등단시킴으로써 한국 시단의 맥을 두텁게 했다. 김경린, 김수영, 구상, 김종길, 김춘수, 박인환, 이설주, 정한모, 조병화,

조향 등 1950년대 이후 한국 시단에서 중추적 역할을 하게 되는 시인들이 모두 이 시기에 등단하였다.

(3) 전쟁체험의 시적 형상화

한국전쟁기 동안 일부 시인들은 종군작가로서 전쟁에 참여하여 자신들이 목격한 전쟁의 참상을 형상화했다. 이영순의 〈연희고지〉(1951), 장호강의 〈총검부〉(1952)는 전쟁 현장을 소재로 하여 전장에 대한 묘사와 그것을 바라보는 화자의 정서를 생생하게 노래한 작품들이다. 이 외에도 모윤숙의 〈국군은 죽어서 말한다〉(1951), 조지훈의 〈다부원에서〉, 유치환의 〈보병과 더불어〉(1951), 구상의 〈적군 묘지 앞에서〉 등도 애국심 고취, 전쟁 참상의 사실적 묘사, 생명의 고귀함 등을 노래한 것들로서 기억해 둘 만하다. 구상은 연작시 〈초토의 시〉를 통해 전쟁의 참상과 폐허의 현실을 비판적으로 노래했다.

(4) 전통적 서정의 계승과 발전

1950년대의 대다수 시인들은 전통적, 고전적 서정 속에서 자신의 시세계를 구축하였다. 서정주, 박목월, 조지훈 등 기성시인들이 이러한 시 경향을 보여주었고, 이러한 시 경향에 영향을 입은 신진시인들이 많았기 때문이다. 서정주는 〈무등을 보며〉(1954)에서 고단한 현실을 순수하고 아름다운 마음을 통해 극복하려는 염원을 노래했다. 신진시인들 가운데서는 이동주, 박재삼, 정한모, 전봉건, 이형기 등이 전통적 서정에 기반을 둔 시 세계를 보여주었다. 이들은 청록파와 같이 자연지향성을 짙게 내장하고 있으면서도 삶의 체험과 인간적 정서를 추구함으로써 서정시의 새로운 가능성을 보여주었다. 이동주는 〈강강술래〉(1955)에서 전통적 서정인 '한'을 형상화함으로써 전통시의 맥을 이었다. 박재삼은 〈울음이 타는 가을 강〉(1959)에서 전통적 정서와 가락을 통해 전통적 정서를 노래했다. 정한모는 〈가을에〉(1959)에서 휴머니즘에 입각한 맑고 순수한 서정의 세계를 노래했다. 전봉건은 전쟁의 상흔을 서정적인 세계를 통해 극복하려는 노력을 보여주었다. 이형기는 〈낙화〉(1957)에서 수용과 달관의 세계관을 바탕으로 동양적 서정의 세계를 구축했다.

(5) 모더니즘 시의 폐허의식과 실험성, 그리고 주지주의적 경향

한국전쟁은 해방 이후 남아 있던 산업시설을 파괴하고, 삶의 터전을 황폐화시켰다. 또한 전쟁이 격화되어 감에 따라 시인들의 절망감과 허무감도 한층 심화되어 갔다. 박인환, 김경린, 김차영, 김규동, 조향 등의 시인들은 1952년 피난지 부산에서 『후반기』 동인을 조직하고 모더니즘 시 운동을 전개해 나갔다. 이들이 '후반기'라는 명칭을 사용한 데에는 1930년대 모더니즘 시의 정신과 방법을 계승하겠다는 의미가 내포되어 있다. 이들은 청록파류의 순수서정시가 지닌 비현실성을 비판하면서 폐허의 현실에서 느끼는 존재론적 불안과 허무의식을 노래했고, 언어와 기법상의 실험을 수행했다. 후반기 동인에 속하지는 않지만, 김종삼과 문덕수도 실험적 언어와 이미지를 통해 독자적인 세계를 구축한 시인들이다. 또한 송욱은 일상어를 시에 과감하게 도입하고 전통적인 구문법의 쇄신을 통해 현실에 대한 비판적, 풍자적 의식을 표현했다. 김구용 역시 전쟁의 비극성과 전후 현실의 부조리를 날카롭게 비판했다.

(6) 그 밖의 시인들

이 시기에는 현실의 문제보다는 내면적, 존재론적 문제에 천착하는 시인들도 등장했다. 김춘수는 존재와 언어에 대한 탐색을 통해 사물과 인식의 관계 문제를 성찰했다. 대표작 〈꽃〉(1955)은 언어적 명명을 통한 사물의 존재론적 인식과정을 잘 보여준다. 신동집도 존재와 언어에 대한 깊이 있는 탐구를 한 시인이다. 조병화, 김현승 등도 인간 존재에 대한 성찰과 탐구를 보여 주었다.

6) 1960-70년대 시

(1) 전반적 경향

4 · 19로 시작된 1960년대는 자유와 평등에 대한 요구가 전 사회적으로 분출한 시기였다. 그러나 그 같은 민주화에 대한 열망은 곧 5 · 16으로 인해 좌절되고, 독재 정권의 등장으로 오랫동안 민주주의는 제대로 꽃필 수 없었다. 5 · 16 세력은 집권 후 산업 근대화를 통한 경제 발전에 총력을 기울였고, 한국 경제는 비약적인 발전을 거듭해 갔다. 그러나 다른

한편으로 사회적, 경제적 불평등이 심화되었고 물신주의적 경향도 점차 두드러져갔다. 한국 사회의 이러한 변화는 시에도 영향을 미쳤다. 1960년대 시단에서 시의 위상과 기능을 둘러싼 소위 '순수-참여 논쟁'이 일어났다. 이 과정에서 시란 사회 현실의 반영과 정치적 억압에 대한 저항이라는 인식이 대두하면서 참여시가 새로운 경향으로 부상했다. 1960년대 시는 이 같은 참여시와 아울러 전통적인 서정시, 인간 내면을 성찰한 주지시 등 몇 가지로 구분해 볼 수 있다.

한편 한국 경제는 1960년대부터 추진된 경제개발계획이 성과를 거두면서 1970년대에 접어들자 더욱 비약적으로 발전했다. 그와 더불어 도시와 농촌, 빈부의 격차가 심화되었다. 정치적으로는 유신체제의 강화로 매우 암울한 시대였다. 이러한 상황에서 민주화운동과 노동자, 농민들의 저항이 싹트기 시작했다. 1970년대 시단의 가장 큰 특징으로는 민중시의 등장을 꼽을 수 있다. 민중시는 산업화에서 소외된 민중의 처지를 형상화하고, 정치적으로 불합리한 현실을 비판적으로 노래했다. 민중시의 등장으로 시의 사회적 기능에 대한 인식이 확산되었다. 그와 함께 모더니즘 계열의 시도 계속 창작되어 이 시기의 주된 시적 흐름을 형성했다.

(2) 참여시의 두 양상 : 김수영, 신동엽

1960년대에 들어서 시의 현실참여, 즉 시를 통해 부조리한 현실을 비판하고 극복하는 문제가 본격적으로 논의되기 시작했다. 순수-참여 논쟁에서 참여문학의 입장에 서 있던 시인들은 사회에 대한 비판적인 인식을 바탕으로 한 참여시를 통해 현실에 적극적으로 대응하려 했다. 김수영, 신동엽은 이러한 참여시의 경향을 잘 보여주는 대표적인 시인들이다. 김수영은 비판적 지성과 모더니즘적 형상화 기법의 결합을 통해, 신동엽은 서정적 미감과 역사의식의 결합을 통해 참여시의 나아갈 방향을 제시했다. 김수영은 〈푸른 하늘을〉에서 자유와 혁명의 진정한 의미와 그것을 성취하는 것의 어려움을 노래했다. 신동엽은 〈껍데기는 가라〉(1967)에서 껍데기와 알맹이, 쇠붙이와 흙가슴 등의 이미지 대비를 통해 4 · 19 정신의 회복과 분단현실의 극복을 비판적이고 격정적인 어조로 노래했다.

(3) 전통서정의 옹호와 계승

1960년대 시의 또 하나의 특징은 전통적인 감각과 서정을 계승하려는 경향이다. 전통서정시는 한국 현대시의 주요 흐름이었고, 이러한 흐름이 1960년대에 들어서도 이어지고 있다. 1950년대에 등장한 박재삼, 박용래 등의 뒤를 이어 정진규, 김원호, 박이도, 이가림, 이근배, 오탁번, 박정만 등의 시인들이 등장하여 그 계보를 이어갔다.

(4) 내면의식과 언어에 대한 탐구

1960년대 시단에는 전통서정시, 참여시 외에도 주지시라 부를 수 있는 경향이 뚜렷한 흐름을 형성하였다. 이 경향의 시인들은 서정의 문제나 현실비판적 의식의 문제를 고려하면서도 시가 언어예술임에 주목하여 언어에 대한 실험과 탐색을 통해 시의 시다움을 추구하려 했다. 1950년대 말에 등장한 황동규, 마종기, 김영태 등은 이 그룹의 선두격인데, 이들은 공동시집인『평균율』을 통해 지성적 상상력과 언어의 아름다움을 보여주기 위해 노력했다. 이들의 뒤를 이어 오세영, 이승훈, 박의상, 이건청, 허만하 등『현대시』동인들이 중심이 되어 언어에 대해 집중적으로 탐구했다. 이 외에도 정현종, 오규원 등도 지성적 상상력으로 언어에 대한 탐구를 지속했다.

(5) 참여시의 계승과 발전으로서 민중시의 등장

1970년대에 접어들면서 현대시에는 시대와 역사에 대한 자각과 고찰을 바탕으로 민중 내지 민족이 처한 현실을 노래하려는 경향이 대두되었다. 이는 참여시의 계보를 잇는 것으로서 1970년대 후반이 되자 확고한 흐름을 형성하게 된다. 신경림은 처음에는 인간의 존재론적 문제에 천착하다가 1960년대에 들어서면서부터 농민의 삶의 실상과 애환을 노래하기 시작했다. 〈농무〉는 신경림의 이러한 변화를 잘 보여주는 작품이다. 그는 이 시에서 산업화의 과정에서 배제된 농민들의 현실과 울분을 농민 화자를 등장시켜 노래했다. 고은은 신경림과 비슷한 시기에 등장했는데, 1960년대까지는 주로 허무주의적이거나 존재론적 성찰을 담은 시를 썼으나 1970년대에 접어들면서 〈화살〉, 〈새벽길〉 등 당대 현실의 불의에 대한 비판적, 저항적 의식을 표출하는 시를 썼다. 김지하는 등단 초기부터 시의 사회적 역할을 실천적으로 보여주었다. 그는 〈오적〉(1970)에서 당대의 지배집단에 속하는 재벌, 국회의원, 고급공무원, 장성, 장차관 등 다섯 명을 오적으로 명명하고 이들을 풍자함으로써 유신시대의 모순과 부조리를 비판했다. 이 외에도 이성부, 최하림, 조태일, 김준태, 정희성 등이 이 시기의 민중시를 대표하는 시인들이다.

3. 참고자료

1) 개화기 시가

(1) 최남선, 〈경부철도가〉(1908)

우렁차게 토하는 기적 소리에
남대문을 등지고 떠나 나가서
빨리 부는 바람의 형세 같으니
날개 가진 새라도 못 따르겠네.

늙은이와 젊은이 섞여 앉았고
우리네와 외국인 같이 탔으나
내외친소(內外親疏) 다 같이 익히 지내니
조그마한 딴 세상 절로 이뤘네.

[해설] 〈경부철도가〉는 경성과 부산을 잇는 경부선이 개통되었음을 예찬한 창가이다. 근대문명의 상징이라 일컬어지는 철도는 당시 일본이 조선의 수탈과 침략을 용이하게 하기 위해 개통한 것이다. 그러나 이 노래에는 그러한 사실에 대한 인식이 완전히 배제된 채 근대문명과 개화에 대한 맹목적 찬양으로 일관되어 있다. 7 · 5조 율격을 기본으로 하고 있으며, 각 연 4행에 총 67연으로 이루어진 긴 창가이다. 여기에 수록된 부분은 1–2연이다.

(2) 이중원, 〈동심가〉(1896)

잠을 깨세 잠을 깨세
사천 년이 꿈속이라
만국이 회동하여
사해가 일가로다.

구구세절(區區細節) 다 버리고
상하동심 동덕하세
남의 부강 불어하고
근본 없이 회빈(回賓)하랴

범을 보고 개 그리고
봉을 보고 닭 그린다
문명개화 하려 하면
실상 일이 제일이라

못에 고기 불어말고
그물 맺어 잡아보세
그물 맺기 어려우랴
동심결(同心結)로 맺어보세

[해설] 〈동심가〉는 자주독립, 문명개화를 주제로 한 대표적인 개화가사이다. 이 노래의 화자는 조선이 오랫동안 미몽 속에 빠져 있는 반면 온 세상은 서로 교류하고 있다고 지적하고, 조선인이라면 지위고하를 막론하고 한마음 한뜻이 되어 문명개화를 구체적으로 실천하자고 청유하고 있다. 이러한 내용을 4·4조에 맞춰 노래하고 있다.

(3) 최남선, 〈구작 삼편(舊作 三篇)〉(1909)

우리는 아무것도 가진 것 없소,
칼이나 육혈포나
그러나 무서움 없네.
철장(鐵杖) 같은 형세라도
우리는 웃지 못하네.
우리는 옳은 것 짐을 지고
큰 길을 걸어가는 자일세.

우리는 아무것도 가진 것 없소,
비수나 화약이나
그러나 두려움 없네.
면류관의 힘이라도
우리는 웃지 못하네.
우리는 옳은 것 괭이 삼아
큰 길을 다스리는 자일세.

우리는 아무것도 든 물건 없소,
돌이나 뭉둥이나
그러나 겁 아니 나네.
세사(細沙) 같은 재물로도
우리는 웃지 못하네.
우리는 옳은 것 칼해 잡고
큰 것을 지켜보는 자일세.

[해설] 이 시는 '우리'로 지칭되는 소년들의 용기와 기상, 정의를 노래한 신체시이다.

시 속에서 '우리'는 아무것도 가진 것이 없음에도 불구하고 무기나 재물과 같은 외적인 힘 앞에 굴복하지 않는다. 그러한 용기는 옳은 일을 하고 있다는 신념으로부터 나온 것이다. 이처럼 최남선은 '소년'을 신문명을 건설할 주체로 설정하고 그들을 예찬하는 작품을 많이 썼는데, 이 시는 그런 계열에 속하는 작품이다. 최남선 시의 문제점인 추상적 낙관주의는 이 시에서도 강하게 드러나 있다.

2) 1910년대 시

(1) 주요한, 〈샘물이 혼자서〉(1919)

샘물이 혼자서
춤추며 간다.
산골짜기 돌 틈으로

샘물이 혼자서
웃으며 간다.
험한 산길 꽃 사이로

하늘은 맑은데
즐거운 그 소리
산과 들에 울리운다.

[해설] 이 시는 당시 동경 유학생들이 발간한 『학우』 창간호(1919)에 수록되었는데, 그의 대표작으로 손꼽히는 〈불놀이〉보다 시기적으로 앞선 작품이다. 이 시에서 화자는 밝고 긍정적인 태도로 산골짜기 돌 틈과 험한 산길을 헤치고 나아가는 샘물을 노래하고 있다. 따라서 낙천적, 낙관적 분위기가 시 전체를 지배하고 있다. 운율은 정형률에서 벗어난 듯하나 신체시처럼 각 연이 비슷한 율격 구조를 보이고 있다. 운율적으로 볼 때 아직

완전한 해방에는 이르지 못했다는 것을 보여준다.

(2) 김억, 〈봄은 간다〉(1918)

밤이도다.
봄이다.

밤만도 애달픈데
봄만도 생각인데

날은 빠르다.
봄은 간다.

깊은 생각은 아득이는데
저 바람에 새가 슬피 운다.

검은 내 떠돈다.
종소리 비낀다.

말도 없는 밤의 설움
소리 없는 봄의 가슴

꽃은 떨어진다.
님은 탄식한다.

[해설] 이 시는 김억의 초기 시의 경향을 잘 보여주는 작품으로서 애상적인 정서를 부드럽고 섬세한 어조를 통해 표현한 것이다. 시행의 음악적 배치를 고려한 것, 봄밤의

애상적 정서를 '새'에 감정이입하여 표현한 것, '종소리 비낀다'와 같은 공감각적 이미지를 사용한 것 등이 이 시의 특성이다. 1920년 전후 식민지 조선에 유입된 상징주의의 영향을 잘 보여주는 작품이다.

3) 1920년대 시

(1) 박종화, 〈사(死)의 예찬〉(1923)

보라!
때 아니라, 지금은 그때 아니라.
그러나 보라!
살과 혼
화려한 오색의 빛으로 얽어서 짜 놓은
훈향(薰香)내 높은
환상의 꿈터를 넘어서.

검은 옷을 해골 위에 걸고
말없이 주톳빛 흙을 밟는 무리를 보라.
이곳에 생명이 있나니
이곳에 참이 있나니
장엄한 칠흑의 하늘, 경건한 주토(朱土)의 거리
해골! 무언(無言)!
번쩍이는 진리는 이곳에 있지 아니하랴.
아, 그렇다 영겁 위에.

젊은 사람의 무리야!
모든 새로운 살림을

이 세상 위에 세우려는 사람의 무리야!
부르짖어라, 그대들의
얇으나 강한 성대가
찢어져 해이(解弛)될 때까지 부르짖어라.

격분에 뛰는 빨간 염통이 터져
아름다운 피를 뿜고 넘어질 때까지
힘껏 성내어 보아라
그러나 얻을 수 없나니,
그것은 흐트러진 만화경 조각
알지 못할 한때의 꿈자리이다.

마른 나뭇가지에
곱게 물들인 종이로 꽃을 만들어
가지마다 걸고
봄이라 노래하고 춤추며 웃으나
바람 부는 그 밤이 다시 오면은
눈물 나는 그 날이 다시 오면은
허무한 그 밤의 시름 또 어찌하랴?
얻을 수 없나니, 참을 수 없나니
분 먹인 얄따란 종이 하나로.

온갖 추예(醜穢)를 가리운 이 시절에
진리의 빛을 볼 수 없나니
아, 돌아가자.
살과 혼
훈향내 높은 환상의 꿈터를 넘어서

거룩한 해골의 무리
말없이 걷는
칠흑의 하늘 주토의 거리로 돌아가자.

[해설] 이 시는 1920년대 백조의 감상적, 병적 낭만주의 시의 특성을 잘 보여주는 작품이다. 이 시는 현실의 세계를 초월한 죽음의 세계를 찬미하는 시이다. 화자는 현재를 진리가 없는 암흑의 세계로 인식하고, 죽음의 세계로 돌아가기를 청유하고 있다. 죽음의 세계에 생명과 참, 진리가 존재하기 때문이다. 그래서 화자는 죽음의 세계를 지향함으로써 영원한 생명과 진리를 얻고자 한다.

(2) 임화, 〈우리 오빠와 화로〉(1929)

사랑하는 우리 오빠 어저께 그만 그렇게 위하시던 오빠의 거북무늬 질화로가 깨어졌어요
언제나 오빠가 우리들의 '피오닐' 조그만 기수라 부르는 영남이가
지구에 해가 비친 하루의 모—든 시간을 담배의 독기 속에다
어린 몸을 잠그고 사온 그 거북무늬 화로가 깨어졌어요

그리하여 지금은 화젓가락만이 불쌍한 영남이하고 저하구처럼
똑 우리 사랑하는 오빠를 잃은 남매와 같이 외롭게 벽에 가 나란히 걸렸어요

…… 중략 ……

화로는 깨어져도 화젓갈은 깃대처럼 남지 않았어요
우리 오빠는 가셨어도 귀여운 '피오닐' 영남이가 있고
그리고 모—든 어린 '피오닐'의 따뜻한 누이 품 제 가슴이 아직도 더웁습니다

그리고 오빠……

저뿐이 사랑하는 오빠를 잃고 영남이뿐이 굳세인 형님을 보낸 것이겠습니까
슬프지도 않고 외롭지도 않습니다
세상에 고마운 청년 오빠의 무수한 위대한 친구가 있고 오빠와 형님을 잃은 수없는
계집아이와 동생
저희들의 귀한 동무가 있습니다.

그리하여 이 다음 일은 지금 섭섭한 분한 사건을 안고 있는 우리 동무 손에서 싸워질
것입니다

…… 후략 ……

[해설] 이 시는 시적 화자인 누이동생이 감옥에 수감된 오빠에게 보내는 편지 형식으로 이루어진 단편서사시이다. 이 시에 등장하는 삼남매는 모두 노동자이다. 이들은 가난 속에서도 오순도순 살아간다. 그러다 노동운동을 하던 오빠가 잡혀가고 두 동생은 공장에서 쫓겨나 봉투 붙이는 일로 생계를 이어간다. 그러나 화자는 좌절하지 않고 오빠의 뜻을 이해하고 굳세게 살아가겠다고 다짐한다. 이 시에서 화로의 깨어짐은 오빠의 수감을, 화젓가락은 남은 두 남매를 상징한다. 이 시는 사건과 정서의 결합을 통해 노동자들의 삶에 대한 굳센 의지를 표현한 작품으로 경향시의 대표작으로 꼽힌다.

(3) 김소월, 〈서도 여운(西道餘韻)-옷과 밥과 자유〉(1925)

공중에 떠다니는
저기 저 새여
네 몸에는 털 있고 깃이 있지

밭에는 밭곡식
논에 물벼

눌하게 익어서 수그러졌네

초산(楚山) 지나 적유령(狄踰嶺)
넘어선다
짐 실은 저 나귀는 너 왜 넘니?

[해설] 이 시는 김소월 시에서 보기 드물게 현실에 대한 비판적 인식이 나타나는 작품이다. 이 시에서 새는 깃털을 가지고 있고, 논밭에는 곡식이 풍성하게 익어 있다. 자아는 이 두 사물을 통해 자신의 초라한 상황을 간접적으로 표현하고 있다. 즉 자아는 변변한 옷 한 벌 갖고 있지 못하며, 논밭에 있는 곡식은 자신의 것이 아니다. 게다가 짐을 싣고 고개를 넘는 나귀는 자유를 빼앗긴 채 고단한 삶을 이어가는 자아 자신을 상징한다. 이처럼 이 시는 새, 곡식, 나귀의 이미지를 통해 옷과 밥과 자유라는 삶의 기본적 조건조차 갖추지 못한 채 살아가는 식민지 민족의 현실을 표현하였다.

(4) 한용운, 〈당신을 보았습니다〉(1926)

당신이 가신 후로 나는 당신을 잊을 수가 없습니다.
까닭은 당신을 위하느니보다 나를 위함이 많습니다.

나는 갈고 심을 땅이 없으므로 추수가 없습니다.
저녁거리가 없어서 조나 감자를 꾸러 이웃집에 갔더니, 주인은 "거지는 인격이 없다.
인격이 없는 사람은 생명이 없다. 너를 도와 주는 것은 죄악이다."고 말하였습니다.
그 말을 듣고 돌아 나올 때에, 쏟아지는 눈물 속에서 당신을 보았습니다.

나는 집도 없고 다른 까닭을 겸하여 민적(民籍)이 없습니다.
"민적 없는 자는 인권이 없다. 인권이 없는 너에게 무슨 정조냐." 하고 능욕하려는
장군이 있었습니다.

그를 항거한 뒤에 남에게 대한 격분이 스스로의 슬픔으로 화하는 찰나에 당신을 보았습니다.

아아 온갖 윤리, 도덕, 법률은 칼과 황금을 제사 지내는 연기인 줄을 알았습니다.
영원의 사랑을 받을까, 인간 역사의 첫 페이지에 잉크칠을 할까, 술을 마실까 망설일 때에 당신을 보았습니다.

[해설] 이 시는 여성 화자를 통해 삶의 고통과 현실의 불의에 대한 저항 의지를 노래한 작품이다. 화자는 땅, 추수, 집, 민적 등 삶의 기본적 조건을 갖추고 있지 못함으로 인해 인격이나 정조를 보장받지 못한다. 화자가 겪는 부정적 상황은 '당신'이 부재하기 때문에 발생한 것이며, 화자는 멸시와 치욕을 당할 때마다 부재하는 '당신'을 그리워한다. 그리고 세상의 윤리, 도덕, 법률은 권력(칼)과 부(황금)을 위해 존재하는 것임을 깨닫고, 초월적 세계와 현실 참여와 환멸의 사이에서 방황하는 순간 '당신'을 보게 된다. 따라서 화자에게 '당신'은 구원과 희망의 존재이자 현실에 맞서 싸울 힘을 주는 존재이다. 한용운 시가 대부분 당대 현실을 상징적으로 표현한 것이라는 점에 비추어본다면, 이 시 역시 당대 민족의 비참한 현실과 일제에 대한 저항 의식을 노래한 것이다.

4) 1930년대-일제 말기 시

(1) 김영랑, 〈돌담에 속삭이는 햇발〉(1930)

돌담에 소색이는 햇발같이
풀 아래 웃음 짓는 샘물같이
내 마음 고요히 고운 봄길 위에
오늘 하루 하늘을 우러르고 싶다.

새악시 볼에 떠오는 부끄럼같이

시의 가슴에 살포시 젖는 물결같이
보드레한 에메랄드 얇게 흐르는
실비단 하늘을 바라보고 싶다.

[해설] 이 시는 밝고 부드러운 시어로 봄을 맞는 화자의 정서를 섬세하게 표현한 작품이다. 각 연 1 · 2행이 '-같이'로, 4행이 '-고 싶다'로 끝나고 있고 형태론적으로도 두 연이 대구를 이루고 있어서 음악성을 지닌다. 또한 '소색이는', '새악시', '살포시' 등 미감을 지닌 우리 말을 구사하고 있으며, 평화롭고 영원한 이상향의 세계를 지향하고 있다. 김영랑 시의 특성을 잘 보여주는 작품이다.

(2) 이상, 〈거울〉(1933)

거울속에는소리가없소
저렇게까지조용한세상은참없을것이오

거울속에도내게귀가있소
내말을못알아듣는딱한귀가두개나있소

거울속의나는왼손잡이오
내악수를받을줄모르는—악수를모르는왼손잡이오

거울때문에나는거울속의나를만져보지를못하는구료마는
거울이아니었던들내가어찌거울속의나를만나보기만이라도했겠소

나는지금거울을안가졌소마는거울속에는늘거울속의내가있소
잘은모르지만외로된사업에골몰할게요

거울속의나는참나와는반대요마는
또꽤닮았소
나는거울속의나를근심하고진찰할수없으니퍽섭섭하오

[해설] 이 시는 거울의 이미지를 통해 자아의 분열을 보여주고, 그것을 통해 현대인의 비극적 상황과 불안한 내면을 표현한 작품이다. 거울 밖의 나는 거울 때문에 거울 속의 나를 볼 수 있으나, 또한 거울 때문에 두 자아는 합일에 이를 수 없다. 바로 이러한 모습이 현대인이 겪고 있는 자아분열의 모습이다. 자아분열의 모티프는 〈꽃나무〉에서도 나타난다.

(3) 정지용, 〈바다2〉(1935)

바다는 뿔뿔이
달아나려고 했다.

푸른 도마뱀 떼같이
재재발렀다.

꼬리가 이루
잡히지 않았다.

흰 발톱에 찢긴
산호보다 붉고 슬픈 생채기!

가까스로 몰아다 부치고
변죽을 둘러 손질하여 물기를 씻었다.

이 애쓴 해도에

손을 씻고 떼었다.

찰찰 넘치도록
돌돌 구르도록

휘동그란히 받쳐 들었다!
지구는 연잎인양 오므라들고 …… 펴고 …….

[해설] 이 시는 정지용의 〈바다〉 연작 가운데 가장 뛰어난 작품으로 평가받고 있다. 이 시의 특성은 선명한 색채 이미지와 감각적 묘사에 있다. 즉 이 시는 '푸른', '흰', '붉은' 색채를 대비하여 청신한 느낌을 주며, 파도의 움직임을 도마뱀에 비유하여 역동적인 느낌을 준다. 파도의 움직임을 연잎이 오므라들고 펴지는 이미지를 동원하여 표현하고, 연잎을 지구에 비유한 점은 이미지스트로서의 정지용의 탁월함을 잘 보여준다.

(4) 신석정, 〈임께서 부르시면〉(1931)

가을날 노랗게 물들인 은행잎이
바람에 흔들려 휘날리듯이
그렇게 가오리다
임께서 부르시면…….

호수에 안개 끼어 자욱한 밤에
말없이 재 넘는 초승달처럼
그렇게 가오리다
임께서 부르시면…….

포근히 풀린 봄 하늘 아래

굽이굽이 하늘가에 흐르는 물처럼
그렇게 가오리다
임께서 부르시면…….

파아란 하늘에 백로가 노래하고
이른 봄 잔디밭에 스며드는 햇볕처럼
그렇게 가오리다
임께서 부르시면…….

[해설] 이 시는 전원지향성이 두드러지게 나타나는 작품으로서 1930년대 전원파 시의 특성을 잘 보여준다. 전체적으로 볼 때 1연에서 4연까지 '-처럼 / 그렇게 가오리다 / 임께서 부르시면…….'과 같은 동일한 구조의 반복과 '은행잎', '초승달', '물', '햇볕'으로의 이미지 변화를 통해 안정감과 변화감을 동시에 확보하고 있다.

(5) 오장환, 〈모촌(暮村)〉(1936)

초라한 지붕 썩어 가는 추녀 위엔 박 한 통이 쇠었다.

밤 서리 차게 내려앉는 밤, 싱싱하던 넝쿨이 사그라 붙던 밤, 지붕 밑 양주(兩主)는
밤새워 싸웠다.

박이 딴딴히 굳고 나뭇잎새 우수수 떨어지던 날, 양주는 새 바가지 꿰어 들고 초라한
지붕, 썩어 가는 추녀가 덮인 움막을 작별하였다.

[해설] 1930년대 후반에 이르러 많은 농민들은 삶의 터전을 잃고 유랑이나 이민의 길에 올랐다. 여러 시인들이 민족이 처한 이러한 현실을 소재로 시를 썼다. 이 시도 그런 경향에 속한다. 이 시는 한 부부의 처절한 가난과 삶의 신산스러움을 통해 민족의 비극적

현실을 이야기하고 있다. 그러나 화자는 그와 같은 비극적 장면을 철저히 객관적인 태도로 묘사하였다.

(6) 윤동주, 〈십자가〉(1941)

쫓아오던 햇빛인데
지금 교회당 꼭대기
십자가에 걸리었습니다.

첨탑이 저렇게도 높은데
어떻게 올라갈 수 있을까요.

종소리도 들려오지 않는데
휘파람이나 불며 서성거리다가,

괴로웠던 사나이
행복한 예수 그리스도에게처럼
십자가가 허락된다면

모가지를 드리우고
꽃처럼 피어나는 피를
어두워가는 하늘 밑에
조용히 흘리겠습니다.

[해설] 이 시는 윤동주 시의 특성인 순교자적 자기희생의 정신이 잘 드러난 작품이다. 이 시에서 화자는 햇빛으로 표상되는 정의, 순결 등을 지향한다. 그러나 그런 삶의 가치는 쉽게 도달할 수 없는 높은 곳에 있다. 화자는 그로 인해 내적 고통을 겪기도 하지만 그리스도

의 삶을 본받음으로써 민족적 구원을 성취하고자 하는 염원을 드러내고 있다.

5) 해방기-1950년대 시

(1) 신석정, 〈꽃덤불〉(1946)

태양을 의논하는 거룩한 이야기는
항상 태양을 등진 곳에서만 비롯하였다.

달빛이 흡사 비오듯 쏟아지는 밤에도
우리는 헐어진 성터를 헤매이면서
언제 참으로 그 언제 우리 하늘에
오롯한 태양을 모시겠느냐고
가슴을 쥐어 뜯으며 이야기하며 이야기하며
가슴을 쥐어 뜯지 않았느냐?

그러는 동안에 영영 잃어버린 벗도 있다.
그러는 동안에 멀리 떠나버린 벗도 있다.
그러는 동안에 몸을 팔아버린 벗도 있다.
그러는 동안에 맘을 팔아버린 벗도 있다.

그러는 동안에 드디어 서른 여섯 해가 지내갔다.

다시 우러러 보는 이 하늘에
겨울밤 달이 아직도 차거니
오는 봄엔 분수처럼 쏟아지는 태양을 안고
그 어느 언덕 꽃덤불에 아늑히 안겨보리라.

[해설] 이 시는 일제 강점기의 고통스러운 체험을 바탕으로 쓰인 작품이다. '밤'과 '태양'이라는 이미지의 대비를 통해 해방의 기쁨을 노래하고 있다. 그와 함께 '꽃덤불'의 이미지를 통해 새로운 세계에 대한 염원을 차분하면서도 희망에 찬 어조로 노래하고 있다.

(2) 김규동, 〈나비와 광장〉(1955)

현기증 나는 활주로의
최후의 절정에서 흰나비는
돌진의 방향을 잊어버리고
피 묻은 육체의 파편들을 굽어본다.

기계처럼 작열한 작은 심장을 축일
한 모금 샘물도 없는 허망한 광장에서
어린 나비의 안막을 차단하는 건
투명한 광선의 바다뿐이었기에

진공의 해안에서처럼 과묵한 묘지 사이사이
숨가쁜 Z기의 백선과 이동하는 계절 속
불길처럼 일어나는 인광의 조수에 밀려
이제 흰나비는 말없이 이즈러진 날개를 파닥거린다.

하얀 미래의 어느 지점에
아름다운 영토는 기다리고 있는 것인가.
푸르는 활주로의 어느 지표에
화려한 희망은 피고 있는 것일까.

신도 기적도 이미

승천하여 버린 지 오랜 유역
그 어느 마지막 종점을 향하여 흰나비는
또 한 번 스스로의 신화와 더불어 대결하여 본다.

[해설] 이 시는 1950년대 모더니즘을 대표하는 『후반기』 시의 특성을 잘 보여주는 작품이다. 김규동의 초기 작품에 속하는 이 시는 활주로, 피 묻은 육체, 제트기 등 전쟁과 연관된 이미지와 흰나비와 같은 생명과 삶의 가치를 회복하고자 하는 염원을 담은 이미지를 대비하고 있다. 이를 통해 시인은 전쟁의 비인간성을 비판적으로 노래하고 있다.

참고문헌

1. 김준오, 『시론』, 삼지원, 1997.
   ▸ 시의 개념과 관점, 구성원리, 장르적 특성, 현대시의 다양한 문제 등에 대해 다룬 책이다. 특히 동일성의 시론을 펼치고 있는 이 책에서 연속성과 통일성으로서의 동일성이라는 관념이 현대시의 뛰어난 분석적 논리로 정립되고 있어서 저자의 독창적인 시론을 살펴볼 수가 있다. 시를 공부하는 사람이라면 반드시 읽어야 할 기본서이다.

2. 김춘수, 『시의 이해와 작법』, 자유지성사, 1999.
   ▸ 시를 실제로 써 보는 것이 시의 이해나 학문적인 천착에 크게 도움이 된다는 전제 아래 시 전반에 대한 이해 방법과 작법에 대해 논한 지침서이다. 즉 시와 언어, 시의 형태, 행의 기능, 시의 제재, 시의 제목, 시와 상상력, 시와 영감, 감성과 지성, 이해의 방법, 아류와 영향 등을 다루고 있다.

3. 유종호, 『시란 무엇인가』, 민음사, 1995.
   ▸ 시 이해의 첩경은 이론서나 비평서를 많이 보는 것보다는 될수록 많은 시를 꼼꼼히, 주체적으로 읽는 데에 있다는 전제 아래 자신의 감상 체험을 바탕으로 주체적인 시 읽기의 방법에 대해

서술하고 있다. 저자는 시를 쓸 때 어떻게 하면 글이 더 생생하고 즐겁게 전달될 것인가 하는 문제에 대해, 좋은 시는 기호내용보다도 기호표현의 에너지로 홀로 서면서 우리의 주의력을 당긴다고 주장하면서 기표가 순기능을 발휘하는 시 언어에 대해 강조하고 있다.

4. 이승훈, 『시론』, 고려원, 1990.

▸ 시론이 대상으로 삼는 분야는 구체적이고 개별적인 시작품들이 아니라 그런 작품들이 숨기고 있는 추상적인 원리나 체계라는 전제하에 논의를 전개한 시론서이다. 이 책은 크게 3부로 나누어져 있는데, 제1부는 에이브람스의 방법론에 따라 고대부터 현대까지 나타난 대표적인 시론들을 역사적으로 정리하고 있다. 제2부는 공시적 시각으로서 현대시의 변별적 요소들을 여섯 가지(시어, 이미저리, 은유, 상징, 원형, 아이러니)로 정리하고 있다. 제3부는 시에 대한 종합적 논의로서 현대시의 원리, 현대시의 구조, 현대시의 해석, 현대시와 상상력, 현대시와 시간 등을 다루고 있다.

5. 김재용 외, 『한국근대민족문학사』, 한길사, 1993.

▸ 개화기부터 일제 말기까지 한국 근대문학의 전개과정을 일제 강점기의 정치경제사와 관련하여 서술한 책이다. 시사의 흐름에 대한 서술도 당대의 사회적 배경과 긴밀한 연관 속에서 이루어지고 있다. 한국 근대시의 흐름을 역사의 추이와 함께 살피는 데 도움이 된다.

6. 권영민, 『한국현대문학사2(1945-2000)』, 민음사, 2002.

▸ 8·15 해방부터 시작되는 한국 현대문학사의 흐름을 전반적으로 개괄한 책이다. 해방 후 우리 문학의 주요 경향을 간명하면서도 일목요연하게 설명하고 있다. 한국 현대시의 주요 경향을 쉽게 이해할 수 있도록 정리해 놓았다.

7장 현대소설

강의목표

- 현대 소설의 장르적 특성에 대하여 이해한다.
- 개화기에서 1970년대까지 현대소설이 어떻게 전개되었는가를 이해한다.
- 각 시대별, 작가별 작품 세계를 분석함으로써 현대소설의 다양한 경향을 파악한다.

1. 현대소설 이해를 위한 기본 개념

1) 소설 갈래의 개념과 성격

소설은 근대 이후에 발전한 서사 갈래의 한 종류이다. 근대란 봉건사회가 해체된 이후 도래한 시간단위인데, 한국문학에서는 대개 갑오경장(1894) 이후를 일컫는다. 서사 갈래는 주인공과 환경으로 된 이야기와, 이 이야기를 전달하는 서술자로 되어 있다. 그러나 이번 장에서 다루는 소설, 그러니까 현대소설은 고전소설, 신화, 전설, 만화, 영화 등 다른 서사갈래와는 구별되는 특징이 있다. 그것은 허구성, 산문성, 진실성, 서사성, 예술성 등이다.

〈표1〉 소설의 특징

허구성	소설은 구체적인 현실의 실제 인생을 소재로 하면서 그것을 상상력을 통해서 가공함.
산문성	소설은 운율이 아니라 일상적인 산문의 언어로 창작함. 소설의 언어는 서술, 대화, 묘사로 기술.
진실성	소설은 작가 상상력의 소산이지만 가공된 이야기를 통하여 인생의 진리와 의미를 보여줌.
서사성	소설은 인물, 사건, 배경의 이야기 요소와 이야기의 시간적 전개를 통해서 작가의 주제의식을 전달함.
예술성	소설은 예술의 한 형식이므로 예술적 형식미를 갖춤.

2) 소설의 하위 갈래

소설은 분류하는 기준에 따라 그 하위 갈래가 다양하게 존재한다.

분량을 기준으로 할 때 소설은 장편(掌篇)소설, 단편소설, 장편(長篇)소설로 분류된다. 장편(掌篇)소설은 원고지 20-30장, 단편소설은 원고지 100매 내외, 장편(長篇)소설은 원고지 1000매 이상의 분량이다. 단편소설은 단일한 구성으로 단일한 효과를 노리며, 장편소설은 복합적인 구성으로 삶의 총체성을 드러낸다.

문예사조를 기준으로 할 때 소설은 낭만주의 소설, 사실주의 소설, 심리주의 소설, 계몽주의 소설 등으로 분류할 수 있다. 낭만주의 소설은 인간의 꿈과 동경의 세계를 주제로 하며 사실주의 소설은 현실에 대한 객관적 인식을 추구한다. 한편 심리주의 소설은 인간 내면의 분열상과 사회적 소외를 다루며 계몽주의 소설은 합리적 이성을 바탕으로 사회의 무지몽매를 타파하려고 한다. 이 밖에도 순수한 예술의 심미적 세계를 묘사하는 심미주의 소설이 있다.

한편 창작의도에 따라 소설은 순수소설, 통속소설, 경향소설 등으로 분류할 수 있다. 순수소설은 대중의 통속적 경향에 영합하지 않고 작가의 뚜렷한 주제의식을 드러낸다. 반면 통속소설은 대중의 통속적 경향을 이용하여 이윤을 남기려는 상업주의적인 의도로 창작된다. 경향소설은 마르크스주의적 세계관에 입각하여 노동자와 농민을 각성시켜 혁명운동에 동원하려고 했는데, 우리 소설사에서는 주로 1920~30년대에 창작되었다.

3) 소설의 주제, 구성, 문체

소설의 주제는 작가가 작품을 통해서 말하고자 하는 중심 내용이다. 그것은 작가의 사상이나 세계관이자 작가가 글을 쓴 의도와 이유가 된다. 그러나 경우에 따라서 작가의 세계관이 그대로 작품에 드러나지 못하기도 한다. 예를 들어 일제강점기 당국의 검열이 심했을 때 소설가들은 현실을 우회적으로 비판하는 방법을 써야 했다. 그러니까 소설의 주제를 제대로 파악하기 위해서는 작품을 꼼꼼하게 읽어야 한다. 소설에서 주제는 명시적으로 제시되기도 하고 암시적으로 제시되기도 한다. 예를 들어 이광수의 『무정』에서 주제는 작가의 직접적인 발언으로 드러나며 채만식의 『태평천하』에서 주제는 작중인물의 행동과 대사, 분위기, 결말 등을 통해서 암시된다.

소설가는 주제를 효과적으로 전달하기 위해서 이야기를 인과적으로 배열해야 한다. 이때 인과적으로 배열된 이야기가 바로 소설의 구성이다. 여기서 우리는 이야기 그 자체와 구성을 구별해야 한다. 이야기는 소설의 재료이고 구성은 그 재료를 인과적으로 배열한 것이다. 예를 들어 어느 나라에서 왕비가 죽고 왕이 죽은 사건이 벌어졌다고 하자. 왕비의 죽음과 왕의 죽음은 구별되는 두 사건으로 그 자체로는 아무런 의미가 없다. 그런데 어떤 소설가가 두 사건을 소설로 쓰려고 마음먹는 순간 그것은 소설의 재료인 이야기가 된다. 이것을 가지고 소설가는 '왕비가 죽자 슬픔에 못 이겨 왕이 죽었다.'라는 식으로 두 사건을 인과관계로 맺어주거나, '왕이 죽었다. 그 이유를 아무도 몰랐지만 내시가 조사해봤더니 왕비의 죽음으로 인한 슬픔 때문이더라.'는 식으로 더욱 복잡하고 의미심장하게 두 사건을 인과관계로 맺어준다. 이 경우 두 사건은 원인과 결과의 관계는 물론 미스터리한 죽음, 호기심과 행동력 있는 탐정, 왕과 왕비의 아름다운 사랑 등을 암시하는 구성으로 거듭나는 것이다.

소설의 구성은 대개 발단, 전개, 위기, 절정, 결말로 되어 있다. 각각의 구성단위는 소설에서 다음과 같은 구실을 한다.

〈표2〉 소설의 구성 단위

구성단위	구실, 특징
발단	중심인물과 배경 제시, 주된 갈등을 일으킬 사건의 제시.
전개	사건의 본격적인 전개, 갈등의 등장.
위기	적대세력 간의 갈등이 고조되어 심화됨.
절정	인물의 운명이 갈림길에 놓이면서 갈등이 최고조에 도달, 갈등해소의 계기 마련.
결말	인물의 운명이 결정되고 갈등이 해결됨. 작품의 주제가 제시.

여기서 제시한 것은 단일한 사건, 단일한 효과를 노리는 단편소설의 구성 방법으로, 이것은 단일구성이다. 그 밖에도 소설의 구성에는 복합구성, 피카레스크식 구성, 액자식 구성 등이 있다. 복합구성은 둘 이상의 사건과 플롯이 교차되어 전개되는 구성으로 장편소

설에 많다. 피카레스크식 구성은 동일한 주제나 동일한 주인공을 내세우되 독립된 몇 개의 이야기를 모아서 꾸민다. 액자식 구성은 이야기 속에 또 다른 이야기를 끼워 넣는 방법이다.

소설에서 문체는 문자언어로 표현되는 소설 쓰기와 관련하여 나타나는 작가의 개별적인 특성을 말한다. 문체는 작가가 자신의 주제를 문장으로 표현할 때 나타나는 일정한 습관이며 구체적인 작품에서 작가가 사용하는 표현양식이다. 그것은 문장의 길이, 사용된 어휘의 음성적 특징은 물론 활용된 이미지까지 포함한다. 문체를 통해서 소설의 독자들은 작가의 개성을 알아낼 수 있다.

소설에서 문체는 서술, 묘사, 대화를 통해서 나타난다. 서술은 인물, 사건, 배경을 직접 설명하는 것이고 묘사는 사물의 모습을 선명한 이미지로 제시하는 것이며 대화는 등장인물이 서로 주고받는 말이다.

4) 소설의 인물, 사건, 배경

인물, 사건, 배경은 소설구성의 3요소이다.

소설의 인물은 이야기 속의 등장인물이다. 등장인물을 분류하는 방법을 제시하면 다음과 같다.

〈표3〉 소설의 인물

분류의 기준	인물유형	특성
성격변화의 유무	평면적 인물	작품의 결말까지 성격이 변하지 않음.
	입체적 인물	서사전개에 따라서 성격이 변하거나 발전함.
대표성의 유무	전형적 인물	집단이나 계층을 대표하는 특성을 가진 인물.
	개성적 인물	개인적인 독창성이나 특이성을 가진 인물.
역할에 따라	주동적 인물	주제를 부각시키는 긍정적인 역할을 하는 인물.
	반동적 인물	주인공과 적대적인 위치에 서서 갈등을 증폭시키는 인물.

소설에서 인물을 제시하는 방법은 직접 제시와 간접 제시가 있다.

직접 제시는 서술자가 직접 작중 인물의 특성을 요약적으로 설명하는 방법이다. 이때 서술자는 작품이나 인물의 내부에 개입하여 등장인물의 성격이나 그의 행위, 심리를 해석하고 평가한다. 이 방법은 등장인물의 성격을 간단명료하게 제시하거나 소설의 속도를 빠르게 하는 구실을 하지만 자칫하면 설명이 추상적으로 흐를 가능성이 있다. 간접 제시는 인물의 행동이나 대화 또는 외모를 통해서 인물의 성격이나 심리를 드러내는 방법이다. 이 방법은 인물의 성격을 구체적으로 드러낼 수 있어 독자가 성격을 능동적으로 파악할 수 있는 반면 독자가 성격을 파악하는 데 시간과 노력을 필요로 하므로 읽는 속도가 느려질 수 있다.

사건은 소설에서 발생한 일이다. 사건을 통해서 인물 사이의 갈등이 표출되고 인물의 성격이 드러난다. 이렇게 볼 때 사건은 인물과 떨어져서 살필 수 없다. 다만 편의상 소설의 인물과 성격을 구분하여 이해할 뿐이다. 나아가 인물과 사건은 갈등적인 상황을 통하여 하나로 묶인다. 서로 다른 인물이 끊임없이 부딪히면서 사건을 만들고 갈등을 일으킨다. 지속적으로 발전하는 갈등은 사건을 전환시키거나 또 다른 사건을 야기한다. 갈등과 사건의 끊임없는 전환 속에서 인물의 성격이 드러나는 것이다. 그러므로 인물의 성격과 사건의 전환은 갈등의 관점에서 설명할 수 있다.

소설에서 다루는 갈등은 다음과 같이 분류할 수 있다.

〈표4〉 소설의 갈등

내적 갈등	자아 내부의 갈등 혹은 의식과 무의식의 갈등, 인간 내면의 갈등.
외적 갈등	개인과 또 다른 개인의 갈등, 개인과 사회의 갈등, 개인과 운명의 갈등, 사회적 적대세력 간의 갈등.

소설의 배경은 인물의 행위가 벌어지는 물리적 또는 정신적 장소를 말한다. 간단하게 말하면 배경은 이야기의 환경, 무대 혹은 시간과 공간적 배경이자 이야기가 전개되는 동안의 '특정한 시간과 공간'을 의미한다. 배경은 소설에서 사실성을 보장하기 때문에 독자들이 그 배경을 실제로 받아들이면 배경 속의 인물이나 사건도 쉽게 받아들일 수 있다. 또한 배경이 작품의 독특한 분위기를 형성하면서 소설의 주제를 형성하는 상징적 의미를 갖기도 한다. 배경은 다음과 같이 다양하게 분류할 수 있다.

〈표5〉 소설의 배경

물리적 배경	인물의 성격과 심리를 반영해주는 주관적 공간, 혹은 인물이 행동하는 객관적 공간, 사실적 공간과 시간
사회적 배경	시대와 사회의 성격을 잘 드러내주는 배경
심리적 배경	과거, 현재, 미래를 혼합한 심리적 시간, 논리를 초월한 공간적 영역, 상징적 시간과 공간

5) 소설의 시점과 서술

소설은 서사 갈래로서 이야기와 담론으로 구성된다. 이야기는 인물과 사건의 상호 관계 속에서 전개되는 일련의 사건을 말한다. 담론은 그와 같은 이야기를 전달하는 상황을 전제로 한다. 소설에서 이야기 층위와 담론 층위는 구별된다. 이야기 층위에서 등장인물은 사건을 통해서 다른 인물과 갈등을 일으키지만 담론 층위에서 서술자는 그러한 인물들의 이야기를 피서술자(듣는 사람 혹은 독자)에게 전달한다. 이야기 층위에서 인간 존재들은 서로 갈등의 관계로 맺어지지만 담론 층위에서 인간 존재들은 말하고 듣는 관계로 맺어진다.

〈표6〉 시점과 서술[1]

소설에서 이야기 층위와 담론 층위가 구별되기 때문에 다양한 상황이 발생한다. 이야기 층위의 등장인물이 담론 층위의 서술을 담당하기도 하고 이야기 층위의 등장인물과 담론

1) 시점 : 시선과 관련된 행위. 직접 보기, 관찰하기, 인물의 내면심리까지 파악하기.
서술 : 말하기 · 듣기와 관련된 행위. 어조와 태도.
나병철, 『소설의 이해』, 문예출판사, 1998, 35-38쪽 참조.

층위의 서술자가 다르기 때문에 거리가 발생하기도 한다. 예를 들어 어른 화자가 자신의 어린 시절을 회상하는 일인칭 시점 소설에서, 어른 화자와 어린 등장인물은 같은 사람이지만 어른 화자는 어린 등장인물(자신)이 얽힌 사건의 결말이나 그 의미를 알고 있다. 따라서 어른 화자의 서술은 자기 자신에 대하여 거리를 가지며 소설은 반성적 사유의 공간이 된다. 또한 이야기 차원의 등장인물이 부도덕하거나 터무니없는 가치관을 가졌을 때, 담론 차원의 서술자는 이야기 등장인물에 대하여 비판적 거리를 가진다. 이때 담론 차원에서 서술자와 피서술자는 도덕적으로 우위에 서면서 등장인물 몰래 공모관계를 형성하여 풍자적인 효과가 발생한다. 이와 같이 소설에서 이야기와 담론의 구별은 다양한 예술적 효과를 낳는다.

여기서 시점은 작가의 대변자라고 할 수 있는 서술자가 어떤 위치와 태도로써 이야기를 전달하는가의 문제이다. 반면 서술은 피서술자 즉 독자를 향한 서술자의 말하기 그 자체를 말한다. 흔히 소설론에서 시점을 일인칭 주인공 시점, 일인칭 관찰자 시점, 3인칭 관찰자 시점, 전지적 작가 시점으로 분류하는데, 이러한 시점에 대하여 서술 행위를 고려하면서 그 특징을 말하면 다음과 같다.

〈표7〉 소설의 시점

일인칭 주인공 시점	담론층위의 '나'가 이야기의 등장인물 '나'의 사건을 서술	*자신의 일을 서술하므로 생동감 있는 이야기가 가능함 *주관적인 내면의 표현이 자유로움 *사건에 대한 객관성 유지가 곤란함
일인칭 관찰자 시점	담론층위의 '나'가 이야기의 등장인물인 '누군가'의 사건을 서술	*서술자 '나'는 '누군가'의 겉모습과 행동을 관찰하여 서술하므로 상대적으로 객관적 태도를 유지함 *시야가 제한되며 관찰되는 인물의 내면을 파악하기 곤란함 *액자구성이 어울림
삼인칭 관찰자 시점	담론층위의 '누군가'가 이야기의 등장인물의 사건을 서술	*서술자 '누군가'는 작가나 작가가 내세운 인물로서 사건을 관찰하고 묘사함 *서술자 자신의 주관이나 상상이 배제되므로 인물의 심리묘사가 거의 불가능함 *사건의 객관적이고 극적인 제시에 유리함
전지적 작가 시점	담론층위의 '누군가'가 이야기를 서술하지만, 이 '누군가'는 거의 신적인 입장에서 이야기 속의 인물, 시·공간, 사건을 서술	*서술자가 등장인물의 내면을 자유롭게 넘나들면서 행위의 동기를 전달하고 인물을 평가하고 해석하고 주석함 *서술자가 자유롭게 시간과 공간을 초월함 *담론 층위의 누군가를 '작가'로 볼 수도 있음 *작가가 이야기에 지나치게 간섭하면 객관성이 떨어짐

2. 현대소설의 사적 전개와 작품 세계

1) 개화기 소설

(1) 전반적 경향

개화기는 대체로 갑오개혁(1894)에서 경술국치(1910)까지이다. 따라서 개화기 문학은 이 시기에 생산된 문학을 말한다. 이 시기는 제국주의 세력들이 조선의 주권을 침탈했고 마침내 일본이 조선을 강제적으로 식민지로 만들었다. 따라서 이 시기의 소설은 이와 같은 위기에 대응하면서 새롭게 변해갔다. 이 시기 소설은 전통 사상을 비판하면서 새로운 형태로 변모해갔다. 상업적 출판사가 등장하고 전문적 문필가 집단이 새롭게 나타나서 이러한 소설의 변화를 뒷받침했다. 이 시기 소설이 주로 다룬 주제는 자주정신, 평등사상, 신학문 권장, 자유연애, 애국사상 등이었다. 신소설과 역사·전기 소설은 이 시기를 대표하는 소설 양식이었다.

신소설이라는 명칭은 이인직이 〈만세보〉에 연재했던 소설 〈혈의누〉를 단행본으로 낼 때 신문광고에서 사용한 것이었다. 신소설은 고전소설과 현대소설 사이를 잇는 과도기적 소설 양식이다. 그것은 내용은 물론 형식, 문체까지도 과도기적 성격을 드러냈다. 신소설의 문장은 고전소설의 문어체를 벗어나 언문일치에 근접했지만 언문일치의 소설문장이 완성된 것은 1910년대 이후였다. 고전소설의 제재가 중국이나 하늘이라는 이상적 세계에서 선택되었다면 신소설의 제재는 바로 당대의 구체적인 현실에서 선택되었다. 이인직의 〈혈의누〉(1906)는 10여 년 전 평양에서 벌어진 청일전쟁을 배경으로 한다. 그리고 신소설은 이러한 현실적 제재를 다루면서 설명보다는 묘사의 방법을 시도했고 일대기적 구성보다는 역전적 구성을 선택했다. 그러나 현실적인 제재 선택과 제재 구성의 새로움에도 불구하고 신소설은 아직 본격적인 현대소설의 형태를 갖추지 못했다. 신소설은 영웅소설이나 판소리계 소설 등 전대의 서사 전통의 자장 내부에서 영웅의 일대기, 남녀이합의 플롯 등의 요소를 참고하면서도 또 극복해야 했던 것이다. 신소설의 주제는 자주독립 사상의 고취, 신교육의 권장, 인습 타파, 개화·계몽사상의 고취 등 당대의 주요한 정치적 문화적 과제들이었다. 그러나 조선의 운명이 점차 기울어져가면서 신소설은 외세에 대한 저항보다는 조선 내부의 계몽, 즉 신교육 권장, 인습타파, 개화사상의 전파 등을 주제로 했다.

(2) 이인직과 이해조의 작품 세계

신소설의 대표 작가는 이인직과 이해조인데, 이인직은 〈혈의누〉(1906), 〈은세계〉(1908), 〈모란봉〉(1913) 등을 썼고 이해조는 〈빈상설〉(1908), 〈구마검〉(1908), 〈자유종〉(1910), 〈화의혈〉(1910) 등을 썼다. 이인직의 소설은 대체로 봉건세력을 비판하고 문명개화를 추구하는 정치적인 성격이 강했다면 이해조의 소설은 당대 양반사회의 일상과 풍습의 비합리성을 폭로하는 세태비판적인 성격이 강했다. 이 밖에도 〈추월색〉(1912), 〈안(雁)의성(聲)〉(1912)의 작가 최찬식, 〈금수회의록〉(1908)의 안국선 등의 신소설 작가가 있다.

2) 1910년대 소설

(1) 전반적 경향

1910년대 소설은 주체적 근대화의 이상이 좌절되고 일제의 식민지배가 시작된 시대를 배경으로 한다. 주권을 상실한 이후 조선의 사상계에서는 민족의 독립을 위한 항일 투쟁의 분위기가 사라지고 자주독립을 위한 실력양성과 계몽주의적 문화운동이 주류를 차지한다. 일본 유학생들이 서구식 개념의 문학을 본격적으로 도입하면서 서서히 개인적 정서와 내면 의식에 기반을 둔 단편소설들이 발표되기도 했다. 이러한 분위기를 가장 잘 보여주는 작가가 바로 이광수이다.

(2) 이광수의 초기 단편과 계몽주의 소설

〈사랑인가〉(1909), 〈어린 희생〉(1910), 〈소년의 비애〉(1917), 〈어린 벗에게〉(1917), 〈방황〉(1917) 등 이광수의 단편소설은 전통적인 인습과 가족제도에 의해서 억압당하는 '소년'들의 여린 내면이 붕괴되는 과정을 묘사했다. 그러나 이광수 단편소설의 소년들은 아직 내면이 성숙하지 않아서 자기 비극의 원인이 사회적 인습 때문인지, 아니면 자신의 미성숙 때문인지를 뚜렷하게 자각하지 못했다.

한편 1910년대 소설사에서 빠질 수 없는 것이 바로 이광수의 〈무정〉이다. 근대소설의 본격적인 등장으로 알려진 이광수의 〈무정〉은 신소설이 보여줬던 구태를 탈피하면서도 근대적인 요소를 많이 지니고 있다고 평가할 수 있다. 영어교사 이형식, 유복한 가정에서 자란 신여성 김선형, 기구한 운명으로 기생이 된 구여성 박영채가 주요한 등장인물이며, 애정과 의리가 얽힌 플롯의 복잡한 갈등이 '신교육을 통한 대중 계몽'이라는 주제의식으로 해결된다. 그러나 이와 같이 실력양성론에 기반한 대중계몽이라는 〈무정〉의 주제의식은 일본 제국주의가 조선을 강점한 상황을 용인하고 있다는 점에서 논란을 일으켰다.

한편 이광수는 〈무정〉을 쓰고 난 이후 곧 〈개척자〉(1917)를 썼는데, 이 작품은 가부장적 가족제도와 유부남과의 사랑 등 인습 때문에 자살한 성순이의 비극을 묘사했다. 오빠인 성재의 일을 도우면서 사랑에 눈떠가던 성순의 죽음은 억압적인 사회제도에 의해서 파멸되는 순진한 희생양의 분위기를 자아낸다. 이는 〈무정〉에서 유학을 마치고 돌아온 세 사람이 조선의 근대화를 위해서 힘쓴다는 긍정적이고 자신감 넘치는 결말과는 다른 것이다. 이와 같이 이광수는 〈무정〉과 〈개척자〉를 통해서 당대 상황에 대한 상반된 반응을 보여주었다.

3) 1920년대 소설

(1) 전반적 경향

1920년대 소설은 본격적으로 서구문예사조를 소화한 새로운 작가들의 등장, 식민지의 심화로 발생한 사회적 모순을 마르크스주의적으로 극복하려는 경향 등의 특징을 보였다. 일제의 문화정책에 따라 신문과 잡지의 간행이 허용됨으로써 작가들의 발표지면이 확보되었다. 그리하여 1920년대 소설은 본격적으로 현대적인 성격을 띠면서 당대 현실의 구체적인 모순에 대응하면서 분화되어 갔다.

(2) 사실주의 소설

〈창조〉(1919)의 창간은 1920년대 소설의 출발을 알리는 사건이었다. 김동인, 전영택, 주요한 등이 주도한 〈창조〉는 1910년대 이광수의 계몽주의 문학관을 비판하였다. 이들은 사회적 무지몽매를 혁파하려는 의도 대신 '인생 제시'라는 자연주의적인 의도를 드러냈다.

인생 제시는 '다만 인생 그것을 그대로 표현'한다는 선언으로 나타났는데, 이후 우리 소설은 점차 사실주의적인 성격을 강화하게 된다. 그러나 소설의 사실주의적 성격이 자리 잡는 과정은 혼란스러웠다. 당대 문학을 주도했던 이들은 20세 안팎의 어린 나이에 일본에 유학하면서 문학을 배웠다. 또한 그들의 문학은 서구 사실주의를 이식한 일본 문학의 중역(重譯)이었다. 게다가 3·1운동의 실패 이후 함께 유입된 세기말적 퇴폐주의, 병적 낭만주의, 비관적 자연주의 등 서구의 온갖 문예사조들은 1920년대 소설의 현실주의적 성격을 복잡하게 만들었다. 그리하여 1920년대 소설은 다양한 문예사조들의 혼류와 사실주의적 성격의 길항 속에서 차츰 현대적인 면모를 갖추어 나갔던 것이다. 김동인, 염상섭, 현진건, 나도향 등은 이러한 경향을 대표하는 소설가들이다.

김동인은 1920-30년대 자기 소설에서 사실주의, 자연주의, 유미주의 등 거의 모든 당대 서구문예사조들의 영향을 드러냈다. 그의 대표작인 〈감자〉(1925)는 사실주의적, 자연주의적 경향을 대표하며 〈광염소나타〉(1930), 〈광화사〉(1935) 등은 유미주의적 경향을 대표한다. 또한 그는 소설의 방법이나 형식적 기법을 다양하게 실험하여 일정한 성과를 거두었다. 그는 소설에 과거 종결형 어미를 도입하고 3인칭 대명사 '그'를 활용하여 현대단편소설의 완성자로 평가받는다. 그의 1920년대 대표작은 〈약한 자의 슬픔〉(1919), 〈마음이 옅은 자여〉(1920), 〈배따라기〉(1921), 〈감자〉(1925) 등이다. 특히 〈감자〉는 여주인공 복녀가 가난 때문에 게으름과 요령을 배우고 나아가 매춘까지 일삼는 등 도덕적으로 타락하는 과정을 냉소적인 시선으로 묘사한다. 이 작품은 가난이라는 환경이 인간을 타락시킨다는 자연주의적 결정론을 대표적으로 보여준다. 이와 같이 김동인은 자기 작품의 등장인물을 매우 냉정한 태도로 관찰하는데, 그것은 '인형조종술'론이라는 김동인 자신의 창작방법론과 연관된다. 김동인은 '있을 수 없는' 세계를 다루려고 했으며 등장인물은 인형처럼 무대 위에 조종되는 존재라고 했다. 그는 소설을 작가 마음대로 조작할 수 있다고 생각했던 것이다.

염상섭은 김동인과 달리 소설은 '있는 세계'를 사실대로 그리는 것이라고 생각했다. 즉 작가는 등장인물의 삶을 자기 마음대로 창조할 수 없고, 현실적 삶의 한계를 벗어나지 않으면서 그것을 실감 있게 표현하는 것이라 보았다. 염상섭은 〈표본실의 청개구리〉(1921), 〈암야〉(1922), 〈제야〉(1922), 그리고 〈만세전〉(1923)을 발표했다. 염상섭의 소설은 3·1운동의 실패 이후 암울했던 조선의 상황을 배경으로 했는데, 암울하고 비관적인 색채가 짙다. 〈표본실의 청개구리〉의 주인공 김창억은 기행(奇行)을 일삼는 젊은 지식인인데, 그 무엇도 할 수 없는 당대 젊은 지식인들의 답답한 마음을 대변하는 인물이다. 〈암야〉는 예술가를 지망하는 청년이 바라본 암울한 조선의 정신 풍경을 비판한다. 한편 〈제야〉는 여주인공 '나'(정인)의 일인칭 서간체 소설이다. 자유연애와 구식결혼의 틈바구니에서 고뇌하던 나는 견고한 현실 앞에서 어쩔 수 없이 절망하고 삶의 비애와 허무를 느끼며 자살하려 한다. 여기서 '제야'는 12월 31일 밤으로써 죽음을 상징한다. 그러나 제야가 끝나면 새해가 밝아온다는 의미에서 그것은 또한 새로운 시작을 암시한다. 염상섭의 초기 3부작은 전망이 없는 조선청년들의 우울한 내면을 드러냈지만, '제야'의 상징적 의미에서 알 수 있듯 그의 작품세계는 달라진다. 조선의 미래가 전망이 없다면 그런 상황을 초래한 원인을 먼저 이해해야 하는데, 〈만세전〉은 일본유학생 '이인화'의 시선을 통해서 '묘지'와 같은 조선의 문제점을 날카롭게 파헤친 소설이다. 〈만세전〉은 이인화가 일본에서 조선의 서울로 돌아오는 여행 과정을 플롯으로 하는데, 그 과정에서 만난 일본인 장사꾼, 조선인과 일본인의 혼혈 소녀, 비겁해 보이는 조선인, 가문의 번창을 위해서 묘지를 쓰려는 양반들 등 다양한 인간 군상들의 절망적인 현실의 원인을 구체적인 형상으로 보여준다. 이로써 염상섭은 사회 현실을 폭넓고 구체적으로 반영하는 본격적인 의미의 장편소설로 나아간다.

현진건은 객관적 묘사와 치밀한 구성을 특징으로 하는 사실주의적 단편소설의 대표 작가이다. 그의 첫 작품 〈희생화〉는 젊은 남녀의 애정을 다룬 비극적 이야기였고 〈빈처〉(1921), 〈술 권하는 사회〉(1921), 〈타락자〉(1922) 등은 당시 지식인 청년의 비참한 처지와 울분을 표현했다. 특히 그의 대표작 〈운수좋은 날〉(1925)은 1920년대 경성의 빈민층의 비극을 아이러니적인 수법으로 그려낸 작품이다. 이 밖에 〈불〉(1925)은 민며느리로 들어간 어린 순이가 겪는 고통을 통해서 전통적인 인습을 비판하였고 〈B사감과 러브레터〉(1925)는 여학교 기숙사 사감의 왜곡된 성격을 희화하여 보여주고 있다. 마지막으로 기억해야 할 작품은 〈고향〉(1926)이다. 서술자 '나'가 기차여행을 하면서 만난 기이한 행색의 조선 농민의 사연이 〈고향〉의 핵심이다. 일제의 수탈로 고향을 잃고 유랑민이 되어 버린 남자에게서 '나'는 삶의 현장을 잃어버린 조선의 얼굴을 본 것이다.

1920년대 현진건의 단편소설은 식민지 시대를 살아가는 지식인의 고민과 우울을 사실적으로 표현하면서도 농민과 하층민 여성, 도시 빈민층 등 당대 민중들의 비극적 삶에도 적극적인 관심을 드러냈다. 김동인의 소설이 다양한 문예사조의 수용과 형식 실험을 통해서 인간의 삶을 마음대로 조정하려고 했고 염상섭의 소설이 아무 것도 할 수 없는 식민지 청년의 우울한 내면을 사실주의적으로 파고들어갔다면, 현진건의 소설은 이와 같이 식민지 조선인의 삶의 비극을 완결성 있는 사실주의 기법으로 표현했다.

나도향은 1920년대 단편소설의 낭만주의적 경향을 대표적으로 보여준다. 〈물레방아〉(1925), 〈뽕〉(1925), 〈벙어리 삼룡이〉(1935) 등은 여전히 상·하 관계가 남아 있는 농촌의 지배관계를 보여주면서도 인간의 물질적 욕망이나 성적 욕망의 문제를 탐구함으로써 1920년대 소설에서 독특한 의미를 형성하고 있다. 나도향은 하층민의 고통을 묘사했다는 점에서 20년대의 다른 작가들과 비슷하지만 인간의 본능과 욕망을 표현함으로써 낭만주의적인 소설을 창작했다.

이 밖에 기억할 만한 작가는 〈화수분〉(1925), 〈흰 닭〉(1925)의 전영택, 〈인력거꾼〉(1925), 〈사랑손님과 어머니〉(1935), 〈아네모네의 마담〉(1936)의 주요섭 등이다. 전영택은 〈창조〉 동인으로 초기에 사실주의적인 경향의 작품을 쓰다가 후기에는 휴머니즘을 바탕으로 한 인도주의적 작풍으로 변했고, 주요섭은 초기에 신경향파적 경향의 소설을 썼으나 곧 서정적 단편소설로 옮겨갔다.

(2) 신경향파 소설

신경향파 소설은 1920년대 중반 이후 소설의 흐름을 바꾸었다. 1925년 카프 결성을 전후한 이 흐름은 노동자와 농민의 계급적 각성을 촉구하는 프롤레타리아 소설을 예고하는 것이었다. 신경향파 소설의 대표 작가는 김기진, 박영희, 그리고 최서해이다. 김기진의 〈붉은 쥐〉(1924)는 빈민가에 세 들어 사는 룸펜 지식인의 공허한 의식을 보여준다. 사건은 주인공 박형준이 어느 날 길거리에 죽어 있는 쥐를 보고 사람의 생활도 마찬가지라고 절망한 끝에 강도로 돌변한다는 것이다. 한편 그의 〈젊은 이상주의자의 사〉(1925) 또한 절망한 룸펜 지식인이 주인공인데, 그는 현실의 여러 가지 문제를 고민한 끝에 자살한다. 이러한 소설의 특징 때문에 '관념의 노출, 갈등구조의 비현실성, 문제해결의 안이성, 지식인의 관념성 노출' 등의 비판을 받았다.

박영희의 〈철야〉(1926)는 잡지사 기자 명진이 '인생문제'라는 청탁을 받았으나 방세를 독촉하는 하숙집 주인과 다투고는 거리로 나가 길을 헤매다가 문득 '내 집은 내 힘으로 찾되 인생 정의를 위해 싸워야 한다.'는 다짐을 하면서 원고를 마감한다는 내용이다. 〈지옥순례〉(1926)는 심한 굶주림에 시달리던 진달이 만주장사 아이를 살해하고 만주를 훔쳐 먹은 뒤 잡혀 간다는 내용이다. 〈사냥개〉(1925)는 굶주림으로 미쳐 버린 사냥개가 수전노인 주인을 물어 죽이고 난 후 줄을 끊고 자유롭게 된다는 이야기이다. 이와 같이 박영희 소설도 김기진의 소설처럼 작가의 관념이 생경하게 노출되고 인물이나 사건, 행동 등이 도식성을 드러내고 있다. 이들의 소설은 구체적인 체험이 아니라 지식인 소설가들의 관념 속에서 조작된 측면이 강하다.

이와 달리 최서해의 소설은 작가의 실제 굶주림 체험을 바탕으로 창작되었기 때문에 신경향파 소설의 관념성을 탈피했다. 최서해는 〈탈출기〉(1925), 〈박돌의 죽음〉(1925), 〈기아와 살육〉(1925), 〈큰물 진 뒤〉(1925), 〈홍염〉(1927) 등의 소설에서, 조선에서 삶의 근거를 잃고 북간도로 갈 수밖에 없었던 유랑민들의 비참한 삶을 제재로 하면서 자신의 핍진한 체험을 적절하게 묘사했다. 최서해 소설의 주인공들은 견디기 어려운 극단적 상황에서 살아 남기 위해서 수단과 방법을 가리지 않고 투쟁하지만 그것이 실패하여 결국 살인과 방화, 강도 등의 파멸적 행동으로 치닫는다. 그리하여 그의 소설은 체험의 세부적 구체성은 확보했으나 비슷한 플롯이 반복된다는 한계를 가졌다.

김기진과 박영희, 최서해의 신경향파 소설은 현실에 근거하지 않고 지식인의 머릿속 관념으로 일관하거나 비슷한 제재와 플롯을 반복적으로 활용한다는 한계를 보여주었다. 그러나 신경향파 소설은 우리 소설의 제재를 극빈층까지 확대하면서 식민지 조선사회의 계급 문제를 선명하게 부각시켰다. 그리하여 1920년대 소설은 사실주의적인 경향이 주류로 자리 잡는 가운데, 낭만주의 등 다양한 문예사조의 단편소설들이 실험되었다.

4) 1930년대 소설

(1) 전반적 경향

1930년대 소설의 특징으로 우선 지적해야 할 것은 사실주의적 경향이 퇴조하면서 모더니즘 소설, 혹은 순수주의 소설이 등장했다는 사실이다. 1925년 결성되어 계급의식과 강력하게 결합된 사실주의적 소설을 주도해왔던 카프의 맹원들이 1931년, 1933년 두 차례에 걸쳐서 검거되면서 새로운 국면이 생겨났다. 1935년 카프가 마침내 해체되면서 문학에 대한 일제의 정치적 탄압이 더욱 노골적으로 되었다. 그 결과 소설은 문학의 예술적 가치를 추구하거나 현실을 우회하는 방법을 모색하게 되었다. 그리하여 1930년대 소설은 예술적 가치 추구, 지식인의 고민, 도시인의 세태, 농촌의 현실, 우회적 풍자 등 다양한 제재와 방법으로 분화된다.

(2) 구인회와 모더니즘 소설

먼저 모더니즘 소설이 새로운 경향으로 떠올랐는데, 1933년 8월에 조직된 '구인회'가 중심이 되었다. 김기림, 이효석, 이종명, 김유영, 유치진, 조용만, 이태준, 정지용, 이무영이 모여서 만든 구인회는 몇 사람이 빠지고 박태원, 이상, 박팔양, 김유정, 김환태 등이 나중에 합류하는 등 몇 차례 구성원의 교체가 있었다. 구인회는 단순한 친목단체로 출발했지만 응집력을 상실해가고 있던 카프를 대신하여 점차 문단의 주류로 자리 잡았다. 이들은 순수문학의 가장 유력한 단체로 활동하면서 잡지 〈시와 소설〉을 1회 간행하기도 했다. 특히 이상과 박태원 등은 인물 심리와 도시 세태를 최신 모더니즘 기법을 활용하여 보여주기도 했다. 이상의 〈날개〉(1936)가 어두운 골방에서 자의식 과잉 상태로 살아가는 인물의 왜곡된 내적 심리를 묘사했다면 박태원의 〈천변풍경〉(1936)은 청계천변에서 살아가는 서민들의 생활을 영화적인 파노라마의 기법으로 묘사했다.

(3) 풍자소설과 역사소설

1930년대 일제는 만주사변과 중일전쟁을 잇달아 일으키면서 사상을 탄압하고 친일을 강요하기 시작했다. 따라서 소설가들은 당대 현실을 직접적으로 비판할 수 없었고, 그 결과 간접적이고 우회적인 방법을 개발하기 시작했다. 풍자소설이나 역사소설은 그와 같은 우회적 수법 가운데 하나였다. 풍자가 어리석고 부정적 인물을 희화함으로써 그러한 인물을 발생시킨 현실을 간접적으로 비판하는 방법이라면 역사소설은 현실의 구체적인 문제를 암시하는 과거의 시점으로 돌아가서 현실을 우회하는 방법이었다.

채만식은 〈레디메이드 인생〉(1934), 〈치숙〉(1938), 〈태평천하〉(1938) 등 일련의 소설에서 부정적인 현실에서 득세하는 부정적인 인물의 어리석음과 그들의 몰락을 예고하는 결말을 통해서 강렬한 풍자정신을 드러내 보여주었다. 반면 〈탁류〉(1937)에서는 군산항과 미두 투기열풍을 매개로 조선의 미곡이 수탈되는 과정과 이를 배경으로 독버섯처럼 자라난 부정적인 인물들이 순결한 여주인공 초봉을 짓밟는 과정을 묘사함으로써 통속소설적인 면모까지 보였다. 그러나 그것은 현실을 정면에서 비판할 수 없는 상황에서 잘못된 현실을 강하게 부정하는 것으로 볼 수 있다. 〈탁류〉나 〈태평천하〉의 결말에서 채만식은 긍정적인 인물을 얼핏 드러냈는데, 이들은 대체로 사회주의 사상과 연관된 듯한 인상을 남겨 문학사에서 채만식을 '동반자 작가'로 분류하기도 한다.

역사소설은 이광수, 김동인, 홍명희 등이 창작했다. 이는 일제 탄압에 대하여 민족의식을 고취하고 현실의 단절을 과거로 이어보려는 의식의 발로라고 할 수 있다. 이광수는 〈허생전〉(1928), 〈이순신〉(1931-1932), 〈단종애사〉(1942), 〈원효대사〉(1942)를 썼고 김동인은 〈젊은 그들〉(1930), 〈운현궁의 봄〉(1933), 〈대수양〉(1941)을 썼다. 이들은 검열을 피해 민족의식을 우회적으로 표현했다. 홍명희의 〈임꺽정〉(1928-1939)은 특이한 리얼리즘의 수법을 통해서 당대의 민중의식을 표현했다. 그러나 이러한 의도와 성과와는 달리 일부 당대의 역사소설은 민족의식을 왜곡하거나 통속적인 흥미유발의 차원에 그치는 경우도 많았다.

(4) 농촌·농민소설

1930년대 소설에서 주요 제재가 된 것은 농촌 및 농민생활이었다. 1931년 만주사변과 1937년 중일전쟁을 일으킨 일제는 전쟁 수행을 위한 식량문제를 조선의 농촌에서 해결해야 했다. 이러한 가운데 당대 조선의 지도자들은 민족의 대다수를 차지하는 농민 계몽에 힘을 기울여야 했다. 이렇듯 농민 및 농촌문제는 당대 소설의 주된 무대였는데, 농민계몽운동을 제재로 취한 소설은 이광수의 〈흙〉(1932), 심훈의 〈상록수〉(1935)가 있다. 반면 농촌생활에서 취재한 소설은 김정한의 〈사하촌〉(1936), 이무영의 〈제일과 제일장〉(1939), 〈흙의 노예〉(1940), 박영준의 〈모범 경작생〉(1934) 등이 있다. 이 가운데 김정한의 〈사하촌〉은 일제 강점기 농촌 현실을 사실주의적으로 묘사했고, 이무영은 대표적인 농민작가로서 농촌에서의 농사체험을 그린 농촌 소설을 주로 창작했으며, 박영준은 사실주의적 경향의 농촌소설을 썼다. 그러나 이무영과 박영준이 묘사하는 농민들은 '흙'의 정직함을 믿는 순박한 존재였기 때문에 일제에 의해서 수탈되고 있던 농촌현실을 비판적으로 드러내기에는 역부족이었다. 한편 김유정은 〈봄봄〉(1935), 〈소낙비〉(1935), 〈금 따는 콩밭〉(1935), 〈동백꽃〉(1936) 등에서 강원도 사투리를 활용하여 농촌현실을 토속적이고 해학적으로 묘사함으로써 농촌소설의 또 다른 전형을 보여주었다.

(5) 그 밖의 작가들

이 밖에도 1930년대 소설에서 주요 작가와 작품의 경향을 살펴보면 다음과 같다. 김동리는 〈바위〉(1936), 〈무녀도〉(1936), 〈황토기〉(1939) 등의 작품을 통해서 토속적이고 신비주의적인 작품 경향을 추구했다. 황순원은 삼사문학 동인으로서 〈별〉(1941) 등 심리주의적 성장소설을 창작하였다. 〈조선문단〉으로 등단한 안수길은 주로 만주를 배경으로 하여 민족적 비극을 서사시적으로 전개하였다. 허준과 최명익은 심리주의적 수법으로 당대 지식인의 자의식의 세계나 인간의 내면세계를 탁월하게 묘사했다.

5) 해방기 및 1950년대 소설

(1) 해방기 소설의 경향

해방기는 새나라 건설의 희망이 싹튼 시기이자 전쟁과 분단으로 귀결된 좌절의 시기였다. 해방기 소설은 이러한 현실을 반영하였는데, 제재는 대개 '식민지 체험'을 비판하는 내용, 해방기의 귀국 체험이나 부정적 시대를 비판하는 내용 등으로 나누어 살펴볼 수 있다.[2)]

(2) 식민지 체험의 형상화

먼저 식민지 체험을 형상화한 소설로는 채만식의 〈민족의 죄인〉(1948), 이태준의 〈해방전후〉(1946) 등이 있다. 이 소설들은 해방기를 맞아 과거 식민지 시대의 체험을 비판하는 내용으로 되어 있다. 특히 일제말기 지식인에 대한 탄압과 회유 앞에서 일제에 투항했던 과거를 가졌던 작가들에게 이러한 작업은 필수적이었다. 채만식의 〈민족의 죄인〉은 의지가

2) 권영민, 『한국현대문학사 2 1945-2000』, 민음사, 2002, 제1장 참조.

약해 소극적으로 일제에 협력한 지식인, 가족의 생계 문제로 어쩔 수 없이 협력한 지식인, 외부의 압력과 위협에 굴복하지 않고 타협하지 않는 지식인 등 세 유형의 지식인을 통해서 과거를 반성하고 자기를 비판하는 지식인의 모습을 묘사했다. 이태준의 〈해방전후〉는 일제말기 붓을 꺾고 낙향한 주인공 현이 고향마을의 향교를 지키고 있던 노인 김직원의 완고한 생활태도와 인식을 비판하면서 새 시대의 흐름을 깨닫고 좌익 문인단체에 가입한다는 내용이다.

(3) 해방기 체험의 형상화

해방기 귀향 체험을 모티프로 한 소설로는 계용묵의 〈별을 헨다〉(1946), 김동리의 〈혈거부족〉(1947) 등이 있다. 일제강점 시대 만주, 일본, 시베리아 등지로 고향을 버리고 떠났던 사람들이 해방이 되자 고향으로 돌아오게 되었다. 이들의 귀향은 고향으로 돌아온다는 희망과 설렘이 막상 돌아온 고향에서 살아갈 길이 막막한 현실 앞에서 파괴되는 비극적 현실로 귀결된다. 계용묵의 〈별을 헨다〉는 남한에서 정착할 수 없어서 북한의 고향으로 갔다가 그곳도 마찬가지로 살기 어렵다는 말을 듣고는 갑자기 길을 잃어버린 실향민의 상황을 제시하고 있다. 이와 같이 〈별을 헨다〉에는 해방을 맞아 만주에서 돌아왔지만 아무 곳에도 정착할 수 없는 사람들의 비극적 현실이 제시되어 있다. 김동리의 〈혈거부족〉은 등장인물 순녀와 순녀의 남편의 비극을 통해서 해방이 곧 고향의 회복이 될 수 없었던 당대의 상황을 묘사하고 있다.

한편 갑자기 해방이 되고 미군정이 실시되면서 사회적 현실이 가중되는 과정에서 부정적인 인물들이 날뛰기 시작했다. 이러한 부정적 사회현실을 풍자한 소설로는 채만식의 〈맹순사〉(1946), 〈미스터 방〉(1946), 이무영의 〈굉장소전〉(1946) 등이 있다. 채만식의 〈맹순사〉는 일제시대 순사였던 맹순사가 해방이 되자 도망갔지만 살 길이 없어 다시 돌아온 경찰서에는 일제 치하의 살인강도들이 경찰로 행세한다는 내용이다. 〈미스터 방〉의 '미스터 방'은 몇 마디 할 줄 아는 영어 실력으로 미군정 관료의 통역관이 된 인물이다. 채만식은 당대의 권력자였던 미군정에 아첨하는 인물을 희화적으로 묘사함으로써 혼탁한 현실을 비판했다. 이무영의 〈굉장소전〉은 허영심이 많아 별명이 '굉장댁'인 인물을 통해서 혼탁한 사회를 풍자하고 있다. 일제관료와 친해지기 위해서 굉장한 돈을 썼던 '굉장댁'은 해방이 되자 재빨리 변신하여 조선독립만세를 외친다.

(4) 좌우대립의 형상화

이 밖에도 해방기 소설은 새나라 건설을 둘러싼 갈등이 치열하게 전개된 당대의 상황을 반영했다. 좌익 계열은 '조선 문학가 동맹'을 결성하여 노동자와 농민 등 민족과 인민을 이념적 중심으로 한 민주주의 민족문학론을 제창하였고 우익계열은 좌익 문학이념의 전투성과 이념적 경직성을 비판하면서 '전조선문필가협회' 및 '조선청년문학가협회' 등을 중심으로 순수문학론을 제창하였다. 해방기 좌익계열의 소설로는 안회남의 〈폭풍의 역사〉(1947), 이태준의 〈농토〉(1948) 등이 있으며, 우익계열의 소설로는 김동리의 〈역마〉가 있다. 한편 염상섭의 〈첫걸음〉(1946), 〈이합〉(1948), 〈재회〉(1948) 등은 해방기 좌익과 우익의 이념 대결을 지양하고 '가족'의 이름으로 통합되기를 바라는 내용으로 되어 있다.

(5) 1950년대 소설의 전반적 경향

1950년대 소설은 한국전쟁의 파장에서 자유로울 수 없었다. 한국전쟁은 좌우 대립의 비극적인 역사가 민족분단의 고착화로 이어진 사건이었다. 전쟁의 결과 남한 사회에서는 북한의 체제를 인정하지 않는 반공 이데올로기가 구성원의 내면에 자리 잡았고 그 결과 문화의 편협성이 초래되었다. 이러한 분위기 속에서 1950년대 소설은 절망적인 상황과 전쟁의 상처를 극복하고 문학 정신을 다시 정립해야 한다는 과제를 안게 되었다. 흔히 전후소설이라 일컬어지는 1950년대 소설은 전쟁 이전에 등단한 기성작가들인 김동리, 황순원, 안수길 등이 자기만의 소설세계를 확장하면서 전후소설의 한 축을 형성했다. 나머지 한 축은 손창섭, 장용학, 이범선, 김성한, 하근찬 등 이른바 전후세대 작가들이 담당했다. 이들은 일제시대에 소년기를 보내면서 해방기를 맞이하였고 전쟁 속에서 청년기를 보낸 후, 한국전쟁의 폐허에서 새 삶을 꾸려나가야 했던 세대였다.

(6) 기성작가의 작품 세계 : 김동리, 황순원

김동리는 해방기 좌우이념 투쟁을 거치면서 형성한 '순수문학'의 탐색을 지속하였다. 그의 작품 세계는 흔히 '생의 구경적 형식'으로서의 문학이라고 하는데, 이는 인간적 삶의 궁극적 경계를 탐구하는 문학을 말한다. 그러나 전쟁을 겪으면서 김동리는 참전군인의 귀향 이후를 다룬 〈귀환장정〉(1950), 흥남대철수를 배경으로 하여 가족의 이산과 고결한 희생을 그린 〈흥남철수〉(1955) 등 전쟁을 겪고 난 이후의 한국 현실에 대하여 발언했다. 이후 김동리는 자신의 문학적 본령으로 돌아와서 〈사반의 십자가〉(1957), 〈등신불〉(1963), 〈까치소리〉(1966), 〈을화〉(1978) 등의 작품에서 삶의 구경적 형식으로서의 문학을 탐구했다.

황순원은 아름답고 간결한 문체를 통해서 소설미학을 확립하면서 전후 현실의 극복을 위한 인간성 회복이라는 주제로 자신의 소설 세계를 확장해 나갔다. 황순원은 단편집 〈목넘이 마을의 개〉(1948), 〈기러기〉(1951), 〈곡예사〉(1952) 등을 잇달아 내놓아 한국단편소설의 미학을 지속적으로 탐구하는 한편 〈카인의 후예〉(1954), 〈인간접목〉(1957), 〈나무들 비탈에 서다〉(1960) 등 일련의 장편소설을 통해서 한국전쟁 이후 파괴된 한국사회의 정신적 능력을 회복하고자 했다. 〈카인의 후예〉는 지주의 아들 박훈과 모성적 존재인 오작녀의 신비로운 사랑을 통해서 민족 분단의 과정에서 와해된 공동체적 윤리질서의 회복을 추구했고, 〈나무들 비탈에 서다〉는 전쟁에 참전한 세 명의 젊은이들의 삶과 죽음을 통해서 전쟁의 끔찍한 비극을 고발하면서도 삶의 생동하는 생명력을 확보함으로써 전쟁의 정신적 상처를 치유하고자 했다. 〈인간접목〉에서 주인공 종호는 사랑에 굶주려 악마적인 행동을 서슴지 않은 아이들을 보살피고 경제적 자립을 돕는다. 이 작품을 통해서 황순원은 파괴된 사회질서와 붕괴된 정신의 상처를 극복하는 방법은 희생적인 사랑과 따뜻한 보살핌이라는 주제의식을 드러냈다.

(7) 전후세대 작가의 작품 세계 : 장용학, 김성한, 선우휘, 손창섭

한편 전후세대 작가들은 자신의 청년기 체험의 충격을 극복하기 위해서 다양한 시도를 하였다. 이들은 삶의 가치와 이념의 좌표를 다시 설정하기 위해서 탐색하였고 현실적 상황과 조건에 대하여 저항하였다. 이들은 잘못된 현실을 극복하기 위해서 모든 기성의 것을 파괴하고자 했다. 이들은 자신들의 문제의식을 표현하기 위해서 프랑스 실존주의 철학의 앙가주망과 자유 개념을 활용했다.

장용학은 〈요한시집〉(1955), 〈원형의 전설〉(1962)을 통해서 이데올로기에 의해 훼손되지 않은 개인의 존재와 의미를 추구하였다. 그의 소설은 가장 극단적인 관념성을 보여주었고 가장 도치된 현실인식을 드러내었다. 〈원형의 전설〉의 주인공 이장은 오누이의 근친상간 결과 태어난 사생아로서 자기도 결국 동일한 상황에 이른다. 이 소설은 충격적인 출생의 비밀을 찾아 떠나는 이장의 여행기이자 근친상간에서 시작해서 근친상간으로 끝나는 '전설'이다. 김성한은 〈오분간〉(1955), 〈바비도〉(1956)를 통해서 정의의 구현을 위하여 적극적으로 실천하는 인간형을 탐구하였다. 〈오분간〉은 인간에게 불을 전해주었다 하여 벌을 받은 프로메테우스가 사슬을 끊고 자유로운 존재가 되어 제우스와 담판을 짓는다는 내용이다. 〈바비도〉는 사제단의 비리에 저항하면서 자신의 종교적 신념을 지키다가 이단으로 몰려 분형을 받은 재봉직공의 이야기이다. 김성한 소설의 주인공들은 자유와 정의를 끝까지 지켜서 결코 타협하지 않음으로써 인간의 존엄성을 지킨다.

한편 선우휘는 〈테러리스트〉(1956), 〈불꽃〉(1957), 〈깃발 없는 기수〉(1959)에서 상황에 대한 참여를 중시하는 행동주의적 태도를 강조했다. 민족운동가의 유복자로 태어난 〈불꽃〉의 고현은 안전만을 추구하는 할아버지의 사고방식과 식민지의 억압적 분위기 때문에 번뇌만 일삼는 소심한 청년이다. 이 소설은 3 · 1운동에서 한국전쟁까지 30년에 걸친 한국현대사의 격동기를 배경으로 하면서 소심한 청년 고현이 적극적으로 행동하는 인간으로 변하는 상황을 보여준다. 손창섭은 〈공휴일〉(1952), 〈비오는 날〉(1953), 〈혈서〉(1955), 〈미해결의 장〉(1955), 〈인간동물원초〉(1955), 〈유실몽〉(56), 〈잉여인간〉(1958)에서 왜곡된 인간상의 창조를 통해서 전후 현실의 왜곡된 상황을 비판했다. 손창섭 소설의 공간은 감옥, 폐가, 판자집 등 어둡고 칙칙한 공간이며 죽음을 의미하는 공간이다. 그리고 인물들은 대개 육체적, 정신적 불구자로서, 어떤 이유로든 삶의 의지를 박탈당하여 피동적이고 무기력한 존재들이다. 이들은 문제를 해결하려는 의욕도 의지도 없다. 이러한 손창섭 소설의 특징은 현실에 대한 작가의 강한 부정정신을 말해준다.

(8) 그 밖의 작가들

이 밖에 1950년대 소설의 주요 작가들은 〈학마을 사람들〉(1957), 〈오발탄〉(1959)을 쓴 이범선, 〈불신시대〉(1957), 〈김약국의 딸들〉(1962), 〈시장과 전장〉(1964)을 쓴 박경리, 〈화산댁이〉(1952), 〈갯마을〉(1953), 〈박학도〉(1955), 〈후조〉(1958), 〈명암〉(1958)을 쓴 오영수, 〈수난이대〉(1957), 〈흰 종이수염〉(1959), 〈왕릉과 주둔군〉(1963), 〈야호〉(1971)를 쓴 하근찬 등이 있다.

6) 1960-70년대 소설

(1) 1960년대 소설의 전반적 경향

1960년대 소설은 4 · 19 시민혁명으로 자유당 독재정권이 붕괴했지만 5 · 16 군사쿠데타로 시민적 자유가 사라졌던 정치적 배경에서 출발한다. 군사정권의 등장으로 1960년대는 정치적인 혼란을 맞이하면서 기나긴 군사정권의 정치적 억압이 시작되었다. 한편 1960년대 중반부터 군사정권에 의해서 추진된 경제개발은 이후 1970년대 산업화에 따른 변화를 예고하는 것이었다.

(2) 시민혁명과 최인훈의 〈광장〉

4 · 19 시민혁명은 1950년대 한국사회의 극우 반공 이데올로기에 충격을 주었다. 최인훈의 〈광장〉(1961)은 이와 같은 이데올로기적 충격을 극적으로 보여주는 문학사적 사건이었다. 〈그레이 구락부 전말기〉(1959)로 등단한 최인훈은 등단작품에서 행동은 없고 관조만 하는 인간을 탐색하였다. 이후 그는 〈광장〉에서 북쪽의 사회구조가 갖고 있는 폐쇄성과 집단의식의 강제성을 고발하면서 동시에 남쪽의 사회적 불균형과 개인주의를 비판했다. 이는 남한사회와 북한사회를 동시에 경험한 주인공 이명준이 한국 전쟁 이후 양쪽 모두를 선택하지 않고 제3세계로 항해하는 배에서 자살함으로써 분명하게 드러난다. 삶의 의미를 탐구하는 철학도이자 여성과의 사랑에 눈뜬 젊은이 이명준이 남한 사회에서는 물론 북한 사회에서도 삶의 의미나 사랑을 얻지 못하고 자살을 선택함으로써 이념 선택을 강요했던 당대 사회의 황량한 정신적 풍경을 보여주었다.

(3) 김승옥, 이청준의 새로움

1960년대 소설의 새로움을 보여준 것은 김승옥과 이청준의 등장이었다. 각각 감성과 지성을 대표하는 김승옥과 이청준의 소설은 전후 소설이 보여주었던 정신적 황폐함과 불구성과는 분명하게 차별되는 감수성을 드러냈다. 김승옥의 등장은 1960년대 소설에서 새로운 세대의 문학 활동을 의미한다. 〈생명연습〉(1962), 〈무진기행〉(1964), 〈서울, 1964년 겨울〉(1965) 등의 소설에서 김승옥은 개인의 욕망을 탐구한다. 〈무진기행〉은 '무진'이라는 고향과 '서울'이라는 일상 공간 사이를 오가는 한 개인의 내면적 욕망을 보여준다. 제약회사의 간부라는 일상적 역할을 벗어나 고향인 무진에 잠시 머물던 주인공이 속물적인 인물들과 만나고 서울로 탈출하고 싶어하는 음악 선생과 잠시 동안의 일탈적 사랑을 나누지만 결국 그는 일상적 욕망이 지배하는 서울로 돌아갈 수밖에 없었다. 이 소설에서 귀신의 입김으로 묘사되는 무진의 안개는 주인공의 소시민적 일상에 대한 욕망을 암시한다. 〈서울, 1964년 겨울〉에 등장하는 세 사람은 거대한 도시문명의 질서로부터 소외된 인물이자 절망감과 권태에 빠져 있는 인물이다.

관념과 이지의 작가 이청준은 〈병신과 머저리〉(1966), 〈과녁〉(1967), 〈매잡이〉(1968) 등을 통해서 현실과 관념의 대응관계를 상징적으로 표현하고자 하였고 〈소문의 벽〉(1971), 〈조율사〉(1972), 〈떠도는 말들〉(1973), 〈당신들의 천국〉(1976)에서는 소설의 매체이자 사회적 의사소통의 매체인 언어에 대한 탐색을 보여주었다. 여기서 〈병신과 머저리〉는 전쟁 당시 낙오병 체험을 했던 형이 쓴 소설이 속이야기를, 애인에게 버림받은 화가 동생의 사연이 겉이야기를 이룬다. 액자형식을 통해서 이청준은 사회적 현실이 어떻게 인물들의 진실을 왜곡하는지 보여준다. 1970년대 이청준의 소설에서 언어에 대한 탐구는 언론의 자유를 철저하게 거부한 유신 체제를 비판한다는 의미를 띤다. 〈소문의 벽〉의 주인공은 소설가인데, 그는 삶의 진실을 말할 수 있는 자유가 허용되지 않는 상황에서 작가의 글쓰기가 무엇을 의미하는지 질문한다. 그것은 한국전쟁 당시 밤에는 좌익이, 낮에는 우익이 번갈아가며 마을을 장악하는 상황에서, 갑자기 들이닥친 전등 불빛 앞에서 '너는 누구 편인가'라는 질문에 답해야 하는 순간의 공포 이미지로 표현된다. 어떻게 대답을 해야 살아남을지 몰라 얼어붙어버린 이들은 선택의 자유를 철저하게 박탈당했다. 억압적인 상황에서 자유와 진실의 언어를 빼앗긴 소설가의 존재는 정치적 메커니즘이 가진 폭력성 앞에서 과연 언어의 진실이란 무엇인가를 질문하게 한다.

이 밖에도 1960년대 소설에서 중요한 작가들로는 〈젊은 느티나무〉(1960)의 강신재, 〈이 거룩한 밤의 포옹〉(1960)의 서기원, 〈판문점〉(1961), 〈닳아지는 달들〉(1962), 〈소시민〉(1964)의 이호철, 〈너는 뭐냐〉(1965)의 남정현, 〈어둠의 축제〉(1967)의 김원일, 〈강〉(1968)의 서정인

등이 있다.

(4) 1970년대 소설의 전반적 경향

1970년대 소설은 경제성장과 함께 진행된 다양한 사회계층의 분화를 배경으로 한다. 군부독재정권의 경제성장 정책이 진행되면서 한국 사회에는 빈부격차가 발생하여 계층 간의 갈등이 심화되었다. 도시가 급격하게 팽창하면서 중산층의 소비문화가 자리를 잡는 한편 농촌은 상대적으로 낙후되면서 도시와 농촌의 격차가 심화되었다. 또한 유신체제의 선포는 민주주의를 말살함으로써 다양한 저항의 형태를 낳았다. 민주화 운동이 본격화되면서 시민적 자유를 위한 투쟁이 지속되었고 산업화 과정에서 소외된 노동자와 농민을 중심으로 하는 민중운동이 본격적으로 성장하였다. 1970년대 소설은 이러한 상황 속에서 민중소설, 도시세태소설, 농촌소설, 상업적 대중소설 등으로 다양하게 분화되었다.

(5) 산업화 · 도시화에 대한 소설적 대응

1970년대 소설의 특징을 대변하는 소설가는 황석영과 최인호이다. 황석영은 〈객지〉(1971), 〈한씨연대기〉(1972), 〈삼포 가는 길〉(1973) 등을 통해서 산업화에서 소외된 노동계층의 삶을 묘사했다. 〈삼포 가는 길〉은 감옥에서 출감하여 고향을 찾아가는 사내 정씨, 우연히 동행하게 된 떠돌이 노동자 영달이, 주점에서 도망친 작부 백화가 주인공이다. 산업화 과정에서 삶의 뿌리를 잃어버린 이들이 우연히 동행한 여행의 결말은 이미 대단위 간척 사업과 공단 조성 사업으로 옛 모습을 잃어버린 삼포였다. 그렇지만 이 소설에서 세 사람이 보여주는 인간적 진실은 이 계층의 인물에 대한 작가의 애정을 확인하게 한다.

최인호는 〈타인의 방〉(1973), 〈별들의 고향〉(1973) 등을 통해서 상업적 대중소설의 가능성을 열었다. 〈별들의 고향〉은 도시소비문화의 희생양이 된 가련한 여성의 이미지를 통해서 산업화로 사라져가는 가치에 대한 대중의 감수성을 자극했다. 이후 최인호는 〈바보들의 행진〉(1973), 〈적도의 꽃〉(1979), 〈고래사냥〉(1982), 〈겨울 나그네〉(1983) 등 세련된 도시적 감수성에 바탕을 둔 대중소설을 발표했다.

조세희는 연작 소설 〈난쟁이가 쏘아 올린 작은 공〉(1976)에서 난쟁이 일가의 가난과 비극적 삶을 통해서 산업화 과정에서 소외된 노동자 계층의 비극과 분노를 묘사했다. 이 소설은 '뫼비우스의 띠', '클라인씨의 병' 등의 풍부한 상징과 다중시점의 도입 등 다양한 기법 실험을 통해서 작가의 주제의식을 더욱 분명하게 표현하고 있다.

이문구는 〈관촌수필〉(1972) 연작과 〈우리동네〉(1977) 연작을 통해서 산업화와 도시화, 그리고 공업화가 진행되던 당대 한국 사회에서 농촌과 그 문화가 서서히 해체되어 가는 과정을 묘사했다. 특히 이문구 소설의 특징은 풍부한 어휘와 해학적인 문체에 있다. 그는 잃어버린 어휘나 속담 또는 격언을 발굴하여 소설에 활용하였고 나아가 충청도 보령 지방의 방언을 풍부하게 되살렸다. 그리하여 이문구의 소설은 의뭉스러운 언어 감각과 문체를 특징으로 함으로써 판소리계 소설의 전통에 닿아 있다는 평가를 받기도 했다.

이 밖에 1970년대 소설에서 중요한 작가와 작품은 다음과 같다.

〈지리산〉(1972)의 이병주, 〈황토〉(1974)의 조정래, 〈나목〉(1970), 〈엄마의 말뚝〉(1981)의 박완서, 〈아베의 가족〉(1979)의 전상국, 〈장마〉(1973)의 윤흥길, 〈순이 삼촌〉(1979)의 현기영, 〈어둠의 혼〉(1973), 〈노을〉(1977)의 김원일 등은 전쟁과 분단 문제를 지속적으로 탐색함으로써 1970년대 중반 이후 민족문학론의 풍부한 전거가 되었다. 이들은 전쟁과 분단이 초래한 이념의 대립과 갈등을 형상화함으로써 1970년대 한국사회에 내면화되었던 분단의식을 극복하려고 했다. 한편 〈객주〉(1979-1985)의 김주영, 〈장길산〉(1974-1984)의 황석영, 〈토지〉(1969-1994)의 박경리 등은 대하 역사소설이라는 갈래를 개척함으로써 민족의 역사를 새롭게 인식하고 나아가 현대를 살아가는 한국인들에게 역사적 인식의 좌표를 마련해 주었다.

3. 참고자료

1) 개화기 신소설 : 이인직, 〈은세계〉(1908)

강원도에 사는 최병도는 자수성가한 부농으로, 김옥균을 만나 감화를 받는다. 그래서 최병도는 새로운 지식을 익히기 위해 유학을 결심하고 부지런히 돈을 모은다. 그러나 최병도의 재산에 욕심이 난 강원감영의 정감사는 재산을 약탈하기 위해 최병도를 원주 감영으로 잡아들인다. 죄도 없이 억울하게 잡혀가 고문을 당했지만 최병도는 끝까지 돈을 바치지 않고 저항하다가 매를 맞아 죽는다. 이에 충격을 받은 최병도의 아내 본평댁도 정신착란을 일으킨다.

김정수는 최병도의 친구로, 최병도의 자식인 옥순이와 옥남이를 데리고 미국으로 유학을 떠난다. 그러나 김정수의 아들이 방탕한 생활로 최병도의 재산을 탕진하면서 옥순이 남매는 학비가 끊기는 위기에 봉착한다. 도중에 귀국한 김정수는 이러한 사실을 알고 울화병으로 죽어버린다. 학비와 보호자를 모두 잃은 옥순이 남매는 절망하여 자살을 시도했지만 어떤 미국인의 도움으로 학업을 무사히 마치고 귀국한다.

옥순 남매가 귀국하자 어머니가 정신을 차리고, 그들은 아버지의 명복을 빌기 위해 절에 가게 된다. 그때 마침 의병이 그들 앞에 나타나자 옥남이 나서서 의병들을 폭도라고 나무라고 고종의 퇴위로 조선의 문명개화가 실현될 것이라고 주장한다. 그러자 의병들은 그들을 정부의 심부름꾼으로 알고 잡아가 버린다.

2) 1910년대 계몽소설 : 이광수, 〈개척자〉(1917)

김성재는 화학자로 7년이나 연구에 매진했지만 성과를 거두지 못하고 가산만 탕진하는 상태였다. 실험을 위해 빌린 돈의 이자를 갚지 못하자 채권자인 함사과가 김성재의 가산을 차압한다. 이에 분통이 터진 성재의 아버지 김참서는 화병으로 죽고, 성재의 아내는 성재를 버리고 친정으로 가 버린다.

한편 김성재의 누이 김성순은 집안의 일방적인 요구로 애정도 없이 약혼한 변이라는 청년을 거부한다. 성순은 자신과 마찬가지로 애정 없는 결혼의 피해자인 화가 민이라는 청년을 이미 사랑하고 있었기 때문이다. 성순은 마음을 허락했으므로 이미 민의 아내라고 주장했지만, 부모와 성재는 부모가 정해준 혼처를 거부하고 유부남을 따르겠다는 성순을 압박했다. 결국 성순은 유산을 마시고 자살한다.

3) 1930년대 소설 : 채만식, 〈탁류〉(1937)

군(郡) 고용원을 지냈던 정주사는 미두에 빠져 가산을 탕진한다. 돈에 눈이 어두워진 정주사는 딸 초봉이에게 은행원 고태수와 결혼하라고 강요한다. 초봉이는 은행원 남승재에게 마음을 두고 있지만 부모를 위해서 자신을 희생하겠다는 생각으로 고태수와 결혼한다. 그러나 이것은 초봉이에게 불행의 시작이었다. 장형보의 흉계로 부도덕한 치정사건에 휘말려 남편을 잃은 초봉은 마침내 정조까지 유린당하고 아버지의 친구인 박제호의 첩으로 전락하게 된다.

얼마 후 초봉은 아이를 낳아 정성스럽게 키우지만 그 아이가 자기의 혈육이라고 주장하고 나선 꼽추 장형보 때문에 가정은 파탄나고 마침내 초봉은 장형보를 살해하고 감옥으로 가게 된다. 그러나 자기의 동생 계봉이와 남승재가 서로 사랑하는 사이임을 모르는 초봉은 남승재가 기다려 줄 것으로 믿고 자살 대신 징역살이를 택하기로 한다.

4) 해방기 소설 : 이태준, 〈해방전후〉(1946)

일제말기 시국에 대해 소극적이었던 작가 '현'은 살던 집을 세주고 강원도 산읍으로 들어간다. 시국의 혼란을 피하기 위해서였지만 산골은 일제의 감시가 더욱 심했다. 감시의 눈을 피해 낚시로 소일하던 그는 그곳에서 김 직원을 만나 교유하게 된다.

일제의 지배가 길어야 일 년이라고 생각하면서 '현'은 자신의 문학을 반성하는데, 주재소에서는 현에게 각종 시국 집회에 참석하지 않았음을 경고한다.

마침 전국 유도(儒道) 대회와 관련하여 김직원이 잡혀 들어가고, '현'은 일제의 패망과 조선의 독립 소식을 듣는다. 8월 17일 새벽에 서울에 도착한 그는 〈조선문학건설〉 중앙협의회가 기초하고 있던 선언문을 읽고 발기인으로 서명한다. 울려 퍼지는 '적기가' 속에 고민하던 '현'은 '조선인민공화국 절대 지지'라는 현수막 사건을 통해 자기비판을 하고, '프로예맹'과의 통합을 계획한다.

좌익와 우익의 갈등, 신탁통치의 찬반 데모로 어수선한 가운데 김직원이 서울을 떠나는 것을 보며 '현'은 중국의 문인 왕국유를 생각한다.

5) 1950년대 소설 : 손창섭, 〈혈서〉(1955)

달수와 준석, 창애는 규홍의 하숙집에 얹혀 살고 있다. 달수는 직업을 구하기 위해서 매일 거리를 쏘다니다 밤이 되어서야 들어오고, 준석은 달수만 보면 공연히 시비를 건다. 달수와 준석, 규홍은 만나기만 하면 창애의 신랑감 문제로 의견 충돌을 일으키는데, 준석은 규홍을 후보자로 추천한다. 준석이 어느 겨울 밤 창애의 방에 침입하여 육체관계를 맺고 창애를 임신시키자 이 사실을 달수가 폭로한다. 이에 준석은 앙갚음으로 병역기피자가 아니면 혈서를 써 보이라고 강요하고, 엉겁결에 도마 위에 놓인 달수의 손가락을 칼로 내리친 준석은 도망친다.

참고문헌

1. 나병철, 『소설의 이해』, 문예출판사, 1998.

▸ 이 책은 소설에 대한 역사적 연구와 형식적 연구를 아우르면서 신화, 고소설, 근대소설 등 서사 갈래와 근대성에 대한 논의를 놓치지 않고 있다. 또한 이 책은 리얼리즘, 모더니즘, 포스트모더니즘 등 우리 소설을 해명하는 데 핵심적인 이론들을 설명하면서 구체적인 작품을 예시하고 있다.

2. 김윤식 · 정호웅, 『한국소설사』, 예하, 2000.

▸ 이 책은 개화기 소설에서부터 1970년대까지의 소설사를 정리하면서도 '분단, 이산 소설', '대하역사소설', '북한소설' 등 우리 소설의 특수한 현상까지 아우르고 있다. 구체적인 작품을 중심으로 서술하고 있는 이 책은 한국현대사의 변화에 대응하면서 전개된 한국소설의 내적 형식과 그 의미망을 탐구하고 있다. 또한 이 책은 한국현대소설과 관련된 다양하고 풍부한 정보를 싣고 있다.

3. 이주형, 『한국근대소설연구』, 창작과비평사, 1995.

▶ 이 책은 한국 현대소설에 나타난 민족현실의 인식과 그 형상화 양상을 살핀 연구서이다. 1930년대 장편소설의 이론과 실제를 전반기와 후반기로 나누어 치밀하게 살핀 연구는 1930년대라는 시대적 배경의 이해를 바탕으로 이 시대 소설문학의 경향을 고찰하고 있다. 이 밖에 이광수, 1920년대 소설가들, 채만식 등 현대소설의 주요 작가들이 당대 민족현실을 어떻게 이해하고 또 형상화했는지 잘 보여준다.

4. 권영민, 『한국현대문학사 1, 2』, 민음사, 2002.

▶ 이 책은 한국현대문학사를 근대문학(1896~1945)과 현대문학(1945~2000)으로 나누어서 설명한 연구서이다. 또한 이 책은 근대문학 성립, 계급문학과 민족문학의 대립, 문학 정신과 기법의 쇄신, 해방기 민족문학의 내용, 전쟁 후 문학의 분열상, 산업화 시대의 문학, 그리고 북한 문학 등 우리 문학사를 꿰뚫는 굵직한 주제를 종합적으로 다루고 있다.

8장 현대희곡 및 시나리오

강의목표

- 현대 희곡 및 시나리오의 이론을 이해한다.
- 한국 현대 희곡의 역사적 전개과정을 이해한다.
- 한국 현대 희곡의 주요 작품을 이해하고 감상한다.

1. 현대희곡 및 시나리오 이해를 위한 기본 개념

1) 희곡의 이해

(1) 희곡의 정의

희곡은 무대 상연을 전제로 한 연극의 대본이다. 소설과 희곡은 특정한 등장인물이 있고 그들이 엮어나가는 이야기가 있는 문학이라는 점에서 동일하다. 그러나 희곡은 소설과 달리 이야기를 전달하는 서술자가 없이 등장인물의 행동과 대화를 통해서 관객들 앞에 장면을 재현해야 한다는 특징이 있다. 따라서 희곡은 무대 위에서 배우들의 행동과 대화를 통해서 재현되는 연극의 대본을 말한다.

(2) 희곡의 구성 요소

희곡의 구성 요소에는 형식적으로 해설, 지문, 대사가 있고 내용적으로 인물, 행동, 배경이 있다. 희곡에서 해설은 무대 지시문, 등장인물, 시간적 배경, 공간적 배경, 무대 장치 등을 설명하는 부분이며 지문은 인물의 동작과 표정, 등장과 퇴장, 조명 및 효과음을 지시하는 부분이다. 대사는 희곡에서 사건 전개의 바탕이 되는 중요한 부분으로, 등장인물이 주고받는 말이다. 대사는 등장인물의 성격을 표현하고 극의 분위기를 전달하며 작가의 주제의식을 암시한다. 등장인물들이 주고받는 말은 대화, 상대방 없이 혼자 주고받는 말은 독백, 무대 위의 상대에게는 들리지 않고 관객만 들을 수 있는 것으로 약속한 말은 방백이다.

희곡에서 인물은 대사를 통해서 서서히 구축되는데, 극적인 갈등을 분명하게 표출할 수 있도록 의지적, 개성적, 전형적인 성격을 나타내야 한다. 희곡의 인물은 갈등과 충돌에서 오는 팽팽한 긴장감을 파국에 이르기까지 줄기차게 유지할 정도로 의지적이어야 한다. 또한 희곡의 인물은 빚어진 갈등적 상황 속에서 뚜렷한 정체성을 유지할 정도로 개성적이어야 하며 나아가 인간의 보편적 문제를 다룰 정도로 전형적이어야 한다. 한편 희곡에서 행동은 인물들 사이의 갈등적 상황이 빚어내는 연쇄적인 사건인데, 그것은 극의 파국이 함축하는 주제를 충분히 드러낼 수 있도록 압축되고 집중되고 통일적이어야 한다. 마지막으로 희곡에서 배경은 사건이 일어나는 때와 장소를 말하는데, 등장인물의 성격과 갈등적 사건을 효과적으로 담아낼 수 있어야 한다.

(3) 희곡의 특성

① 희곡은 무대상연을 전제로 한 문학이므로 여러 가지 제약이 따른다.

연극 공연은 대개 2~3시간 안에 끝나야 하기 때문에 희곡은 시간적 제약이 있다. 또한 주제를 드러낼 배경은 무대와 세트를 구성할 수 있는 기술적 한계를 고려해야 하므로 장면전환에 제약이 있다. 나아가 연극은 소설과 달리 서술자의 개입이 불가능하기 때문에 극작가가 말하고 싶은 모든 것은 등장인물의 대화와 행동을 통해야 하므로 등장인물의 수에도 제약이 따른다.

② 희곡은 대사와 행동의 문학이다.

극작가는 소설가가 서술자를 통하여 묘사, 해설, 논평하는 것처럼 자신의 주제의식을 드러낼 수 없다. 따라서 희곡은 대사와 행동의 문학이다. 희곡에서 대사는 압축적이고 간결해야 관객들에게 깊은 인상을 줄 수 있다. 희곡은 배우의 연기를 지시하여 무대 위에서 인간의 행동을 표현한다. 따라서 희곡에서 배우의 행동은 인물의 성격에 부합해야 하고 갈등과 긴장을 유발할 수 있도록 집중과 통일, 압축과 생략의 특성을 지녀야 한다.

③ 희곡은 현재화된 인생을 표현하는 문학이다.

희곡은 인간의 삶을 현재형으로 표현한다. 희곡은 무대 위에서 직접 배우의 행동과 대사를 통해서 주제를 전달하기 때문에 인간의 삶은 현재화되어 표현되는 것이다. 또한 희곡은 연극 공연을 보러 온 관객들과 직접 의사소통할 수 있는 문학의 갈래이다.

④ 희곡은 관습을 포함한다.

희곡은 관객 앞에서 연극으로 공연되기 때문에 일정한 관습적 묵계가 성립한다. 무대 위의 현실은 실제 현실로 간주된다. 관객들은 배우들의 연기와 대사를 통해서 무대 위의 이야기에 몰입한다. 관객이 연극 공연을 방해하는 일은 없어야 한다. 또한 희곡은 배우의 대사 중 방백은 무대 위의 다른 등장인물이 듣지 못한다는 관습을 가지고 있다.

(4) 희곡의 구성 단계

희곡은 제한된 무대에서 배우들의 대사와 연기를 통해서 주제를 전달해야 한다. 따라서 희곡의 성격은 거침없어야 하고 사건은 뚜렷해야 한다. 희곡에서 성격과 사건의 얽힘은 집중과 통일, 압축과 생략의 원칙에 따라서 분명하게 드러나야 한다. 대개 희곡은 발단, 전개, 위기, 절정, 결말의 5단 구성법을 취한다.

〈표1〉 희곡의 구성 단계

발단	등장인물과 배경의 제시, 전체적 분위기와 갈등의 원인 암시
전개	인물 간의 갈등이 격렬, 새로운 등장인물의 등장으로 중심 사건과 부수적 사건이 교차, 더욱 흥분과 긴장이 고조
위기	갈등과 대결이 최고조에 이르고 주제를 드러내는 장면이 제시, 갈등 해소의 분기점이 형성
절정	갈등하는 세력의 균형이 깨어지면서 사건은 해결로 치닫는 단계, 의외의 사건을 통한 반전
결말	갈등이 해소되고 모든 사건이 해결, 작가의 주제의식이 마무리

(5) 희곡의 갈래

① 창작 의도상 구분

희곡은 창작의도에 따라서 창작 희곡, 각색 희곡, 레제드라마로 분류한다.

〈표2〉 창작 의도에 따른 희곡의 분류

창작희곡	무대 상연을 목적으로 창작한 희곡
각색희곡	소설, 시나리오 등을 기초로 각색한 희곡
레제드라마	무대 상연이 아니라 독자들에게 읽히기 위한 목적의 희곡

② 사조상의 구분

가. 고전주의

아리스토텔레스는 시간의 일치, 장소의 일치, 행동의 일치 등 연극의 세 가지가 일치하여야 한다고 하였다. 소위 3일치 법칙이라고 하는데 이러한 법칙은 철저한 형식미를 바탕으로 감정을 통제함으로써 연극에 질서와 엄격한 형식을 부여하려는 의도를 반영한다. 여기서 시간의 일치란 모든 사건은 하루를 넘어서는 안 된다는 제한이고 장소의 일치는 모든 사건은 한 장소에서 이루어져야 한다는 제한이며 행동의 일치는 연극을 통해서 모방되는 행동이 완결되면서 일정한 길이를 가져야 한다는 제한이다. 이와 같이 고전주의 희곡이란 극중에 질서를 수립하고 철저하게 계산된 행동을 통제함으로써 연극의 순수함과 품위를 추구하는 것을 말한다.

나. 낭만주의

낭만주의 사조는 18세기 프랑스 혁명 이후 유럽을 장악한 급진적인 사조로서 자유와 평등, 그리고 박애를 구가하면서 인간의 무한한 상상력의 확장을 추구했다. 낭만주의는 고전주의에서 강조했던 엄격한 제한과 극적 질서를 배격하고 인간의 무한한 상상력을 바탕으로 극을 전개했다. 따라서 낭만주의 희곡은 현실과 동떨어진 이상향의 세계를 꿈꾼다.

다. 사실주의

사실주의는 자연과학의 발달과 합리주의 사상의 등장을 배경으로 등장한 문예사조이다. 과학적 합리주의를 바탕으로 사실주의 사조는 인간과 사회의 불합리한 현실을 문제 삼고 나아가 인생의 단면을 사실적으로 표현하고자 했다. 이에 따라 연극에서 무대 장치와 소도구, 등장인물 등은 초월적이거나 양식적인 것이 아니라 일상적이고 현실적으로 접할 수 있는 모습을 띠었고 대사에서도 일상적인 표현을 사용함으로써 현실감을 높였다.

라. 자연주의

자연주의는 인간은 생물학적인 유전과 자연적인 환경의 영향에서 벗어날 수 없는 숙명을 갖고 있는 존재라는 입장의 사조이다. 따라서 자연주의 연극은 유전과 환경의 영향력에서 벗어날 수 없는 인간 숙명의 비극성을 주제로 한다.

마. 표현주의

표현주의는 1910년대 독일에서 등장한 문예사조로서 사실주의 사조가 강조했던 사회적 현실의 묘사를 비판하였다. 표현주의자들은 예술가가 파악할 수 있는 것은 외적 현실이 아니라 작가의 내적 현실이라고 보았다. 따라서 표현주의는 인간의 기괴하고 일관성 없는 내면세계를 고찰하였다. 그리하여 희곡에서 무대장치는 물론 대사, 조명효과 등 세부적인 연극적 장치들을 과장하고 전도함으로써 공연에서 독특한 효과를 이끌어냈다.

바. 서사극

서사극은 1930년대 독일의 브레히트가 주장한 극양식으로 일명 '반(反)아리스토텔레스' 극이라고 한다. 브레히트는 연극의 목적이 카타르시스를 통한 인간 정신의 정화에 있다는 아리스토텔레스의 견해를 비판했다. 그에 따르면 카타르시스에 의한 인간 정신의 정화는 관객들이 연극에서의 극중 환상에 젖어들면서 비판적 사고기능을 마비시킨다는 것이다. 브레히트가 보기에 연극은 관객의 이성적인 관찰과 냉정한 판단을 통해서 현실을 비판하는 것에 목적이 있다.

사. 부조리 연극

부조리 연극은 1950년대 파리를 중심으로 일어난 연극운동이다. 부조리는 인간 존재가 근본적으로 비합리적이고 비논리적이라는 것을 의미한다. 이는 현대인이 처한 사회적 환경, 즉 인간 상호 간의 단절과 고독, 그리고 그러한 상황이 낳은 불안 등을 극의 내용으로 한다. 부조리 연극은 극적 질서의 인과관계를 강조하는 연극을 지양하고 극은 어디까지나 현실이 아니라는 사실을 주장한다.

③ 내용에 따른 분류

〈표3〉 내용에 따른 희곡의 분류

희극	희극은 등장인물의 부조리, 사회적 모순, 부조화, 인간의 어리석음 등을 풍자하거나 해학하고 고발하여 그것을 교정하고자 한다. 희극에서 등장인물은 보통 이하의 사기꾼, 허풍쟁이, 바보 등이며 이들은 인간성의 결함이나 사회적 병폐를 부각시키는 역할을 한다. 희극은 풍자와 해학을 통하여 한층 더 건강한 삶을 누릴 수 있는 것에 목적을 두기 때문에 행복한 결말로 귀결된다.
비극	비극은 고대 그리스에서 출발한 연극으로 운명에 의한 인간의 파탄을 통해서 장엄함을 자아내고 나아가 관객들에게 카타르시스를 선사한다. 비극의 주인공은 위대하고 고귀한 인물이지만 단 하나의 치명적인 성격적 결함 때문에 죽음이나 파멸로 귀결된다. 주인공은 대개 스스로의 힘으로 파국적 운명으로 치닫게 되는데, 이를 통해서 관객들은 운명의 장엄함에서 공포를 느끼면서도 고귀한 인물의 파멸에 연민을 느낀다. 비극은 파국적 운명을 관객들의 눈앞에 펼쳐 보여줌으로써 인간의 유한성을 자각하게 한다.
희비극	비극과 희극, 웃음과 눈물이 교차하는 연극. 극의 초반부에서 주인공이 부당하게 불행을 겪지만 상황이 전환되면서 행복한 결말로 귀결된다.

2) 시나리오의 이해

(1) 시나리오의 개념

시나리오는 영화 촬영을 목적으로 장면 순서, 배우의 대사와 동작 등을 적은 영화의 대본이다. 시나리오라는 용어는 원래 연극이나 오페라의 장면을 엮은 줄거리를 뜻했으나 오늘날 개념의 의미가 변했다.

(2) 시나리오의 특성

① 영화 대본으로서의 시나리오

시나리오는 영화 촬영을 위한 대본이다. 희곡이 연극 공연을 위한 대본이지만 문학 갈래로서의 독립된 지위를 가지는 것과 달리 시나리오는 상대적으로 갈래로서의 독립성이 약하다. 시나리오가 편집된 영화와 내용상 달라지는 경우는 흔하며, 심지어 어떤 영화감독은 시나리오 없이 영화를 촬영하기도 한다. 그만큼 시나리오는 문학 갈래로서의 독립성이 약하다.

② 기계복제기술과의 연관성

시나리오를 기반으로 만들어진 영화는 다른 예술장르와는 달리 과학기술 발전의 소산이다. 촬영과 편집, 그리고 영사와 관련된 과학기술의 발달은 영화를 대중문화의 총아로 만들었다. 이러한 과학기술 덕분에 영화는 연극과 달리 장면을 다양하고 신속하게 변화시킬 수 있고 시·공간적 배경이나 등장인물의 수에서 거의 제한을 받지 않는다. 따라서 시나리오도 희곡에 비해서 상대적으로 제약이 없다.

③ 화면의 시·청각 이미지를 통한 전달

영화는 주로 시각과 청각 이미지를 통해서 이야기를 전달한다. 따라서 시나리오는 이러한 영화의 성격을 충분히 고려해야 한다. 일단 영화는 연극과 마찬가지로 배우의 행동과 대사가 중요하다. 결국 시나리오에서 인물 심리는 직접 묘사할 수 없기 때문에 그것을 시청각적인 이미지로 표현해야 한다. 따라서 시나리오만의 특수한 용어가 사용된다.

(3) 시나리오의 구성 요소

〈표4〉 시나리오의 구성 단위

해설	등장인물, 장소, 시간, 배경을 제시
지문	촬영 및 연기에 대하여 지시하는 글, 카메라의 위치와 촬영 방법, 인물의 등장과 퇴장, 동작, 표정, 말투, 심리 등 연기에 관한 부분, 음향, 음악, 조명 등 시각과 청각 이미지와 관련된 부분
대사	등장인물이 하는 말. 대화, 독백
장면표시	S# 컷(숏) 사건의 배경이 되는 장면 설정

※ 시나리오의 구성단위

- 컷(cut) : 촬영할 때 카메라가 돌기 시작하여 멈출 때까지의 장면. 숏이라고도 함.
- 신(scene) : 하나의 배경을 갖는 연기의 단위.

- 시퀀스(sequence) : 사건 진행의 한 묶음. 몇 개의 시퀀스가 모여 한 편의 시나리오를 이룬다. 한 시퀀스 안에서 시간과 장소가 변할 수 있다. 희곡의 막에 해당한다.

(4) 시나리오의 종류

① 창작 시나리오 – 원작 없이 처음부터 영화 제작을 위해 쓴 시나리오.

② 각색 시나리오 – 소설, 희곡, 만화, 수기 등 다른 장르를 영화 제작을 위해 고쳐 쓴 시나리오.

③ 레제 시나리오 – 영화제작이 아니라 읽는 것을 목적으로 쓴 시나리오.

(5) 시나리오 및 영화 용어

◦close up	화면에서 특정한 피사체의 한 부분을 크게 확대한 것
◦continuity	감독의 연출용 대본. 컷, 화면, 카메라 등의 세부사항을 기록
◦crank in	영화촬영 개시
◦crank up	영화촬영 종료
◦cut	숏(shot)이라고도 함. 촬영을 중단하지 않고 찍은 일련의 단위
◦cut in: C. I	한 화면에 다른 화면을 삽입하는 것
◦deep focus	화면의 앞, 뒤 피사체가 똑같은 선명도로 보이게 하는 기법
◦fade in: F. I	화면이 차츰 밝아지는 것
◦fade out: F. O	화면이 차츰 어두워지는 것
◦flash back	한 화면에서 다른 화면으로 이어지면서 화면이 치환. 과거회상
◦iris in: I. I	화면 가운데 일점을 중심으로 둥글게 확대하여 영사하는 기법
◦iris out: I. O	화면을 점차 작게 줄이는 기법
◦location	야외촬영
◦montage	여러 장면의 필름을 계획된 목적 하에 접합하는 것. 필름 편집기술
◦narratage	내레이션과 몽타주의 합성어. 과거를 이야기하면서 화면 구성
◦overlap: OL	화면이 겹치면서 장면이 바뀌는 수법
◦pan	카메라는 고정시킨 채, 카메라를 수평으로 움직이며 촬영하는 방법
◦post synchronization	후시녹음
◦rush film	영화 촬영 후 편집되기 전의 필름을 현상한 것. 영화고치기 단계
◦scene	영화의 장면 단위
◦sequence	신이 모여 하나의 에피소드를 구성. F. I로 시작 F. O로 끝남
◦synchronization	동시녹음
◦track back	피사체를 향해 반대로 후퇴하면서 촬영. 피사체가 멀어짐
◦track up	피사체에 카메라가 가까워지면서 촬영. 클로즈업의 효과
◦wipe out: W. O	화면을 닦아 지우개로 지우듯이 하며 다음 화면으로 전환
◦zoom	카메라 이동 없이 줌렌즈의 조작으로 피사체를 움직이는 기법

(6) 시나리오, 희곡, 소설의 비교

희곡	시나리오
◦ 연극의 대본 ◦ 시간과 공간이 제한 ◦ 등장인물의 수 제한 ◦ 막과 장이 단위 ◦ 무대를 통하여 상연 ◦ 상연으로 소멸, 일회적 ◦ 행동의 예술	◦ 영화의 대본 ◦ 시간과 공간의 제약이 미약 ◦ 등장인물의 수 무제한 ◦ scene과 sequence가 단위 ◦ 스크린을 통하여 상영 ◦ 필름으로 보존, 영구적 ◦ 영상과 이미지의 예술

〈희곡과 시나리오의 공통점〉
- ◦ 작품의 길이에 제한(연극 공연이나 영화 상영에 적당한 길이)
- ◦ 배우의 연기와 대사에 의한 예술
- ◦ 인물의 심리를 직접 묘사하는 것이 불가능

〈소설, 희곡, 시나리오의 공통점〉
- ◦ 자아와 현실 세계의 대립
- ◦ 플롯으로 실현된다

소설	희곡	시나리오
◦서술자의 개입 ◦서술, 묘사, 대화로 표현 ◦객관적 세계, 주관적 내면을 모두 실현	◦서술자의 개입 없음 ◦대화와 행동으로 표현 ◦객관적으로 실현 (심리묘사에 제약)	◦서술자에 해당하는 요소 ◦내레이션, 대화, 행동으로 표현 ◦심리묘사에 제약

2. 현대희곡의 사적 전개와 작품 세계

1) 근대 초기 희곡

한국 현대문학에서 서구적 의미의 희곡이 본격적으로 창작된 것은 1920년대 이후의 일이다. 여기서 서구적 의미의 희곡이란 무대 공연을 전제로 하는 각본을 말한다. 희곡은 공연예술로서의 연극이 사회적으로 정착되는 과정을 거친 이후에야 가능하다. 근대 초기

(1902~1919) 연극은 전대의 연희양식이 서구적인 무대연극 양식으로 전환되는 과정에 해당된다. 따라서 근대 초기 희곡은 본격적으로 등장했다기보다는 전통 양식과 서구 양식의 충돌과 새로운 양식 실험 속에서 서서히 모습을 갖추기 시작했다. 그러는 가운데 무대 공연 예술로서의 연극, 연극 공연을 위한 각본, 새로운 상황에 맞는 전통 양식의 재창조가 성립되었다. 이러한 과정에서 의미 있는 것은 협률사, 원각사를 중심으로 전개된 공연들과 함께 일본에서 수입된 신파극을 공연한 극단의 움직임이었다. 협률사, 원각사 중심의 공연이 전통적인 연희 양식의 개량에 목적을 두었다면 신파극단의 공연은 새로운 연극의 적극적인 수용에 목적을 두었다.

전통 연희 양식의 개량은 대개 협률사와 원각사를 중심으로 이루어졌다. 협률사(1902. 8.~ 1906. 4.)는 황실에서 설립한 최초의 실내극장이다. 고종 등극 40주년을 축하할 목적으로 만든 신식 극장이 협률사였다. 협률사에서는 〈소춘대유희〉(1902. 12.) 등을 공연했다. 원각사(1908. 7.~1914. 3.)는 궁내부 소관 협률사를 이인직, 김상천 등이 임대하여 운영한 극장이다. 원각사에서는 〈은세계〉, 〈설중매〉, 〈천인봉〉 등을 공연했다. 그러나 협률사와 원각사 공연에 대해서 춘향가, 심청가 등 구시대 판소리를 공연한다는 비판의 소리가 있었는데, 이는 전통적인 연희 양식을 개량하려는 흐름에 대한 비판이라고 할 수 있다.

한편 신문명 건설을 위하여 일본 신파극을 적극적으로 수용하자는 주장이 있었다. 이러한 주장은 새로운 문화에 대한 욕구와 함께 일제 지배층의 적극적 지원을 배경으로 했다. 근대 초기 연극의 주류를 이룬 신파극을 담당한 극단으로는 혁신단, 문수성, 유일단 등이 있었다. 혁신단(대표 : 임성구)은 연극을 통해서 권선징악 · 풍속개량 · 민지개발 · 진충갈력한다는 목표를 세우고 〈불효천벌〉, 〈육혈포강도〉, 〈수전노〉, 〈장한몽〉, 〈귀의성〉 등 주로 일본신파극을 번안하여 공연하였다. 한편 일본유학에서 돌아와서 신파 정극을 극단목표로 세운 윤백남의 '문수성'은 〈불여귀〉, 〈청춘〉, 〈눈물〉 등을 공연했고, 역시 일본유학파 이기세는 '유일단'을 창단하여 연극을 통한 사회교육을 극단의 목표로 삼고 〈처〉, 〈혈의누〉, 〈장한몽〉, 〈불여귀〉 등을 공연하였다.

신파극은 희곡을 중심으로 한 공연이 아니라 배우를 중심으로 했다. 인기 있는 배우를 중심으로 무수한 신파극단들이 생겼다가 사라졌다. 공연은 즉흥적이었고 때와 장소를 가리지 않고 관객의 관심사를 재빨리 반영했다. 그리하여 신파극은 일본신파극의 번안,

시사적인 문제의 무대화, 신문연재소설의 각색 등 관객의 취향에 재빨리 영합했다. 그러나 신파극은 무대 공연이라는 새로운 연극 문화를 성립시켰고 대중들에게 계몽성과 오락성을 제공했다는 점에서 의의를 찾을 수 있다.

한편 근대 초기 지면에 발표된 희곡으로는 조중환의 〈병자삼인〉, 이광수의 〈규한〉, 〈순교자〉, 윤백남의 〈운명〉 등이 있다. 이 가운데 이광수의 〈규한〉은 조혼제도를 비판한 단막극이다. 주인공 이 씨는 동경유학생 남편으로부터 결혼을 파기하자는 내용의 편지를 받고 정신착란을 일으킨다. 이러한 이 씨의 불행은 본인의 의사와는 상관없이 부모에 의한 정혼이 초래한 것이다. 한편 윤백남의 〈운명〉은 은행 지배인 남편과 신여성 부인의 신혼생활을 다룬 희곡으로 남녀평등이나 가정 개량의 의미를 잘못 인식하고 있는 신여성의 그릇된 가치관을 풍자한 것이다.

2) 1920년대 희곡

1920년대 희곡은 동경유학생을 중심으로 신파극을 극복하고 새로운 시대에 어울리는 '신극'을 만들자는 운동이 펼쳐졌다. 이러한 신극단체로는 '극예술협회'와 '토월회'가 있었다. 극예술협회(1921)는 김우진, 마해송, 홍해성, 조명희 등이 주축을 이룬 단체로 이들은 1921년 여름방학을 맞아 고국 순회공연을 실행하였다. 40일 동안 전국 25개 지역을 순회하면서 극예술협회는 조명희 작 〈김영일의 사〉, 홍난파 원작 〈최후의 악수〉, 김우진 번역 〈찬란한 문〉을 공연하였다. 특히 〈김영일의 사〉는 많은 관심을 끌었는데, 그 내용은 동경에서 고학하는 조선인 유학생 김영일의 죽음을 다루고 있다. 김영일은 어머니의 소식을 듣고 귀국 여비를 마련하려고 재력 있는 동포 유학생 진석원을 찾아갔으나 거절당하고, 오히려 사소한 시비 끝에 불온 학생으로 몰려 구류 처분을 받게 되며, 석방 후 폐렴이 악화되어 죽게 된다는 내용이다.

토월회(1922)는 박승희, 김기진, 이서구, 박승목, 김을한, 이제창 등이 참여했는데, 1922년 여름방학에 귀국하여 경성의 조선극장에서 제1회 공연을 가졌으며, 창립공연에서 발생한 적자 청산과 단체를 유지하자는 박승희의 강력한 제안으로 백조사의 후원을 받아 조선극장에서 이루어졌다. 이들이 공연한 작품은 제1회 공연에서는 박승희 작 〈길식〉, 체호프 작

〈곰〉, 쇼 작 〈그 남자가 그 여자의 남편에게 어떻게 거짓말을 하였나〉, 유진 필롯 작 〈기갈〉 등이며, 제2회 공연에서는 톨스토이 작 〈부활〉, 쇼 작 〈오로라〉, 스트린드베리 작 〈채귀〉 등 번역·번안극이었다.

극예술협회와 토월회는 동경유학생들이 모여 만든 신극단체이기 때문에 활동의 정신도 그들의 생각을 담았다. 이들이 추구했던 주제는 근대적인 개인의 자각을 바탕으로 하여 자유와 평등, 여권 신장, 자유연애와 결혼 등이었다. 그러나 이들의 공연작품은 대체로 서양연극의 번역 혹은 번안이었다. 따라서 이들의 연극 활동은 창작한 희곡 대본을 가지고 본격적으로 전개된 것은 아니었다.

그러나 신극운동과 함께 본격적으로 새로운 극작가가 출현했는데, 김우진, 조명희, 윤백남, 박승희, 김동환, 김영팔 등이 그들이다. 김우진은 〈정오〉, 〈이영녀〉, 〈두더지 시인의 환멸〉, 〈난파〉, 〈산돼지〉 등을 썼고 조명희는 〈김영일의 사〉(1921) 외에 〈파사〉(개벽, 1923. 11.)를 발표했다. 윤백남은 〈제야의 종소리〉, 〈파멸〉을 썼으며 박승희는 〈산 서낭당〉, 〈아리랑 고개〉를 남겼다. 한편 김동환은 프롤레타리아 운동 조직의 모순을 지적한 〈불복귀〉(조선문단, 1926. 3.)를 발표했고 김영팔은 〈싸움〉, 〈대학생〉, 〈곱장칼〉 등 여러 작품을 통해서 프롤레타리아 문학 이념을 극화하는 데 주력했다.

여기서 1920년대 신극운동을 주도적으로 이끈 김우진의 신극론과 작품 세계를 더욱 자세하게 살펴본다. 김우진은 본격적인 극작가로서의 면모뿐만 아니라 신극운동의 이론적 기초를 다지고 연극과 문학의 실제비평을 담당하는 등 활발한 활동을 벌였다. 김우진은 연극을 인류 영혼의 해방자이며 훈련받은 예술가의 극적 표현으로 보았으며, 사회적 민중의 교화와 오락을 목적으로 한다고 생각했다. 이러한 김우진의 생각은 전문적으로 훈련을 받은 극작가에 의한 대본을 바탕으로 공연되는 서구적인 의미의 무대 연극을 고려한 것이었다. 김우진은 연극 공연을 통해서 사회적 민중을 교화하고자 했다. 이러한 그의 생각을 가장 잘 나타낸 희곡이 〈이영녀〉였다. 이영녀는 딸 명순이와 아들 관구를 데리고 매음녀 생활을 하고 있다. 그녀가 매음을 하게 된 것은 떠돌이 노동자인 남편 청운이 무책임한 가장이기 때문이다. 그런 청운은 목포 바닥에서 근 십 년을 살았으면서도 돈을 못 모으고 결국 석수와 싸우다가 맞아 죽는다. 이영녀의 매음도 경찰의 단속으로 여의치 않게 되자 공장을 경영하는 강영원의 행랑채에 살면서 공장직공으로 일하게 된다. 그러나 바른 말을 했다가 쫓겨난 이영녀는 삶의 방편으로 재혼한 남자 유서방의 육욕에 시달리다가 병들어 죽고 만다. 김우진은 〈이영녀〉를 통해서 사회적 상황이 가난하고 힘없는 한 여인을 어떻게 죽음으로 몰고 가는가를 냉철하게 묘사하고 있다. 궁핍한 삶을 살아가는 당대 하층민을 둘러싼 사회적 환경을 제시함으로써 김우진은 무엇이 잘못되었는지를 말하려고 했던 것이다.

3) 1930년대 희곡

1930년대 희곡은 본격적인 사실주의 연극이 등장한 시기였다. 사실주의 연극은 당대의 현실을 있는 그대로 제시함으로써 인간과 사회의 현실을 적극적으로 담아내려는 정신을 바탕으로 하는 연극 양식이다. 사실주의 연극은 등장인물의 성격이나 사건 등은 물론 무대장치와 소도구에까지 사실성을 부여함으로써 인생의 단면을 제시한다. 이와 같은 사실주의 연극을 담당한 것은 해외문학파가 주축이 된 '극예술연구회'였다.

극예술연구회는 유치진, 김진섭, 홍해성, 윤백남, 이헌구, 이하윤, 서항석 등 해외문학파가 주축이 되어 만든 단체로서 회원이 공동으로 운영하는 동인제 단체였다. 극예술연구회는 1931년에 창립한 이래 1939년 일제에 의해 강제로 해산당하기까지, 24회의 정기 공연과 3회의 임시공연을 했다. 공연한 작품은 고골리의 〈검찰관〉(1회), 어빙의 〈관대한 애인〉, 괴링의 〈해전〉(2회), 체홉의 〈기념제〉(3회), 쇼의 〈무기와 인간〉(4회), 입센의 〈인형의 집〉(6회), 톨스토이의 〈어둠의 힘〉(9회) 등 서구 희곡을 많이 공연했다. 그러나 극예술연구회는 유치진의 창작 희곡인 〈토막〉(3회), 〈버드나무 선 동리 풍경〉(5회), 〈제사〉(8회), 〈자매〉(11회), 〈풍년기〉(〈소〉의 개제, 15회) 등을 공연함으로써 창작 희곡을 본격적으로 공연했다. 유치진을 비롯하여 〈무료 치병술〉, 〈수전노〉의 이무영, 〈촌선생〉의 이광래, 〈어머니〉의 이서향 등이 극예술연구회가 배출한 새로운 극작가들이었다.

이와 같이 1930년대 극예술연구회의 연극 활동으로 극작가가 배출되었는데, 유치진이 대표적인 극작가였다. 유치진의 〈토막〉, 〈버드나무 선 동리 풍경〉, 〈소〉는 1930년대 농촌의 가난과 비극을 소재로 삼은 희곡이다. 〈토막〉은 극도의 궁핍을 벗어나기 위한 토막민의 몸부림과 좌절을 통해 당대의 비극적 현실을 고발한다. 어찔 수 없는 가난 때문에 '토막'으로까지 밀려난 명서네의 유일한 희망은 일본에 노동을 하고 있는 명수가 벌어 오는 돈이다.

그러나 명수가 나쁜 일을 하다가 경찰에 잡혔다는 동장의 발언, 뒤이어 돌아온 명수의 유골 앞에서 명서네 가족은 비극적인 절망의 나락으로 떨어진다. 〈버드나무 선 동리 풍경〉은 빚 때문에 딸 계순이를 기생으로 팔게 된 집안을 배경으로 한다. 그러나 이 희곡에서 아이러니적인 상황은 기생으로 팔려가면서도 오히려 기뻐한다는 광경을 통해서 나타난다. 이것은 기생으로라도 팔려서 지긋지긋한 가난에서 벗어나고 싶어하는 농민들의 절망적인 상황을 암시한다.

한편 〈소〉에는 기생으로 팔려가게 된 귀찬이와 그녀를 사랑하기 때문에 어떻게든 구해보려는 말똥이가 등장한다. 귀찬이네 가족의 상황이 더욱 비극적인 것은 그해의 농사가 대풍년이라는 사실이다. 계속해서 소작을 얻기 위해서는 지금 현재 지고 있는 빚을 모두 갚도록 하는 '농지법'이 시행되기 때문에 귀찬이 아버지는 그녀를 팔아야 했던 것이다. 이러한 상황에서 말똥이는 소를 팔아서라도 귀찬이를 구하려고 했는데, 마름이 빚 대신 소를 끌고 가는 바람에 그의 희망은 꺾이고 만다. 귀찬이는 떠나고, 말똥이는 마름집에 불을 지르고 경찰에게 잡혀간다. 〈소〉는 풍년이 들어도 잘못된 제도 때문에 등장인물들의 바람이 좌절되는 비극적 상황을 통해서 1930년대 조선 농촌의 비극을 사실적으로 고발하고 있다.

4) 해방기 및 1950년대 희곡

해방기 희곡은 일제시대의 삶을 새롭게 조명함으로써 새나라 건설의 방향을 제시하고자 했다. 이는 식민지인으로서의 삶을 비판하고 반성함으로써 새롭게 자기를 세우려는 의도로 풀이할 수 있다. 이 시기의 주요 희곡으로는 유치진의 〈조국〉, 〈원술랑〉, 오영진의 〈살아 있는 이중생 각하〉, 김동식의 〈유민가〉, 김영수의 〈혈맥〉, 함세덕의 〈고목〉, 이광래의 〈독립군〉, 그리고 시나리오로는 윤봉춘의 〈유관순〉이 있다. 이 가운데에서 유치진의 〈조국〉은 3·1만세 운동을 앞두고 홀어머니를 염려하는 아들과 아들의 장래를 걱정하는 어머니 사이의 갈등을 보여준다. 김영수의 〈혈맥〉은 8·15 직후 서울 변두리의 서민층에서 벌어지는 복잡하고 자잘한 생활상을 묘사한 작품이다.

한편 오영진의 〈살아 있는 이중생 각하〉와 함세덕의 〈고목〉은 해방기 일제잔재 청산이라는 과제를 보여주는 대표적인 작품이다. 오영진의 〈살아 있는 이중생 각하〉에서 이중생은 일제에 아부하기 위해 장남 하식을 지원병으로 보냈고 일본과 조선의 절충식 주택에 값진 물건을 들여 놓고 사는 대표적인 친일파이다. 일본이 물러간 이후 이중생은 해방직후 사회의 지배적 힘이 미국에서 온다는 사실을 재빨리 깨닫는다. 그는 국유림을 사유화하기 위해 유령회사를 차리거나 달러를 융자받기 위해 딸을 미국인의 정부로 이용하기도 한다. 그러나 어수선하던 정세가 안정되면서 이중생의 비리가 드러나게 되고 관계당국의 수사가 시작되면서 그는 구속될 위기에 몰린다. 치부를 인생 최대 목표로 생각했던 그는 거짓 자살을 통해서 막대한 재산을 지키고자 하지만 실패하고 실제로 자살한다.

함세덕의 〈고목〉은 남한의 어느 마을을 배경으로 하여 당대 정치를 이끌고 있는 오각하의 방문에 대해서 마을 사람들이 어떻게 반응하는지를 나타낸다. 마을의 대지주이자 애국당의 재정부장인 박거복은 자신이 아끼는 고목나무를 오각하에게 바침으로써 자신의 지위를 확보하고자 한다. 반면 박거복의 매제인 영팔과 마을 청년 지도자 하동정은 빈민을 위하여 고목나무를 써야 한다고 맞선다. 홍수로 수재민이 된 영팔은 그 나무로 가구를 짜서 빈민들이 자립할 수 있도록 하려고 하지만 박거복은 이를 거부하는 상황이다. 박거복은 나무를 잘라서 화로, 바둑판, 장기를 만들어서 오각하에게 바치려는 속셈이다. 그러나 박거복의 딸과 아내, 노모까지 나서서 고목을 기부해야 한다고 하자 거복은 어쩔 수 없이 기부하게 된다. 거복의 주위를 둘러싼 사람들이 하나의 목소리를 내자 '생리적 불안과 공포감'을 느꼈던 것이다.

1950년대 희곡은 사실주의를 새롭게 인식하는 한편 서구의 다양한 기법과 실험이 이어졌다. 유치진의 〈한강은 흐른다〉, 이용찬의 〈가족〉, 차범석의 〈불모지〉, 임희재의 〈꽃잎을 먹고 사는 기관차〉 등은 사실주의 재인식의 흐름을 나타낸다. 유치진의 〈나도 인간이 되련다〉, 하유상의 〈딸들 자유연애를 구가하다〉, 차범석의 〈공상도시〉 등은 서구식 기법 실험의 경향을 대변한다. 1950년대 희곡에서는 한국전쟁 이후 현실을 새롭게 인식하여 잘못된 현실에 개입하기 위한 주제가 주로 다루어졌다. 또한 전쟁으로 인하여 피폐해진 인간성의 회복을 위해서 인간의 삶과 감동을 다룬 순수 희곡의 발표도 이어졌다.

3. 참고자료

1) 개화기 희곡 : 조중환의 〈병자삼인〉(1912)

제목에서 짐작할 수 있듯이 〈병자삼인〉에는 세 명의 병자가 나온다. 그런데 그들은 모두 꾀병을 앓고 있는 거짓 병자들이다. 첫째 병자인 정필수는 아내 이옥자와 함께 교사 시험을 치렀다가 아내만 합격하고 그는 같은 학교에서 하인을 하며 온갖 심부름을 한다. 집에서까지 하인처럼 대하는 아내에게 불만을 품고 있는 그에게, 아내가 열심히 공부해야 자기처럼 교사가 될 수 있다면서 일어를 가르치려 하자 정필수는 안 들리는 척, 귀머거리 행세를 한다. 마침, 학교 하인이 결근을 해서 들러본 하계순이 정필수의 꾀병을 눈치채고 이옥자에게 남편을 구박해서 생긴 중병이니 내일부터 일을 시키지 말고 하인으로 홀대하지 말고 마음을 편하게 해주어야 낫는다고 진단을 내린다. 그러나 공소사가 와서 재검진을 하여 꾀병임이 밝혀지고 오진을 한 남편을 다그치자 하계순은 벙어리 행세를 한다. 공소사는 병원에서 벙어리 의사는 쓸모가 없으니 문간 심부름이나 하라고 한다. 한편 여학교장인 아내를 두고 같은 학교 회계로 일하고 있는 박원청은 노름빚을 학교 돈으로 갚고, 돈이 모자란 것을 알게 된 아내가 삼월이의 편지를 들어 보이며 추궁을 하자 장님 행세를 한다.

세 명의 거짓 병자들은 우연히 여학교 문전에서 만나 서로 이야기를 하다가 부인들과 맞닥뜨리고 이혼통보까지 받는다. 병신은 법률에도 불론죄(不論罪)니까 아무 짓을 하여도 관계 없다며 세 사람은 학교 돈을 가져가 분배하자며 들어가려 하고, 아내들은 못 들어오게 하느라 실랑이가 벌어진다. 마침 헌병보조원이 제지하는 상황에서 세 명의 거짓 병자들을 감옥에 잡아넣을 것이라고 하자, 세 명의 아내는 남편이 감옥에 가는 것은 여자의 사회에 손상이 될 터이니 단단히 꾸짖기만 해 달라고 간청한다.

조중환의 〈병자삼인〉은 우리나라 최초의 근대 창작 희곡이라는 점에서 한국 희곡사에서 중요한 위치를 차지한다. 이 작품이 발표된 시기는 신파극 시대였지만, 눈물을 자아내는 격정적인 비극을 주로 다루는 신파극과는 달리 〈병자삼인〉은 해학적이고 풍자적인 희극의 성격을 띠고 있어서 주목할 만하다. 〈병자삼인〉에 나타난 희극적 원리는 근대 전환기라는 시대적 특수성에서 나온 것으로, 부부의 역할이 전도된 상황을 과장되게 표현함으로써 소극적 상황을 연출하고 있다.

2) 1920년대 희곡 : 김우진, 〈산돼지〉(1926)

제1막은 주인공 최원봉이 차혁과 바둑을 두는 장면으로 시작된다. 원봉은 청년회 간부이면서 자신의 주관으로 연 바자회의 수익금 50원을 써버리고 이러한 사실을 덮어주려는 차혁을 오히려 위선자라며 싸운다. 이런 원봉을 사람들은 '산돼지'라고 부르며 욕한다. 일전에 원봉은 무서운 꿈을 꾸었는데, 죽은 아버지가 나타나서 자신이 못다한 동학정신을 이어받아 양반놈들, 탐관오리들, 썩어가는 선비놈들을 모두 잡아 죽이고 원수를 갚지 않으면 산돼지 탈을 벗겨주지 않겠노라고 호통을 쳤다. 그러나 원봉은 아버지 뜻을 받아 사회를 위해 민족을 위해 원수 갚고 반역하라고 가르쳐 주면서도 산돼지를 못난이만 들끓는 집안에다가 몰아넣고 잡아매어 두고 있다고 탄식한다.

2막에서 원봉은 몽환병에 시달리는 병인으로 등장한다. 그는 꿈에서 자신의 출생에 대한 비밀을 알게 된다. 즉 동학군에 가담했던 아버지와 그를 낳자마자 죽은 어머니 그리고 아버지와 의형제를 맺고 자신을 키워준 최주사의 이야기를 듣게 된다. 최주사는 영순과 원봉을 결혼시키라고 유언을 남겼지만, 원봉과 영순이 결혼하여 두 사람이 친남매가 아니라는 사실이 알려지고 결국엔 이들이 동학군의 자손들이라는 사실이 밝혀졌을 때, 지금까지 누렸던 생활의 안정을 하루아침에 잃을 것이라는 불안감 때문에 최주사댁은 남편의 유언을 따르지 않는다.

3막은 몽환의 장면이었던 산등 벌판에서 시작된다. 원봉과 영순이 잔디 위에서 한가롭게 시간을 보내고 있는데 다른 남자를 따라 일본으로 건너갔던, 원봉의 옛 애인인 정숙이 나타난다. 다시 옛날로 돌아가고픈 정숙을 원봉은 거절한다. 거절당한 정숙은 '최후의 애가(哀歌)'로 조명희의 시 '봄 잔디밭 위에'를 읊어 달라고 한다.

김우진의 〈산돼지〉는 식민지 시대를 살아가는 지식인의 방황과 좌절을 그린 작품으로 인물의 내면심리 묘사에 치중한 표현주의 극이다. 당시 한국 희곡들은 대부분 신파극조의 성격을 지닌 것이었는 데 비해서 김우진의 희곡들은 인간 내면의 갈등과 의식 세계를 중점적으로 다루고 있다는 점에서 근대적 희곡으로 발전되었다고 볼 수 있다.

3) 1930년대 희곡 : 송영, 〈호신술〉(1931)

〈호신술〉은 노동자들이 파업을 전개하려는 상황에서 만일의 사태에 대비하여 사장 김상룡이 체육가 윤상천을 초빙하여 자신뿐만 아니라 일가족에게 호신술을 배우게 하는 장면이 중심이 된다. 이 과정에서 부인이 다쳐서 병원에 입원했다가 퇴원하는 길에 사장의 집으로 쳐들어온 파업노동자들에게 붙잡히게 된다. 결국 호신술은 제대로 배우지도 못한 채 노동자들이 집에까지 들이닥쳐 김상룡이 어쩔 줄 몰라 하는 가운데 극이 끝난다. 이를 통해 당시 자본가들의 속성을 비판하면서 동시에 노동자들의 승리의 가능성을 암시하고 있음을 알 수 있다. 송영의 〈호신술〉은 노동자들의 밑바닥 삶을 비극적으로 묘사한 초기 작품과는 달리, 노동자나 실직 인텔리들의 삶을 묘사하면서도 희극적으로 가볍게 다루고 있는 중기 작품의 성격을 대변하고 있다.

4) 1940년대 희곡

(1) 오영진, 〈살아 있는 이중생 각하〉(1949, 공연)

〈살아 있는 이중생 각하〉는 친일파인 이중생을 등장시켜 해방 후에도 청산되지 않은 반민족적 인물들의 행태를 꼬집고 있는 현실 비판적인 사회극이다. 일제시대에는 악질적으로 친일을 하고 해방 직후에는 혼란기를 틈타서 거부가 된, 전형적인 친일파인 이중생은 해방 이후에도 사업가로 행세하면서 국유림을 사유재산으로 삼는 등 온갖 비리와 사기를 저지른다. 그 결과 경찰에 검거되지만 자신의 재산을 차압당하지 않기 위해서 자살극을 벌인다. 그러나 사위에게 넘겨 놓은 재산이 뜻하지 않게 사회사업에 쓰이게 됨으로써 몰수당한 것과 마찬가지가 되자, 이중생은 자살로서 생을 끝낸다. 이와 같이 〈살아 있는 이중생 각하〉는 해방 이후에도 자신이 친일한 행동에 대해서 조금의 회개도 하지 않고 떳떳하게 행세하던 반민족적인 친일파의 생태를 예리하게 파헤친 사회 풍자극으로, 물욕과 권세욕으로 인해 조국을 배반한 친일파의 비극적인 말로를 그린 작품이다.

(2) 함세덕, 〈고목〉(1947)

〈고목(古木)〉은 1947년 4월 『문학』에 발표된 함세덕의 3막극으로서, 함세덕의 이념적 지향이 잘 드러나 있는 작품이다. 일제 강점기 친일 지주였던 주인공 박거복은 땅을 절대로 내놓지 않으려 한다. 그리고 집안 대대로 물려 내려온 뒤뜰의 고목을 수해복구를 위해 헌납하라는 요구에도 응하지 않는다. 그는 오직 존경하는 애국투사 오각하에게 접근하여 군수 벼슬자리라도 하나 얻어야 되겠다는 생각에, 그를 위한 바둑판이나 화로의 재료로만 나무를 쓰려고 한다. 그러나 박거복의 그 같은 욕심은, 마을 사람들과 가족들이 오각하의 지도력에 대해 회의를 가지면서 무산되고 만다.

지주집의 큰 고목(古木)은 등장 인물들에 의해서 구시대 잔재, 일제잔재를 상징하는 것으로 강조된다. 나아가 이 작품은 식민지 잔재, 친일파 매도로만 그치지 않고, 해방 직후 혼란기에 남로당이 내걸었던 여러 정책들을 작품에 반영시켜 빈부문제라든가 토지 개혁, 분배 문제 등을 들추어 지주계급을 비판한다. 따라서 마지막 부분에서 마을 사람들이 몰려와 고목을 도끼로 찍는 것으로 막을 내리는 장면은, 봉건잔재와 일제 잔재의 타파와 새로운 사회주의 국가를 건설한다는 의미를 지니고 있는 것으로 해석할 수 있다.

참고문헌

1. 서연호, 『한국근대희곡사』, 고려대 출판부, 1995.

▸ 이 책은 근대희곡사의 기술방법과 시대구분을 필두로 하여 초기 희곡의 정착, 사실주의 희곡의 전개와 대중극의 확산, 해방기 및 1950년대 희곡문학의 사적인 흐름을 기술했다. 아울러 이 책은 극작가 및 연극인의 인명 색인을 제공하고 있다.

2. 김재석, 『일제강점기 사회극 연구』, 태학사, 1995.

▸ 이 책은 '사회극'의 관점에서 일제강점기 연극을 분석한 연구의 결과물이다. 1920-30년대 사회현실이 어떻게 당대의 연극담당자들의 연극에 반영되어 있는지 추적하고 있는 이 책은 당대 연극계의 상황과 연극 이론까지 다루고 있다.

3. 서연호 외, 『한국대표희곡강론』, 현대문학, 1993.

▸ 이 책은 희곡을 즐겁고 논리적으로 감상하고 체계적으로 이해할 수 있도록 만들었다. 학생들은 이 책을 통해서 희곡과 연극의 이론적 지식을 습득할 수 있으며 나아가 한국 희곡사를 개괄적으로 이해하고 주요 작품을 감상할 수 있다.

4. 서연호 · 이상우, 『우리 연극 100년』, 현암사, 2000.

▸ 이 책은 20세기 한국 연극의 흐름을 서술한 것으로 극 양식과 작품을 중심으로 서술했다는 특징이 있다. 이 책은 '연극에 관한 역사'에서 탈피하여 '연극의 역사'를 서술함으로써 연극 자체의 미학적, 양식적 발전 양상을 다루고 있다.

저자 소개

남길임 南姞任
1971년생으로 국어학 전공. 연세대학교 문과대학 국어국문학과를 졸업하고 동대학원에서 문학석사 및 박사학위를 취득했다. 현재 경북대학교 국어국문학과 교수로 재직 중이며, 『현대 국어 '이다' 구문 연구』, 「'-겠-' 결합 양상에 따른 종속접속문 연구」, 「텍스트 장르에 따른 문장 확대 양상 연구」, 『한국어 사전편찬학 개론』(공저), 『외국인을 위한 한국어 학습 사전』(공저) 외 다수의 논저가 있다.

이미향 李美香
1971년생으로 국어학 전공. 경북대학교 인문대학 국어국문학과를 졸업하고 동대학원에서 문학석사 및 박사학위를 취득했다. 현재 경북대학교 국어국문학과 전임연구원으로 재직 중이며, 『한국어 교재론』(공저), 「발음 교수를 위한 한국어 교재의 음운 연구」, 「효율적인 교수 모형 계발을 위한 한국어 교재의 한글 교수 단원 연구」 외 다수의 논저가 있다.

정수진 鄭秀珍
1975년생으로 국어학(의미론) 전공. 경북대학교 사범대학 국어교육과를 졸업하고 동대학원에서 문학석사 학위를 취득하고 박사과정을 수료했다. 현재 경북대학교 한국어문화원 연구원이며, 「생활 속의 화법」(공저), 「국어 상용어구의 의미구성 연구」, 「미각어의 의미 확장 양상」 등의 논저가 있다.

정우락 鄭羽洛
1964년생으로 한국고전문학 전공. 경북대학교 인문대학 국어국문학과를 졸업하고 동대학원에서 문학석사 및 박사학위를 취득했다. 현재 경북대학교 국어국문학과 교수로 재직 중이며, 『남명문학의 철학적 접근』, 『남명과 퇴계 사이』, 『한국 한문학 연구의 새지평』(공저), 「16세기 사림파 작가들의 사물관과 문학정신 연구」 외 다수의 논저가 있다.

박지애 朴志愛
1976년생으로 한국고전문학 전공. 경북대학교 인문대학 국어국문학과를 졸업하고 동대학원에서 문학석사 학위를 취득하고 박사과정을 수료했다. 현재 경북대학교 강사이며, 「소설의 무가화에 따른 특징과 의미」, 「유성기음반 소재 잡가의 현황과 레퍼토리의 양상」, 「매체에 따른 〈배따라기〉의 변모 양상과 특징」 등의 논문이 있다.

백운용 白雲龍
1969년생으로 한국고전문학 전공. 경북대학교 인문대학 국어국문학과를 졸업하고 동대학원에서 문학석사 학위를 취득하고 박사과정을 수료했다. 현재 경북대학교 강사이며, 「〈강능추월전〉의 구조와 '헤어짐과 만남'」, 「〈주생전〉의 비극적 성격 연구」 등의 논문이 있다.

박현수 朴賢洙
1966년생으로 한국현대문학 전공. 세종대학교 국어국문학과를 졸업하고 서울대 대학원에서 문학석사 및 박사학위를 취득했다. 현재 경북대학교 국어국문학과 교수로 재직 중이며, 『모더니즘과 포스트모더니즘의 수사학』, 『현대시와 전통주의의 수사학』, 『한국 모더니즘 시학』 외 다수의 논저가 있다.

박정선 朴正善
1971년생으로 한국현대문학 전공. 경북대학교 인문대학 국어국문학과를 졸업하고 동대학원에서 문학석사 및 박사학위를 취득했다. 현재 경북대학교 기초교육원 초빙교수로 재직 중이며 『임화 시의 시적 주체 변모과정 연구』, 「해방가요의 이념과 형식」, 「일제 말기 전시체제와 임화의 〈찬가〉 연작」 등의 연구 논문이 있다.

이원동 李垣東
1971년생으로 한국현대문학 전공. 경북대학교 인문대학 국어국문학과를 졸업하고 동대학원에서 문학석사 및 박사학위를 취득했다. 현재 경북대학교 기초교육원 초빙교수로 재직 중이며 『일제강점기 이기영 소설의 담론적 실천 연구』, 「〈국민문학〉의 좌담회 연구」, 「식민지말기 지배담론과 국민문학론」 등의 연구 논문이 있다.